语文参与式
教学法

靳　健　张永祥　著

中国教育出版传媒集团
人民教育出版社
·北京·

图书在版编目（CIP）数据

语文参与式教学法 / 靳健，张永祥著. — 北京：人民教育出版社，2022. 12
ISBN 978-7-107-37160-8

Ⅰ. ①语… Ⅱ. ①靳… ②张… Ⅲ. ①语文课—教学法—中小学 Ⅳ. ①G633.302

中国版本图书馆CIP数据核字（2022）第243463号

语文参与式教学法

出版发行 人民教育出版社
（北京市海淀区中关村南大街17号院1号楼 邮编：100081）
网 址 http://www.pep.com.cn
经 销 全国新华书店
印 刷 保定市中画美凯印刷有限公司
版 次 2022年12月第1版
印 次 2023年 5月第 1次印刷
开 本 787毫米 ×1 092毫米 1/16
印 张 33.5
字 数 507千字
定 价 68.00元

前言

21世纪初，我们赴剑桥大学和香港大学参加“以学习者为主体的参与式活动方式”的教育培训，回来后开发了“中英甘肃基础教育项目教师培训”一期培训教材（包括《中学语文教学策略》等十几种），并开展了卓有成效的实验与研究。这套教材新颖的教育理念及其参与式培训方式，引起了全国教育界的关注。此时，我国新一轮基础教育课程改革启动，我们又开发了教师培训教材《中学语文新课程教学策略》。甘肃1万多名中学语文教师免费参加了培训，西部一些省份的项目地区也采用这些教材开展了教师培训活动。同时我们还开发了《中学语文参与式教师培训教程》《小学语文参与式教师培训教程》《参与式语文学习活动设计》等拓展性教学用书，这些书深受一线教师的喜爱。当时正值我国新一轮基础教育课程改革的启动推进时期，“参与式学习”以其强大的生命力在我国大江南北生根、开花、结果。如今，有必要对“参与式”教学进行反思和总结，目的是以深入的理论研究和鲜活的实践研究成果为教育工作者奉献一种启迪，为我国教育事业的蓬勃发展贡献一点力量。近些年，参与式学习被广泛应用于社会调研、职场培训和学校课堂，对此，赞扬者和批评者同时存在。从语文本体论的视域来讲，明确语文课程的主要任务，建构有效的教学评价机制，实践有内涵的参与式学习方式，对提高语文教学质量、促进学生的发展，不失为一种有意义的尝试。我们希望这本书对进一步深化语文课程改革，进一步提高教育质量，进一步丰富教师的智慧，发挥积极作用。

一、明确语文课程的主要任务是提高语文参与式学习质量的前提

语文课程由教师、学生、语文教材、实践范式、学习环境、语文课程标准诸要素构成，旨在以语文知识为中介，历练学生的言语能力、思维能力、探究能力、审美能力及情感态度。积淀知识、历练言语、涵养思维、实践审美和发展个性，前四项是具体的教学任务，最后一项作为终极目标，渗透在所有的教学实践之中。

积淀知识，指语文课程首先要为学习者生涯发展准备必需的语文知识，并提供积淀知识的良好条件。语文知识可以按照不同的标准作如下分类:（1）按照专业领域分类，有文学知识、语言学知识、文艺学知识、语文教育学知识。（2）按照语文知识特点分类，有名物知识，包括汉语拼音、常用字词、标点符号、作品作家、文学文化常识等；有方法知识，包括造字方法、修辞方法、逻辑方法、文体分类方法、听读说写方法等；有理论知识，包括文学史知识、现代汉语知识、古代汉语知识、审美鉴赏知识等。（3）按照文章构成要素分类，有文字、语言、材料、主题、结构、文体六个层级知识体系。积淀语文知识是促进学生发展的中介，没有这个中介，语文教学会成为无米之炊，提高语文教学质量就成了水中捞月。

历练言语，指语文课程要为学习者的言语实践设计学段和单元规划，要为学习者积极参与聆听、阅读、对话、写作等言语实践活动提示学习目标、过程方法和评价要求。瑞士语言学家索绪尔（F. de Saussure，1857—1913）在《普通语言学教程》中分析了“语言”和“言语”的联系与区别。他认为，语言是社会的，言语是个人的，

语言和言语互相依存；语言既是言语的工具，又是言语的产物。[①] 言语是一种行为，是受语法规则支配的。人们利用语言的规则，可以通过有限的、基本的语言单位去构成无限的、复杂的言语系统。所以说，语言的规则性和言语的生成性构成了言语实践的两个重要特性。言语实践的基本途径有两条：一条是通过优秀的文学作品学语言，另一条是通过丰富的社会生活学言语。

涵养思维，指语文课程要为学习者的发展设计思维训练计划，尤其是要结合单元内容对形象思维、审美思维、逻辑思维、创造思维等进行行之有效的训练。清代顾陈埥《砚》诗云："端溪谁割紫云腴，万古文心向此摅。小心墨池成巨浪，就中飞出北溟鱼。"宋代朱熹《观书有感》（其一）诗云："半亩方塘一鉴开，天光云影共徘徊。问渠那得清如许？为有源头活水来。"这两首诗都说的是学习可以促进人的变化，前者用"北溟鱼"形象比喻发展，后者用"活水"形象比喻知识。这两种形象不是图画，而是言语形象，言语形象的模糊性可以带来审美创造的无限可能性，这正是语文思维的魅力所在。语文思维是一种言语思维，即主要以言语形式来研究思维的发展过程。语文学习的信息载体是言语文本，实践过程是言语活动，学习结果是言语产品，语文思维活动是通过言语得以展开和完成的。在语文课程里，形象思维、审美思维、逻辑思维、创造思维都和言语活动相依相存，所以言语思维代表了语文思维的主要特征。

实践审美，指语文课程要为学习者提高鉴赏水平、发展审美能力提供尽可能丰富的学习活动，尤其是通过言语实践活动涵养学习者的审美文化品位。有人说，审美实践是"自然的人化"过程。[②]

---

① 索绪尔. 普通语言学教程［M］. 高名凯，译. 北京：商务印书馆，1980.
② 李泽厚. 美的历程［M］. 合肥：安徽文艺出版社，1994.

有人说，审美体验是一种梦幻般的形象直觉。[1]在美感经验中，我们一方面要从实际生活中跳出来，另一方面又不能脱尽实际生活，“不即不离”是创造美的最佳距离。[2]有人说，移情对达成审美效果具有重要作用，例如写字，横、竖、钩、点等原本都是墨涂的痕迹，但是书法家经常提到骨力、姿态、神韵、气魄等带有抒情味的话语，说明书法鉴赏中移情起了重要的作用。“感时花溅泪，恨别鸟惊心”，杜甫的诗传达的就是移情带给人的审美体验。宋人魏了翁《十二月九日雪融夜起达旦》诗云：“远钟入枕雪初晴，衾铁棱棱梦不成。起傍梅花读周易，一窗明月四檐声。”《周易》本来是一本言说卦象的书，诗人却从中读出了雪、梅花、明月等美的意象，并创造了一个纯洁、幽雅、空明的意境。悠悠的钟声和琅琅的书声在四檐间回响，这就是读书带给人的审美感受。

发展个性，指语文课程要把塑造和谐个性、建设美丽人生作为促进每个学习者健康发展的目标，在课程编制、教材设计、单元建设、活动创意等系列建构中渗透人文关怀，以“润物细无声”的方式促进青少年良好个性的发展。

构成语文课程对话共通体和语文课程任务的诸要素之间是相辅相成的关系，其中任何要素有缺陷，都会影响语文参与式学习质量的提升。

二、促进参与式学习的内涵发展是语文教师必须直面的时代课题

《国家中长期教育改革和发展规划纲要（2010—2020年）》（以下简称“纲要”）在“创新人才培养模式”部分指出：“注重学思结

①② 朱光潜．文艺心理学［M］．合肥：安徽教育出版社，2006.

合。倡导启发式、探究式、讨论式、参与式教学，帮助学生学会学习。激发学生的好奇心，培养学生的兴趣爱好，营造独立思考、自由探索、勇于创新的良好环境。”纲要第一次将“参与式教学”列于政府文件之中，这是对参与式学习方式的肯定，不但给参与式教学带来了新的发展空间，也同时为教师的专业发展带来了新的机遇和挑战。促进参与式学习的内涵发展是语文教师必须直面的时代课题，已经有许多文章深入地研究了启发式、探究式、讨论式等学习方式的教育价值，本书只就语文参与式教学展开讨论。

参与式学习被广泛应用于教师培训活动。在培训过程中，围绕学校教育面临的具体问题，参与者分成若干小组开展讨论，每个人都献计献策，然后每组推举代表陈述意见，在经验共享中大家都有不同程度的领悟与收获。参与式也被许多教师应用于课堂教学，目前流行的“教学能手”竞赛活动中，是否采用这种方式也被列为参赛者胜出与否的重要指标。可是，当这种方式应用于课堂教学时，却暴露了诸多问题。一是教师培训中的参与者基本上都是具备了本专业素养的合格教师，他们讨论的问题主要集中在教育理念的范畴，很少涉及专业内涵的核心内容；而学校课堂正好相反，教学任务的重点是促进学生领悟专业知识难题和培养学生解决专业问题的能力，而不能远离专业知识和专业能力去讨论一种教育理念。二是没有专业文化内涵的“小组讨论+代表陈述”加剧了学习方式的形式主义倾向，讨论很热烈，发言很积极，学生却没有获得真正的发展。

针对这些问题，经过长期的实践研究和理论总结，我们用三句话来概括参与式学习的含义：在平等参与中唤醒主体意识，在文化情境中运用专业知识，在社会对话中张扬创造个性。平等、专业、对话、创造是参与式学习的关键词。从本体论的角度看，参与式学习是学习者在实践中确立自信、发现自我、创新知识的过程，是寻找自我存在价值的社会性活动。从认识论的角度看，参与式学习是学习者掌握和运用科学文化知识，探索自我发展的多种可能性的活动，是学习者认识文化自我、能力自我的学习实践，是适应社会、驾驭机遇以获得可持续发展的理性追求。从方法论的角度看，是通过“中止判断”方法来领略民主关系、平等机遇、合作机制、探究行为、经验共享的对话乐趣，是发现与社会和谐相处的契机以获得创造自我途径的实践形式。

语文参与式学习是以促进学生个性的全面和谐发展为宗旨，以平等参与、丰富多样的学习活动为载体，通过小组和班级学习形式，引领学生自主运用语文知识，历练言语能力、思维能力、探究能力、审美鉴赏能力及情感态度的实践活动。①

需要说明的是，在本书语境中，语文参与式学习和语文参与式教学名虽不同，实则是一体两面的实践活动。所谓“一体”，是指参与式学习和参与式教学统一于师生参与、互动的特定场域之中，教以学为旨归，学则是有教的学，如此则教学合一，师生共生共长，是为“一体”；所谓“两面”，则是说“参与式学习”着意于强调参与式教学中对“学”的主体、目标、过程及结果的重视，而“参与式教学”则着意于突出师生互动的整体性、情境性和过程性。

参与式学习具有以下特征。第一，体现公平性。教育公平是开展参与式学习的前提，促进每个孩子的发展，帮助和鼓励学生树立自信心，是参与式活动坚持不懈的追求。第二，突出主体性。教师是学生发展的促进者，开展学习活动的目的是尽可能地唤醒学生的主体意识，改变被动接受知识的习惯，培养主动探究问题的能力。

① 靳健. 后现代文化视界的语文课程与教学论［M］. 兰州：甘肃教育出版社，2006.

第三，强调情境性。创设语文知识问题情境，激发学生参与学习的好奇心，从而增强学生学习的内驱力；由浅入深，梯度设计语文学习目标与学习活动，铺设适宜循序渐进引领学生发展的实践之路，是学习活动能够顺利进行的充分条件。第四，实现合作性。合作学习不是形式主义的指令，而是学生发自内心的学习需求。教师如果提供的是一个语文知识问题情境，为了解决问题，学生便会自然而然生成合作的愿望、合作的行为，课堂上会自动生成合作学习的组织形式。第五，生成探究性。语文知识问题情境和合作学习组织形式，是学生自主发现问题、探究问题、解决问题的必要条件，只有具备了这些条件，学生才能够找到探究的方向，欣赏发散思维的魅力，体验刹那顿悟的兴奋，获取创造性的成果。第六，实践反思性。语文学习的真正效果出现在反思环节上，既有对成功体验的反思，也有对挫折心理的反思，尤其是借助言语实践产品来强化语文学习的效果，检验实现学习目标的程度，发现有待解决的问题，提出深入学习的策略，这才是参与式学习的理想状态。

参与式学习具有以下教育功能。一是言语实践功能。言语实践指以聆听、阅读、对话、写作、探究、审美等言语活动有序展开的学习过程，其中聆听和阅读是信息的输入过程，对话和写作是信息的输出过程，探究和审美是创造言语、创造思想的过程。这是语文教育区别于其他课程教育最突出的功能特点。这一功能不但会促进学生的阅读理解水平、写作表达水平、口语交际水平、问题探究水平和实践审美水平的发展，而且会促进学生的知觉（如速读）和动作（如书写、打字）技能的提升。言语实践是开展语文学习的主要方式，是提高语文教学质量的基础性保证。二是认知教育功能。认知教育依次由识记、领会、运用、分析、概括、评论六个层级目标构成，具体表现为积淀文化知识、理解文本意义、运用学习方法、分析内容结构、概括要点主旨、评论审美体验等方面，它既是检测语文能力层级水平的依据，也是评价语文教学质量的指标体系。认知教育是语文教学的思维发动机，是提升学生的智力水平的科学化途径。三是情感教育功能。情感教育依次由愿意、行动、批判、建构、创造五个层级目标构成，具体表现为愿意参与语文学习的相关事宜，对语文产生了兴趣并有了语文学习行动，能够判断并发表对学习材料的想法，能够自主地建构自己的语文知识体系，会出现创造性的鉴赏成果或写作成果。情感教育是学生学习语文的“加油站”，发挥着强化学习动机的作用，最终目的是塑造完美和谐个性、建设美丽人生。

瑞士心理学家皮亚杰（J. Piaget，1896—1980）认为，发展就是个体在与环境不断的相互作用中的一种建构过程，其内部的心理结构是在不断变化的。苏联心理学家维果茨基（Л. С. Выготский，1896—1934）认为，儿童的教学可以定义为人为的发展。他提出了“最近发展区”的思想，认为教学必须考虑儿童的两种发展水平，一种是儿童在自然状态下发展而成的学习水平，另一种是在教师或者其他人的帮助下达到的学习水平。这两种学习水平之间会有一个差距，就是“最近发展区”。这一理论认为，教师积极有效的引领会促进学生的发展，良好的学校教育和健康的社会环境会对学生的发展起主导作用。维果茨基主张教学应当走在儿童现有发展水平的前面，教学可以帮助发展，这一理论改变了“儿童中心”主义者的偏激教育观点，突出了教师引领的积极意义。参与式学习提倡教师和学生之间、学生和同伴之间的对话活动，与维氏理论有许多相同点。第一，可以从学习同伴中获得一种激励，能够产生感染的行为和竞争的努力。第二，在解决新的复杂的问题时，要形成并提出各种选择性的假设，以求最优的解决方式。在这种情况下，集体的努力显然要胜过个人的努力。第三，对有争议的问题展开讨论，可以开拓学习者的视野，激发他们深入思考，从而促进其智力的发展。也就是说，参与式学习为学习者提供了发现和进入自己的“最近发展区”的条件，使学习者之间、学习者自身能力与学习要求之间的差距显露出来，然后在教师或者其他人的帮助下缩小或者消除这些差距。

三、建构有效教学评价机制是提高语文参与式学习质量的保证

有效性学习是当前的热门话题，如果检索一下杂志上的这类文章，会发现绝大多数属于经验类的教学体会，没有多少科学依据。依据学习心理学建构语文教学的评价机制，是当下学校教育迫在眉睫的研究课题。语文学习心理学是研究学生在学习过程中，如何确立具有激励性的语文学习目标，通过自我监控不断强化学习动机，把当下的学习与未来的目标联系起来，选择学习方法，历练学习意志，从而提高语文能力，促进个性和谐发展的学习理论。知识与能力、学习动机、自我监控能力是语文学习心理学的三要素。这三个要素可以解决“学什么”“为什么学”“怎样学”一系列问题。

有效性语文教学应该是一种科学的设计与实践过程。美国科学家维纳（N.Wiener，1894—1964）发表了《控制论》，这本书是改变人类生活方式、促进世界进入信息时代的奠基性著作。维纳等科学家认为，人的有效行为受到他的思维活动机制及其信息传递方式的影响，人的思维活动一般都是通过负反馈来达到行为目的的。“一切有目的的行为都可以看作需要负反馈的行为”[①]，这就是控制论的基

① 罗森勃吕特，维纳，毕格罗．行为、目的和目的论［G］// 自然辩证法研究通讯编辑部．控制论哲学问题译文集：第 1 辑．北京：商务印书馆，1965：4.

本理论观点。负反馈理论把注重内化的结构主义理论、注重外化的实用主义理论、注重强化的行为主义理论连成了一个高效的“学习反馈环路”，负反馈的特点就是检出偏差，纠正偏差，以达到目标。以负反馈原理为基础的教学理论，实质上是一种建构主义理论，灰箱方法就是一种高效学习策略。灰箱方法认为有效学习必须满足的条件有：一是闭环系统，即学习目标在实践过程中变换成了学习结果的系统。如目标是背诵全诗，结果学生都背会了全诗。二是同构关系，指系统的整体矢量和它所含有的各个层级分量之间关系的展开式。如培养语文能力是一个教学矢量，含有听、读、说、写四个分量。意思是阅读教学以读为主，还必须听一点，说一点，写一点；写作教学以写为主，也必须听一点，读一点，说一点，否则会降低教学质量。反馈机制是指学习过程具有了闭合性与同构性特征时，学生内隐的心理活动就会转化为外显的学习行为，教师通过及时发现问题和矫正学习，就形成了“负反馈环路”，有效的学习机制就开始运作了。①

美国教育家布卢姆（B. Bloom，1913—1999）认为，有效教学受到三大变量的影响：一是认知前提，即教学时学生已经达到的认知水平和教师具备的认知水平；二是情感前提，即学生的学习兴趣、情感和态度，教师的教学情感和态度；三是教学质量，它受三个因素的制约，分别是提示、参与和反馈矫正程序。提示，指教学要为学生呈现清晰的学习目标和学习内容要求。参与，指教师智慧地组织学生积极参与学习过程。反馈矫正程序，指教师要及时地发现学生学习中存在的问题并有效地开展矫正教学。研究表明，第三个因

---

① 靳健．现代控制论视野的语文教育［C］// 全国中学语文教学专业委员会．新世纪中学语文教育．北京：人民教育出版社，1999：82-83.

素对于教学质量的影响是最大的。[①] 布卢姆的有效教学策略体现了负反馈理论的诸多因素，程序简略清晰，便于操作，非常适合指导语文参与式教学，有利于提高语文教学质量。

国际上普遍流行的“PQ4R”学习策略，也适合指导学生开展语文学习。“PQ4R”指预览（Preview）、设问（Question）、阅读（Read）、反思（Reflect）、背诵（Recite）和回顾（Review）。该策略包含了反思、背诵、回顾三次反馈，强化了学习效果，如果用它来引领语文参与式学习的专题性研究活动，料将能获得比较理想的实践价值。

语文参与式学习的创造性成果是教师教学智慧、学生主体行为、文本问题情境融为一体的实践结晶。维纳把具有已知性和预测性的学习系统叫作“白箱网络”[②]，白箱网络可以用一定的关系式表达系统的内部结构，预测以后的学习行为。如果我们把语文学习的情感行为发展过程描述为“愿意—行动—判断—建构—创造”，那么前三个学习层次反映的就是语文教学的已知性，即实实在在发生了的变化，后两个学习层次就是语文教学的可能性和创造性。也就是说，语文参与式学习的创造性不是凭空产生的，有了已知性的变化，才有可能出现创造性成果。

目前比较流行的教学评价策略，主要关注的是教学外延形式的变化。例如，师生之间体现出互相尊重、民主平等的关系，学生对参与各项活动充满了兴趣，教师和全体学生之间保持多向、丰富的信息交流，等等。这种关注本身没有什么问题，问题出在只关注外延的东西，而忽略了语文课程的主要任务，忽略了学生语文智慧的

① 钟启泉，黄志成. 美国教学论流派［M］. 西安：陕西人民教育出版社，1993.

② 维纳. 控制论［M］. 郝季仁，译. 北京：科学出版社，1962.

内涵式发展，结果把那些虚假的“小组活动”“合作学习”当成了“优质课”。如果这种趋势愈演愈烈，严重则会误人子弟。

为了改变这种现状，我们依据上述的科学理论，提出了语文参与式学习应该具备的四个条件：有语文知识问题情境，有语文思维历练方式，有审美情感体验活动，有言语产品分享时间。

有语文知识问题情境。在参与式学习中，教师为学生呈现一个语文知识问题情境，就会拨动学生的心弦，学生就会“忍不住”去发现，合作探究也成了学生发自内心的学习需求，而不是形式主义的指令。比如学习一首近体诗，它一般隐含着诗眼、意象、手法、意境、情感、格律等语文知识，教师让学生一一发现这些知识，就是问题情境；如果教师一一讲出来，就是知识情境。知识情境和问题情境的教学效果完全不一样，一个是被动接受，另一个是主动探究。如果离开了这些知识中介，学生就没有抓手，教学过程就会演变为“揭露”“同情”“热爱”“鄙视”等肤浅的价值观说教。

有语文思维历练方式。语文文本因其文体不同，所展开的思维方式是不一样的。叙述类的一般用形象思维方法，如象征、移情、意识流等；议论类的一般用逻辑思维方法，如类比、演绎、归谬法等。教学过程不只是让学生说出文本的思维特点，而且是要留有充分的时间展开训练，让学生掌握运用这种思维方式以形成自己的能力。形象思维和逻辑思维，在语文学习活动中都是言语思维，是通过言语形式来展示思维痕迹的。言语形象思维的模糊性，体现了语文思维的发散性、多元性，这正是创造性思维所需要的。思维是需要训练的，有说有写训练效果好，只说不写训练效果差。

有审美情感体验活动。在小学语文课堂上，我们经常听到老师说：“同学们，画出你喜欢的句子，并说说你喜欢的理由。”这就是情感体验活动，学生能够表达自己的想法，教学就有效果。在中学语文课堂上，不能仅停留在喜欢的水平上，更要通过兴观群怨、知人论世、披文入情、知言养气等学习方式，引领学生进行审美体验活动，并且要把“只可意会，不可言传”的审美体验变换为“既可意会，又可言传”的言语实践。

有言语产品分享时间。语文教学的有效性与学习产出和教学反馈息息相关，教学过程生成了学生的言语产品（尤其强调生成书面产品），并且有时间与大家分享，教学肯定是高质量的。现在大多数的语文课堂没有言语产品生成，就更谈不上教师的及时反馈与评价了。比如上面提到的学习近体诗，如果依据诗眼、意象、手法、意境、情感、格律等要素，让学生当堂完成一篇审美短文，甚至在时间允许的情况下选择几篇宣读并点评，久而久之效果就显现了。有言语产品生成，说明参与式学习落到了实处；有时间进行分享，说明养成了合作的习惯。合作探究是自然而然产生的，互相有资源交流，彼此有对话欲望，这就是语文参与式学习最具魅力之处。

语文参与式学习的四个“有”，不但充分展示了负反馈理论的“内化—外化—强化”过程，与布卢姆“提示—参与—反馈”的有效教学理论相吻合，而且集外延式评价和内涵式评价、形成性评价和终结性评价、认知性评价和情感性评价于一体，形成了有效的评价机制，有利于提高教学质量和促进学生的健康发展。当然，参与式学习也是一把双刃剑，运用得当，有利于促进学生语文能力的有效发展，运用不当，则会落入形式主义的窠臼。

目　录

课节一

参与式学习的
基本理念与理论基础

“横看成岭侧成峰，远近高低各不同。”这是北宋苏轼《题西林壁》里的诗句，一层意思是说由于人们观察物象的视角不同、情感不同，对同一事物的认识会迥然不同；另一层意思是说如果换一种方式，换一种态度，就会发现事物别样的精彩。人们对参与式学习的看法，就像苏轼的诗句一样，因人而异。参与式学习应该是这样的一种学习：每位学习者都有学习的自主权，在自然轻松的学习氛围中，以分组活动的学习方式，通过自由的学习思想、自主的探究精神、合作的学习态度，体验参与学习过程的乐趣。语文参与式学习是以促进学生个性的全面和谐发展为宗旨，以平等参与、丰富多样的学习活动为载体，通过小组和班级学习形式，引领学生自主运用语文知识，历练言语能力、思维能力、探究能力、审美鉴赏能力及情感态度的实践活动。

学习目的

1. 理解参与式学习的性质、特征与教育功能。
2. 领会并掌握参与式学习的哲学与心理学基础知识。

活动一

吹面不寒杨柳风（基本理念）

学习目标

1. 掌握参与式学习的性质。
2. 认识参与式学习的特征。
3. 了解参与式学习的教育功能与适用范围。

学习过程

1. 将学习者分为 3 个学习小组。在通读学习材料的基础上，每个小组选择其中一项内容。经过讨论，推荐一个代表陈述讨论结果。

2. 如果是个人学习，学习者在通读学习材料的基础上，分别复述各项学习内容的含义。

学习材料

一、参与式学习的性质

参与式学习的基本含义，可以用三句话来概括：在平等参与中唤醒主体意识，在文化情境中运用专业知识，在社会对话中张扬创造个性。

平等参与是唤醒学习者主体意识的充分条件，可以说没有平等性就没有主体性，学习过程中缺乏参与的能动性，学习结果也不可能是有意义的。在“传输—接受”的教育环境中，教师身份、知识等的权威地位有形无形地压抑着学习者的主体意识，如果学习者意识到了主体自我的能动力量，他要么通过抗争以争取平等，要么选择放弃以随波逐流。所以说，教育公平是参与式学习的大前提，学习目标、学习内容、学习活动、学习方法、学习评价都必须为每位学生的全面发展服务。

文化情境是学习者在参与式学习中健康成长的土壤。从学校的角度讲，文化情境应该是专业知识问题情境、专业技能习得情境、专业方法运用情境和专业信仰化育情境。如果有了这样的文化情境，参与式学习必然是高效的，是能够促进学习者能动发展的；如果远离专业情境，只是热衷于用所谓的思想教育情境、生活主题情境、生涯规划情境，结果必然是误人子弟。

社会对话是张扬创造个性的必要条件，因为创造性是对社会环境、文化环境的批判与超越，只有通过社会对话，学习者才能发现创造的机遇和价值，只有认识到创造的社会价值才能促使学习者去探讨、去实践、去奋斗。找准和社会对话的契机，历练和同伴对话的智慧，创造个性的形成便会水到渠成，这才是参与式学习的理想状态。

从本体论的角度看，参与式学习是学习者和专业知识、学习伙伴、社会情境进行对话，并在实践中发现自我、展示自我、创造自我的过程，是理解自我存在意义的社会性活动。从认识论的角度看，参与式学习是学习者认识自我与社会文化、生存环境之间的依从关系及其和谐发展的多种可能性的活动，是学习者对主体自我与社会环境可持续发展关系的理性探究过程。从方法论的角度看，参与式学习是在平等民主的学习氛围中，学习者以自由的学习思想、自主的探究精神、合作的学习态度，反思理论自我与实践自我的关系，体验参与对话过程的乐趣，领悟身处民主环境的幸福，发现成功的社会途径与创造性价值的新型实践形式。所以，参与式学习应当是从方法论开始，经由认识论过程，促成本体论发展的教育生态共同体。

学校教育的各种活动归根结底是在学生的发展变化中得以综合实现的。因此，作为“人的存在”的学生的发展变化正是参与式学习应当关注的核心问题。整体大于部分之和，学校教育作为一个整体，并不等于各学科教育和课外实践活动的简单相加，学校教育的整体性特征是通过学生综合地参与各种学习活动，使自身的素质得到全面发展而体现出来的。在学习文化知识、习得基本能力的过程中，涵养具有独立之人格、自由之思想、自强之精神、自律之行为、合作之态度、宽容之胸襟的主体性素质是参与式学习的终极目标。学生不仅是学习活动的主体，而且是学习活动中的“主权者”；教师是学生学习活动的设计者、组织者、指导者，更是学生学习权的服务者。参与式学习的基本理念、活动方式正好顺应了这一时代要求。

语文参与式学习是融合过程模式和情境模式的特点，以促进学生个性的全面和谐发展为宗旨，以平等参与、丰富多样的学习活动为载体，通过小组和班级学习形式，引领学生自主运用语文知识，历练言语能力、思维能力、探究能力、审美鉴赏能力及情感态度的实践活动。“有语文知识问题情境—有语文思维历练方式—有审美情感体验活动—有言语产品分享时间”是检验参与式学习有效性的主要指标。

二、参与式学习的特征

参与式学习的主要特征有主体性、公平性、情境性、合作性、探究性、反思性。

1. 主体性。以学习者为主体，以学习者的发展为中心，是参与式学习活动的灵魂。充分发挥学习者的能动性，变被动接受知识为主动探究问题，是参与式学习活动的情感与行为原则。

2. 公平性。为了弥补因学习基础、生活环境、经济条件、身体状况、智力水平等因素造成的差距，在学习过程中需要更多地帮助与关爱弱势群体。使每个孩子都获得发展，使每个孩子都消除自卑、畏缩或者自负、骄傲情绪，是参与式学习活动坚持不懈的追求。

3. 情境性。参与式学习活动是在具体的专业知识问题情境中展开的，创设问题情境时必须考虑学习的目标、学习的内容以及参与者自身的能力条件与兴趣。教师在活动设计、活动组织中显示出来的智慧水平与应变能力是参与式学习得以顺利开展的保证。

4. 合作性。参与式学习活动提倡分组活动形式，这种形式为学习者与学习者、学习者与组织者、小组与小组之间提供了更多的合作机会。智慧经验在合作中得到分享，学习探究在互动中获得成功，情感志趣在交流中历练养成，这就是参与式活动最完美的形式，其必将达成较为理想的效果。

5. 探究性。参与式学习鼓励多元性思维，提倡创造性探究。每个学习者都有自己的成功之路，不迷信标准答案与唯一结果。在多元探究中走向创造，这就是参与式学习的最大成功。

6. 反思性。参与式学习的最高境界在于反思，在于通过群体交流不断发现自身之外的知识世界来构建新的经验体系。学习就是由一个较低级的认知结构发展为一个较高级的认知结构的过程，就是由一种较被动的情感态度发展为一种较主动的情感态度的过程。参与式学习为这种发展提供了条件，而反思则是这种发展得以成就的催化剂。反思不只是对新知识的反思，更重要的是对自己的发展将会产生哪些冲击力的反思。

三、参与式学习的教育功能与适用范围

参与式学习的教育功能是多维的。一是情感行为教育功能。这项功能

旨在提高学习者的情感学习水平，塑造完美和谐的个性。学习者在情感教育功能的影响下预期出现以下五个层次的变化：愿意参与学习过程；对学习产生兴趣并转化为学习行动；能够辨析学习材料；能够建构自己的知识体系和良好的人生价值体系；逐渐形成创造意识和创造行为。

二是认知方法教育功能。其旨在使学习者获得自身发展所必需的知识积累，掌握收集、处理信息的方法，形成分析、解决问题的能力。学习者在认知方法教育功能的影响下预期出现以下六个层次的变化：形成必要的知识积累；具备理解学习材料的意义的能力；能够在新的情境中运用已有的知识；掌握分析文本内容、分析简单问题的能力；养成概括学习材料和综合透视与解决复杂问题的能力；涵养辨别评价真善美与假恶丑的能力。

三是言语过程教育功能。言语过程指的是聆听过程、阅读过程、对话过程和写作过程，其中聆听和阅读是信息输入的过程，对话和写作是信息输出的过程。聆听、阅读和对话适合于所有课程活动，而写作则因专业特点的不同而具有不同的表达方式，如语文的写作指写文章和写作业，数学的写作可指写作业和写论文，物理的写作可指写作业和写实验报告等。

三维体系的各项指标在空间上的有序性，显示出学习目标的结构特征；在时间上的有序性，显示出学习活动的功能特征；在评价过程上的有序性，显示出学习活动的效果特征。整体地认识参与式活动的学习目标、教育功能与学习效果之间的关系，有利于促进学习者的全面发展，也有利于促进每一位教师的专业化发展。

参与式学习的适用范围是立体的，适用于各种学习活动，涵盖幼儿游戏、语文学习、数学教学、艺术鉴赏、科学发现以及课标研制、教材编写、各级培训与专家讲座等。

学习反思

1. “在学习文化知识、习得基本能力的过程中，涵养具有独立之人格、自由之思想、自强之精神、自律之行为、合作之态度、宽容之胸襟的主体性素质是参与式学习的终极目标。”学习后发表你对这句话的认识。

2. “学生不仅是学习活动的主体，而且是学习活动中的‘主权者’。”和同伴交流一下你学习这一内容后的认识。

3. 梳理和复述：参与式学习的基本含义、参与式学习的特征、参与式学习的教育功能。

活动二

绿阴冉冉遍天涯（理论基础）

学习目标

1. 理解参与式学习的现代哲学思想。
2. 理解参与式学习的后现代哲学思想。
3. 掌握参与式学习的脑科学基础。
4. 掌握负反馈理论视野的参与式学习活动。

学习过程

1. 将学习者分为若干学习小组。在通读学习材料的基础上，每个小组选择其中一项内容。经过讨论，推荐一个代表陈述讨论结果。

2. 学习者在通读学习材料的基础上，分别复述各项学习内容的含义。

学习材料

一、参与式学习的现代哲学思想

辩证唯物主义认识论认为，实践是认识的基础，是认识的来源，是认识发展的动力，是检验真理的唯一标准。认识依赖实践，又反过来为实践服务。认识有感性认识与理性认识的区别，理性认识必须依赖感性认识，否则就成为无源之水、无本之木。感性认识必须发展到理性认识，才能更深刻、更正确、更全面地反映客观事物。认识运动发展到理性认识阶段并没有结束，它必须能动地回到实践，指导实践。参与式学习正好体现了从实践到认识的发展过程。学习者在生活的、艺术的、科学的具体活动中发现新知，发展智慧与情感；而活动设计者将自身的理性认识变换为新的学习实践情境，既为学习者创造了发展的条件，又使自身的理性知识受到了实践的检验，从而改变了那种从习题到习题、从原理到原理的违背认识规律的学习方式。

现象学认为，最基本的逻辑规律是被直觉到的，而且被直觉到的东西不以任何其他东西为前提。本质直觉的方法就是以获得非经验的、无预先假定的本质和本质规律为目标的一种认识方法。本质直觉方法的基本原则是“面向实事本身”。为了确保这一原则，认识必须遵循一定的程序。这种程序包括两个步骤：中止判断的步骤和呈现众识的步骤。这两个步骤也被参与式学习的“头脑风暴”活动所广泛采用。“头脑风暴”特别重视“风暴”作用，在使用时一般遵循四个原则：(1) 确定问题后，鼓励所有学习者都提意见；(2) 对大家的意见，先作记录，不作批评；(3) 意见越多越好，并力求向新奇方向发展；(4) 综合所有意见，经选择、扩充、修改后众议公决或当众陈述，选定最佳意见。“头脑风暴”活动的不作批评就是中止判断。人们在参加讨论时经常看到这样的现象：本来想找到创造性地解决问题的方法，却转变成了对某种方法好坏的争论，结果影响了大家的情绪。“头脑风暴”原则就是尽可能多地产生想法，不管想法如何片面，人们都不会对其进行评论。这样，人们就不会因为担心受到批评而抑制可能的创造性解答。

群体动力理论家借用物理学中“磁场”的概念，提出了“场”理论公式：$B=f(P\cdot E)$。其中 B 是行为，P 是个人，E 是环境，f 是函数。也就是说，人的行为是个人与环境相互作用的函数结果。“场”理论家认为，人的心理、人的行为决定于内在需要和周围环境的作用。当人的需要未得到满足时，会产生内部力场的张力，周围环境因素起着导火线的作用，而主要的决定因素是内部力场的张力。参与式学习一般采用小组讨论的方式来解决问题，在讨论中，每个成员从各自的角度提出不同的见解，大大拓宽了解决问题方法的选用范围。有时，一个人的发言能启发另一个人悟出或改进解决问题的方法。而且小组讨论能产生“社会促进”的现象，即当一个人看到其他人正在完成某个任务时，自己也想要更快更好地完成任务。在小组讨论中，当一个学习者看到其他学习者积极发言时，自己也会去积极思考。

建构主义心理学家皮亚杰认为，发展就是个体在与环境不断相互作用中的一种建构过程，其内部的心理结构是在不断变化的。苏联心理学家维果茨基认为，儿童的教学可以定义为人为的发展。维果茨基提出了“最近发展区”的思想，认为教学必须考虑儿童的两种发展水平，一种是儿童现有的发展水平，另一种是借助于他人的启发帮助可以达到的较高水平。这两种水平之间的差距，就是“最近发展区”。这一理论为学生提供了发展的可能性，教和学的相互作用刺激了发展，社会和教育对发展起主导作用。维果茨基主张教学应当走在儿童现有发展水平的前面，教学可以帮助发展。参与式学习提倡学习小组成员之间、小组之间、组织者与学习者之间的合作学习，这种学习理念指导下的学习形式有许多优点:（1）可以从学习同伴中获得一种激励;（2）在解决新的复杂的问题时，要形成并提出各种选择性的假设，以求最优的解决方式，在这种情况下集体的努力显然要胜过个人的努力;（3）对有争议的问题展开讨论，可以开阔学习者的视野，激发他们深入思考，从而促进其智力的发展。也就是说，参与式学习为学习者提供了发现和进入自己的“最近发展区”的条件，使学习者之间、学习者自身能力与学习要求之间的差距显露出来，并在同伴和组织者的帮助下缩小或消除这些差距。

二、参与式学习的后现代哲学思想

后现代哲学思想理论流派众多，哲学观点同中有异，但总体来看，后现代哲学思想是对“现代性”的深刻反思和超越。尤其是其中的建设性后现代主义思潮，作为后现代哲学思潮中的一个理论流派，不是一味地对“现代性”的“解构”或“否定”，而是在“反思”中有“建构”。它所倡导的“有机”“整体”“内在联系”“差异”“多元”的理论观点，显然有助于我们深入反思“机械”“割裂”“对立”的世界观和方法论。后现代主义的思维方式对我们反思奠基于现代科学基础上的教学观具有很大的启发意义。基于建设性后现代的哲学思想，在学习方式上，我们十分有必要倡导“参与式教学观”。课堂教学中，我们要充分尊重每一个学生的主观能动性，尊重每个学生的个体差异，教师要耐心倾听来自课堂教学中的多元声音和不同意见，对“真理”保持开放的心态，对知识持一种批判质疑的态度。在这样的课堂情境中，学生作为学习的主体，即由“经验之外的完全旁观者”转变为“经验中的参与者”，由“知识的被动接受者”转变为“知识的主动创生者”或“学习意义的建构者”。这正是“语文参与式教学”的魅力所在!

美国建设性后现代主义思想家认为，以促进学习者个性与社会和谐发展为中心的教育过程，是对以知识为中心的教育过程与唯我论的教育过程的彻底超越。它不但关注个体从内部建构世界知识的方式，而且关注科学文化知识与社会生活环境对个体发展的建构作用。

美国建设性后现代主义的代表人物格里芬（D.R.Griffin）认为，后现代不是彻底抛弃现代，而是对现代所作出的根本超越。“后现代范式既指一种世界观，又指这种世界观所蕴含的用以指导我们生活的伦理观。”[①] 这种生活伦理观强调和谐、合作和贡献。和谐是指人类的心灵中永远跳动着渴求普遍和谐的愿望，“生态运动的兴起使我们进一步认识到，所有的事物都是相互联系着的，我们应当同我们的总体环境保持某种和谐”[②]。合作是指后现代思想还把生活的基本关系描述为非强制性关系，指出在事物的本性中合作比竞争更为基本。贡献是指后现代思想的任务之一就是创造一种新的意识，“为他人的利益、为整体的（社会的、国家的、世界的）利益工作，就是为自己的利益工作”[③]。

建设性后现代主义课程观有三大基本特征：

第一，语言不是一种工具，而是“存在的家”。建设性后现代主义认为，存在体现在文本中，文本或语言也由此具有本体论的地位。分析和解释文本，就是通过方法论的手段来达到本体论。表象主义认为主体与客体、心与物是对立的、二元的。哲学的任务是研究主体如何整体地认识客体，如何使主观与客观相符合，从而获得客观真理。而后现代主义则消解这种主体与客体的认识的二元对立，反对把人心作为“自然之镜”，消解“思想的客观性”。

第二，理解文本是一种策划，具有无限丰富性。建设性后现代主义认为，理解文本是一种策划、一种新的在世（一切存在者的总体）方式，方法论的多样性和本体论的多元性说明存在的无限丰富性。基础主义认为人类文化和知识存在一个可靠的基础，哲学的任务是凭借它来构建文化秩序或思想大厦，而后现代主义反对这种深层与表层的文化的二元对应，反对从“第一原理”推出一切的思维方式，主张以差异、多元取代统一、普遍，以模糊性取代确定性。

第三，文学语言是一个主客体还未发生分裂的世界。建设性后现代主

①②③ 格里芬. 后现代精神［M］. 王成兵，译. 北京：中央编译出版社，1998.

义认为，文学语言是一个主客体还未发生分裂的世界，文本解释使“无家可归”的流浪汉重新看到了这个世界，开始了自我回归、自我认同、自我理解的过程。本质主义认为本质是事物内在的、固有的属性，现象则是本质外在的、偶然的表现，哲学的任务就是指导人们透过现象看本质。而后现代主义反对这种现象与本质逻辑的二元对立，消解哲学所追求的超验的“本体”。

三、参与式学习的心理学基础

（一）脑科学基础

人的中枢神经系统包括脑与脊髓两部分，在中枢神经系统内，由神经元的细胞体聚集而成的神经组织呈灰色，称为“灰质”；由神经元的神经纤维（轴突）聚集而成的神经组织呈白色，称为“白质”。人脑的构造主要包括脑干、小脑与前脑三部分。脑干上承大脑半球，下连脊髓，呈不规则的柱状形。脑干之功能主要是维持个体生命，凡心跳、呼吸、消化、体温、睡眠等生理运作均与脑干的功能有关。小脑是脑的第二大部分，位于大脑枕叶的下方、脑干之后。小脑由左右两半球构成，小脑和大脑皮质运动区共同控制肌肉的运动，借以调节姿势和身体平衡。前脑是人脑中最复杂、最重要的神经中枢，分为视丘、下视丘、边缘系统、大脑皮质四部分。视丘是感觉神经的重要传递站，还具有控制情绪的功能。下视丘的功能是管制内分泌系统，维持新陈代谢的正常活动，调节体温，并与生理活动中的饥饿、渴等动机有密切的关系。边缘系统的主要功能是管制嗅觉、内脏、自主神经、内分泌、摄食、学习、记忆等。大脑的表层为大脑皮质，大脑分左右两个半球，每一半球上分别有运动区、体觉区、视觉区、听觉区、联合区等神经中枢，两半球并非各自独立，而是交互作用发挥着各种功能。[1]1948年，美国人艾什比（Ashby）写出了第一篇关于脑模拟的论文《设计一个脑》。他认为，人脑之所以能够获得并处理信息，是由于人脑具有通过负反馈校正偏离中心最佳状态的能力，这样就能使人从十分复杂的环境中取得经验，找到适应环境的方式。

（二）负反馈理论

著名生理学家巴甫洛夫（И. П. Павлов，1849—1936）在研究条件反射的过程中，创立了高级神经活动学说，即反射弧理论，为科学地阐明心理现象和研究心理活动的生理机制奠定了基础。有趣的是，当教育心理学家运用巴甫洛夫学说阐释课程理论和教学实践时，却出现了许多不同的派别，其中以行为主义、结构主义与实用主义最具有代表性。行为主义者强调的是学习刺激在效应器和感受器之间引起的行为变化（R—S），认知主义者强调的是学习刺激由感受器传输给脑神经，形成认知结构的过程（S—O），实用主义者强调的是心理活动在对学习刺激的适应过程中所起的机能作用（O—R），如果把它们连接起来，刚好形成一个反馈环路。《控制论》的作者维纳在研究控制论的最初阶段，试图在理论上找到技术系统与生物系统之间在某些功能上的相似性、统一性，以便在技术上研制出模拟功能的装置。维纳认为，对技术装置的运动过程进行完全的控制，需要一种反馈作用。那么在生物中，特别是对于人来说，是不是也存在着反馈呢？维纳请教了生理学家罗森勃吕特（Rosenblueth），其回答是肯定的。如因小脑受伤而患“目的震颤”症的病人，假如让他完成捡铅笔这种随意动作，就会发现他的手围绕铅笔来回摆动，但始终难以捡起铅笔。罗森勃吕特指出，这是由于反馈作用有缺陷造成的，巴甫洛夫的反射弧理论不能解释这种病症，因为除了由感受器经过神经系统到效应器官，还应该由效应器再回输到神经系

① 张春兴. 现代心理学：现代人研究自身问题的科学［M］. 上海：上海人民出版社，1994.

统的反馈回路，这是一种环形反馈，也就是说，有机体从接受刺激到发生反应，兴奋在神经系统内循环的整个路径不是弧形，而是环形。由此，维纳等人得出了一个重要结论：人的“随意活动中的一个极端重要的因素就是控制工程师们所谓的反馈作用”①。就是说，从结构上看，技术系统与生物系统都具有反馈回路，表现在功能上，它们都具有自动调节的功能。也就是说，机器与生物一般都是通过负反馈来达到预期的目的，“一切有目的的行为都可以看作需要负反馈的行为”②。在维纳看来，所谓目的，并不神秘，不过是一种负反馈行为，从而说明了目的与反馈、行为的关系。通过行为、机能去研究结构，这是维纳在方法论上的一大贡献。

如果运用上述理论，可以认为学习心理过程由以下三个阶段构成。

第一，知识刺激——内化阶段。在学习新的单元之前，必须首先确定知识刺激点，即确定具体而又清晰的学习目标，然后针对学习目标回忆或补偿有关的知识内容，以形成学习的认知前提，并以此激发学习的动机，引起学习的兴趣，形成学习的情感前提。这种围绕学习目标形成认知前提和情感前提的行为就叫前置性反馈。确定学习目标，进行前置性反馈，走进新的学习情境，初步学习新的知识和方法，这一系列过程就是语文学习心理活动的知识刺激阶段或者信息输入阶段，也叫内化阶段。

第二，思维操作——外化阶段。当学习的第一个阶段完成后，学习便进入思维操作阶段。学习者根据学习提示，以聆听或阅读的方式学习新的知识、新的方法，展开新的学习过程。这一过程既有对旧知识旧方法的运用，又有对新知识新方法的掌握，在这新旧知识和方法的同化顺应之中，学习者的智慧和情感都得到了发展，这就是思维操作阶段，或者叫作信息编码阶段。这个阶段的学习心理活动基本上是内隐的、难以观察的，学习

---

① 维纳. 控制论［M］. 郝季仁，译. 北京：科学出版社，1962.

② 罗森勃吕特，维纳，毕格罗. 行为、目的和目的论［G］// 自然辩证法研究通讯编辑部. 控制论哲学问题译文集：第 1 辑. 北京：商务印书馆，1965：4.

者必须依靠自我监控系统使思维活动紧紧围绕学习目标展开，也可以依靠教师或同学提供的帮助随时调节思维活动，使学习心理活动始终指向目标的达成。为了保证学习的有效性，内隐的思维操作必须通过言语反应的形成性反馈调节，即走向外化阶段。

第三，言语表达——强化阶段。在完成以上学习过程的基础上，要围绕学习目标进一步作出相应的言语反应，即把内隐的思维活动变换为可观察的言语行为，通过对话和练习的方式，同原定学习目标相对照。如果学习活动偏离或者尚未达到学习目标，便要及时进行纠正或补偿学习，这种及时的纠正或补偿学习就是形成性反馈。如果在课文或单元学习即将结束时，再围绕原定目标进行一次较为全面的反馈矫正学习，这就是终结性反馈。把内隐的思维操作变换为可观察的言语学习行为，并利用形成性反馈和终结性反馈来达成学习目标，这个过程就是语文学习心理过程的言语表达阶段或者信息输出阶段，也叫强化阶段。

学习反思

1. “‘头脑风暴’特别重视‘风暴’作用，在使用时一般遵循四个原则：（1）确定问题后，鼓励所有学习者都提意见；（2）对大家的意见，先作记录，不作批评；（3）意见越多越好，并力求向新奇方向发展；（4）综合所有意见，经选择、扩充、修改后众议公决或当众陈述，选定最佳意见。”

说说你学习此内容后的认识。

2. 建设性后现代主义课程观有三大基本特征：第一，语言不是一种工具，而是“存在的家”；第二，理解文本是一种策划，具有无限丰富性；第三，文学语言是一个主客体还未发生分裂的世界。

发表你学习这一内容后的认识。

3. “行为主义者强调的是学习刺激在效应器和感受器之间引起的行为变

化（R—S），认知主义者强调的是学习刺激由感受器传输给脑神经，形成认知结构的过程（S—O），实用主义者强调的是心理活动在对学习刺激的适应过程中所起的机能作用（O—R），如果把它们连接起来，刚好形成一个反馈环路。”

写一段话，发表你学习此内容后的认识。

4. 复述下列概念：中止判断、呈现众识、大脑左右半球的功能、负反馈理论、内化阶段、外化阶段、强化阶段。

· 课节讨论 ·

本课节设计了两个参与式学习活动，从参与式学习的基本理念、参与式学习的理论基础的不同视角切入。当你参与了所有的学习过程，肯定有一些新的收获，希望你积极参与下列问题的讨论，写一段学习反思。

1. “教师应该是一个哲学家”，你同意这种观点吗？

2. 学习一些脑科学、心理学知识对从事教育工作有什么帮助？

3. 本课节用南宋僧志南《绝句》中的诗句“吹面不寒杨柳风”和南宋曹豳《春暮》里的诗句“绿阴冉冉遍天涯”分别给两个学习活动命名，结合学习过程，谈谈你对活动名称的理解。

[illegible]（S—O），[illegible]（O—R），[illegible]

[illegible]

[illegible]

课后讨论

[illegible]

课节二

我国古代教育中的参与式学习活动

“携取旧书归旧隐，野花啼鸟一般春。”这是宋代陈抟《归隐》中的诗句，意思是说带着自己喜欢的书到山间的故居中去翻阅，在那里可以看野花、听鸟鸣、赏春光。这种境界正好和本课节的学习不谋而合。检索我国古代的教育文献，你会惊奇地发现，我们现在极力提倡的参与式，在春秋战国时期就已经很流行了，只不过没有以“参与式”命名罢了。例如，在《论语·先进》《墨子·公输》《庄子·秋水》《礼记·乐记》等文献中，都可以看到启发式对话、游戏性活动、开放式讨论、寓言性反思等学习方式。今天，重温古代教育家的教育实践过程，你肯定会有不少收获。

学习目的

1. 理解古代文献中的参与式学习活动。
2. 认识优秀传统教育文化的当代价值。

活动一

深林人不知，明月来相照（文献探幽）

学习目标

在现代参与式学习中，“活动”“对话”“游戏”是经常为人们采用的学习方式。在下面古代文献学习的案例中，我们可以从中发现类似的情形，通过比较完成下列学习目标。

1. 认识中外不同文化背景下进步教育方法的永恒价值。

2. 掌握参与式学习的基本要求。

学习过程

1. 学习者可以以小组形式分别阅读《论语》《墨子》《孟子》《庄子》《礼记》《传习录》等古代文化论著，从中找出和“参与式”学习相似的材料，并且展示出来和大家分享。

2. 比较我国古代文献中的参与式和现代学校教育中的参与式，通过讨论，梳理它们的相同点和不同点。

学习材料

材料一

例文1 《论语·先进》 子路、曾皙、冉有、公西华侍坐。子曰："以吾一日长乎尔，毋吾以也。居则曰：'不吾知也！'如或知尔，则何以哉？"子路率尔而对曰："千乘之国，摄乎大国之间，加之以师旅，因之以饥馑，由也为之，比及三年，可使有勇，且知方也。"夫子哂之。"求！尔何如？"对曰："方六七十，如五六十，求也为之，比及三年，可使足民。如其礼乐，以俟君子。""赤！尔何如？"对曰："非曰能之，愿学焉。宗庙之事，如会同，端章甫，愿为小相焉。""点！尔何如？"鼓瑟希，铿尔，舍瑟而作，对曰："异乎三子者之撰。"子曰："何伤乎？亦各言其志也。"曰："莫春者，春服既成，冠者五六人，童子六七人，浴乎沂，风乎舞雩，咏而归。"夫子喟然叹曰："吾与点也！"三子者出，曾皙后。曾皙曰："夫三子者之言何如？"子曰："亦各言其志也已矣。"曰："夫子何哂由也？"曰："为国以礼，其言不让，是故哂之。""唯求则非邦也与？""安见方六七十如五六十而非邦也者？""唯赤则非邦也与？""宗庙会同，非诸侯而何？赤也为之小，孰能为之大？"

讨论

1. 教师创设了一个怎样轻松自由的对话情境？（侍坐、鼓瑟）

2. 教师是如何启发学生各言其志的？（毋吾以也）

3. 学生为什么能够畅所欲言？

4. 教师是怎样点评学生的发言的？（子路不让，冉有不辨，公西华过谦，夫子与点）

例文2 《论语·宪问》 子曰："为命，裨谌草创之，世叔讨论之，行人子羽修饰之，东里子产润色之。”

讨论

1. 上文描述的文稿写作过程有哪些环节？一共有几人参与？如何分工？

2. 今天的参与式活动提倡合作学习，与上述文稿写作有哪些相同的地方？

材料二

例文 《墨子·公输》 于是见公输盘。子墨子解带为城，以牒为械。公输盘九设攻城之机变，子墨子九距之。公输盘之攻械尽，子墨子之守圉有余。公输盘诎，而曰：“吾知所以距子矣，吾不言。”子墨子亦曰：“吾知子之所以距我，吾不言。”楚王问其故。子墨子曰：“公输子之意不过欲杀臣。杀臣，宋莫能守，乃可攻也。然臣之弟子禽滑厘等三百人，已持臣守圉之器，在宋城上而待楚寇矣。虽杀臣，不能绝也。”楚王曰：“善哉。吾请无攻宋矣。”

讨论

1. 故事设计了一个怎样的活动，让公输盘、楚王、墨子都参与其中？

2. 模拟活动中的这场战争的攻防武器是用什么东西来替代的？这和现代参与式学习提倡的开发隐性课程资源有何相同之处？

3. 活动的情境模拟结合人物对话，使每一个参与者都有感悟和收获，说说其中原因。

材料三

例文 《庄子·秋水》 秋水时至，百川灌河。泾流之大，两涘渚崖之间，不辩牛马。于是焉河伯欣然自喜，以天下之美为尽在己。顺流而东行，至于北海，东面而视，不见水端。于是焉河伯始旋其面目，望洋向若而叹曰：“野语有之曰：‘闻道百，以为莫己若者。’我之谓也。且夫我尝闻少仲尼之闻而轻伯夷之义者，始吾弗信；今我睹子之难穷也，吾非至于子之门则殆矣，吾长见笑于大方之家。”北海若曰：“井鱼不可以语于海者，拘于虚也；夏虫不可以语于冰者，笃于时也；曲士不可以语于道者，束于教也。今尔出于崖涘，观于大海，乃知尔丑，尔将可与语大理矣。”

讨论

1. 庄子喜欢用寓言形式表达思想，寓言形式往往引发人们的多元思考，这对现代教育有什么启迪？

2. 例文中河伯与北海若的对话引起人们的思考，这种对话和简单的问答形式有区别吗，为什么？

3. 河伯在学习体验中改变了自己的态度，这种“自我反思”的方式对今天的教育有没有意义，为什么？

材料四

例文 1 《孟子 · 离娄上》 淳于髡曰：“男女授受不亲，礼与？”孟子曰：“礼也。”曰：“嫂溺，则援之以手乎？”曰：“嫂溺不援，是豺狼也。男女授受不亲，礼也；嫂溺，援之以手者，权也。”曰：“今天下溺矣，夫子之不援，何也？”曰：“天下溺，援之以道；嫂溺，援之以手，子欲手援天下乎？”

讨论

1. 对话必须掌握一些方法和技巧，这样才能够游刃有余地表达自己的思想，展示自己的人格魅力。你掌握引文运用的类比技巧了吗？

2. 这段对话体现了孟子的机敏，你从中领悟到了什么？

例文 2 《孟子 · 梁惠王下》 齐宣王问曰：“汤放桀，武王伐纣，有诸？”孟子对曰：“于传有之。”曰：“臣弑其君，可乎？”曰：“贼仁者谓之‘贼’，贼义者谓之‘残’，残贼之人谓之‘一夫’。闻诛一夫纣矣，未闻弑君也。”

讨论

1. 孟子创造性地对“君”和“一夫”两个概念进行了界定，从而解决了一个政治上的两难问题。通过学习，你对“概念”的功能有哪些新的认识？

2. 正气凛然在观念相悖的对话中可以产生意想不到的效果，对解决人云亦云的问题很有帮助。对此，你有何看法？

例文 3《孟子·梁惠王下》 孟子谓齐宣王曰：“王之臣有托其妻子于其友而之楚游者，比其反也，则冻馁其妻子，则如之何？”王曰：“弃之。”曰：“士师不能治士，则如之何？”王曰：“已之。”曰：“四境之内不治，则如之何？”王顾左右而言他。

讨论

1. 从身边的事情说起，从生活现象说起，引发一个很严肃的话题，你领略到这种对话方式的艺术魅力了吗？

2. 逆向思维是解决问题的思维方法之一，假设要论述一个比较“虚”的话题，你应该如何寻找切入点？

材料五

例文 《礼记·乐记》 诗，言其志也；歌，咏其声也；舞，动其容也。三者本于心，然后乐气从之。是故情深而文明，气盛而化神，和顺积中，而英华发外，唯乐不可以为伪。……故听其《雅》《颂》之声，志意得广焉；执其干戚，习其俯仰诎伸，容貌得庄焉；行其缀兆，要其节奏，行列得正焉，进退得齐焉。故乐者，天地之命，中和之纪，人情之所不能免也。

讨论

1. 古代言诗、咏歌、动舞三位一体，通过音乐的和谐节奏把它们统一起来。你对这种学习方式有什么看法?

2. 古代的学习是一种综合性学习活动，活动的主体是学习者，并非我们现在于课堂上看到的“满堂灌”现象。对此你有什么看法? 发表出来与大家分享。

材料六

例文 1 《传习录·教约》 童生班次，皆如歌诗，每间一日，则轮一班习礼，其余皆就席，敛容肃观。习礼之日，免其课仿。每十日则总四班递习于本学，每朔望则集各学会习于书院。

例文 2 《传习录·训蒙大意示教读刘伯颂等》 今教童子，唯当以孝悌忠信礼义廉耻为专务，其栽培涵养之方，则宜诱之歌诗，以发其志意；导之习礼，以肃其威仪；讽之读书，以开其知觉。今人往往以歌诗习礼为不切时务，此皆末俗庸鄙之见，乌足以知古人立教之意哉！……故凡诱之歌诗者，非但发其志意而已，亦所以泄其跳号呼啸于咏歌，宣其幽抑结滞于音节也。导之习礼者，非但肃其威仪而已，亦所以周旋揖让而动荡其血脉，拜起屈伸而固束其筋骸也。讽之读书者，非但开其知觉而已，亦所以沉潜反复而存其心，抑扬讽诵以宣其志也。

讨论

1. 王阳明倡导的学习活动实际上是综合性的，这一学习活动是如何体现学习者的主体性和参与性的?

2. 王阳明组织的学习过程是一种审美实践活动，审美实践活动有利于改善教育因追求工具理性而产生的功利化问题。请说说你的看法。

学习反思

1. 在经历了否定批判传统，学习模仿西方的痛苦反思后，人们开始重估传统教育的价值。学习了以上材料，你对此种说法有何看法？

2. 语文参与式学习活动对教师的国学基础、文学素养、教学水平提出了更高的要求。这对教师的专业发展有什么重要意义？

活动二

古寺寒山上，远钟扬好风（古代学程）

学习目标

古代教育家非常注重对学习程序的建构，创造了一系列至今仍具有生命意义的“学程”，其充分体现了以学生自我发展为核心的教育理念。通过下面的学习，我们可以从中领略到古代学程中蕴含的“参与式”因素。

1. 认识孔子“兴观群怨”学程的现代教育价值。
2. 体认韩愈“行成于思”学程的教学实践意义。
3. 掌握陆机“读写一体”学程的教学实践功能。

学习过程

1. 将学习者分为甲、乙两个小组，每组各选择一个学习材料。在阅读研究的基础上，列举阅读材料的要点，并写在大白纸上张贴起来。

2. 交换阅读材料，在阅读研究的基础上，组织大家浏览大白纸上的内容。

学习材料

材料一

认识孔子“兴观群怨”学程的现代教育价值

现代人常说“教程”，着眼点在教师的“教”；古代人强调个人的“学”，展示的是一种“学程”。

我们通过了解孔子的“诗教”理论架构，可以认识学程与教程的不同特点，孔子“诗教”体系的基本要素可呈示如下。

诗教目标：“诗三百，一言以蔽之，曰思无邪。”（《论语・为政》）“文质彬彬，然后君子。”（《论语・雍也》）

诗教特征：① 言志，“诗言志，歌永言。”（《尚书》）② 美言，“言之无文，行而不远。”（《左传》）③ 审美，“师挚之始，《关雎》之乱，洋洋乎盈耳哉！”（《论语・泰伯》）“三月不知肉味。”（《论语・述而》）

诗教标准：“乐而不淫，哀而不伤。”（《论语・八佾》）

诗教过程：“诗可以兴，可以观，可以群，可以怨。”（《论语・阳货》）

诗教方法：“兴于诗，立于礼，成于乐。”（《论语・泰伯》）“游于艺。”（《论语・述而》）

诗教价值：“吾十有五而志于学，三十而立，四十而不惑，五十而知天命，六十而耳顺，七十而从心所欲不逾矩。”（《论语・为政》）

其中，孔子提倡的“兴观群怨”学程揭示的是一种个体自我完善的学习过程。“兴”指的是情境联想，既指学习《诗》的艺术，创造具有象征性的意象和情境，为自己的发展寻求具有无限可能性的载体，又指学习《诗》的思维进入文本创设的情境，发现与诗情产生共鸣的窗口。“观”指的是观察体悟，既要求学习《诗》的艺术，以提升领悟文本意义的水平，发现观察事物的多种途径，也要求学习《诗》的语言，抒发情感、表现生活、反映社会凝聚力。“群”指的是群体交流，在各种各样的社会情境中借《诗》对话，借《诗》交流，既赋予《诗》开放的交际功能，又开放了人的心灵，涵养了人的语言，锻炼了人的社交能力。“怨”指的是得体表达，学《诗》不但可以培养人适应各种复杂环境的能力，还可以涵养人交际语言的得体性、传达信息的灵活性、宣泄情绪的适切性、表达态度的分寸感。有什么样的过程就有什么样的功能。可以看出，“兴观群怨”所揭示的“创设情境—观察体认—群体交流—得体表达”的诗教过程是开放的、动态的，是以涵养个体人格与生活环境的和谐发展为目标的。

下面是古为今用，以“兴观群怨”学程指导学习《诗经·秦风·蒹葭》的案例。

蒹葭苍苍，白露为霜。所谓伊人，在水一方。溯洄从之，道阻且长。溯游从之，宛在水中央。蒹葭萋萋，白露未晞。所谓伊人，在水之湄。溯洄从之，道阻且跻。溯游从之，宛在水中坻。蒹葭采采，白露未已。所谓伊人，在水之涘。溯洄从之，道阻且右。溯游从之，宛在水中沚。

导入：配乐朗诵或齐诵这首诗。

兴：以比兴手法将人们引入诗的意境。

（1）蒹葭苍苍。　（2）白露为霜。　（3）在水一方。

观：通过“观”认识古代青年的情感世界。

（1）了解古代恋歌以意象表现情感的方法。

（2）体会对恋人无限憧憬又无限怅惘的情怀。

（3）认识乐而不淫、哀而不伤的情感表现方式。

群：通过群体交流对话深入领悟全诗。

（1）反复诵读，体验本诗的韵律节奏以及复沓式结构带给读者的音乐美感。

（2）讨论交流本诗的心理描写、场景描写带给读者的生活美感。

怨：通过书面表达得体地展示人格魅力。

（1）写读后感。（传阅）

（2）写诗歌评论。（借助手法、意象、情感、语言、结构等诗歌知识来撰写）

结束：背诵全诗。

小组讨论：

1. 发表对“兴观群怨”学程现代教育价值的认识，派代表陈述小组讨论的主要观点。

2. “兴观群怨”学程和参与式学习有哪些相同点，各小组派代表发表意见。

3. 通过书面表达得体地展示人格魅力，是这则教学设计的一个亮点。你可以与大家分享你的收获。

材料二

体认韩愈“行成于思”学程的教学实践意义

唐代韩愈在《进学解》中塑造了一个“业精于勤、行成于思”的学习者形象：“先生口不绝吟于六艺之文，手不停披于百家之编。记事者必提其要，纂言者必钩其玄，贪多务得，细大不捐，焚膏油以继晷，恒兀兀以穷年，先生之业，可谓勤矣。”

他通过这段文字建构了一个极具操作性的“行成于思”学习模式：吟诵—博览—提要—钩玄。首先，在“吟诵”中知言养气，体悟语感；其次，在“博览”中遍观群书，开阔视野；再次，在“提要”中提纲挈领，概括重点；最后，在“钩玄”中探索奥秘，研究精微。

“行成于思”学习模式具有以下特点：第一，它是一个融通情感过程与认知过程的学习模式，勤奋探究精神贯穿了学习的各个环节；第二，它是一个学习广度与研究深度纵横贯通的学习模式，既重视像博览这样的广度学习，又重视像钩玄这样的深度思考；第三，它符合教育心理学由浅入深、循序渐进的教育原则，行为动词有利于引领学习过程，对学习者具有明确的实践操作要求；第四，它蕴含了语言文学教育的诸多能力要素，如吟咏、背诵、浏览、检索、概括、思考、探究、表达等，有利于培养能力、发展智慧；第五，它是一个开放的学习情境，既适合发散思维，又注重辐合思维，有助于培养创造能力。

下面是古为今用，以“行成于思”模式指导设计王维诗歌研究性学习活动的案例。

学习过程：精读—博览—提要—钩玄

（1）精读。精读王维《终南别业》，重点感受“诗中有画”的意境。

（2）博览。拓展阅读王维《过香积寺》《归嵩山作》《终南山》《汉江临泛》《山居秋暝》《秋夜独坐》《辋川闲居赠裴秀才迪》等诗作。

（3）提要。概括每首诗的主旨与特点（诗中有画）。

（4）钩玄。深入讨论王维诗篇“诗中有画”的特点及其表现手法。

学习成果展示：

（1）撰写研究王维诗篇“诗中有画”特点的论文。

（2）各小组经过讨论，派代表陈述该设计蕴含了哪些参与式学习的要素。

材料三

掌握陆机“读写一体”学程的教学实践功能

晋代陆机在《文赋》里建构了一个“读写一体”学程。《文赋》：“伫中区以玄览，颐情志于典坟。遵四时以叹逝，瞻万物而思纷；悲落叶于劲秋，喜柔条于芳春。心懔懔以怀霜，志眇眇而临云。咏世德之骏烈，诵先人之清芬。游文章之林府，嘉丽藻之彬彬。慨投篇而援笔，聊宣之乎斯文。”

陆机认为，学习是一个读写一体的过程。首先，要集中精力，使情感志趣倾向于文化典籍；其次，进行宇宙感悟，使心灵随着四时更替、万物变化自由驰骋，为喜怒哀乐之情寻找寄托载体；再次，咏诵领略文风的潇洒、哲思的清醇、知识的活力和语言的美丽；最后，情不自禁地援笔成文，抒发内心的感慨与体会。这个学程从读开始到写结束，简化一下可表述为：玄览—思物—咏诵—宣文。

现代语文教学基本上是读写分离的，这不符合语文教育的规律。阅读教学过于烦琐，学生普遍认为语文课上与不上一个样；写作教学流于形式，时间安排和训练规划都处于可有可无、盲目、随意的状态。学习了陆机的“读写一体”学程，与同伴们讨论一下，就下列问题发表自己的看法。

1. 以学习者为中心是现代参与式学习的核心理念。在陆机的“读写一体”学程中大家是否发现了类似的因素？

2. 注重学习过程的视界开放与资源拓展是现代参与式学习追求的一种境界，在“读写一体”学程中蕴含了类似的价值取向吗？

·课节讨论·

在本课节中，一共设计了两个学习活动，前一个活动是活动形式的展示，后一个活动是学程模拟设计。回顾一下学习内容，就下列问题发表看法。

1. 你从课节提供的材料中，找到了哪些参与式学习的元素？你们小组（个人）在拓展学习中又搜集到了哪些包含着参与式元素的文献资料？奉献出来与大家分享。

2. 本课节为你展示了许多古代教育的参与式学习方法，如孔子的

“兴于诗，立于礼，成于乐”，《乐记》的“言诗、咏歌、动舞”，王阳明的“歌诗、习礼、健体、宣志”，等等。你在学习中还找到了哪些参与式学习的方法，讲给大家听一听。

3. 学习了本课节后，你对传统文化的态度有了哪些变化？你对参与式学习有了哪些进一步的认识？

4. 本课节用唐代王维《竹里馆》中的诗句“深林人不知，明月来相照”和唐代皎然《闻钟》里的诗句“古寺寒山上，远钟扬好风”为学习活动命名，现在你对诗句的含义已经有了新的认识，能否分享一下？

课节三

参与式教材的编制理念

“东风便试新刀尺，万叶千花一手裁。”这是北宋黄庶《探春》里的诗句，意思是说，东风娴熟地拿起新的剪刀、尺子，裁制出百花斗艳的春天美景。学习了以上两个课节，你对参与式教材的内容和形式有了一些领悟。你也许已经发现，参与式教材的编制理念和编排策略都与传统教材不同，“以学习者为中心，以活动为主，平等参与”是编制教材时着力体现的基本原则。为了进一步明确参与式教材的编制理念和编排策略，需要继续学习下面的内容。

学习目的

1. 掌握参与式教材的编制理念。
2. 理解参与式教材的编排策略。

活动一

自有清风对碧流（终极追求）

学习目标

1. 掌握“一条主线：凸显人的主体地位”的理论意义。

2. 理解“终极目标：培养主体性国际公民”的教育价值。

学习过程

1. 如果是集体学习活动，首先将学习者分成甲乙两个小组。在阅读研究的基础上，一组开展对“个人与环境的互动”和“个人与自身的互动”的讨论，发表对“凸显人的主体地位”理论意义的认识，列举阅读材料的要点，并写在大白纸上张贴起来；另一组在阅读研究的基础上，开展对“个体性建构”和“交互主体性建构”的讨论，发表对培养主体性国际公民的教育价值的认识，把主要观点写在大白纸上张贴起来。

2. 组织大家浏览大白纸上的内容。浏览完毕，采用“头脑风暴”的形式，补充或发表自己的观点。

3. 如果是个人学习，可按照以上步骤完成学习任务，把学习体会发表在班级研学群里。

学习材料

参与式教材的编制理念

参与式教材在编制理念和编排策略上都与传统教材不同，“以学习者为中心，以活动为主，平等参与”[①] 是编制参与式教材时着力体现的基本原则。它的编制理念具有以下两个方面的特征。

一、一条主线：凸显人的主体地位

改变教材文本知识呈现方式，让“人”的主体地位凸显出来。传统教材的编制理念基本上是“以知识为中心”，所以教材功能的实践重点是呈现知识体系：单元的主题性——每个单元都按照一定的主题来组织学习内容；知识的系统性——每门学科都按照严密的逻辑关系构筑知识系统；陈述的条理性——所有的知识集合都按照清晰的条理被陈述出来；练习的适切性——所有的知识单元都配有适切的练习材料和演示说明。自然而然，这些便成了传统教材的主要特征，无论是大中小学生使用的教材，还是教师培训教材，基本上都是这样。

传统教材在呈现严密知识体系的过程中，孕育了“以知识为中心”的一系列派生理念：知识是客观存在的永恒的真理，学科知识是专门化的不能与其他学问整合的独立的结构，教材文本话语是科学的、权威性的，教师角色是先知的、代表真理的，等等。

---

① 中英甘肃普及九年义务教育项目领导小组办公室. 中学语文新课程教学策略［M］. 兰州：甘肃教育出版社，2006.

为了改变这些现状，许多课程与教学论专家、教材编写者作了一系列研究与尝试，但是对课程实践的作用很小，因为这些研究在理念上是超前的，在行为上却是滞后的。换句话说，这些研究与尝试还未能走出“理论的象牙之塔”，这些研究的“理论”与“实践”仍难以融会贯通，这些研究面对实践仍旧很迷茫，这些尝试又回到呈现知识的教材编制老路上去了。“我们的责任是研究理论和宣传观念，具体实践就是一线教师的事了。”这句在基础教育课程改革教师培训中非常流行的话语，正是这种二元论的概括，也反映了理论工作者和课程管理者的尴尬与无奈。

参与式教材遵循“以学习者为中心，以活动为主，平等参与”的理念与原则，创新教材编写模式，全力消解权威性话语倾向，积极创设平等参与的对话氛围，使学习者在参与学习活动的过程中自主地获得发展。

参与式教材通过“个人与环境的互动”和“个人与自身的互动”两种境界的学习活动设计，来改变教材文本知识的传统呈现方式，让“人”的主体地位凸显出来。

“个人与环境的互动”就是通过学习者与文本、学习者与培训者、学习者与学习者等多维互动途径来设计教学活动。从开始到结束，它展示给学习者的是互动发展的目标和自主学习的提示，而不是权威知识。“个人与环境的互动”在传统教材的编制和以往的学习活动中也是存在的，如个人自学文本知识、教师向学生阐释文本知识等，但是这些互动的目的直指权威的真理知识，而学习者不过是掌握知识的工具。参与式教材所展示的个人与环境互动活动的目的直指学习者的自主发展，全力让“人”的主体地位凸显出来，而文本知识是以平等的协商的资源信息为学习者的发展过程服务。

“个人与自身的互动”就是在“个人与环境的互动”的基础上，设计“回到自身”的反思性活动，通过接纳别人的观点来促进学习者对主观认识的修正。认知变化既是一个个体过程，又是一个社会过程，社会认知是

“接受别人观点的一种能力”①，学习者意识到了人类个体最终形成于我们与所有他人的相互关系之中。在参与式教材中设计“个人与自身的互动”，目的有两个：引领学习者与别人沟通，以便通过讨论达成某种一致或妥协；凸显学习者的主体意识，以一种能够为人接受的方式成功地影响他人。在教材里，这种活动经常用“头脑风暴”“活动总结”“反思提升”“形成性评价”等形式呈现给学习者。学习者通过“参与学习—适应环境—反思修正—影响环境”的多维互动，由获得知识发展为建构知识，由适应环境发展为影响环境，“人”的主体地位凸显出来了。如果说“个人与环境的互动”在传统教材的编制和以往的学习活动中也存在的话，“个人与自身的互动”就完全是参与式教材的创新了。

二、终极目标：培养主体性国际公民

以往的教材以呈现传输知识为目的，所以“传输—接受”的二元对立模式主导了整个学习过程。参与式教材坚持“以学习者为中心，以活动为主，平等参与”的理念来编制文本，彻底改变“传输—接受”的二元对立模式，体现理论渗透实践过程的学习策略，尝试在参与式学习中实现交互主体性教育目标。

社会建构主义理论家认为，教学可以定义为人为的发展。教学必须考虑学习者的两种发展水平，一种是学习者通过自己努力可以达到的发展水平，另一种是借助于他人的启发帮助可以达到的较高水平。这两种水平之间的差距，就是“最近发展区”。教和学的相互作用刺激了发展，社会和教育对发展起主导作用，教学应当走在学习者现有发展水平的前面并帮助其

① 斯特弗，等. 教育中的建构主义［M］. 高文，等译. 上海：华东师范大学出版社，2002.

发展。激进的建构主义理论家认为："知识不是通过感官或交际方式被动获得的，而是认知主体的主动建构。"[①] 人的真正的发展应当是"交互主体性"的发展。"交互主体性"是人类教育的理想目标，是教育环境创设者、教学实施者与学习者和谐建构并为之奋斗不已的精神与实践的共同体。

我国古代教育的理想目标是培养具有"仁义礼智"修养的文质彬彬的君子，现代教育的理想目标是培养"四有"人才，这两者之间存在着十分明显的传承关系，都强调社会对人的理想要求，但都忽略了人的个性化发展，忽略了社会要为人的个性全面发展创造一种民主氛围与法治环境的客观要求。所以，"交互主体性"作为人类教育的理想目标，是社会与个体共利共为的理想目标，它的价值取向应该是培养具有独立之人格、自由之思想、自强之精神、自律之行为、合作之意识、宽容之胸襟的主体性国际公民。[②]

参与式教材设计了一系列充分体现"交互主体性"理论的学习活动，这些活动应该满足以下要求。

第一，以学习者为中心，以学习者的发展为目标。充分张扬学习者的能动精神，变被动接受知识为主动探究问题，是参与式活动的情感与行为准则。

第二，参与式学习是在具体的问题情境中展开的，创设问题情境时必须考虑学习的目标、学习的内容以及参与者自身的能力条件与兴趣倾向。组织者在活动设计、活动组织中显示出来的智慧与应变能力是参与式活动顺利开展的有力保证。

第三，促进每个学习者的发展，使每个学习者都能体验到自己的发展。

---

① 斯特弗，等. 教育中的建构主义［M］. 高文，等译. 上海：华东师范大学出版社，2002.

② 靳健. 后现代文化视界的语文课程与教学论［M］. 兰州：甘肃教育出版社，2006.

学习者的个性差异、文化基础、生活环境、经济条件等各不相同，他们的学习需求也各不相同。在基线调查的基础上，参与式教材设计了许多有利于弱势群体发展，有利于学习需求差异性发展的活动，以保证教育公平的实现。

第四，参与式活动提倡分组活动形式，这种形式为学习者与学习者、学习者与组织者、小组与小组之间提供了更多的合作对话机会。智慧经验在合作中得到分享，学习探究在互动中获得成功，情感志趣在对话中历练养成，这就是参与式活动最完美的形式效果。

第五，鼓励多元性思维，提倡创造性探究。每个学习者都有自己的成功之路，不迷信标准答案与唯一结果。在多元探究中走向创造，这就是参与式学习的最大成功。

第六，参与式学习的有效性来自反思，来自通过群体对话而建构的新的经验体系。学习就是由一个较低级的认知结构发展为一个较高级的认知结构的过程，就是由一种较被动的情感态度发展为一种较主动的情感态度的过程。参与式学习为这种发展提供了条件，而反思则是这种发展的催化剂。①

以学习者为主体的参与式活动方式，是我们研究参与式教材编制理念与编排策略的基点，就是这一基点体现了参与式教材的全新理念、全新结构、全新实践与全新成果。

学习反思

1. “通过‘个人与环境的互动’和‘个人与自身的互动’两种境界的学习活动设计，来改变教材文本知识的传统呈现方式，让‘人’的主体地位

① 靳健. 后现代文化视界的语文课程与教学论［M］. 兰州：甘肃教育出版社，2006.

凸显出来。”说说你对此话的认识，并和同伴交流一下各自的观点。

2.“人的真正的发展应当是‘交互主体性’的发展。‘交互主体性’是人类教育的理想目标，是教育环境创设者、教学实施者与学习者和谐建构并为之奋斗不已的精神与实践的共同体。”理解这段话的含义，并发表出来。

3.“头脑风暴”活动。每个学习者就参与式教材编制理念特征“一条主线：凸显人的主体地位”与“终极目标：培养主体性国际公民”发表看法。

活动二

满架蔷薇一院香（逻辑体系）

学习目标

1. 掌握“三维目标立体化”的逻辑结构。
2. 理解“打开隐性知识闸门”时“权威移位”策略的意义。
3. 了解“强化‘思维发动机’功能”的对话机制。

学习过程

1. 如果是集体学习活动，可将学习者分成三个小组。三个小组分别阅读学习材料，每个小组在研读的基础上，分别对各自的学习材料发表看法。每个小组推举一个代表，准备陈述本组的讨论意见。

2. 各组代表分别就“多维目标结构化、层级目标有序化”“权威知识中介化、隐性知识显性化”“充分地传达意义、产生新的意义”三个主题陈述观点，本组其他成员可以补充，其他小组的学习者可以提问。个人学习者可按照以上步骤完成学习任务，把学习体会发表出来。

学习材料

参与式教材的编排策略

一、逻辑结构：三维目标立体化

改变目标拼盘式陈述方式，让多维目标在关联中有序起来。教育部颁发的《基础教育课程改革纲要（试行）》就课程功能的变革提出了这样的要求：“改变课程过于注重知识传授的倾向，强调形成积极主动的学习态度，使获得基础知识与基本技能的过程同时成为学会学习和形成正确价值观的过程。”这就是对基础教育课程改革影响极大的三维目标。“三维”即人们常说的“知识与技能、过程与方法、情感态度与价值观”。由于这样那样的原因，在实验教材编制和教学实践过程中，你会看到这样一种普遍的现象，人们把三维目标割裂开来，分别按照知识与技能目标、过程与方法目标、情感态度与价值观目标来设计教学目标和实施学习过程。这样做导致三维目标成了拼盘式目标，甚至出现了全国划一的“三步式”教学程式。这种现象正是教育建构主义者所指出的：缺失性高级知识获得中的“简化倾向”的样式，具体表现为“加法倾向”“离散性倾向”和“分割化倾向”。“加法倾向”认为将复杂的内容的各个部分单独学习，当各个部分合并为一个整体时，还会保留原来的特点。“离散性倾向”认为可以将连续性过程分解为具体的步骤。“分割化倾向”认为在现实中高度相互依赖的概念可以孤立地加以对待，或忽略其相互作用这一重要方面。①

为了避免三维目标拼盘式陈述方式和三步式教学程式，为了防止出现

① 斯特弗，等. 教育中的建构主义［M］. 高文，等译. 上海：华东师范大学出版社，2002.

高级知识获得中的“加法倾向”“离散性倾向”和“分割化倾向”，参与式教材采用“多维目标结构化”和“层级目标有序化”策略来建构课程目标系统。下面以“语文课程三维立体目标系统结构图”①（如图 1 所示）为例，来说明其意义。

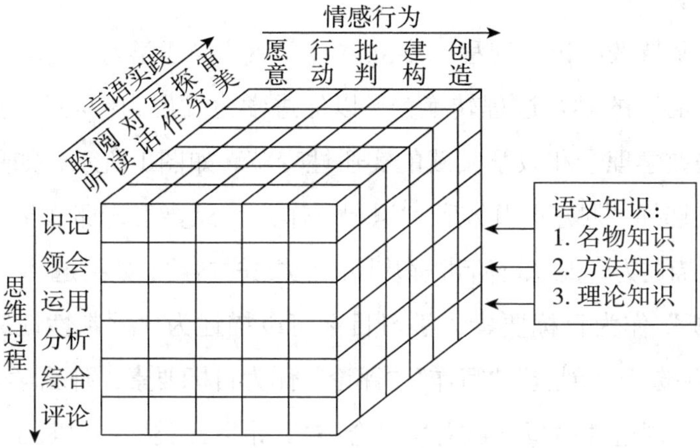

图 1　语文课程三维立体目标系统结构图

语文课程三维立体目标系统解决了教学理论方面的诸多问题，有利于促进教学实践的发展。

一是“多维目标结构化”坚持“整体大于部分之和”的系统论原则，全力体现课程目标要素之间的关联化、结构化、整体化特征及其陈述方式，促进学习者学习理念、思维方式和实践行为的全方位变化。“多维目标结构化”有望改变割裂三维目标的状况，即分别以知识与能力、过程与方法、情感态度与价值观设计教学目标的“拼盘化”倾向，有望扭转以三维目标分步实施教学的“三步式”程式化趋势。

二是“层级目标有序化”将陈述三维目标的“名词术语”变换成了能够引领教学过程的“行为动词”，尝试体现课程目标要素水平之间的有序

① 靳健. 后现代文化视界的语文课程与教学论［M］. 兰州：甘肃教育出版社，2006.

性、层次性、发展性特征及过程要求。如图1所示，情感行为目标主要引领愿意、行动、批判、建构、创造五个水平的学习活动，思维过程目标主要引领识记、领会、运用、分析、综合、评论六个水平的学习活动，言语实践目标主要引领聆听、阅读、对话、写作、探究、审美等言语实践过程的学习活动。

三是坚持按照语文课程三维立体目标系统描述学习目标，可以将“以教师为中心”的学习过程转换为“以促进学生发展为中心”的学习过程，可以促进教学理念和教学实践的实质性变革。如图1所示，如果从三个维度中分别选择“愿意”“聆听”“识记”作为目标要素，那么学习目标就可以立体地描述为“愿意聆听讲解并且识记相关内容”；如果选择“批判”“阅读”“分析”作为目标要素，学习目标可以描述为“批判性地阅读分析作品”；如果选择“创造”“写作”“评论”作为目标要素，那么学习目标就可以描述为“创造性地写一篇文学评论”；其余以此类推。很明显，用这样描述的学习目标引领学习过程，学习者必然成了学习的主体。

四是语文课程三维立体目标系统不但涵盖了新课程知识与能力、过程与方法、情感态度与价值观三维目标的所有内容，而且突出了语文教育的言语实践、思维磨砺、审美体验、知识积累、技能训练等特点。

五是有利于进一步开发学习者的智慧潜能。从图1可以看出，目前的教学一般关注情感行为维度的愿意、行动、批判目标，言语实践维度的听读说写目标，思维过程维度的识记、领会、运用、分析目标的教学，这些只是学习者潜能的一小部分。如果完全实施整体目标，有望唤醒学习者的创造性潜能。

二、权威移位：打开隐性知识闸门

改变权威主导过程模式，让学习者内隐的知识流动起来。在教材编制和教学实施过程中，一直存在一个两难问题：一方面，要帮助学习者融入我们的文化事业（权威主导过程），另一方面，又要让学习者成为自己的主人（自我建构过程）。传统的教材编制模式是系统地呈现“放之四海而皆准”的真理知识，文本的权威性、教师的权威性自然而然地主导了学习过程。一些贴着“新理念”标签的教材，在批判传统之后，原本想以新的教育教学理念促进学习者的发展，实际上却以“新知识权威”的形象出现在学习者面前，呈现给学习者的是“摩登知识”和“流行话语”，由于未能建构出一套符合新理念的教材范式和实践范式，就不自觉地走向了老路，使学习者变成了新一代被动接受者。新课程教师培训中流行的“洗脑说”便是这种现象的隐喻。理论与实践的二元对立，内容与形式的二元对立，只能出现“新知识权威”替代“旧知识权威”的现象，而不能改变学习者的被动地位。

为了寻求消解理论与实践、内容与形式二元对立的格局，建构既可以帮助学习者融入我们的文化事业，又可以让学习者成为自己的主人的教材编制新体系，参与式教材采用了“权威知识中介化”和“隐性知识显性化”两种编制策略。权威知识中介化理论认为，如果以传统教材的形式呈现知识，无论呈现的是经典知识还是最新理论，其结果都是导向知识权威化、学习者被动化的境地。为了彻底改变这种现象，参与式教材的每个课节首先为学习者呈现的是轻松自由、平等参与的活动情境，而知识是以“中介”的身份而不是以“权威”的面貌，通过阅读材料的形式提供给学习者。中介化的优势功能在于：知识在教材中“位置”的变化，淡化了它的权威作用；知识是以中介形式进入学习者的视线，和学习者一样以平等身份参与对话，而不是定格学习者的思维；知识中介化可以减轻学习者的心理压力，激活学习者的探究潜能；学习的最终目标是促进“人”的发展，而不仅仅是接受知识。

隐性知识显性化理论认为，当知识的权威性被淡化以后，学习者长久以来被压抑、被深藏的隐性知识有可能被激活。隐性知识是由内隐认知和显性知识隐性化两种方式获得的。内隐认知是个体的无意识知觉受到环境刺激的作用而使个体获得的意识外的知识经验，具有强烈的内隐特征。显性知识隐性化是个体经由语言、符号、工具、特定程序习得的一种无意识监控的自动化水平的知识与技能，它开始是显性的，经过反复练习后转化成隐性知识。

参与式教材通过个体活动和小组活动来展示“隐性知识显性化”过程。个体活动的方式有：过程回忆、情境模拟和自我反省。过程回忆，是努力回忆某种不明所以的直觉获得的过程，借助于丰富的背景信息，激活记忆网络中相关细节和视点图景，使模糊的直觉印象上升到意识层面，完成显性化。情境模拟，原理和过程回忆相同，其关键是个体回到事件发生的最初情境或人为构造一个模拟事件发生时的情境，借助于激活熟悉情境的记忆痕迹，使与事件相关的直觉印象易于上升到意识层面。自我反省，是通过个体的意志努力，把注意焦点集中到微弱的隐性知识上，使之显性化。[①] 隐性知识显性化的小组活动方式有：总结经验（隐喻：过电影——把做过的事情像放电影一样过一遍）、叙述故事（隐喻：喊泉——某些旅游景点的暗泉需要游人喊一下才会流淌出来）、群体对话（隐喻：聊吧——同伴们聚在一起有意无意地谈论问题）、观察模仿（隐喻：学徒制——像学徒一样察看他人做事的方式方法）等。

隐性知识显性化，可以使个人化的知识经验的交流、分享成为可能，这将大大丰富人类历史文化中的非描述性知识，有望改变每一代必须从头摸索，难以借助前人积累而发展的宿命；也可以使模糊的隐性知识成为理性认知的对象，提高学习知识的效率。让内隐的知识流动起来，是参与式

① 钟启泉，高文，赵中建. 多维视角下的教育理论与思潮［M］. 北京：教育科学出版社，2004.

教材编制中一种具有社会意义的尝试，它以权威知识中介化为前提。

三、对话机制：强化“思维发动机”功能

改变客观情境控制学习现象，让新的意义在社会对话中产生。教材文本具有两种功能：明确单义功能和对话功能。前者关注的是如何“充分地传达意义”，后者考虑如何才能“产生新的意义”。[①] 教材文本的第一种功能在于充分地传达意义。当培训者与学习者对文本的理解基本一致时，文本具有最大限度的信息传递性，明确并传达意义的功能会得到最充分的体现。文本的这种特征容易淡化其他方面，使所有的学习倾向都让位于理解文本的基本意义。这种现象自然导致培训者传达文本意义的客观情境控制了整个学习过程，使教学往往到此为止，或者排斥不同的声音。

教材文本的第二种功能在于产生新的意义。它关注的是学习个性差异，它激活的是被第一种功能所排斥的不同的声音或者是学习中出现的缺漏，这些恰好是产生新的意义的“思维发动机”。差异和缺漏，在充分地传达文本意义的过程中，往往被当作一种教学失误，或者一种经验瑕疵。而在产生新的意义的社会对话过程中，差异和缺漏却是一种规范，一种思维驱动机制。[②]

参与式教材在编制过程中采用了两种境界的设计策略：第一种策略，通过传统的学习活动实现文本充分地传达意义的功能，了解文本的基本意思。这也是以往教材刻意追求的境界。第二种策略，通过社会对话的系列活动实现文本的“思维发动机”功能，促进学习主体产生新的意义。

在第二种策略的设计过程中，参与式教材特别关注以下几种学习心理

---

①② 斯特弗，等．教育中的建构主义［M］．高文，等译．上海：华东师范大学出版社，2002.

倾向。

第一，关注由理解文本、认同他人向形成自我发展能力的转换，并通过自我发展能力去发现文本、批判文本和创造文本。因为，个体知识的建构过程从根本上就是社会性的，个体知识源于文化传统，源于社会境脉，但更重要的是自身对文化传统和社会境脉的扬弃与重构；通过知识重构去关照文本，去影响他人，从社会中来，又回到社会中去，应该是参与式学习的理想和追求。

第二，关注的焦点不是知识“是什么”，而是知识在自己的心理过程中“是怎样形成的”。所以，参与式学习活动不是导向权威知识，不是导向标准答案，而是导向个性化的探究过程，导向个体认知的种种可能性及他人对自己的认同度。

第三，关注学习过程的自我反思与反思社会功能，在自我反思中发现理想自我与实践自我、知识自我与能力自我之间的差距；在反思社会中体验文化传统、社会境脉对个体智慧的积淀作用及智慧自我对社会和同伴的影响力。因此，参与式学习活动的设计总是把学习者置于浓浓的文化氛围之中，置于社会矛盾冲突之中，置于同伴对话之中，让学习者在不断的反思中寻找成功的途径。

第四，关注“用语言来讨论语言”，通过情境对话来传递心理功能。①有的理论家把教与学看作在对话场景中发展起来的社会技能和实践路径，认为“知识的东西就是对话空间中的暂时定位”。因此，参与式学习活动的设计总是把学习者置于一个具体的文化场景之中，让每一个学习者根据自己的建构和理解发表谈话，这些谈话不是终结，而是“思维发动机”。学习者可以根据同伴谈话的启迪来修正自己的知识，反过来又用自己的谈话去

---

① 斯特弗，等．教育中的建构主义［M］．高文，等译．上海：华东师范大学出版社，2002.

影响别人的发展。

参与式教材通过“充分地传达意义”和“产生新的意义”两种境界的活动设计，既使学习者重视相关理论知识的学习和理解，重视借鉴前人的经验和教训，又使学习者充分关注文本知识在同伴对话过程中的“思维发动机”功能，并借助它建构新的知识、影响环境的变化。

学习反思

1.“多维目标结构化”有望改变割裂三维目标的状况，即分别以知识与能力、过程与方法、情感态度与价值观设计教学目标的“拼盘化”倾向，有望扭转以三维目标分步实施教学的“三步式”程式化趋势。

谈谈你对这句话的看法。

2. 知识在教材中“位置”的变化，淡化了它的权威作用；知识是以中介形式进入学习者的视线，和学习者一样以平等身份参与对话，而不是定格学习者的思维；知识中介化可以减轻学习者的心理压力，激活学习者的探究潜能；学习的最终目标是促进“人”的发展，而不仅仅是接受知识。

同伴之间交流学习体会，就这句话展开讨论。

3.“差异和缺漏，在充分地传达文本意义的过程中，往往被当作一种教学失误，或者一种经验瑕疵。而在产生新的意义的社会对话过程中，差异和缺漏却是一种规范，一种思维驱动机制。”这段话的观点与我们平时的说法有所不同，说说你的学习体会。

·课节讨论·

1. 本课节设计了两个学习活动，第一个活动目的在于建构参与式教材的编制理念，第二个活动目的在于说明参与式教材的编排策略。你在学习后对本课节的内容总体上有哪些认识？说给大家听听。

2. 你肯定接触过很多教材，试将它们和参与式教材进行比较，然后谈谈你的看法，如果能够做一些理论分析或者结构比较则更好。

3. 复述你对下列概念的理解：个人与环境的互动、个人与自身的互动、主体性国际公民、多维目标结构化、层级目标有序化、权威知识中介化、隐性知识显性化、充分地传达意义、产生新的意义。

4. 本课节分别用唐代牛仙客《碧流寺》中的诗句“自有清风对碧流”和唐代高骈《山亭夏日》中的诗句“满架蔷薇一院香”为两个活动命名。学习结束时，你对诗句的含义及其与学习内容的关系会有新的体会，说出来与大家分享。

课节四

参与式学习活动的形式设计

“高树有风闻夜磬，远山无月见秋灯。”这是唐代许浑《南庭夜坐，贻开元禅定精舍二道者》中的诗句，意思是晚风摇曳着大树的枝条，我却听到了悠悠的磬声；无月的秋夜万物都隐藏了起来，我却随着闪闪的灯光看到了远山朦胧的身影。诗人告诉我们，学习是一种领悟，不必拘泥于环境和条件的限制，只要心向往之，不利于视听的黑夜同样可以感触到磬音的美妙与远山的曼影。参与式学习活动的设计重过程神韵、重学习内容，轻形式主义，远俗鄙活动。重过程神韵，即重在唤醒潜力，诗化过程；重学习内容，即重在运用知识，历练能力；轻形式主义，不是说不要形式，而是说不要设定一种形式，然后硬套内容，应该根据学习内容和学习目标去创新形式，创新活动；远俗鄙活动，即远离低级趣味的活动，杜绝与学习内容无关的活动，避免为了活动而活动。

学习目的

1. 领会参与式学习活动的设计原则。
2. 掌握参与式学习活动的设计步骤。

活动一

百般红紫斗芳菲（设计策略）

学习目标

1. 寻求理论知识和教学实践之间的转换策略。
2. 探究参与式学习活动设计原则的应用价值。
3. 掌握参与式学习活动的设计步骤和具体要求。

学习过程

1. 如果是集体学习活动，将学习者分成 5 个小组。在理解学习材料“参与式学习活动的设计原则”的基础上，每个小组重点就其中的 1 条展开讨论，5 个小组依次推举代表陈述讨论意见。

2. 小组代表陈述后，本组其他成员可以补充，其他小组的学习者可以提问。

3. 组织者根据发言内容进行评价并引导大家进行反思。

4. 对“设计步骤”的学习，可以将学习者分成若干个小组，每组讨论 1 个步骤；或者 5 个小组每组讨论 1—2 项内容，其余按照上述过程依次进行。

5. 如果是个人学习，可按照以上步骤完成学习任务，把学习体会发表出来。

学习材料

材料一

参与式学习活动的设计原则

一、平等参与，共同合作

教育公平是参与式学习的灵魂。在学习活动中，教师和学生平等参与学习过程，教师是学习活动的组织者和促进者，学生是学习内容和形式的传承者和创造者，同时也是教师的合作伙伴。

二、尊重多元，形式多样

在参与式学习中，教师要意识到尊重个性差异不仅能够起到推动社会民主的作用，而且能够拓宽大家的视野，迸发出新的思想火花。形式多样的活动，可以激发学习者的学习兴趣。如果学生结合具体学习内容，设计一个研究项目或一个行动方案，运用和扩展所学的知识，会取得更好的效果。

三、唤醒潜力，建构知识

在参与式学习中，要鼓励学生调动自身的潜力，在合作交流中生成新的经验。如果参与者感到自己是受尊重的，他们不仅会对自己过去的经验重新进行评价，而且能够从别人那里获得启示和灵感，在交流中获得新的知识和体验。

四、重视过程，促成变化

参与式活动特别重视学习的过程。参与式学习不仅为学习者提供了新的学习视角，而且鼓励他们在“做中学”。在参与式学习过程中，要求学生不断对自己的思想行为、情感态度和学习策略进行反思。在交流中加深对自己的认识，是实现自我超越的一个最基本的前提。

五、理论引领，强化实践

参与式学习与以往的讲座式教学不同，强调在真实的情境下组织学习活动，强调理论知识渗透实践过程的引领价值。所以，要尽量做到理论联系实际，深入浅出地设计学习活动。学习情境真实、具体、针对性强，有利于学生生成丰富的、个性化的问题解决策略。

材料二

参与式学习活动的设计步骤

一、为学生的发展选择学习目标

学习知识是为了拓展学生的文化视野，历练能力是为了提高学生的工作水平，解决问题是为了培养学生的探究意识，实践审美是为了陶冶学生的情感。如果离开了学生的发展，任何目标都将失去教育价值。

二、创设专业知识问题情境

如何引起学生的学习兴趣，如何使学生主动地投入学习过程，如何让学生的思维活跃起来，创设专业知识问题情境是关键。如果远离了专业知识，学习过程将没有依托；如果不是问题情境，学生就可能对学习失去感觉。

三、提供学习材料与工具

从语文教学的角度看，学习材料就是以“课文”为主的学习内容。学习目标、学习情境在很大程度上产生于学习材料，但是教师为学生提供的学习材料除了课文以外，还应该有背景性、拓展性、步骤性的学习材料。此外，教师还应为学生提供必要的学习工具。

四、确定活动时间

参与式学习活动时间的预设关系到课堂教学的节奏和效率。活动时间的长短应该根据学习任务的难易程度而定，教师可以通过预练或者根据经验来确定活动时间。在学习进程中，教师要调控节奏、积极引导，以保证学生的有效学习时间和学习效率。

五、确定小组内角色分工

参与式学习活动提倡分组学习形式。分组的目的是扩大学生参与学习的范围，为更多的学生提供展示自己的平台。为了保证分组活动的有序进行，小组内应该就主持者、记录员、发言人、材料员等进行民主推举。确定小组内角色分工，也是开展合作学习的前提条件。

六、明确学习任务和步骤

在学习开始时，如果教师可以呈现具体的学习任务提示和清晰的学习步骤，学生就能够迅速进入思考和探究状态，并且引发一连串的学习操作行为。教师对任务的提示切入点要小、要实，又要充满诱惑力；对学习步骤的提示应该使用行为动词。

七、各小组积极参与学习

如果上述活动步骤能够有序地展开，学生便能够主动地、热情地进入学习过程。因为学习目标、学习任务、学习步骤清晰，学习情境、学习内容引人入胜，合作学习、探究学习成了自身的学习需求，学生便进入了一种欲罢不能的学习状态。

八、学习成果展示

从语文教学的角度看，学习成果是学生的精神产品、思维产品、审美产品，而这些均以言语产品为主要载体，辅之以音像载体或多媒体方式。所以，展示言语产品是参与式语文学习活动的压轴环节。

九、评价与反思

如果没有评价与反思，学习肯定是不了了之。评价既要关注学习成果，关注言语产品，关注学生认知能力的变化，也要关注学习过程，关注课堂节奏，关注学生的情感态度的变化。评价的目的是促进学习者的发展，所以激活反思就显得非常重要。

材料三

参与式学习活动课例：交际中的语言运用

教学目标：

1. 指导学生通过阅读、表演、练习等不同途径掌握称谓语、禁忌语、委婉语等交际语言。

2. 创设交际情境，浓缩生活场景，把生活搬入课堂，培养学生的交际能力。

3. 让学生敢于交际、善于交际、乐于交际，不断提升学生的口语交际水平。

教学设想：

1. 口语交际应在具体的情境中进行，要创设有利的时间和空间，引导学生主动参与，面向全体，力争开发每位学生的潜能。

2. 课堂教学应该是一个以学生为主体的发展过程。在教学中要关注每个学生是不是主动参与活动，是不是参与活动的全过程，还要关注活动是不是学生全体参与的活动。

3. 口语交际是听与说双方的互动过程。在课堂上，要通过由易到难的练习使学生能够恰当运用交际语言，让学生积极主动地参与活动，在交流互动中提升口语交际能力。

教学准备：

学生分小组在课前排练日常生活口语交际场景，为课堂表演活动做准备。

教学流程：

活动 1　说长道短话称谓

目标：通过阅读、交流、表演、练习等途径掌握称谓语的正确使用方法。

材料：多媒体设备、影片资料。

过程：

1. 创设情境。利用多媒体设备播放四段生活场景剧：参加父母的朋友聚会；替家里有急事同学向老师请假；看望生病的邻居老人；要拜访的朋友不在家，托他的家人给他留张便条。

2. 阅读相关内容，全班学生分8个小组，分别找出影片中出现称谓错误的地方并进行交流、改正。

3. 成果展示。

（1）学生小组合作交流，派代表到黑板前写出已经掌握的一些称谓语。

（2）以前面播放的场景剧片段为例，说明不掌握称谓语常识会闹笑话，师生共同学习归纳，增加积累。

（3）明确以下知识："家大舍小令外人"。

① 对人称自己的长辈和年长的平辈时冠以"家"，如家父（家严）、家母（家慈）、家叔、家兄等。

② 对人称比自己小的家人时冠以"舍"，如舍弟、舍妹、舍侄等。

③ 称别人家中的人，冠以"令"表示敬重，如令堂、令尊、令郎、令爱等。

另外还可用"犬子""小女""足下""小人"等表示谦逊。

4. 知识巩固。

（1）请选出以下各项中交际语言运用得体的一项（　　）

A. 今日亲聆诸位先贤的高论，真是茅塞顿开。

B. 这是令郎拙作，请赐教。

C. 舍弟好使性子，还望多包涵。

D. 我家家教很严，令尊常告诫我到社会上要清清白白做人。

（2）下列标语与所张贴的场所协调一致的几项是（　　）。

A. 考场门口：失败乃成功之母

B. 卷烟厂车间：严禁吸烟

C. 澡堂门口：谢绝参观

D. 火葬场门口：经济搞上去，人口降下来

E. 医院门口：宾至如归

F. 婚姻介绍所门口：与人作对

G. 某市交叉路口标语牌：多拉快跑，争分夺秒

5. 拓展演练。

各组派代表抽取本组表演内容，根据所学知识积累改编成生活场景剧并表演，表演成功的小组给予奖励。

（1）你的一位朋友的父亲病了，你去看望他，该如何说？

（2）你家里来了一位客人，而此时又只有你一个人在家，你这时该如何得体地做好主人？

（3）你在街上碰到一位多年未见的小学老师，你该如何和他交流？

（4）你乘公交车回家，售票员认为你没投币，你该如何解释？

活动2　新闻发布会

目标：通过模拟新闻发布会的形式掌握禁忌语的使用范围。

材料：多媒体设备、发言席、话筒。

过程：

1. 创设情境：利用多媒体设备播放东西方婚丧嫁娶、节日庆典等场景。

2. 阅读课本相关内容，小组合作探究。

（1）分小组归纳并展示禁忌语内容的区分。

（2）根据视频内容，每组推选两名发言人模仿新闻发布会，分别发布婚丧嫁娶、节日庆典的消息。

3. 成果展示。

学生交流禁忌语相关的例子。采用小组积分的形式，比一比哪个组积累得最多。例如，节庆日的禁忌语（婚庆不说“分离”，喜庆不说“死”“病”等）；职业的禁忌语（渔民忌“翻”，戏班忌“散”“伞”，商人忌“干”“蚀”）；私隐的禁忌语（家庭情况、年龄、收入、感情生活）。

4. 教学提示。

多注意生活中的对话，多看一些书信、广告，体会它们用语得体的好处；对一些外交声明、外交辞令多加揣摩，分析一下说这些话时的场合、背景、双方的身份等；记住并且能够运用一些表谦敬的称谓语。

活动3　经典故事会

目标：通过讲评故事等课堂活动学习委婉语的使用。

材料：多媒体设备、《红楼梦》视频片段、话筒。

过程：

1. 播放《红楼梦》的视频，并附文字。

在邢夫人处，邢夫人“苦留吃过晚饭去”，黛玉婉转拒绝了，她说：“舅母爱惜赐饭，原不应辞，只是还要过去拜见二舅舅，恐领了赐去不恭，异日再领，未为不可。望舅母容谅。”邢夫人听说，笑道：“这倒是了。”遂令两三个嬷嬷用方才的车好生送了姑娘过去，于是黛玉告辞。

2. 这是《红楼梦》中的一个片段，在小说中黛玉使用了怎样的语言拒绝了邢夫人的赐饭？请同学们在小组内各抒己见。

3. 学生讨论、发言。运用委婉语，先是感谢舅母，然后说明了自己不能留下吃饭的理由，既回绝了吃饭的要求又不失礼仪，非常得体。

4. 分析。黛玉在感谢邢夫人的基础上进行拒绝，使邢夫人乐意接受。（板书：欲抑先扬法）这就是委婉语的妙用。

5. 总结。这种先顺着对方的意思说，然后再说出自己拒绝的理由的方法我们可以称为“婉拒法”。请同学们总结出这种方法的特点：当别人提出不合理的要求或自己无法接受别人的要求时，用温和曲折但又不失本意的方式进行拒绝，从而达到既要拒绝又不伤害他人的目的。

6. 请小组推选发言人讲述你听到或者遇到巧妙婉拒的事例，并作点评。

（1）钱锺书用“母鸡下蛋”的比喻谢绝外国记者采访的例子。

点评：读完这则故事，我不能不钦佩钱锺书的幽默与睿智。钱锺书用幽默的方式，既拒绝了记者的要求，又不伤害其自尊，两全其美。可以给这种方法起个名字，叫“幽默化解法”，就是用机智幽默的语言暗示对方自己不能满足要求。（板书：幽默化解法）

（2）吴作人为人平和，朋友索画，只要得便，他总慷慨相赠，而有些人想通过朋友作跳板求画，他只能拱手抱歉了。一次，一位朋友带来了他的朋友，亮言求画。吴作人权当没听见，说：“让我讲个阿凡提做羊肉汤的故事给你们听。”大家洗耳恭听。他说：“阿凡提善做羊肉汤，味美绝伦。一位朋友慕名而来，阿凡提亲自下厨侍奉，朋友吃后赞不绝口。第二天，这位朋友又带了一位他自己的朋友，要求品尝。阿凡提在昨日剩下的羊肉汤中加了一桶冷水，烧热后奉上。朋友喝了问道：‘怎么不是昨天的味道了？’阿凡提笑着答道：‘今天来的是朋友的朋友，我端的是汤的汤。’”一切尽在不言中，众人一笑了之，再也不提求画的事了。

点评：这则故事表现了吴作人的机智与灵活，真是“他山之石可以攻玉”！（板书：他石攻玉法）

（3）悬鹅示众。明时，周新担任按察使后，一天，有人给他送来一只烤鹅，他坚决不受，但送礼人已经抢先出门了。于是，周新叫家人把烤鹅挂在屋子后面，以后凡是送礼者，他就让家人领着去看那只已经风干了的烤鹅。从此再没人自讨没趣了。（板书：行为婉拒法）

7. 成果展示。请运用委婉语的原则，以小组为单位总结出更多使用委婉语的例子，全班交流。例如，避凶求吉（棺材说“寿木”，去世了说“归西”）；含蓄谦逊（形容人胖或瘦可说“发福”“富态”“丰满”或“苗条”）；

和谐友善（草地上的标语：小草在生长，请不要打扰。禁烟标语：吸烟危害健康）。

8. 实战演练。我们完全可以像他们一样，运用不同的技巧来解决生活中的问题。

事件一：周末同学请你陪他去打羽毛球，但是你有事不能去。该怎么说才显得委婉又得体？各小组安排一下角色，把解决方案通过表演的形式展示出来。

第一组

A：谢谢你的邀请！可是这个周末的作业好多，周日我还要去看望生病的外婆，实在太遗憾了，不能和你一起去，你能原谅我吗？

B：不要紧，下次有机会再一起去吧。

第二组

A：谢谢你的邀请，我也很想和你一起去打球，可是这个周末父母要带我去看望生病的外婆。不如请小兵陪你吧，他可打得比我好！

B：谢谢你提醒我，我这就去找小兵。

事件二：同学向你借一本资料书，但你正在用，不方便借，该怎么说？

第三组

A：对不起，我急需在这本书上查找一些资料，所以不能马上借给你。如果你不是很急的话，明天早上我可以借给你。

B：很抱歉，我急着在这本书上查找一些资料，所以不能马上借给你。不过我知道这本书小齐也有一本，你可以向她借一借。

第四组

A：真的不巧，我正在查资料，所以不能马上借给你。不过我这儿还有一本好书，你可以先拿去看。

9. 点评。“良言一句三冬暖，恶语伤人六月寒。”说话得体不只是平时的运用，更重要的是教育我们怎样做人。只要用心，我们会发现更多的婉转拒绝的方法。在掌握婉拒方法的同时我们还应注意“客套话”的使用，即所谓“寒暄语”“致谢语”“称颂语”“抚慰语”“吉祥话”等。我们还应明确，涉及要坚持正确的价值观，婉拒起不到作用时，就应该义正词严地拒绝。

通过这节课，希望同学们在生活交际中注意对象、场合，学会正确使用称谓语、禁忌语和委婉语，不断地提高自身素质，牢记“赠人以言，重于珠玉；伤人以言，重于剑戟”。

（设计者：甘肃省白银市平川中学　吴玉梅）

学习反思

1.“要尽量做到理论联系实际，深入浅出地设计学习活动。”这句话似乎是老生常谈，通过以上课节的学习，你也许有一些新的体会，说给大家听听。

2. 发表你对下面这句话的认识：“如果远离了专业知识，学习过程将没有依托；如果不是问题情境，学生就可能对学习失去感觉。”

3.“展示言语产品是参与式语文学习活动的压轴环节”，直接影响教学质量和学习效率。和同伴说说你对这句话的理解。

活动二

思入风云变态中（有效机制）

学习目标

1. 理解“形式要求”对参与式活动设计的意义。
2. 了解形式对提高课堂教学质量的重要作用。

学习过程

1. 如果是集体学习活动，学习者可以分成5个小组。在阅读学习材料的基础上，各小组依次从目标、材料、步骤、时间、组织形式等方面陈述意见。

2. 小组代表陈述后，本组其他成员可以补充，其他小组的学习者可以提问。

3. 组织者应该根据发言内容进行及时的评价与引导。

4. 对“提高教学质量”的学习，可以将学习者分成4个小组，每组讨论1个问题，其余按照上述过程依次进行。

5. 如果是个人学习，可按照以上步骤完成学习任务，把学习体会单项或者综合地发表出来。

学习材料

材料一

参与式学习活动设计的形式要求

参与式学习活动的设计，有必要从目标、材料、步骤、时间、组织形式几方面提出一些基本要求。

一、参与式学习活动目标形式的设计要求

1. 针对学习主题可设计一项总目标，再分别设计几项具体目标；
2. 活动目标要体现综合性，既要有认知领域、知觉与动作领域的目标，也要有情感领域的目标；
3. 活动目标要体现发展性，要设计一些激活学习者创造性潜能的目标；
4. 目标的表述应使用具有行为倾向的词语，使学习者一听便明了要做什么；
5. 目标要有针对性，要针对不同层次学习者的不同需求。

二、参与式学习活动材料形式的设计要求

1. 提供给学习者的材料应该是围绕学习目标的材料；
2. 提供给各小组的材料尽可能是不同的材料，但必须是围绕同一目标的材料；
3. 学习材料要有适当的开放性，有文字的、电子的，有教材上的、报刊上的，还有网络上的；

4. 有条件的话，还可以提前布置，让学习者自己准备一些材料。

三、参与式学习活动步骤的设计要求

1. 每项具体目标一般只设计一个活动，根据活动的特征设计活动名称与活动过程要求；

2. 活动过程的提示要选择具有行为倾向的词语来表述，使学习者一看就知道如何做；

3. 活动过程的提示词语必须是准确、简明、有条理的；

4. 活动过程的设计要突出合作性，要尽可能地设计一些只有通过合作，通过互相帮助才能完成的任务；

5. 要重视活动过程的反思环节，学习者在反思中体验发展、感悟成功，有助于提高学习的效率。

四、参与式学习活动时间形式的设计要求

1. 一项学习活动时间，小学一般为一课时，初中一般为一至二课时，高中可稍多一些，其他的培训学习可灵活安排；

2. 各子项学习目标的活动时间是比较灵活的。

五、参与式学习活动组内角色分工的要求

参与式学习提倡凡是到学习场地的人都是参与者，参与者分为组织者（教师）、学习者（学生）和观察者。为了便于开展活动，小组成员可轮流担任一定的角色，如主持人（主持小组活动）、记录员（记录本组的活动情

况）、报告员（向全班报告本组的活动结果）、材料员（发放、保存本组活动时使用的材料）。

材料二

参与式学习必须重视教学质量

教学质量和学习效率是一切教学活动和学习方式的生命线，参与式学习也离不开这条生命线。在教学实践中，有些教师只追求课堂教学的热闹气氛，忽略了对教学质量的要求；有些教师为搞活动而搞活动，不懂得开展活动是为了提高学习效率；有些教师还怀疑新课程要不要教学质量。毋庸置疑，新课程中的参与式学习必须重视教学质量与学习效率。一般来说，语文教师应该掌握以下几种提高参与式学习效率的策略。

第一，根据文本特色，创设情境，提出学习目标与问题，强化学生的情感学习前提。根据文本（一篇课文或单元内容）特色，结合学生需求，创设学习情境，提示学习目标与问题，可以强化学生的学习心向，激活学生的学习潜能，为顺利开展学习活动创造情感前提。在教学实践中，有一种较为普遍的现象：一堂课开始时似乎是历史课，过了几分钟又觉得是政治课，上到后来才发现是语文课。有些教师还美其名曰：打破学科界限，实行综合学习。这种现象如果不及时纠正，不但会败坏课程改革的名声，而且会耽误一代学子。因此，语文教师要根据文本特色和学生需求，创设学习情境，提出学习目标与问题，强化学生的情感学习前提。

第二，根据形成性测验，补偿必要的学习内容，强化学生的认知学习前提。学生已有的知识与能力基础，是提高学习效率的必要前提。在参与式语文学习过程中，应该根据形成性测验，及时地发现学生的学习缺陷，及时地进行补偿与矫正，强化学生的认知学习前提。在教学实践中，一些课堂经常偏离教学目标与教学内容，搞了许多花里胡哨的表演活动，引申出许多与文本无关的政治教育意义。有些教师还美其名曰：加强情感态度与价值观教育。翻翻我国的语文教育史，就会发现，语文教学一旦脱离认知学习去演绎价值观教育，只能贻误儿童青少年，甚至会成为教育事业的一场灾难。

第三，学习提示、学生参与、反馈矫正互相配合，提高参与式语文课堂教学质量。提示、参与、强化是影响语文教学质量的三个主要因素。为学生提示清晰的学习目标，激励学生积极参与学习过程，随时进行反馈矫正教学，可以提高参与式语文课堂教学质量。在教学实践中，一些语文教师教学生学习诗歌，学习目标是理解诗歌、背诵诗歌，教学过程是逐句讲解诗歌的思想意义，学生成了回答“是不是”的应声虫，学生的诵读体验时间太少，背诵变成了下课铃响后或有或无的一句交代。如果语文教师能够反思一下影响教学质量的三个要素，仔细琢磨一下三要素之间的关系，课程实践便会走向健康之路。

第四，确定学生主动学习语文的时间，促进参与式学习的高效开展。学校的语文课程学习时间一般是一个稳定的变量，而学生实际用来主动学习的时间是一个活跃的变量；如果以前者为分母，后者为分子，它们的比值越接近 1，说明学习的效率越高。在教学实践中，许多语文教师反映时间不够用，尤其是开展参与式学习活动，延迟下课或草草收场的现象经常发生。如果仔细观察这些教师的课堂，就会发现沉默的、闲聊的、玩耍的学生很多，也就是说这些学生用来主动学习的时间太少，课堂学习的效率太低。确定学生主动学习语文的时间的方法有两种：一是通过观察确定学生是否在外显地学习，例如，倾听、做作业、读课文、围绕问题讨论发言等；二是通过引导确定学生是否在内隐地学习。教师生动的语言、清晰的提示、艺术的设计、灵活的引导、广角的观察与强烈的任务意识，是促进参与式课堂学习高效开展的根本保证。

学习反思

1.“目标的表述应使用具有行为倾向的词语，使学习者一听便明了要做什么。”说说你对这句话的理解。

2.“提供给各小组的材料尽可能是不同的材料，但必须是围绕同一目标的材料。”这句话向你传达了一种怎样的信息？

3.“提示、参与、强化是影响语文教学质量的三个主要因素。为学生提示清晰的学习目标，激励学生积极参与学习过程，随时进行反馈矫正教学，可以提高参与式语文课堂教学质量。”和大家讨论一下，每个人就这段话写一段感言。

活动三

虫声新透绿窗纱（合作学习）

分组学习活动有利于在学习过程中高扬学生的主体精神与主体行为。参与式学习所倡导的分组活动力图给学生一个民主、平等、宽松的学习氛围，促使学生逐渐养成独立、自主、自强、自律、合作、宽容的主体性人格，把学生的主体精神与主体行为能动地统一起来。

分组学习活动坚持民主、自由、开放的教学管理方式，可以淡化教师权威，可以让学生自由地发表自己的看法，可以在开放的多维领域进行探究，有利于促进创造思维的生成。

参与式活动经常采用小组活动的方式来解决问题，在小组活动中，每个成员从各自不同的角度提出不同的见解，大大拓宽了解决问题方法的范围。有时，一个人的发言能启发另一个人悟出或改进解决问题的方法。而且，小组讨论能产生被社会心理学家称为“社会促进”的现象，当一个人看到其他人正在完成某个任务时，自己也想要更快更好地完成任务。在小组讨论中，当一个学习者看到别人积极发言时，自己也会积极去思考。分组学习活动将会给你、给你的同事、给你的学生带来更多发展的机遇。在一种有效的参与式学习活动中，分组学习会给你带来与人合作的无限乐趣，会给语文课堂教学和课外活动带来前所未有的活力。

分组方式是多种多样的，人们经常采用的分组方式有同质分组与异质分组、指定分组与自由分组。请你仔细阅读下面活动的全过程，它可以帮助你进一步了解分组的方法和意义。

学习目标

1. 掌握同质分组、异质分组的意义和作用。
2. 掌握指定分组、自由分组的教学功能及互补意义。

学习过程

学习者可以分成4个小组，在阅读学习材料的基础上，各小组依次就同质分组、异质分组、指定分组、自由分组的意义发表讨论意见。

小组代表陈述后，本组其他成员可以补充，其他小组的学习者可以提问。

第一组讨论并推举代表陈述“千帆竞发”活动中分组策略的教育意义。

第二组讨论并推举代表陈述“携手共进”活动中分组策略的教育意义。

第三组讨论并推举代表陈述“群英会”活动中分组策略的教育意义。

第四组讨论并推举代表陈述分组活动与丰富多彩的学习形式。

组织者进行总结，引领大家辨析形式主义的“分组活动”与具有教育意义的分组活动之间的区别。

学习材料

材料一

综合性学习——参与式主题班会

河西路中学高一（1）班计划在周末举行一次主题班会，班主任是语文老师。以往开班会，都是老师强调几个学习问题或者纪律问题。这次同学们建议分小组自定主题召开班会，班主任欣然同意了。班长召集全班同学进行协商，决定分成6个小组提前准备，周末下午召开“千帆竞发”和“携手共进”主题班会。

活动1　千帆竞发

目标：

1. 讨论班上急需解决的几个问题，提出具体可行的行动方案；

2. 培养学生的主体意识，历练学生解决问题的能力。

时间：70分钟。

过程：

1. 班长提出6个问题，然后让同学自愿选择问题，选择同一问题的人组成1个小组。每组推举了组长、记录员、技术员、材料员等。每个小组给自己起了组名，依次是“姚明”“晒良心”“刘勰”“裁判员”“微博诗社”和“颜真卿”。各组明确了任务，分了工，然后利用课余时间去做准备。

2. 班会时间到了，班长请班主任坐在嘉宾席上，然后宣布“千帆竞发”主题班会开始。

3. 第一个汇报的是“姚明”小组。组长首先宣读了学校关于举办篮球运动会的通知，接着篮球队队长公布了高一（1）班篮球队队员名单、训练时间和要求，最后全体队员保证打球、学习两不误。

4. 第二个汇报的是“晒良心”小组。“总监察长”（组长）首先说明了本周监察工作的重点是浪费问题，然后公布了近三天的监察结果。几位“监察官”向大家出示了近三天在本班教室里收集到的“证据”：一个编织袋里装的是啃了几口就扔掉的苹果、梨等，一个编织袋里装的是没吃完就扔掉的面包、方便面、火腿肠等，一个编织袋里装的是写了几个字就撕掉的作业纸等。浪费量之大触目惊心！最后“总监察长”宣布了高一（1）班“晒良心条例”，并提议全班大声齐诵《悯农》诗。

5. 第三个汇报的是“刘勰”小组。组长向大家汇报了本学期开展的“走近经典”学习活动的具体情况。

6. 第四个汇报的是“裁判员”小组，组长从学生视角向大家汇报了高一（1）班实施“综合性实践活动”课程的进展情况并就存在的问题提出了几点改进建议。

7. 第五个汇报的是“微博诗社”小组。组长汇报了“微博诗社”的发展情况，评述了学生发表的诗歌的特点、点击率和评论。接下来有两位同学朗诵了他们新近创作的现代诗。

8. 最后汇报的是“颜真卿”小组。组长汇报了高一（1）班开展书法练习活动的情况，以课件形式向大家展示了同学们的真草隶篆书法习作，以及仿王羲之、颜真卿、赵孟頫、启功的书法作品。组长当场邀请还未加入书法小组的同学发表了他们的听者感言。

活动 2 携手共进

说明:“千帆竞发”活动结束后，班长给各组发扑克牌，从第一组开始，先发“红桃”，每个小组只发 1 张，依次轮流发。红桃发完分别发“黑桃”“梅花”“方块”，保证每个学生手中有一张扑克牌。然后把全班学生分成 4 个小组，手持红桃的一组，手持黑桃的一组，手持梅花的一组，手持方块的一组，组名依次为红桃、黑桃、梅花和方块。这样每个小组的成员均含有以上 6 个小组的同学，接着开展“携手共进”活动。

目标：就以上 6 个小组展示的活动情况献言献策；为每一个学生创造发言的机会。

时间：30 分钟。

过程：

1. 每个小组拿 K 牌的同学担任本组组长，拿 A 牌的同学担任本组记录员。

2. 每个小组展开讨论，就以上 6 个小组展示的活动情况献言献策。可以是对不明情况的询问与解释，可以发表不同的观点和建议，可以提出新的活动内容和新的活动方式。

3. 如果本组内有不能解答的问题，或者有些同学提出了以后需要开展的创造性思路，本组可以推举报告人在全班发言陈述，其他同学可以发表自己的见解。

4. 各组提供的需要进一步研究解决的问题，可以列举在黑板上。班长就这些问题组织全班同学举手表决，每个学生最多能举3次手，把这些问题按得票数依次标上序号，排在最前面的几个问题就是下一次主题班会的内容。

5. 班长就本次综合性学习主题班会的两个活动进行总结，并请班主任进行点评。

学习反思

1. “综合性学习——参与式主题班会”将综合性学习和主题班会融为一体，并且采用参与式活动呈现全部活动过程。这种尝试有什么创新之处？把你的看法发表在班级研讨群，与大家分享。

2. “千帆竞发”活动采用了同质分组形式。同质分组指把具有相同或相近需求、特征（如职业、特长、兴趣、年龄、身份等）的人分到一个小组，强调学习者之间的一致性。“携手共进”活动采用异质分组形式。异质分组则指把具有不同特征、不同需求的人分到一个小组，强调学习者之间的互补性。在上述活动中，同质分组和异质分组的形式各自发挥了什么作用？先同质分组，后异质分组的方式有什么意义？把你的认识写出来，与同伴交流、分享。

3. 分组的时候，最好给小组起一个组名，组名要和学习活动有一定的联系。组名怎样才能起得有创意、有个性？结合上述活动的小组名称，谈谈你的看法。

材料二

群英会

活动说明：

某小学计划在“六一”期间举办乒乓球团体与单项竞赛，五（2）班班主任在全班召开“群英会”，对各班的选手水平进行仔细分析，同学们献言献策，对本班的乒乓球选手的出场次序和分组情况进行了周密的部署。

目标：

1. 明确指定分组、自由分组在某些活动中的特殊功能；

2. 在其他教学活动中能够灵活应用指定分组和自由分组方式。

过程：

1. 分析本班选手与其他班级选手的个人水平和整体水平，为安排本班选手的出场次序和分组情况提供依据，并召开本班“群英会”，师生一起商量竞赛策略。

2. 在男子团体赛中，对五（2）班威胁最大的是五（1）班。按规定，每班有五名选手参赛，每位选手上场一次，每位取胜者可为班级赢得一分。如果按打球水平对两班选手排序，从第二名到第五名水平比较接近，五（2）班第一名的水平明显高于五（1）班第一名的水平。

3. 五（2）班班主任决定，让本班的第五名打第一场，去对五（1）班的第一名，让本班的第一名打第二场，去对五（1）班的第二名，照此类推。结果，这种“指定分组”的策略，让五（2）班以 4 比 1 获得了男子团体冠军。

4. 五（2）班的女子乒乓球选手整体力量较弱，在团体赛中要取得好名次没有多大希望。可有一位女生是学校上届乒乓球赛第三名，她希望老师允许她和其他班的选手自由组队参加单项比赛。班主任听了她的理由后同意了。

这位女选手分别和学校的上届乒乓球赛女子冠军结成女双组合，和学校的上届乒乓球赛男子冠军结成混双组合，先后都赢得了冠军，她个人又一次获得了女子单打季军。这一“自由分组”的策略，为五（2）班又赢得了两个冠军。

学习反思

1. 参与式学习提倡以小组为单位开展学习活动。因为小组学习为学生提供了更多的合作探究的时间，而全班学习时大多数学生没有时间参与合作探究的过程；小组学习可以为更多的学生提供宽松的学习空间，为学生展示自我价值创造了更多机遇；小组学习有利于激发学生的学习潜能，使那些在大众面前不爱说话的学生愿意交流自己的看法；小组学习有利于培养学生的合作习惯，使每一个学生在一定的学习情境中自然而然地养成合作行动的习惯，尤其是逐渐养成自主、合作、探究的学习习惯，是分组学习的一大优势。在上述活动中，分组的艺术性决定了竞赛的胜利，你对此有何看法？不妨试着写一篇短文。

2. 在你的教学工作中，无论是课堂教学还是综合实践活动，肯定有许多情境需要进行指定分组或自由分组，而随着教学情境的变化，指定分组与自由分组的形式也会发生变化，这种变化又会产生不同的效果。你一定有过很多体会，请写出来与大家分享。

3. 学校的研究性学习一般采用自由分组的形式。因为在研究性学习过程中，学生对问题的兴趣倾向、对课题的选择确定、对方案的策划设计、对研究的行动步骤、对资料的搜集处理、对成果的评价与展示方式等，需要行动凝聚力，如果让学生自由组合，则更适合于合作探究，更适合于发挥他们的创造潜力。社会实践和社区服务活动一般采用指定分组的形式。因为社会实践和社区服务活动小组的成员最好是由不同特质的学生组成，有善于组织的，有爱好表演的，有有技术特长的，有乐于助人的，这些小组成员的不同特长和爱好十分有利于社会实践和社区服务活动的顺利开展。所以，采用指定分组的形式，可以使每一个小组进行最优组合，可以充分发挥每一个人的能力。在分组学习中，往往伴随着一系列丰富多彩的学习活动。例如：

（1）“头脑风暴”，小组的每位成员就某一问题十分自由地说出自己的观点，教师不加评判，从而发现那些最有价值的解决思路或方法。

（2）同伴作业，小组成员一起合作完成有一定难度的作业。

（3）小组诵读，本组成员互相检查应当熟诵的内容和效果。

（4）小组批改，由组长或者同伴互相检查教师指定要小组检查的作业，并写好评语，签上批改人的姓名与日期。

（5）小组游戏，根据教学需要，开展一些生动活泼的角色表演、趣味实验、课本短剧、幽默小品、诵读伴舞等。

（6）同伴竞赛，配合教学过程，同伴之间举行一些知识竞赛、实验竞赛、技能竞赛、联句竞赛等。

（7）小组讨论，每个成员把自己不明白的问题告诉大家，经过讨论，可以搞清楚其中的一些问题，小组内出现无法解决的问题再向教师询问。

（8）小组研究，小组成员选择一个大家共同感兴趣的课题，共同制订一个研究方案，按照需求搜集相关信息，分工去完成相关任务，共同整理分析所获资料，总结经验，展示交流文字的或电子的研究报告。

如果在分组学习过程中有选择地、艺术性地运用以上活动，会给你的教学生活带来未曾有过的欣喜。如果你有同感，请把它发表出来与大家分享。

·课节讨论·

1. 本课节围绕参与式活动的设计原则、设计步骤、形式要求、质量要求等方面展示了几个学习活动。经过学习，可以就全部内容或者选择其中一项内容发表自己的看法，如果能够和同伴们交流一下则更好。

2. 本课节从形式的角度，对参与式学习活动设计提出了一些基本性要求。你对从“形式”方面提出要求，有什么看法？形式主义与必要的形式有区别吗？

3. 本课节用唐代韩愈《晚春二首》(其一)中的诗句“百般红紫斗芳菲”、宋代程颢《秋日偶成》中的诗句“思入风云变态中”和唐代刘方平《夜月》中的诗句“虫声新透绿窗纱”为三个学习活动命名，学习结束后，试就诗句、活动名称、学习内容之间的联系说说你的体会与联想。

课节五

直觉体验参与式学习活动

“要看银山排天浪，开窗放入大江来。”这是北宋曾公亮《宿甘露僧舍》中的诗句，意思是你想看到亮如银山、势如天浪的壮观景象，必须打开心窗，让滚滚大江在你的胸中翻腾震荡。如何认识参与式，如何运用参与式，如何让参与式学习有效地促进学生和教师的发展，就像诗句所表达的意境一样，首先要敞开你的胸襟，直观感知参与式，体验参与式，欢迎参与式。目前在教学实践中有许多“去语文”“去思考”的“闹腾”课堂，说明这些教师对“自主、合作、探究”的学习方式产生了误读。也有一些教师把“低俗”“滑稽”“混乱”的课堂叫作参与式，这样的教师实在是太不了解参与式了。如果你读懂了本书的全部学习过程，你就知道参与式学习并非“形式主义”的活动，而是求真、求善、求美的生命追求历程。

学习目的

1. 理解参与式学习应该在“专业知识问题情境”中展开的重要意义。

2. 能举例说明参与式学习活动由简驭繁、梯次设计的艺术策略。

3. 对“合作学习、探究学习是参与者发自内心的学习需求”有一定的认识。

活动一

出门俱是看花人（思维历练）

学习目标

1. 学习并掌握创设专业知识问题情境的教学艺术。
2. 能够观察了解学习者是如何以极大的兴趣参与学习过程的。
3. 能够由浅入深、由易到难地设计学习活动。
4. 能够理解参与式活动中合作学习、探究学习是如何自然生成的。

学习过程

活动 1　辨析日用概念的逻辑关系

活动提示：图 2 横着数共有 6 幅图，每个图均表示由 A、B 两个概念的关系构成，依次为“同一”关系（A 就是 B）、“并列”关系、“从属”关系、“矛盾”关系（不是 A，就是 B，为非此即彼关系）、“对立”关系（A、B 间还有中间概念，如高、低间还有中的概念）、“交叉”关系。

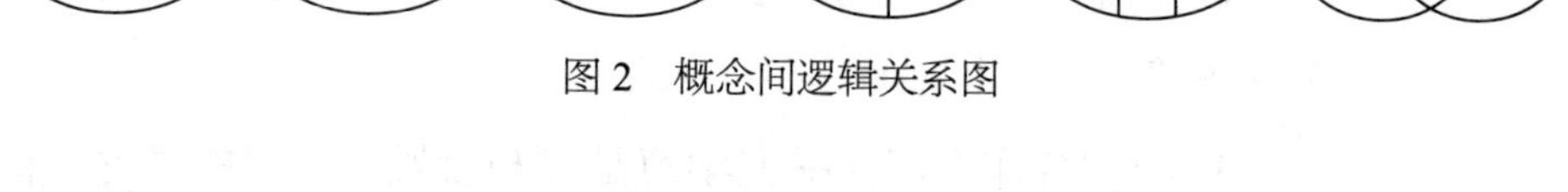

图 2　概念间逻辑关系图

有12张卡片，卡片上的概念分别是：古典名著、穷汉、医生、夏至、齐天大圣、兰州人、大款、红楼梦、金榜题名、清明、弼马温、名落孙山。

1. 这12个概念，如果把它们两两组成6对，刚好可以和6幅图形成一一对应的关系，每个小组进行合作探究，看哪个小组速度快。

2. 每个小组派一名代表陈述概念组对的理由，如果其他小组有不同看法，可以举手，经组织者同意后陈述自己的观点。

3. 组织者评述每个小组的活动展示情况，指出存在的问题。注意：评价时不要简单化地进行肯定与否定，重点应该放在思维过程的点拨上。

活动2　画出几何概念的逻辑关系

4张卡片上的几何概念分别是：A平行四边形、B正方形、C菱形、D矩形。

1. A、B、C、D均为几何概念，根据图2概念间逻辑关系图的提示，用画圆圈的方式，把A、B、C、D之间的关系图画出来。注意只能画在一幅图里，不要分开来画图，图中用A、B、C、D标记相应概念。

2. 经过讨论，每个小组把关系图画在白纸上，或者派一名代表画在黑板上。

3. 互相评价，指出问题，修正错误。

4. 组织者评述每个小组的活动展示情况。

活动3　画出地理概念的逻辑关系

4张卡片上的地理概念分别是：A亚洲、B欧洲、C日本、D俄罗斯。

1. A、B、C、D均为地理概念，根据图2概念间逻辑关系图的提示，用画圆圈的方式，把A、B、C、D之间的关系图示出来，只能画在一幅图里，不要分开来画图，图中用A、B、C、D标记相应概念。

2. 经过讨论，每个小组把关系图画在白纸上，或者派一名代表画在黑板上。

3. 互相评价，指出问题，修正错误。

4. 组织者评述每个小组的活动展示情况。

活动 4　画出动物概念的逻辑关系

4 张卡片上的动物概念分别是：A 蝙蝠、B 鲸、C 麻雀、D 鲤鱼。

1. 材料中的 A、B、C、D 均为动物概念，根据图 2 概念间逻辑关系图的提示，用画圆圈的方式，把 A、B、C、D 之间的关系图示出来，只能画在一幅图里，不要分开来画图，图中用 A、B、C、D 标记相应概念。

2. 经过讨论，每个小组把关系图画在白纸上，或者派一名代表画在黑板上。

3. 互相评价，指出问题，修正错误。

4. 组织者评述每个小组的活动展示情况。

活动 5　画出教育概念的逻辑关系

1. 卡片上的教育概念分别是：A 素质教育、B 应试教育、C 高考、D 中考。A、B、C、D 均为教育概念，根据图 2 概念间逻辑关系图的提示，用画圆圈的方式，把 A、B、C、D 之间的关系用示意图表示出来。注意只能画在一幅图里，不要分开来画图，图中用 A、B、C、D 标记相应概念。

2. 经过讨论，每个小组把关系图画在白纸上，或者派一名代表画在黑板上。

3. 互相评价，指出问题，修正错误。

4. 组织者评述每个小组的活动展示情况。

学习反思

1. 根据学习目标的提示，每个小组派代表陈述参与这次兴趣思维活动的体会。

2. 采用“头脑风暴”活动，鼓励学习者发表有创意的观点。

活动二

万紫千红总是春（言语涵养）

学习提示

语文课程的核心任务是什么？语文素养主要包括哪些因素？这是语文教师经常谈论的话题。“万紫千红总是春”的参与式学习活动，由5个依次相连的小活动组成，完成了所有活动，上面的问题就会迎刃而解。

活动1　洗耳恭听

目标：

1. 掌握创设语文专业知识问题情境的教学策略。

2. 说说识字写字教学对促进学生生涯发展的重要价值。

3. 讨论合作学习在参与式语文学习活动中的心理学意义。

过程：

1. 听写下列词语。（可从补充材料中选取12个词语让学习者听写，注意选择的词语必须有利于开展“活动2”的学习）

投鞭断流　破釜沉舟　揭竿而起　横槊赋诗　梨花带雨　梦笔生花

篝火狐鸣　回眸一笑　风声鹤唳　江郎才尽　青梅煮酒　四面楚歌

2. 完成后，如果有不会写的字，或者写错了的，可以通过小组讨论后补写、改正，或者向周边的学习者请教。

3. 每个小组派代表发表和学习目标相关的看法。

4. 组织者反馈评价学习结果与交流情况。

活动2　心领神会

目标：

1. 体验“活动1”和“活动2”之间的承接关系。

2. 说说“理解”在语文学习中的对话价值。

3. 发表对课程标准中“语言文字是人类社会最重要的交际工具和信息载体，是人类文化的重要组成部分”的认识。

过程：

1. 上面听写的12个词语中，如果两个词语结成一对，刚好涉及同一个历史人物，也就是说12个词语涉及6个历史人物，想想看，他们分别是谁？

2. 最早找出这6个人物的小组首先发表讨论结果，其他小组如果有不同看法，说出来和大家商量。

3. 每个小组派代表发表和学习目标相关的看法。

4. 组织者检查评价学习结果与交流情况。

活动3　出口成章

目标：

1. 训练即兴发言、出口成章的能力。

2. 训练思维的敏捷性和口语的连贯性。

过程：

1. 上面12个词语中所涉及的6个历史人物都有一些家喻户晓的故事，每个小组派代表，或者个人即兴讲一个相关的故事。

2. 其他学习者就讲述人的神态、语言、声音以及故事的完整性等方面发表评论。

3. 每个小组派代表发表与目标相关的看法。

4. 组织者评价学习过程与交流情况。

活动4 倚马可待

目标：

1. 训练快速写作的能力。

2. 发展创造性思维能力。

3. 训练围绕主题组织材料、安排结构和运用语言的能力。

过程：

倚马可待是指文章写得又快又好，即文思敏捷、语言感人。本学习活动的目的是培养快速写作能力，要求学习者在40分钟以内写出700—800字的文章。

1. 上面的12个词语、6个历史人物都包含着一些传奇故事，现在要求对原来的故事进行“新编”。如假设陈胜后来做了皇帝，以“陈胜称帝”为题写一篇文章；又如假设杨玉环在马嵬坡被高人救走，练就了一身武艺，后来出山，以“贵妃挂帅”为题写一篇文章；等等。

2. 每个小组可以你一言我一语地集体写作，然后派代表宣读。也可以个人即兴写作，经过小组成员修改，推荐优秀作品当众宣读。

3. 每个小组派代表发表与学习目标相关的看法。

4. 组织者评价学习过程与交流情况。

活动5 奇文共赏

目标：

1. 提高学习者的阅读鉴赏能力。

2. 展示学习者评论文章的能力。

3. 训练学习者品味语言的能力。

过程：

1. 每个小组推出“活动4”中完成的一篇文章，可以是优秀的，也可以是一般的，交给其他小组阅读讨论。

2. 组织者要求在整体阅读的基础上，每个小组从题目、立意、构思、表现手法、文章结构、语言运用等方面重点选择 1—2 点展开鉴赏评论。

3. 每个小组派代表宣读点评结果。

4. 组织者评价学习过程与交流情况。

学习反思

1. 组织讨论：依次完成 5 个学习活动后，你对语文课程的核心任务以及对语文素养有什么新的认识？用简短的话说出来。

2. 结合每个活动的学习目标和学习过程，把自己对设计参与式活动的感悟表达出来，表达时尽可能具体一些。

活动三

云想衣裳花想容（审美体验）

学习目标

1. 感受古典诗歌艺术蕴含的图画美、语言美。
2. 养成诵读诗歌的学习兴趣。
3. 锻炼思维的独特性、流畅性、灵活性。

学习过程

1. 仔细欣赏学习材料提供的几幅画，感受图画所传达的美学意蕴。
2. 组织者限定时间，从第一幅图开始，每个小组把观图时联想到的诗句写下来，时间到，分组宣读，比比哪个小组想到的诗句多。
3. 小组间互相交流，把自己没有想到的诗句记录下来。
4. 采用“头脑风暴”活动，说说这种学习方式有什么好处。

学习材料

（图片绘制：甘肃省兰州第一中学　黄万盛）

学习反思

1. 在学习活动中你注意到每一位学习者的表情和行动了吗？把你看到的情景描述给大家听。

2. 合作学习经常被人当作形式，甚至还有贬义的色彩。在这个活动中，你会发现它其实是每个人发自内心的心理需求，每个学习者都盼望在合作中发现知识，获得帮助。

3. 结合学习目标，发表参与式学习对培养学习兴趣、历练思维能力、涵养审美品位的作用。

·课节讨论·

本课节设计了三个参与式学习活动，分别从培养思维能力、言语能力和审美能力的视角切入，你组织参与了所有的学习过程，对本课节的学习目的肯定有了比较深入的认识。

第一，“创设专业知识问题情境。”这是参与式学习活动有效开展的前提。这里的“情境”，首先，它是一个语文情境，不能离开语文课去创设学习情境，否则就犯了“去语文”的错误；其次，它是一个“问题情境”，设计活动时必须考虑到这是一个学习难点，难点才会激发学生的好奇心。另外，还要精心设计问题情境的呈现方式，方式应该和学生的学习生活相联系，把难点隐藏在学生熟悉的现象后面。

第二，就是“忍不住”。如果把创设专业知识问题情境做得很到位，你就会看到每个学生都“忍不住”参与学习的动人场面。学生以极大的兴趣参与学习过程，这是参与式学习活动有效开展的关键。

第三，“由浅入深、由易到难”地设计学习活动。这是不断强化学习动机的有效策略。从简单开始，学生尝到了取得成果的乐趣，就会增强自信心；有梯度的设计，符合认知心理学的规律。

第四，体现“答案的唯一、复杂到开放”的设计原则。也就是说，学习的答案有些简单唯一，有些关系复杂，有些灵活开放，这和问题的性质有关。具体知识问题，答案一般唯一；方法知识问题，答案比较复杂；认识观点问题，答案相对开放。

第五，“合作学习、探究学习是自然生成的。”这是有效参与式学习的必然现象。如果满足了以上四个学习条件，合作学习、探究学习就会自然生成。也就是说，合作和探究是学生发自内心的生命需求，而不是形式主义的指令。

当组织并参与了所有的学习过程后，你肯定收获了不少乐趣，得到了许多启迪，拥有了无限自信。希望你积极参与下列问题的讨论：

1. 参与式学习活动应该怎样切入，才能体现课程的专业特点？才能和学习内容融为一体？才能避免庸俗化、闹剧化？

2. 应该如何设计学习情境？一个主题活动的几个小活动之间应该如何体现由易到难的渐进梯度？学习者的“忍不住”情结是怎样被激活的？

3. 学习目标、学习过程、学习反思应该如何照应？教师在整个活动中应该怎样发挥积极有效的引领指导作用？

4. 经验分享、共同发展是参与式学习的基本要求。通过以上讨论，你自己肯定有许多独到的见解，或者从同伴那里获得了一些领悟。把这些收获写下来，对你的专业发展是有帮助的。如果你还有一些疑问，后面的学习内容也许能够为你提供一些帮助。

5. 本课节分别以唐代杨巨源《城东早春》中的诗句“出门俱是看花人”、宋代朱熹《春日》中的诗句“万紫千红总是春”和唐代李白《清平调》（其一）中的诗句“云想衣裳花想容”给三个活动命名。学习即将结束时，你肯定对活动名称有了新的体会，说出来和大家分享。

课节六

参与式活动教学任务设计

“风触好花文锦落，砌横流水玉琴斜。”这是唐代贯休《野居偶作》里的诗句，意思是说好花随风飘落，灿若文锦；流水绕岸而动，宛如琴音。这真是大自然最美的景致。参与式学习活动教学任务的设计，如同诗句一样，提倡顺其自然。从文本来、从生活来就显得自然，自然往往就有妙得。参与式活动教学任务的生成，概括地讲就是“两个源头、多维途径”。即参与式活动的教学任务来自两个源头：一是文本，二是生活。而把源头活水引进语文课堂教学却有多种途径：一是来自教师与文本、学生与文本的对话；二是来自教师与生活、学生与生活的对话；三是来自教师与学生的对话，学生与学生的对话，学生与家长的对话；等等。来自教师与文本、学生与文本的对话是产生参与式语文教学任务的主渠道，所以，教学活动的设计要发现课文内容蕴含的知识目标，创造促进学生能力转换的机遇，审视学生情感态度的变化。

学习目的

1. 发现课文内容蕴含的知识目标。
2. 创造促进学生能力转换的条件。
3. 记录学生情感态度变化的痕迹。

活动一

明月照时常皎洁（对话文本）

学习目标

1. 能够琢磨课文内容特色，提炼教学活动目标。
2. 能够用目标引领教学活动过程，提示清晰的学习步骤。
3. 能够及时开展反馈性练习，保证教学目标的有效达成。

学习过程

1. 可以将学习者分成 6 个学习小组，组织者为各个小组分配学习任务。

2. 两个小组重点讨论如何从课文内容特色中发现和确定教学目标；两个小组重点讨论如何围绕教学目标，在聆听、阅读、对话、练写的参与式学习过程中组织学生的学习活动；两个小组重点讨论反馈性练习，尤其是当堂完成练习的重要意义。

3. 各个小组的代表陈述小组的讨论结果，其他小组的学习者可以补充发言。

4. 组织者及时评价，总结学习效果。

学习材料

材料一

《白杨礼赞》教学设计

1. 聆听

教师提示学习目标：① 找出课文中表现象征体、象征点、象征义的关键词，发表自己对象征体、象征点、象征义之间关联性的认识；② 说出象征手法在呈现文章意义时的特殊作用，运用象征手法来表达自己的思想感情；③ 讨论烘托和对比手法在构思文章、强化主题方面所起到的作用；④ 读读文章中的排比句式，以文章中的排比句为例进行仿句练习。

2. 阅读

① 速读。快速阅读全文，注意不要回读，记录阅读时间，完成象征性散文快速阅读练习。阅读前应该让学生明确下列要点：谁（作者），在什么（时间），在什么（题目）中，用什么（手法），通过描写什么（象征体），突出了什么（象征点），赞颂了什么（象征义），表现了作者的什么（情感）。然后计算阅读效率［阅读效率＝阅读速度（文章字数 / 阅读时间）×理解率（回答正确的百分比）］。（注意：为了节约时间，可以在课后要求学生完成阅读效率的计算工作）

② 精读。阅读课文，理清文章思路，画出文章的结构图。首先，领会文意。找出象征体、象征点和象征义，尝试用关键词概括它们。其次，体味文章的结构。文章笔墨的重点是描写白杨树，先写白杨树生长的环境——黄土高原，以广阔无垠来烘托白杨树；接着写白杨树的形态，聚焦一排排白杨树，特写树干的笔直、树枝的靠拢、树叶的向上、树皮的光滑，铺排白杨树质朴、坚强、团结的个性；接着笔锋一转，写到了树中的贵族楠

木，以其秀颀与白杨树形成鲜明的对比；最后用富有感染力的抒情句、排比句，直接抒发了对北方农民、对民族精神的热情赞美。在阅读课文、理清思路之后，启发学生画出文章的结构图。

③ 品读。文章中关于象征体白杨树的描写是作者下笔的重点，这些描写集中凸显了象征点的意义，所以才能够顺理成章地揭示白杨树的象征意义。大声诵读描写段，体验它引发的审美感受和蕴藉的语言魅力。

文章中的排比句对强化主题、抒发情感具有重要作用。大声诵读含有排比句的段落，体验排比语言点燃激情的功能。

3. 对话

① 说说你看到过的白杨树，它和作者笔下的白杨树完全一样吗？

② 作者赋予了白杨树一种什么精神？这种精神是白杨树固有的吗？

③ 谈谈你对象征手法的新认识。

4. 练写

① 象征体描写语段仿写练习。这是段的训练，要求在课堂上完成。

② 象征义排比句式仿写练习。这是段的训练，要求在课堂上完成。

③ 象征手法练写。可以是段、篇的分项训练。段的练写要求在课堂上完成，篇的训练可以在写作课上完成。教师应该为学生提供一些练写题目，如小溪之歌、山谷胸怀、地铁韵律、灯的美感等，题目要适宜乡村、城市学生的不同生活方式和写作需求，也可以让学生自己选择确定练写题目。

材料二

《归去来兮辞》教学设计

学习目标：

1. 美读课文，感受《归去来兮辞》的语言美。

2. 品读课文，领悟作者自由洒脱的情思美。

3. 比较阅读，赏析作品的意蕴美。

4. 拓展阅读，评价“忧道不忧贫”的人格美。

学习时间：两课时（90 分钟）。

材料准备：录音带、白纸、彩笔、胶带、其他相关材料。

课前准备：

（1）学生结合课文下注释和相关参考资料理解课文大意；

（2）读准字音；

（3）查阅相关资料，理解文中“之”“而”“以”文言虚词的作用和意义；

（4）收集表现江南乡村田园生活的图片。

学习过程：

第一课时

活动 1　耳濡目染

目标：美读·体验——感受课文的语言美。

时间：20 分钟。

过程：

1. 开火车分段朗读课文，检查学生预习情况。

2. 教师范读，学生听读。（要求：注意听腔调、听节奏、听情感，并找出所有押韵的字，在换韵的地方做上标记。）

3. 教师简介“辞”的体裁特点，指导诵读。“辞”虽然形式自由，句式散文化，但仍是诗；大体四句为一小节，两句为一组，本文共 15 节，每节表达一个完整的意思，读后可作稍长的停顿；以六字句为主（约占全文的四分之三），都按三拍读，有些七字句出现了虚词，仍作三拍读，但虚字有舒缓语气的作用。

4. 放录音带，学生跟读。（要求：在头脑中想象这位隐逸诗人的形象，注意语气、语调、语速。）

5. 学生自由朗读。

活动2 咬文嚼字

目标：品评·提升——领悟作者自由洒脱的情思美。

时间：25分钟。

过程：

1. 把全班学生分为六个学习小组，每个小组推选出组长，主持小组讨论；组长再指定本组的记录员、观察员、发言人。

2. 各小组以抽签的方式选择讨论的问题，把讨论的结果写在白纸上。

问题一：“归去来兮！”“已矣乎！”“归去来兮，请息交以绝游。”“富贵非吾愿，帝乡不可期。”以上诗句分别表达了作者什么样的情思？这些诗句在表达方式上有何特点？在表情达意上有何作用？（提示：感叹句，直抒胸臆，表达作者思归田园、对官场失望之情。）

问题二：“田园将芜胡不归？”“世与我而相违，复驾言兮焉求？”“寓形宇内复几时？曷不委心任去留？”“聊乘化以归尽，乐夫天命复奚疑！”以上几句分别表达了作者什么样的情思？这几句在语气上有何特点？在表情达意上有何作用？（提示：反问句，加强语气，增强抒情意味。）

问题三：“悟已往之不谏，知来者之可追。”“实迷途其未远，觉今是而昨非。”“善万物之得时，感吾生之行休。”以上诗句分别表达了作者什么样的情思？这几句在上下句表意上有何特点？在表情达意上有何作用？（提示：上下句形成对比，表明作者鲜明的人生态度。）

问题四：“舟遥遥以轻飏，风飘飘而吹衣。”“木欣欣以向荣，泉涓涓而始流。”“登东皋以舒啸，临清流而赋诗。”以上诗句分别表达了作者什么样的情思？这几句话用了什么表达技巧？在表情达意上有何作用？（提示：渲染烘托，充分表达作者内心的愉悦。）

问题五：“园日涉以成趣，门虽设而常关。”“既窈窕以寻壑，亦崎岖而经丘。”以上句子在句式结构方面有何特点？在表情达意上有何作用？（提示：倒装句，有强调意味。）

问题六：“三径就荒，松菊犹存。”“云无心以出岫，鸟倦飞而知还。”以上句子分别表达了作者什么样的情思？句中的“松”“菊”“云”“鸟”有没有特别的含义？如果有，你能看出作者使用了什么表现手法吗？（提示：借物喻人，托物言志，表现作者傲岸高洁的操守和归隐田园的心愿。）

3. 各小组展示讨论结果。

4. 共同评价，深化对语言美、情感美的领悟。

5. 学生齐读课文，再一次在诵读中领略本文的语言美、情思美。

第二课时

活动3　锦心绣口

目标：比较·分析——赏读课文的意蕴美。

时间：30分钟。

过程：

1. 四人一组，展示收集到的表现江南乡村田园生活的图片，并结合课文讨论乡村生活的特点。

2. 发放阅读材料《自出机杼　各蕴风流——〈兰亭集序〉与〈归去来兮辞〉的比较解读》，筛选相关内容，结合自己的理解，在组内发表演说，评述作者在课文中流露出来的思想情趣和生命态度。

3. 小组交流结束后，教师随机抽取2—3名同学，面向全班同学演讲，师生共同评价，深化对课文意蕴美的理解。

活动4　文采风流

目标：评价“忧道不忧贫”的人格美。

时间：15分钟。

过程：

1. 学生自读材料《忧道不忧贫——谈〈归去来兮辞〉的文化积淀》，评价“忧道不忧贫”的人格观。

2. “头脑风暴”：学生谈谈对自读材料的理解。

3. 讨论结束后，教师要求学生根据自己的观点，课后继续搜集材料，写成一篇议论文。

附件：

材料一《自出机杼　各蕴风流——〈兰亭集序〉与〈归去来兮辞〉的比较解读》，选自《山东教育（中学刊）》2005 年第 17 期；

材料二《忧道不忧贫——谈〈归去来兮辞〉的文化积淀》，选自《学语文》2005 年第 3 期。

（设计者：西北师范大学博士研究生　王从华）

学习反思

1. 材料一的教学活动始终围绕象征体、象征点、象征义来展开，这样确定内容目标有什么教育意义？阅读学习依次设计了速读、精读、品读三个活动，它们的教学功能有什么区别？这样设计对促进学生语文素养的发展有什么作用？说说你的学习体会。

2. 材料一和材料二是怎样明确教学任务的？是如何围绕课文内容提出学习要求的？学习过程呈现的层次性对学生的学习有何引领作用？发表你的看法和大家分享。

3. 材料一提供的教学过程依次为聆听、阅读、对话、练写四个环节，材料二提供的教学过程依次为“耳濡目染”“咬文嚼字”“锦心绣口”“文采风流”，两则材料的共同点在什么地方？各环节分别在教学中发挥什么作用？学习活动的“主权者”是谁？谈谈你的理解。

4. 练写活动为什么强调在课堂上完成，这对教学目标的达成有什么意义？说说你的看法。

活动二

洒砌飞泉才有点（激励思维）

学习目标

1. 引导学生认真阅读课文，提出精彩问题。
2. 掌握处理学习资料的方法，学会提炼主要观点。
3. 能够欣赏别人的思考成果，体验倾听的教育意义。

学习过程

1. 学习者可以分成 6 个学习小组，组织者为各个小组分配学习任务。

2. 两个小组重点讨论问题是怎样产生的，教学目标是如何确定的；两个小组重点讨论学习活动是如何展开的，学习资源是怎样利用的；两个小组重点讨论学习目标是怎样落实的，课堂教学是如何完成的。

3. 各个小组的代表陈述小组的讨论结果，其他小组的学习者可以补充发言。

4. 组织者及时评价，总结学习效果。

学习材料

《药》的教学设计与实践体会

教学目标：

1. 培养学生的质疑能力，鼓励学生提出有价值的问题并加以研究。

2. 涵养学生品读文本言语、深入理解课文文化内涵的能力。

活动1　提出问题

目标：

1. 仔细阅读课文。

2. 提出精彩问题。

时间：30分钟。

材料：课文、笔、纸。

过程：

1. 将学生分成小组。

2. 认真读课文。

3. 各组提出问题并讨论其研究价值。

4. 各组提出本组最精彩的2个问题，推荐一名同学讲述问题。

活动2　研究问题

目标：

1. 学习查阅资料的方法。

2. 提取主要观点。

时间：课后完成。

材料：纸、笔、参考书。

过程：

1. 将学生分成小组。

2. 仔细研读课文。

3. 在图书馆、网络等搜集资料。

4. 小组成员经过分析、讨论，形成书面发言稿。

活动 3　解决问题

目标：

1. 体验成就感。

2. 倾听、欣赏、思考研究结果。

时间：40 分钟。

过程：

1. 将学生分成小组，各组推荐一名同学发言。

2. 主要撰稿人不得做本组的发言人。

3. 听的同学要在书上圈、点、勾、画。

4. 发言有创见，教师及时肯定；有争议，师生可以随时质疑、讨论。

教师实践体会

一、参与式学习活动中学生情感态度的变化。

1. 愿意参与学习过程，几乎每一位同学都自愿参与到了这些活动中。平常打不起精神的同学、没有机会表现自己的同学都有了学习的自主空间。比如，在学习中，有一个学生提出了对“古□亭口”中缺省的探究，很有研究的价值，而这个学生平时对语文并不感兴趣；还有一位同学在学习中设计了精彩的板书，其他同学给了他热烈的掌声，而在此之前，因为比较沉默寡言，他很少被老师注意到。

2. 对学习产生了比较浓厚的兴趣，学生的普遍反应是语文课比以前有意思了。《项链》的表演中，担任导演的一位同学平时不喜欢发言，不喜欢做笔记，不喜欢学语文，但导演得却特别成功。他不仅调动起组内的同学通力合作、积极排练，而且在表演中加入了一些符合人物性格特点的情节，被同学全票通过，评为最佳导演。每当组织这些活动的时候，教室里充满了欢声笑语和掌声，不知不觉中一节课过去，没有人伸出胳膊看表，哪怕是早晨第一节课，也没有人打瞌睡。

3. 从同伴中获得了激励，产生了参与竞争的张力。《项链》的辩论中，没有像正式的辩论那样，各组只能有 4 名同学代表本组发言，而是所有的同学都有发言权，都可随时发言。辩论中，一些平时说话声音小的同学声音变大了，一些平时从不发言的同学也站起来发言了，同学们自发地为这些同学鼓起热烈的掌声，他们受到感染，说出了连自己都感到非常精彩的话。辩论会结束以后，有一位同学写道："我从来没有主动在语文课上发过言，但是今天不知道是什么力量使我站起来发言了，并且得到了同学们的肯定和鼓励，我为自己感到惊讶和高兴。"

4. 发现了同学没有机会去表现的优点，学会欣赏他人。学习之后，有一位同学说："我喜欢这样的活动，它使我明白人不可貌相及人外有人的道理。我们组的一位同学平时沉默寡言，不爱学习，但是在这次活动中，我发现他的认识非常独到，他的思想很深刻，他不完全按照教参的讲述，总有自己的想法。"还有一个学生发现了他们班研究最扎实、最有成效的一组，并且探究了其中的原因。有一些同学在展示成果的时候，用了一些具有鲜明动作倾向的词语，比如，"请把书翻到第 × 页""请看第 × 行""请注意这句话""请画出这几个词"，其他同学看到展示效果比较好的时候，马上学习、采纳。

5. 合作意识和团队精神有极大的发展空间。平常不擅表现，默默无闻的学生变成了"高手"，不起眼的小组常常有出色的研究成果。

二、参与式学习活动中学生认知能力的变化。

1. 能提出比较有研究价值的问题。

以《药》这篇课文为例，学生共提出以下10个问题。

（1）课文哪些地方表明了故事发生的时间；

（2）文中对华氏夫妇描写详摘及分析；

（3）“看客”描写详摘及分析；

（4）“谈客”描写详摘及分析；

（5）表演夏瑜在牢中与红眼睛阿义的对话场景；

（6）文中对康大叔的描写详摘及分析；

（7）乌鸦的象征意义；

（8）文中人名含义分析；

（9）设计板书表明文章发展的线索；

（10）“人血馒头”描写详摘及题目含义分析。

（1）关注的是课文的细节；（2）和（6）是总结人物描写的方法；（3）和（4）是鲁迅小说中经常提到的问题，也是他批判国民性弱点的一个切入点；（5）具有很大的想象空间，而且用表演的形式，也给学生提供了展现结果的最佳方式；（7）属于文化的范畴；（8）的研究可以由点到面，了解小说中的人名往往不是随意取之，而是有其深刻含义的，有助于学生阅读其他小说；（9）关乎小说的结构，明线暗线的交织；（10）则是对小说主题的把握。10个问题的提出具有很强的针对性和操作性，对这10个问题的研究是对小说重点、难点进行理解的有效途径。

2. 能在小组共同探究的过程中完成对学习材料的理解。

以《药》为例，学生对课文明暗两条线索的把握很到位，设计的板书比教学用书中的要精彩。

3. 学生听说读写的能力都得到了落实和发展。

每个学生都必须读课文，直到对课文内容非常熟悉，否则他就失去了参与的可能。在小组中，学生是不希望自己游离于集体之外的；每个学生都在认真听同学的发言，即使发言的同学声音比较小，或者表达不够好，学生也给予了足够的尊重和支持，因为他们认为自己与他人是平等的；几乎每个同学都在做笔记，读的时候做与本组内容相关的笔记，听的时候做其他组研究内容的笔记；每一位同学都有说的机会，小组讨论的时候可以尽情表达自己的意见，展示成果的时候还要面对全班同学发言。类似的学习活动越多，学生参与的机会也就越多。

4. 对有争议的问题展开讨论，可以开拓学生的视野，激发他们深入思考，从而促进智力发展。

参与式学习活动为学生提供了发现和进入自己的“最近发展区”的条件，使学习者之间、学习者自身能力与学习要求之间的差距完全显露出来，并在同伴或老师的帮助下减小或消除这些差距。

三、开展参与式教学活动后教师的反思。

1. 相信学生。他们有很强的求知欲和创造力。学生的表现常常使我吃惊、使我惊叹、使我佩服。记得我在学习《药》这篇小说的时候，我的老师讲了它的明线暗线交织的结构，我当时非常佩服老师的鉴赏能力，却绝对没有想过自己能读出这一妙处。采用参与式学习方式时，我的学生理解得特别好。

2. 积极搭建能使学生充分展示他们才能的舞台。以前我也组织讨论、辩论等活动，但总是没有这些活动的效果好，究其原因，主要在于活动内容的设计上过于单一，小组内容相同，导致展示失去了吸引力。

3. 学生能够跳一跳就够得到的东西一定要让他们自己去跳、去够，他们会从中获得极大的乐趣。以前老师讲得特别吃力，学生听得也特别吃力，而参与式学习活动为学生提供了发现和进入自己的“最近发展区”的条件，学生靠自己就能有发现，老师轻松多了，学生也体验到了乐趣。

4. 一定要想办法让学生动起来，使他们的脑手口耳眼都有事干。

5. 只要找到符合学生发展的道路，学生就会对学习感兴趣。以前我总是感觉两个班的风格迥异，一个班就是老师们常说的“活”，而另一个班就是“死”，到后一个班上课常常有莫名的压抑，可是参与式学习活动的开展使我发现了后一个班的可贵之处：特别有创新精神。课本剧的表演，他们加入了很多课文中原本没有的内容，而这些又是非常符合人物特征的，他们的表演特别吸引人。“故事接龙”的时候，这个班的学生不仅讲得绘声绘色、引人入胜，而且，表情、态势语极其丰富。现在，去以前那个所谓的“死”班上课，再也没有压抑和担心了。

总之，用参与式上课比以前有意思了、轻松了。以前备课需要花费很多的时间去记住知识性的内容，以便在讲解的时候能够离开教案这根拐杖，现在则可以把精力更多地放在问题的设计和形式的组织上；以前上课总有重复之感，备课的时候过一遍，上课的时候过两遍，感觉一堂课上完，老师确实提高了不少，而学生则不得而知。现在，备课的内容不需要我讲给学生听，我在听的过程中对自身理解进行补充、印证，同学讲的时候又各有不同、各有情趣。所以，上完课总感觉身心愉悦。

（设计者：西北师范大学附属中学　李静）

学习反思

1.《药》的教学设计利用人们非常熟悉的“提出问题—研究问题—解决问题”的步骤，展开了以学生为主体的教学过程，完全由学生发现问题—确定学习目标—完成学习任务。这样设计对大家的启迪是什么？讨论一下。

2. 李老师说：“相信学生。他们有很强的求知欲和创造力。学生的表现常常使我吃惊、使我惊叹、使我佩服。”你在教学中有过类似的体验吗？

3. “学生听说读写的能力都得到了落实和发展。每个学生都必须读课文，直到对课文内容非常熟悉，否则他就失去了参与的可能。”学生听说读写的能力都得到了落实和发展，对提出目标、研究目标、达成目标有什么意义？

活动三

余音嘹亮尚飘空（引领探究）

学习目标

1. 掌握在师生互动中生成内容目标的教育意义。

2. 能够理解并评述运用多媒体强化内容目标的作用。

学习过程

1. 学习者可以分成 6 个学习小组，组织者为各个小组分配学习任务。

2. 两个小组重点讨论“互动”活动引发了什么问题、内容目标是如何确定的；两个小组重点讨论材料是怎样激活学习兴趣、怎样强化内容目标的；两个小组重点讨论“教学后记”，发表把文本、多媒体和师生互动融为一体，确定、实施、达成内容目标的艺术性评析。

3. 各个小组的代表陈述小组的讨论结果，其他小组的学习者可以补充发言。

4. 组织者及时评价，总结学习效果。

学习材料

材料一

《梦游天姥吟留别》教学设计

教学目标：

1. 了解古体诗的形式特征，借以赏析李白所创造的“奇特梦境”，分析诗歌在诗意、诗境、诗情上的曲折变化，并能有感情地诵读诗歌。

2. 了解李白的生平经历，体会诗歌的丰富情感，感悟诗歌借“梦境”表达心志、诠释生命的浪漫风格。

教学重点与难点：

1. 学习古体诗的形式特征，赏析诗歌奇特多变的“梦境”。

2. 知人论世，深入理解诗歌内容，学写文学短评。

教学方法：自读体悟、参与式学习。

课时安排：2 课时。

教学过程：

第一课时

活动 1　诗仙锦句知多少

内容：诗句接龙。

游戏规则：游戏以小组为单位，每轮各小组 1 名同学参与接龙。所接须为李白诗句，说错或断连的小组失去 1 次参与机会，坚持到最后的小组胜出。

时间：3 分钟。

过程：

举头望明月，低头思故乡。（1 组）——飞流直下三千尺，疑是银河落九天。（2 组）——抽刀断水水更流，举杯消愁愁更愁。（3 组）——举杯邀明月，对影成三人。（6 组）——蜀道之难，难于上青天。（1 组）……

活动 2　初识吴越天姥山

内容：自读诗歌，整体感知诗歌内容，形成小组学习成果单。

时间：7 分钟。

课前自主学习提示：

任务 1：理解题目，寻找诗眼。

任务 2：为诗歌 3 个部分各拟一则标题，语言准确简练。

任务 3：诵读诗歌第 1 部分，思考李白因何梦游天姥山，李白对天姥山的初步印象是怎样的。

过程：

1. 学生诵读诗歌第 1 部分，呈现课前自主学习内容。

2. 小组成员交流完善，形成小组学习成果单。

3. 班级内展示交流完善后的小组学习成果单（教师组织讨论，参与交流，适当点拨，收集并利用电子白板展示小组成果）。

【呈现】

活动 2　初识吴越天姥山	
诗题	题目意为神游天姥山吟诗一首留赠友人来寄托内心的离别之情。其中“梦游”即“神游”，是说所写内容是虚幻的，是梦境。由此看出，诗歌的主要表现手法是想象
诗眼	安能摧眉折腰事权贵，使我不得开心颜
小标题	梦游之“因”、梦幻之“境”、梦醒之“叹”
李白因何梦游天姥：瀛洲仙山，缥缈玄远，神秘难寻；天姥胜境，越人赞叹，神思向往	
李白对天姥山的初步印象：山势高拔、山形雄伟、气势磅礴	

活动3　且行且吟游仙境

过程：

1. 跟随老师了解古体诗的基本形式特点（演示文稿呈现）。时间3分钟。

诗体		句数	字数	押韵	平仄	对仗
古体诗		不定	不定	大多换韵	不严格	不严格
近体诗	律诗	8	40/56	不换	严格	严格
	绝句	4	20/28	不换	不严格	不严格

我们以前学习绝句、律诗，理解诗歌内容，体悟诗人情感，多是以“句”或“联”作为划分的标志。与绝句、律诗相比，古体诗的句数、字数、用韵较为灵活，不受诗律限制。古体诗往往以**换韵的方式**来体现**诗意的转折**、**诗境的转换**、**情绪的变化**。李白这首杂言古诗，诗歌主体为第2部分天姥胜境的梦游历程，篇幅略长。我们可以借助古体诗的形式特征，跟随诗仙快速入梦，去感受梦中那迷离的奇幻境界。

2. 画出诗歌第2部分诗句的韵脚，根据韵脚的变化为“天姥梦境”划分层次（时间2分钟）。

【呈现】

（1）我欲因之梦吴越，一夜飞度镜湖月。//

（2）湖月照我影，送我至剡溪。谢公宿处今尚在，渌水荡漾清猿啼。脚著谢公屐，身登青云梯。半壁见海日，空中闻天鸡。//

（3）千岩万转路不定，迷花倚石忽已暝。//

（4）熊咆龙吟殷岩泉，栗深林兮惊层巅。云青青兮欲雨，水澹澹兮生烟。//

（5）列缺霹雳，丘峦崩摧。洞天石扉，訇然中开。青冥浩荡不见底，日月照耀金银台。//

（6）霓为衣兮风为马，云之君兮纷纷而来下。虎鼓瑟兮鸾回车，仙之人兮列如麻。忽魂悸以魄动，恍惊起而长嗟。惟觉时之枕席，失向来之烟霞。//

3. 依据分层，分别赏析诗人在梦游天姥的过程中，其场景、意境、情绪是如何变化的，并用语言简要描述。小组分任务展开交流，填写表格中的相应内容（时间 8 分钟）。

任务 1：1、4 小组简要概括梦游天姥的场景画面。

任务 2：2、5 小组简要描述场景画面的意境特点。

任务 3：3、6 小组简要表达诗人情绪的变化特点。

【呈现】

层次	韵	句数	字数	场景	意境	情绪
1	üe	2	7	夜渡镜湖	静谧轻柔	宁静轻快
2	i	8	5/7	剡溪流连、夜登天姥	清幽美好	愉悦欣喜
3	ing	2	7	白日山行	曲折迷离	迷惘失落
4	an	4	6/7	熊咆龙吟，云浓烟起	阴森晦暗	惊恐畏惧
5	ai	6	4/7	仙府洞开，富丽堂皇	奇异璀璨	惊讶好奇
6	a	8	6/7/9	众仙齐聚，恍然梦醒	热烈盛大	欢畅快慰

4. 依据表格内容，朗读诗歌第 2 部分（时间 8 分钟）。

任务 1：小组成员相互朗读，尝试读出梦中不同意境的特点和情感的抑扬起伏。

任务 2：诵读点拨。除押韵外，你是否发现每层的句数、字数的多少也与场景切换之快慢、情绪变化之缓急密切相关？诵读时注意把握细节。

提示：

（1）换韵频繁、句数较少的层次，是诗歌的略写部分，场景转换快，诗人停留时间短，朗读语速应加快。如“夜渡镜湖”的一飞而过，“白日山行”的时光忽逝。

（2）字数较少的句子，或表现诗人行动的轻快，或表现诗人内心的欣喜，或表现所见景象之变化迅疾，朗读语速应加快。如“脚著谢公屐，身登青云梯”时的身形轻捷，内心急切；“洞天石扉，訇然中开”的境界顿生、豁然开朗。

任务3：小组推荐代表，在全班示范朗读。

5. 欣赏名家诵读，感受瑰丽梦境（时间3分钟）。

第二课时

活动4　李白故事众口传

内容：课前查阅相关资料，了解李白生平，略作摘记，简要梳理。课上邀请2—3名同学交流分享，谈谈自己所熟悉的李白。

时间：5分钟。

【呈现】

简笔勾勒李白生平：少年内迁，青年出川；四方漫游，访道交友；诗名日盛，众口传唱；召入长安，供奉翰林；藐视权贵，赐金放还；失意离去，游历东鲁……

活动5　再吟长句品诗情

活动内容：诵读、品味诗歌第3段梦醒之“叹”部分，结合李白生平，赏析其咏叹声中蕴含的复杂情感，并将自己体会到的情感批注在课本的空白处。

时间：5分钟。

【呈现】

（1）“世间行乐亦如此，古来万事东流水。”批注：追求破灭、看透世事的悲凉心态。

（2）“别君去兮何时还？且放白鹿青崖间，须行即骑访名山。”批注：珍视友谊、眷恋山水的天真性情。

（3）“安能摧眉折腰事权贵，使我不得开心颜？”批注：藐视权贵、狂傲不羁的反抗精神。

活动6 同游梦境我有感

活动内容：

《梦游天姥吟留别》凭借高远出众的才情、浪漫瑰丽的想象，描绘了一场奇幻迷离的梦境。有人认为诗人以记梦为由，抒写了其对光明、自由的渴求；也有人认为对梦境的描写有对诗人长安求仕经历的暗示；还有人认为诗歌重点在于表达诗人对黑暗现实的不满……你是怎样理解诗人这场“梦”的？写一段文学短评，表达自己内心的真实想法。时间20分钟。完成后在小组、班级进行分享。

时间：10分钟。

【呈现】

房同学短评节选：“霓为衣兮风为马，云之君兮纷纷而来下。虎鼓瑟兮鸾回车，仙之人兮列如麻。”读到这几句时，仿佛感觉喧嚣离我而去。李白在梦中，看到了仙人或抚琴，或摇扇，或寒暄。李白素有“谪仙”之称，或许他也曾是其中一员，在仙界无烦无恼、无忧无虑，平日里饮酒作诗，快哉乐哉。但此时的李白却只能惊诧、仰望，却也不失仙人风度，写下这首人间绝唱。

林同学短评节选：那梦里谢公的住处还在，水微荡猿啼鸣，这是你所向往的生活吧？穿越时空的缝隙，终于到访所敬之人的故居，你是欣喜的吧？沿蜿蜒曲折的山路信步向上，你是悠然的吧？可是，你是否会在路上想起自己的仕途呢？那似乎与脚下的山路很像，你平步青云，却危机四伏，到处传来“熊咆龙吟”，一不小心便坠入深渊。可自信如你，又怎会因一点困难萎靡不振！“空中闻天鸡”，这才是你啊！

侯同学短评节选：世人渴望的“渌水荡漾清猿啼”的宫廷生活实际上

是“吃人”的。那宫廷生活复杂到“千岩万转”，变化快到“迷花倚石忽已暝”，谁若使权贵们“青冥浩荡不见底，日月照耀金银台”的生活有一丝撼动，那“列如麻”的贵人们便会出来剿杀你，非置你于死地不可。这样的生活让人步步惊心。

刘同学短评节选：细读诗歌，这“一夜飞度”不就是李白升迁速度之快的类比吗？李白通过自己的努力，攀登着官场这座大山。哪怕前路未知、凶险莫测，靠着一股轻狂劲儿，也达到了耀眼的高度。但是宫廷生活远不如李白想象中美好，这里钩心斗角、尔虞我诈，推杯换盏、强颜欢笑，心中写满苦涩的李白过得并不舒心。回忆金銮殿里的奢华生活，金丝玉缕、锦罗绸缎，但这些并不是李白的内心追求。他面对玉盘珍馐，却没有动筷的心情，迷茫、不知所措之感充斥了他的内心。我想，李白最终选择离开，除了愤怒，一定还有挣脱樊笼、摆脱烦愁的快感。

（设计者：甘肃省兰州新区舟曲中学　武磊）

材料二

《邹忌讽齐王纳谏》教学设计

第一课时

活动 1　知识竞赛

目标：通过参与知识竞赛，让学生了解课文背景，熟悉故事，激发学习兴趣。

材料：电脑课件、白纸、彩笔。

时间：15 分钟。

过程：

1. 课前准备：将学生 6 人一组分开，让学生以小组为单位查阅本文与

《战国策》的相关资料，做好竞赛准备。

2. 知识竞赛（5 分钟）。

题型：问答题。

形式：举手抢答。

规则：教师读题后，先举手者获答题权，答对 1 题者得 10 分。评委记录各组得分情况，最后公布成绩。

题目：

①《战国策》是一部什么样的书？它有什么样的地位？

明确:《战国策》是一部国别体史书，主要记载的是战国时策士们的言论和行动，是先秦历史散文中的一枝奇葩，它对后世史学和文学的影响极为深远。

②《战国策》的编纂定名者是谁？

明确：西汉末时，刘向整理校正后将其定名为《战国策》。

③ 邹忌是一个什么样的人？

明确：邹忌，齐国的谋臣，历事桓公、威王、宣王三朝，以敢于进谏和善辩著称。

④ 举出历史上著名的善于纳谏的名人及其名句，并简单评述。

唐太宗说:“以铜为镜，可以正衣冠；以古为镜，可以知兴替；以人为镜，可以明得失。”请各抒己见，发表评论。

3. 诵读比赛（10 分钟）。

规则：各组分别朗读，评委打分，评分标准如下。

要求：读音准确、断句恰当、读出情感、有角色意识。分值为 3 分、3 分、2 分、2 分。各组诵读完毕，由各组评委及教师共同打分评出第一名，结合知识竞赛成绩，评出优胜小组。由竞赛激发学生的学习热情和学习兴趣。

点评：通过这两个比赛活动，让学生充分了解了课文的背景知识，让学生对课文内容也有了整体把握，训练了学生的思维能力及文言文诵读能力。在一定程度上消除了学生文言文学习的畏难情绪。同时每位同学在参与中提高了学习的热情与合作意识。

活动 2　讲故事，集词汇

目标：

1. 通过前面活动，让学生熟悉课文内容，了解大意。

2. 掌握重点字词、句式，并将这些字词句做成知识卡片。

材料：白纸、彩笔、胶带。

时间：30 分钟。

过程：

1. 整体感知：学生根据刚才的朗读情况，以讲故事的方式理解课文大意，小组讨论完成，然后各小组派代表在全班讲。故事可各有侧重，同时理解所讲部分的重点字、词、句。

评论：通过讲故事让学生整体感知课文内容，初步把握故事情节。通过小组之间的学习和相互补充，让学生感受合作的乐趣。

2. 积累：以小组为单位搜集整理本文文言词汇及文言句式，包括词类活用、古今异义词、特殊文言句式。

3. 各小组将自己整理的内容展示出来，师生比较补充，归纳出本课文言词汇表。① 词类活用：朝、美、私、面……　② 古今异义：地方、左右、讽、谤讥……　③ 文言句式：忌不自信（宾语前置）；我孰与城北徐公美（介词结构后置句）；此所谓战胜于朝廷（判断句，兼介词结构后置）；王之蔽甚矣（被动句）。将以上摘录为词汇卡片，并附例句。

4. 评析：以上活动，让学生在合作学习中能借助注释和工具书，了解文章大意，梳理常见的文言词语、文言句式的意义和用法，既为学生分析课文情节打下良好基础，又使其养成合作参与的良好习惯。

第二课时

活动 3　课本剧表演

目标：熟悉课文内容，把握故事情节，了解矛盾冲突，理解人物的说话技巧。

材料：服装道具、课件及设备。

时间：25 分钟。

过程：

1. 课前准备。各小组分别编排《邹忌讽齐王纳谏》课本剧，要求有导演，有演员，有台词，有动作设计，并配以音乐或画面。

2. 课堂演出。要有适当化装和道具。

3. 表演结束后，同学之间评析表演效果，提出改进意见。

邹忌以家事喻国事，委婉地劝告当朝国君，广开言路，虚心接受谏言。用讽喻的方式向国君进谏，很生活化，极能引起君主的兴趣，收到很好的说服效果。比喻说理能用具体的事实说明抽象的道理，变深奥为浅显，委婉而有说服力。

课本剧《邹忌讽齐王纳谏》

场景一：卧室。清晨，邹忌起床，洗漱完毕。

邹忌：（走到镜子前，妻子为他前来穿衣物，看了看镜子，问镜子）我和徐公哪个更帅？

镜子：肯定你帅呀。

邹忌：（转身向妻子）达令，今天我美吗？

妻子：（视网膜差点脱落，被雷到）达令，相信我，你最美了。

邹忌：（有点不相信，睁大眼睛）我和城北的徐公哪个更美？

妻子：（做无奈状走出房门）当然是达令更美了！

旁白：邹忌闲来无事，去院中晨练，遇见妾。

邹忌：（招手示意，妾过来）桂花儿，平时我最疼你了，我问你一个问题，你要如实回答。

妾:（依恋，疑问）嗯。

邹忌：你觉得我和城北的徐公哪个更美呢？

妾:（睁大眼睛，做点头状）肯定是你呀！城北的徐公怎么能和你比呢！

邹忌:（满意地笑了笑）。

旁白：邹忌对妻和妾的回答非常满意。次日，邹家大门被人敲响。

场景二：邹府客厅。

妾:（快步迎出大声问）谁呀？来了！

客人：是我，刘二。

妾:（打开门）刘二，来了？里面请。（妾带刘二来到大厅，对身旁的丫头说）去，叫老爷来。（并为客上茶）

邹忌:（快步上前）不知刘二兄要来，有失远迎，失敬失敬。

客人：邹兄客气了，我今日是来看一下邹兄的。

邹忌:（客气地摇摇手，尴尬一笑）呵呵，问你个事，你觉得我与徐公谁更帅？

客人：哦，您比以前更有型了，所以你帅。

客人:（接着）有个事要麻烦邹兄一下。

邹忌：什么事？

客人：邹兄以后多照顾照顾我，在大王面前多美言几句。

邹忌：这……好吧！

客人:（抬头看太阳）谢邹兄，时间不早了，我就先走了。（起身出门）

旁白：几日后，徐公来访。

徐公:（敲门）请问，有人吗？

邹妻:（快步迎上）来了！（并把徐公引进大厅，命丫头去叫老爷）

邹忌：突然来访有何事？（偷偷看，自愧不如）

徐公：我是来请教朝中礼数的，可否略授一二？

邹忌：（一拍脑门）对呀！噢，徐公，不好意思，今日我有要事缠身，实在不方便。改日，改日我们详谈。

徐公：好吧，那我改日再来。

当天晚上，邹忌睡在床上，心想，达令夸我是因为喜欢我，小妾夸我是因为怕我，客人夸我是因为有求于我。他想通其中的道理后决定第二天入朝见威王。

场景三：朝堂之上。

旁白：于是邹忌入朝见威王，威王斜跨坐在龙椅上，一副高高在上的姿态。

邹忌：我自以为不如徐公帅，可是我的达令喜欢我，小妾害怕我，客人有求于我，所以都说我比徐公美，但晚上我躺在床上，仔细想了想。大王，您现在也正处于这样的情况。您想想，您现在的地盘可是方圆千里，城墙百十座有余，宫里的妃子和左右亲信都爱戴您，您的手下怕您，四境之内没有人不有求于您，由此看来，您受到的蒙蔽也还不少呢。

威王：（低头思考了一会儿恍然大悟，从椅子上站起来，双手互拍）对啊！

于是威王下令，（侍者读）能当面提出意见的受上等奖赏，上书进谏的受中等奖赏，在大街上评论我的过错的受下等奖赏。

不久以后，进谏的人慢慢少了。

场景四：他国使臣觐见。

使臣：大王，我奉命前来贺喜。

威王：……最近没什么喜事呀？

使臣：因为大王的治国有方，所以托您的福，现在贵国人民的生活水平进一步提高，大王也得到了百姓的赞许！

威王：（偷偷一笑）哦，没什么，没什么，这是因为我有一位厉害的爱臣。

使臣：您谦虚了，望大王以后龙体日日健壮，直至万岁，这是贺礼。

威王：好，收下了，你去后房休息吧！（使臣走出了大殿）

威王：传我令下去，给邹忌奖赏功臣府一座。

活动4　辩论会

论题：忠言逆耳或忠言顺耳。

目标：了解本文所用的讽谏方式。

时间：20分钟。

过程：

1. 仍以之前的6人小组为单位，抽签分队进行辩论。

2. 辩论结束后，评出最佳辩论队和最佳辩手，教师要充分肯定他们的思考角度，并结合课文的学习，让学生多维度思考，了解顺耳忠言固然可贵，逆耳忠言依然值得听取，而除了进谏者的巧舌之外，听话者必须有一双善听的耳朵……

3. 分析文章的写作特点。讽谏手法，以小喻大，语言生动，比喻形象。

第三课时

活动5　写作练习

目标：检验学习效果，训练学生提炼观点和写作的能力。

材料：作文本、钢笔。

过程：

1. 从上节课的辩论话题——忠言逆耳或忠言顺耳中选取自己支持的角度进行论述。题目自拟，要有自己独特的见解。

2. 互批互改。

3. 教师点评、朗读优秀作文。

案例评析：《邹忌讽齐王纳谏》是我个人及同校老师认为较成功的一个参与式教学案例。这篇课文篇幅短小，情节性强，文言知识简单，教师和学生有一定的想象和创作空间。文言文在人们心目中是比较严肃的，而我称其“亦庄亦谐”。“庄”是指文言知识的学习无一遗漏；“谐”指教学方法的选择不拘一格，尤其是课本剧的改编和表演，学生在深入理解课文的基础上用诙谐幽默的语言和表现方式进行演绎，在轻松的氛围中提升语文素养。

课堂上每个活动环节紧密联系，让学生的思考与参与都有一定的连续性。在这种环环相扣的思考中锻炼学生的思维能力，每个学生积极参与，在参与中体会获取知识的乐趣。师生、生生之间的互动让学生敢于思考、勇于说话，增强了学生的话语意识。

（设计者：西北师范大学硕士研究生　陈瑞霞）

学习反思

1. 课本剧的设计与实施，不仅会增强学生的学习兴趣，而且会提升学生的智慧水平和言语表现力。你对此有何看法？发表出来与大家分享。

2. 在上面两则教学设计中，教师是如何设计问题情境、呈现学习任务的？说说你的理解。

活动四

春到人间草木知（训练言语）

学习目标

1. 认识利用对联开展写作训练的文化价值。
2. 了解对联赏析在解决写作内容问题方面的作用。
3. 认识将对联引入写作训练与提高语言表达能力之间的关系。

学习过程

1. 学习者可以分成 6 个学习小组，组织者为各个小组分配学习任务。

2. 两个小组重点讨论利用对联开展写作训练的文化价值，这种做法对改变中学生写作平庸的现象有没有好处；两个小组重点讨论对联赏析在解决写作内容问题方面的作用，它对解决写作内容空泛的问题是否有帮助；两个小组重点讨论将对联引入写作训练与提高语言表达能力之间存在怎样的关系，这种做法有没有意义。

3. 各个小组的代表陈述小组的讨论结果，其他小组的学习者可以补充发言。

4. 组织者及时评价，总结学习效果。

学习材料

利用对联开展写作训练

前人一直认为对联和写作有着密切的关系。清代崔学古在《幼训》中称对联“为通文理捷径”，蔡元培先生在《我在教育界的经验》中说属对“这一种功课，不但是作文的开始，也是作诗的基础”。我们在实践中也试图寻找对联教学与写作训练的契合点。

一、鼓励学生多做表达

读写是分不开的，学生在欣赏了很多作品之后，必定有一些感受。这个时候我们就应该指导学生及时写自己独特的体验和感受，不必拘泥于篇幅。

如：虚心竹有低头叶，傲骨梅无仰面花。

下面是学生在读完这副对联之后，写的不同风格的鉴赏语段。

【鉴赏语段一】意思是竹子内心谦逊才向人虚心地低头，梅花高傲不屈、从不仰面拍马逢迎。此联以物喻人、托物言志，抓住竹与梅的特点，展现人的美好心灵。上联中的“有低头叶”，指竹不倨傲自矜，虚心有节。下联中的“无仰面花”，指梅不媚俗，向上的风骨。此联语言朴实，构思巧妙，寓意深刻，对仗工整，堪称佳作。（杨军）

【鉴赏语段二】上联抓住竹子特点，赞誉其谦虚的美德；下联刻画梅之精神，歌颂其不逢迎阿谀的正气。此联堪称精品之对。（刘鑫）

二、模仿式写作

在学生努力表达自己感受和想法的基础上，出示教师的对联鉴赏，让学生进行模仿，并对自己的鉴赏文章再修改和再创造。如：

公是孤臣，明月扁舟留句去；

我为过客，空江一曲向谁弹。

【教师的赏析】广西藤县山川秀丽，名胜颇多。苏轼曾二访藤州，县城的东山和绣江之滨，留下诗人即兴吟咏的诗篇。后人为纪念他，在此建造“访苏亭”。这副对联为清代章句大师梁章钜题于访苏亭。

上联写苏轼。“公是孤臣”，“公”即指苏轼，“孤臣”指失势无援的臣子，苏轼仕途不顺，屡遭贬谪，所以作者这样称呼他。“明月扁舟留句去”，作者化用了苏轼《赤壁赋》里的意象。苏轼的《前赤壁赋》里有“苏子与客泛舟游于赤壁之下”，“清风徐来，水波不兴。举酒属客，诵明月之诗，歌窈窕之章”，“惟江上之清风，与山间之明月，耳得之而为声，目遇之而成色，取之无禁，用之不竭”的语句，《后赤壁赋》里也有“人影在地，仰见明月，顾而乐之，行歌相答”之类的描写。“明月扁舟”用在此处具有多重意义，既指苏轼的清词丽句、文学才华，也指他飘逸清旷、豁达乐观的处世态度。“留句去”既能让人想到苏轼的潇洒和才情，也表达了斯人已逝、难以再见的怅惘。

下联写自己。“我为过客”，在于表现尘世漂泊的无奈。一路颠沛，行程到此，不由得想到苏轼，漂泊的命运是相同的，内心对生活的一些认识也是相通的，自己对他也是一向仰慕的，这样就忍不住将他引为知音，升起向他倾诉的欲望，但那个人却早已远去，只留下自己，“空江一曲”“向谁弹”呢？谁又能懂得自己的真实心意呢？“空江一曲”，江面空旷，江水澄澈，琴声一曲，缥缈不定，借此来比喻一腔心事，极富诗味。

本联追怀先贤而落笔于自我，无限怀念，隐于语中，抒情委婉，摇曳多姿。

【学生的赏析】这副对联短短二十二字，却浓缩了苏轼一生的艰难与内心的宏大志向，以及那种从骨子里流露出来的豪情。

一个“孤”字，表现了苏轼在政治上的不得志，对仕途的渺茫无助。但是即使是这样也是过客，“空江一曲为谁弹”表现了苏轼无人理解的无奈，无人支持的心酸，又隐藏着他对朝廷的蔑视。这副在藤县访苏亭上的对联向世人展现了伟大诗人苏轼爱国忧民的心怀，仕途失败的心酸，看破世间烟尘的心态。

世人热爱苏东坡，除了热爱他的文学之才和人格魅力之外，还热爱他与生俱来的幽默感和至死不衰的乐观主义精神。提升生命质量有许多途径和方法，这位北宋文豪的经验值得我们借鉴：一个人欲求心灵的安宁，就必须给精神建造一座美丽的后花园，那是离自己最近的息壤，是人世间风风雨雨难以欺凌、是是非非无法侵扰的地方。（王炯萍）

利用对联，培养学生主动练笔的习惯，从而提高学生对于对联的鉴赏和写作能力，这对学生作文水平的提高是有很大帮助的。

三、引导学生正确使用已积累的素材

在高中语文课程中实施对联教学的目的是希望能够提高学生的作文水平。在进行了长期的鉴赏能力培养和知识积累之后，就要在实际的写作中得以显现。这就要求在作文中合理运用素材，显示自己的文化底蕴。

有一次，老师给学生布置了一篇作文，要求是这样的：

把每一个黎明看作你生命的开始 / 把每一个黄昏看作你生命的小结 / 让每一个这样短短的生命 / 都能为自己留下一点儿可爱的事业的脚印 / 和你心灵得到充实的痕迹

——约翰·罗斯金

请以“痕迹”为话题写一篇作文。

在这次作文中，很多学生都以屈原为例，但是在表述上却有着很大的差异。有的学生只写了很简短的一句话：“屈原投汨罗而死，留下了自己的生命痕迹。”这虽然也体现了一定的文化积淀，但没能进一步去挖掘，就达不到应有的文化高度。有的学生就写得比较出色：

汨罗江边，那是生命的回响。举世皆浊的独清，众人皆醉的独醒，那是深深的寂寞，那是无言的愤慨。

一生致力于振兴楚国，为实现忠君贤相的美政，上下求索，九死不悔。生命是脆弱的，滔滔江水承载了屈原的躯体；生命又是伟大的，滔滔江水冲刷不掉他生命的痕迹，那是他对理想的忠贞与执着，对人生的不悔与奋斗。他随水而去，却在人们的心上留下了一个永恒的痕迹。从那痕迹里，我们看到了一个生命的不屈，听到了一个生命的呐喊，那是对后人的震撼，在后人心中树立起了不朽的丰碑。

这段饱含激情的文字概括了屈原的执着与不屈，多角度深入地挖掘了素材的内涵，赋予“痕迹”以多重理解：“痕迹”是屈原的，是他自身的无悔坚持，以死明志；“痕迹”也是读者的，是对后人的震撼与激励。屈原这一例子，因作者深刻的目光、饱含激情的表达，引起读者共鸣，让人印象深刻。同时，作者也赋予了文章一定的文化底蕴。

所以，文章要打动人，关键是要引导学生善于在作文过程中灵活运用自己所积累的文化素材，并多角度地深入挖掘和表现那些能对读者产生震撼的因素，在作文中体现一定的文化积淀。

（设计者：西北师范大学硕士研究生　郭梦华）

学习反思

1. 对对子是传统语文教育的专门课程，也叫“对课”，是开展言语训练的有效途径之一。写对联赏析对促进学生的语文能力发展有何好处？写一段话与大家分享。

2. 在本案例中，教师是怎样引导学生积极参与学习活动的？说说看。

3. “文章要打动人，关键是要引导学生善于在作文过程中灵活运用自己所积累的文化素材，并多角度地深入挖掘和表现那些能对读者产生震撼的因素，在作文中体现一定的文化积淀。”谈谈你对这句话的理解。

·课节讨论·

1. 本课节的四个学习活动都是围绕参与式活动教学任务的确定与实施展开的，有的侧重于教师与文本的对话来设计教学任务，有的侧重于学生与文本的对话来设计教学任务。我们在教学过程中习惯于教师提出问题、学生回答问题的方式，对于由学生阅读课文、提出问题、解决问题的方式还不太习惯，或者实践起来还不太自然。学习了本课节的内容，你是否有了新的想法？请按照学生提出问题的途径设计一篇课文的教学目标和教学过程，发表出来，与大家分享。

2. 学习了上述教学活动的全过程，你对教学任务产生的“两个源头，多维途径”有何新的认识？说出来与大家分享。

3. 本课节用唐代寒山《千年石上古人踪》中的句子“明月照时常皎洁”、白居易《香炉峰下新卜山居，草堂初成，偶题东壁》中的诗句“洒砌飞泉才有点”、唐代赵嘏《闻笛》中的诗句“余音嘹亮尚飘空”和南宋张栻《立春偶成》中的诗句“春到人间草木知”为四个活动命名。你对诗句的含义、对活动名称的理解有何见解？说出来与大家分享。

[illegible]

3．文章要打动人，[illegible]

[illegible]

课后讨论

[illegible]

课节七

参与式活动教学情境设计

“造化钟神秀，阴阳割昏晓。”这是杜甫《望岳》中的诗句，诗人认为大自然把壮美灵秀都集中在泰山之上了，山峰的阴阳两侧同时展现着清晨的明丽和傍晚的幽远，真是美不胜收。诗圣为什么会给我们带来如此的精神美餐？一是他有“一览众山小”的胸襟和气魄，二是他有“下笔如有神”的语言表现能力。诗句启迪我们，参与式活动教学情境的创设，一是教师要有“以促进学生发展为核心”的思想境界，二是教师应具备“打铁先得自身硬”的专业素质。参与式活动教学情境的创设，可以用“专业知识问题情境、以简驭繁梯度设计”来概括。本课节的学习将围绕下列目的展开。

学习目的

1. 深度思考语文专业知识问题情境。
2. 探索运用以简驭繁梯度设计策略。

活动一

人生如此自可乐（知识开门）

学习目标

1. 领略专业知识问题情境带给学习者的体验。
2. 掌握创设专业知识问题情境的方法和技巧。
3. 认识教师提升专业知识素养的重要意义。

学习过程

1. 学习者可以按座位就近分成6个学习小组，组织者为各个小组分配学习任务。

2. 6个小组分别开展活动1至活动6的学习，每个小组派代表陈述学习体会。

3. 组织者及时评价，总结学习效果。

学习材料

活动1　提问的艺术

目标：

1. 讨论提问如何突出语文课程的特点。

2. 领略通过提问创设学习情境的智慧。

过程：

学习《社戏》，教师先提一个问题：“这篇小说的题目是‘社戏’，小说的主要笔墨是写‘社戏’吗？”回答肯定是“不是”。接下来再提一个问题：“那么这篇小说的主要笔墨描述了什么呢？”讨论后的答案可能是“描述小伙伴之间的纯真情谊”。接着再提第三个问题：“既然这样，这篇小说不是文不对题了吗？如果不是文不对题，‘社戏’主要起什么作用？”经过教师的点拨和学生的讨论，会引出“线索”这一答案。

思考：

这三个问题分别从“题目”“主旨”“线索”三个角度层层深入揭示了学习任务，对引发学生的探究行为有何帮助？

《登柳州城楼寄漳、汀、封、连四州》课堂作品

目标：

1. 通过对诗歌意象的细读，体悟诗中表达的情感——愁。

2. 对比柳宗元在柳州所作的诗歌，了解他在柳州所作诗歌的特点。

3. 通过写诗评、仿写，提高语言表达能力。

教学难点：诗中写“愁”的表现手法解析。

教学过程：

一、导入

师：同学们，“诗中有画，画中有诗”。现在老师想请同学们认真观察一下演示文稿上的这幅画，你能从中联想到哪首诗呢？

全班：《江雪》。

师：是的，这幅画面体现的正是《江雪》中“孤舟蓑笠翁，独钓寒江雪”这两句诗，而画面当中的主人翁，就是今天我们要深入了解的人，他用十四年的贬谪生涯留给中国文学史一个孤独的背影。在这十四年中，“柳州”对于他来说是不可略过的一笔。今天就让我们一起欣赏柳宗元的《登

柳州城楼寄漳、汀、封、连四州》。

二、题解入诗

师：读诗先读题，我们能从题目中读取到哪些信息呢？

生：从题目中可以看出作者所处的位置是柳州城楼，作者给在漳、汀、封、连四州任职的四位刺史朋友寄去信件。

师：很好，你汲取信息的速度非常快。柳宗元之所以要给这四位朋友寄信，是因为自己和他们同时被贬，柳宗元将他们视为自己的“患难之交”，并通过这首诗来表达感情。

三、文本解读

1. 教师范读。

师：那么，作者在这首诗中要表达对“患难之交”什么样的感情呢？要回答这个问题，我们不妨先通过朗读的方式初步感受诗中的情感。

（教师范读后全班齐读）

2. 思考作者是如何写“愁”的，作者的“愁”因何而生。

师：读完诗，大家认为哪个字最适合概括诗中表达的情感？

全班：“愁”。

师：老师和大家的想法一致，也认为“愁”字很关键，它是整首诗的诗眼，全诗都是围绕着“愁”来表达的。接下来让我们走进文本，一起思考两个问题，作者是如何写“愁”的？作者的“愁”又因何而生呢？我们先来看第一个问题：老师用首联给大家做示范。你们觉得首联中哪些字词体现了“愁”？

生：我认为首联中的“大荒”是他登上城楼以后看见的一片荒凉，“海天”和“茫茫”是他看见的无边无际的大海和天空，都是借景抒情表达内心的愁绪，句中的“愁”字直抒胸臆，“正”字又说明他此时此刻的状态，这些字词都可以表达“愁”。（师板书）

师：你说得很好！你提到作者在首联中将“愁绪”比作茫茫海天，我们之前也见过这种比喻方式，如李煜的《虞美人》中哪一句将“愁”比作“水”？

全班：问君能有几多愁，恰似一江春水向东流。

3. 小组合作交流后学生赏析每一联中表现“愁”的字。

师：是的，“愁”像水一样无边无际，而本诗中的“愁”像茫茫的海天没有边际，同学们在写作中也可以借鉴这样的修辞手法。接下来请大家按照首联的分析方式，以小组为单位，找出其余三联中表达“愁”的关键词，并简要分析。（小组合作交流，学生在讨论过程中将每一联的关键词写在黑板上）

师：讨论结束，我们先请这位同学给大家讲一下颔联的关键词。

生：我们组认为“惊风”和“乱飐”描绘的是非常大的风，“密雨”描绘的是下得很大的雨。“密雨”在“惊风”的“斜侵”下斜着落下来，颔联中通过这些词描绘了一幅大风大雨的景象。

师：这位同学表达的内容具有很强的画面感，但还不够全面，谁能补充一下？

生：我们组认为还有“芙蓉”和“薜荔”，它们象征着诗人人格的美好与芳洁。

师：你是如何得出这个结论的呢？

生：因为屈原就很喜欢用这样的意象表达自己高洁的品格。

师：很好，你找到了两个很重要的意象——“芙蓉”和“薜荔”。我们知道，屈原喜欢用香草和美人比喻自己高洁的品德，而用臭草比喻那些奸佞的小人。屈原在《离骚》中就使用过“芙蓉”和“薜荔”这两个意象。（写作背景介绍）结合写作背景我们可以推测，颔联中的“惊风”“密雨”很可能指柳宗元的敌对势力，而“芙蓉”和“薜荔”指以柳宗元为代表的革新派，作者在颔联中借这些意象表达自己心中的无限愁绪。分析完颔联我们再来看一下颈联，哪位同学想要分享？

生：我们组认为在颈联中作者是在写景，观景的角度由近到远，作者登高望远，由眼前之景触发了心驰远方的联想。前一句中的“千里目”是虚写，因为诗人实际上看不到那么远；在后一句中，作者将曲折的江流比喻为“九回肠”，把自己的情感融入景物之中，让我们读到浓浓的愁思。

师：你们组对于“九回肠”的解读不够详细，老师想补充一下。在柳宗元之前很多文人就使用过“九回肠”这个词（演示文稿展示司马迁等人关于“九回肠”的诗文），柳宗元在颈联中引用前人之言，这是什么手法呢？

全班：用典。

师：对，在颈联中作者除了融情于景之外，还以用典的方式来表达愁绪。请同学们做好笔记。最后来看尾联，哪一组愿意分享一下你们的想法。

生：我们组认为尾联中的“共来”和首联中的“大荒”相互照应。“百越”是当时五岭以南少数民族的泛称，点明了他们被贬之地的偏远，连寄封书信都十分困难，更增加了诗人的悲愁。“音书”与题目中的“寄”相互照应，是寄友之作，最后一个“滞”字望而不见，更抒发了诗人无辜获罪的怨愤之情以及与友人音信不通的无奈和对好友的思念。

师：讲得真到位！让我们把掌声送给他！通过几位同学的分析，我们了解了作者是如何写“愁”的。那么谁来总结一下，作者的愁思因何而起呢？

生：结合整首诗总结下来，我认为柳宗元的愁思产生的原因主要有三点，即仕途坎坷、思念亲人和思念家乡。

四、拓展学习

1. 再次吟诵诗歌。

师：你说得很好，如此浓浓的愁绪，我们不如通过吟诵来再次感受一下。

（师生配合吟诵两次）

2. 小组合作，利用课前所给拓展材料归纳柳宗元在“柳州”时期的作品特点。

师：大家读得真好，老师仿佛听到了作者在柳州城楼上发出的呐喊。其实，柳宗元被贬的十四年中，只有四年在柳州。他在柳州待的时间并不算最长，可是柳州对于他而言，意味却最深重，甚至柳宗元还有个别称，叫“柳柳州”。那么柳州对于柳宗元而言到底意味着什么呢？现在请大家以小组为单位探究手中的拓展材料，思考柳宗元在柳州时期的作品具有怎样的特点，并说明原因。

师：大家刚才讨论得真热烈，谁愿意分享一下你们组的想法。

生：我们组认为他在柳州所作的这些作品，均透露出一种无尽的悲凉和绝望，但是在悲凉中还有一丝温情，例如，从“欲知此后相思梦，长在荆门郢树烟”这两句诗中，我们可以看出诗人对家乡无尽的思念。

师：悲凉中又有温情，你们组分析得很好。

五、现场作文

师：大家对柳宗元在柳州时期所作诗歌的特点总结得很好。学完这首诗，相信大家对柳宗元有了更深刻的认识，接下来请同学们为《登柳州城楼寄漳、汀、封、连四州》写一段诗评，并对这首诗进行仿写。

六、成果展示及评价

（学生现场完成写作）

师：哪位同学愿意给大家分享一下你的诗评呢？

生 1：柳宗元被贬柳州，面对着自己坎坷的仕途，他的内心极度复杂。他登上柳州城楼，怀念着远在漳、汀、封、连四州的朋友，写了这首诗并寄给他们。人虽远，情能至。柳宗元站在高处，展开想象的翅膀，让自己的思念飞过重峦叠嶂。张开眼睛，眼前都是景；闭上眼睛，眼前都是你。只要朋友心意相通，就是患难知己。柳宗元在自己的诗作中直面人生的苦难，在虚实之中表达了自己的愁思茫茫，我觉得他是一个勇敢的诗人，也留给了我们许多勇敢的诗作。

师：你的文笔很好，可以看出你对今天我们所学的这首诗理解很到位，与此同时也表达了你对柳宗元人生态度的欣赏。如果多给你一些时间，相信你会写出更加深刻的文字，你很棒！最后一点时间，哪位同学愿意把自己仿写的诗分享给大家？

生 2：登金城兰山寄琴岛吾姐

城上高山连苍苍，金汤思忆正茫茫。

南风轻抚翠叶辉，甘雨斜打女儿墙。

岭山重遮千里目，长河曲似九回肠。

尔去琴岛他乡地，吾愿随心聚一方。

师：我听懂了，你的姐姐远在青岛，你很想她，所以通过仿写柳宗元的《登柳州城楼寄漳、汀、封、连四州》来表达对她的思念，我觉得感情表达很准确。相比于柳宗元的诗作，你的感情没有那么沉重，所以选用的意象也比较轻松，因为是课堂上完成的作品，肯定有一些字词还需要精细打磨，老师期待你更完美的诗作。

（设计者：甘肃省兰州市第五十五中学　平洁）

活动 2　趣味字吧

目标：探究语文知识问题情境的教育价值。

内容：

找出下列词语中你认为写错的字，并把你认为正确的字写出来。

掎角之势　俯首帖耳　烜赫一时　装潢现代　山清水秀　宣泄情绪

融会贯通　欢度春节　张皇失措　互相厮打　胸无城府　望尘莫及

学习者为什么会出现错误？归纳出现错误的原因。这些词语中没有错别字，可是现在有不少人都会把正确的改成错误的，从出现的错误现象里领会“语文知识问题情境”对于教学设计的启迪作用。

活动 3　各领风骚

目标：

1. 领略名诗的艺术表现力。

2. 展示自己的语言感染力。

过程：

1. 诵读名家名诗。

2. 鉴赏名家名诗。

3. 仿写名家名诗。

4. 评论自己的诗。

内容：

1.《天狗》（郭沫若）我是一条天狗呀 / 我把月来吞了 / 我把日来吞了 / 我把一切的星球来吞了 / 我把全宇宙来吞了 / 我便是我了！

2.《烂果》（闻一多）我的肉早被黑虫子咬烂了 / 我睡在冷辣的青苔上 / 索性让烂的越加烂了 / 只等烂穿了我的核甲 / 烂破了我的监牢 / 我的幽闭的灵魂 / 便穿着豆绿的背心 / 笑迷迷地要跳出来了！

仿写示例：

1.《修正带》 我是一个修正带呀 / 我把错误抹去了 / 我把正确抹去了 / 我把一切都抹去了 / 我把整本书都抹去了 / 我便是我了！

2.《试卷》 我的试卷早被红笔刺穿了 / 刺得我满脸是伤 / 刺得我浑身是疮 / 刺到我流血的心脏 / 刺到我麻木的肝肠 / 我割下我的头颅 / 连同鲜红的试卷埋进土壤 / 春天啊，换上翠绿的贝雷帽 / 又没心没肺地出发了！

思考：

1. 将学生鉴赏《天狗》和《烂果》的评语在小组内传阅，每组派代表陈述鉴赏文字的特点。

2. 分小组展示仿写的短诗，选择有特色的在全班诵读。其他组进行评论。老师总结。

3. 这个学习活动的教学情境是怎样展开的？发表自己的看法。

活动4 找“诗（词）眼”

目标：

1. 找出下列诗词中的诗（词）眼。

2. 说说诗（词）眼在全诗（词）中所起的作用。

内容：

1. 杨慎《临江仙》：滚滚长江东逝水，浪花淘尽英雄。是非成败转头空，青山依旧在，几度夕阳红。 白发渔樵江渚上，惯看秋月春风。一壶浊酒喜相逢，古今多少事，都付笑谈中。

2. 辛弃疾《菩萨蛮·书江西造口壁》：郁孤台下清江水，中间多少行人泪？西北望长安，可怜无数山。 青山遮不住，毕竟东流去。江晚正愁余，山深闻鹧鸪。

3. 杨万里《闲居初夏午睡起》（其一）：梅子留酸软齿牙，芭蕉分绿与窗纱。日长睡起无情思，闲看儿童捉柳花。

4. 柳永《望海潮》：东南形胜，三吴都会，钱塘自古繁华。烟柳画桥，风帘翠幕，参差十万人家。云树绕堤沙，怒涛卷霜雪，天堑无涯。市列珠玑，户盈罗绮，竞豪奢。 重湖叠巘清嘉，有三秋桂子，十里荷花。羌管弄晴，菱歌泛夜，嬉嬉钓叟莲娃。千骑拥高牙，乘醉听箫鼓，吟赏烟霞。异日图将好景，归去凤池夸。

思考：

学生对于诗（词）眼的看法也许不同，通过讨论有可能获得共识。这样的教学设计是如何体现语文知识问题情境的？对学生的发展有什么好处？

活动5 发现诗（词）的表现手法

目标：

1. 在合作探究中发展自己。

2. 理解表现手法的审美功能。

内容：

1. 李清照《如梦令》：昨夜雨疏风骤，浓睡不消残酒。试问卷帘人，却道海棠依旧。知否，知否？应是绿肥红瘦。

2. 袁枚《马嵬》：莫唱当年长恨歌，人间亦自有银河。石壕村里夫妻别，泪比长生殿上多。

3. 杜牧《泊秦淮》：烟笼寒水月笼沙，夜泊秦淮近酒家。商女不知亡国恨，隔江犹唱后庭花。

思考：

《如梦令》中的表现手法很多，有互文、设问、反复、对比、借代、拟人、侧面描写等，如何引领学生发现它们？如何在合作探究中培养学生的学习兴趣？

活动6　词义辨析

目标：领略小知识如何启迪大智慧。

内容：

浅薄和微薄是一对近义词，给它们分别加一个词，如学识浅薄、收入微薄，就可以明确区别它们的含义。下面有几对近义词，试用上述方法进行尝试，并说明你添加的词语为什么可以区别该对近义词的含义。

做客、作客；意气、义气；以至、以致；委屈、委曲；克服、克复；扶养、抚养；刻划、刻画；声明、申明；篡改、窜改；了了、寥寥；拳拳、眷眷；大概、大致。

思考：

这些词的意义有相同的地方，这里主要强调它们之间的不同及区别方法，学习过程应该着重讨论“区别”。这一设计没有采用常用的解释方法，而是用添加词语的方法设计情境，说说你对该设计意图的理解。

学习反思

1. 以上学习活动 1 至活动 6 的内容比较单一，便于在课堂上灵活采用。它们的共同之处就是突出了语文课程的特点，尤其是突出了“语文知识问题情境”，既可以激活学生的学习动机，使课堂出现“忍不住”的动人场景，又可以改变“去语文”的种种现象，学习（组织学生参与活动）后，发表自己的体会。

2. 如果你观察一下周边学习者的学习状态，你就会发现“合作探究是发自内心的学习需求”所蕴含的生命意义与教育价值。把你的学习体验说出来，和大家分享。

活动二

春来遍是桃花水（能力推进）

学习目标

1. 琢磨“以简驭繁梯度设计教学情境”的方法。
2. 明白系统地学习语文知识的重要意义。
3. 掌握运用专业知识来解决问题的策略。

学习过程

1. 学习开始，全体学习者参与“近体诗体认”中关于《问刘十九》部分的学习活动。活动提供的是一首内容浅近的五言绝句，因为它隐含着“语文专业问题”，所以引发的思考饶有趣味；又因其内容浅近，正好符合“以简驭繁梯度设计教学情境”的要求。活动可以用抢答的方式激励大家参与思考。

2. 将学习者分成 4 个小组，分别以《春望》《终南山》《送友人》《晚晴》4 首诗为学习任务，从押韵、对仗、结构、平仄几方面掌握运用近体诗格律知识的方法。这些知识很专业，学生有所了解即可，语文教师一定要了然于心，因为近体诗在教科书中占有很大比例。

3. 接着讨论“近体诗体认”部分是怎样体现“理论指导实践”，怎样体现“以简驭繁梯度设计教学情境”意图的。

4.“唐诗八首鉴赏设计”中以诵诗、绘画、吟唱、赏析不同的教学情境为学习者展开了一条探索之路。它是怎样体现“以简驭繁梯度设计”教学情境要求的？各个小组学习后依次发表讨论结果。

5. 学习者按小组讨论，然后派代表陈述小组意见。

6. 组织者及时评价，总结学习效果。

学习材料

材料一

近体诗体认

目标：

1. 理解并掌握近体诗的押韵、对仗、结构、平仄等特点。

2. 能够运用格律知识。

过程：

1. 下面是白居易的一首五绝《问刘十九》，你读了以后觉得有问题吗？如果没问题，诗好在哪里？如果有问题，问题出在哪里？

晚来天欲雪，红泥小火炉。
绿蚁新醅酒，能饮一杯无？

2. 以杜甫《春望》为例，学习近体诗格律常识。

国破山河在　仄仄平平仄　a
城春草木深　平平仄仄平　B
感时花溅泪　平平平仄仄　b
恨别鸟惊心　仄仄仄平平　A
烽火连三月　仄仄平平仄

家书抵万金　平平仄仄平

白头搔更短　平平平仄仄

浑欲不胜簪　仄仄仄平平

近体诗的格律一般体现在押韵、对仗、结构、平仄几个方面。① 押韵：偶句押韵。有时首句也入韵，押平声韵。② 对仗。一般中间二联对仗，要求结构相同、词性相同。每联上句为出句，下句为对句，或者叫上联、下联。③ 结构。近体诗一般分律诗和绝句，律诗共八句，分四联，依次为首、颔、颈、尾，每句 5 字（七律为 7 字）。五律有 4 种句式，如《春望》属于 a B b A 句式，a 代表仄仄平平仄，B 代表平平仄仄平，b 代表平平平仄仄，A 代表仄仄仄平平。《春望》属于仄起首句不入韵式，前 4 句的平仄如例诗所示，后 4 句和前 4 句完全相同。绝句共 4 句，五绝每句 5 字，七绝每句 7 字。④ 平仄。平仄和句型有关，律诗的平仄句型只有 4 种，分别为：a B b A 式，即仄起首句不入韵式；A B b A 式，即仄起首句入韵式；b A a B 式，即平起首句不入韵式；B A a B 式，即平起首句入韵式。平仄一般一三（五）不论，二四（六）分明。《春望》中带有横线的字处在一三（五）的位置，平仄可以灵活。每联的出句与对句平仄要相对，相邻两句之间，前一联的对句与下一联的出句的平仄要相粘。七律与五律相同，即遇平平前加仄仄，遇仄仄前加平平。

王维《终南山》："太乙近天都，连山到海隅。白云回望合，青霭入看无。分野中峰变，阴晴众壑殊。欲投人处宿，隔水问樵夫。"该诗为仄起首句入韵式，即 A B b A 式，首句与《春望》不一样，其余 7 句均相同。

李白《送友人》："青山横北郭，白水绕东城。此地一为别，孤蓬万里征。浮云游子意，落日故人情。挥手自兹去，萧萧班马鸣。"该诗为平起首句不入韵式，即 b A a B 式。

李商隐《晚晴》："深居俯夹城，春去夏犹清。天意怜幽草，人间重晚晴。并添高阁迥，微注小窗明。越鸟巢干后，归飞体更轻。”该诗为平起首句入韵式，即 B A a B 式，首句与《送友人》不同，其余 7 句均相同。

3. 现在再来琢磨“过程 1”提供的诗句就会发现，这种顺序合乎押韵，也合乎逻辑意义，但不合对仗，也不合平仄。这种顺序只能叫顺口溜，按格律调整后才能叫五言绝句，即“绿蚁新醅酒，红泥小火炉。晚来天欲雪，能饮一杯无？”

4. 教师可以再找几首律诗，把前 4 句、中间 4 句或者后 4 句的顺序打乱，让同学们依据近体诗格律知识进行整理，看看效果怎么样。

思考：

1. 这则练习以一首看似简单的《问刘十九》诗序问题情境开始，启发学习者进行思考，进而激活学习近体诗格律知识的欲望。这样的设计有什么好处？

2. 练习中以 4 首律诗为例，展示了近体诗的押韵、对仗、结构、平仄等格律知识，学习以后有何收获？复述一下与大家分享。

3. 练习结束前设计了两个反馈活动，“过程 3”又回到了“过程 1”，另外还设计了一个拓展式练习“过程 4”。这样的设计对学习者的发展有何意义？说给大家听听。

材料二

唐诗八首鉴赏设计

活动 1　诗情画意

目标：

1. 创设生动有趣的学习情境，激发学生的学习动机。

2. 让学生感悟诗中的画意，体验画中的诗情。

时间：20 分钟。

过程：

1. 把学习者分成 8 个小组。

2. 把附件三的 8 幅画分给各个小组。

3. 各小组观察图画，理解画意，从附件二的 8 首诗中选择 1 首最适合本组图画意境的诗。

4. 各小组再从附件一的 8 项诗题中选择 1 项最适合本组诗意的题目。

5. 每组推举 1 人，宣布本组的讨论结果。

6. 头脑风暴：大家交流，提出不同的意见。

活动 2　情景交融

目标：

1. 体验诗歌的音乐美。

2. 体验诗歌所表达的情趣。

时间：15 分钟。

过程：

1. 古代的诗是可以唱的。每个小组任选 2 首诗，用自己较熟习的而且较适合诗意的曲子哼唱这 2 首诗（民族的、美声的、通俗的曲子均可）。

2. 每个小组选派一人当众演唱或者小组齐唱。

3. 大家评论，每个小组把评论结果按演唱效果依次排列起来。

4. 头脑风暴：谈谈自己的体验与收获。

活动 3　珠联璧合

目标：

1. 感悟诗歌的语言美。

2. 体验合作的乐趣。

时间：15 分钟。

材料：白纸、彩笔。

过程：

1. 以小组为单位，进行背诗接力赛。

2. 每个小组派一位代表参加全班背诗接力赛。

3. 代表们面向大家依次站于前面，组织者任指一首诗让一位代表背诵，如果背诵正确，下一位接着背另一首诗。哪一位背不下来或者背错了，该位代表或者该组成员按照诗意画一幅画。

4. “头脑风暴”：发表自己的学习感言。

活动 4　以文会友

目标：

选择 1—2 首诗，抓住诗眼、意象、手法、意境、情感、语言等要素，写一段评析文字。

时间：15 分钟。

过程：

1. 以小组为单位，每位同学选择诗篇评写。组长进行协调，尽可能使每首诗都有人写。

2. 完成后小组内宣读，每个小组派一位代表参加全班的诗评宣读。

3. 各小组代表宣读，教师评价。

4. “头脑风暴”：这种诵诗、绘画、吟唱、赏析相结合的学习方式对自己的学习有哪些启迪？

附件一：诗题与作者

①《菊花》（元稹）②《十五夜望月》（王建）③《三日寻李九庄》（常建）④《闺情》（李端）⑤《春行即兴》（李华）⑥《早梅》（张谓）⑦《峨眉山月歌》（李白）⑧《竹里馆》（王维）

附件二：唐诗八首

① 宜阳城下草萋萋，涧水东流复向西。芳树无人花自落，春山一路鸟

空啼。

② 一树寒梅白玉条，迥临村路傍溪桥。不知近水花先发，疑是经冬雪未销。

③ 峨眉山月半轮秋，影入平羌江水流。夜发清溪向三峡，思君不见下渝州。

④ 独坐幽篁里，弹琴复长啸。深林人不知，明月来相照。

⑤ 秋丛绕舍似陶家，遍绕篱边日渐斜。不是花中偏爱菊，此花开尽更无花。

⑥ 中庭地白树栖鸦，冷露无声湿桂花。今夜月明人尽望，不知秋思落谁家？

⑦ 雨歇杨林东渡头，永和三日荡轻舟。故人家在桃花岸，直到门前溪水流。

⑧ 月落星稀天欲明，孤灯未灭梦难成。披衣更向门前望，不忿朝来鹊喜声！

附件三：古画八幅

①

②

③

④

⑤

⑥

⑦

⑧

思考：

1. 本活动分别以“古画情境”“音乐情境”“语言情境”“鉴赏情境”四种不同的知识情境引导学习者参与学习活动，学习内容也由浅入深。这样以简驭繁梯度设计教学情境，对促进学生语文素养的发展有什么作用？对促进语文教师的专业发展有什么意义？派代表把讨论结果陈述出来，和大家分享。

2. 歌咏、舞蹈、吟诵、写意（绘画），是古人鉴赏诗歌时常用的手段。刘邦高唱大风歌，东坡曼舞明月诗，是尽人皆知的佳话。“诗中有画、画中有诗”是人们常用的评诗赞语。然而，在很长的一段时间里，诗歌学习却变成了枯燥乏味的分析解读，不但破坏了诗的美感，而且令青少年远离了诗歌。设计参与式学习活动，还诗歌学习于本来面目，不是很有意义吗？把你的认识说给大家听听。

·课节讨论·

1. 本课节要求“创设语文专业知识问题情境”，一是强调以语文专业知识来引领学习过程，旨在遏制目前很时髦的“泛语文”“去知识”倾向；二是突出问题情境，以避免重蹈远离学生实际孤立讲授知识体系的覆辙，通过“在做中学”来发现问题、分析问题、解决问题，达到学以致用的效果。把你的看法告诉大家，可以吗?

2. 本课节要求“以简驭繁梯度设计教学情境”，一是为了体现“可接受性”教育原则，由浅入深、以简驭繁符合学习者的心理发展过程，防止学生一开始便被“高深知识”扫了学习的兴趣；二是为了给教师提个醒，登山要由低到高一步步地来，教学要为学生准备“更上一层楼”的知识阶梯和精神阶梯。你对此有什么想法?

3. 本课节用唐代韩愈《山石》中的诗句“人生如此自可乐”和王维《桃源行》里的诗句“春来遍是桃花水”为两个学习活动命名。学习结束时，你对诗句的含义、活动名称与学习过程之间的联系有哪些进一步的认识，说给大家听。

课节八

参与式教学过程设计

“闲上山来看野水，忽于水底见青山。”这是南宋翁卷《野望》里的诗句，意思是说怀着恬淡的心情登山，本来是想远瞰峰峦间的野水，却意外地发现了清流碧波中青山的倒影。参与式教学的过程犹如诗句意境，充满着灵动的变化，会给人带来意想不到的收获。学习本课节的内容，领略参与式教学过程的设计智慧，有惊喜，也有启迪。

学习目标

1. 运用“问题探究范式”设计语文教学过程。
2. 领悟参与式课堂阅读教学设计的方法。
3. 在网络环境中策划参与式学习。

活动一

借问酒家何处有（理论探究）

学习目标

1. 掌握杜威的“在做中学”理论及其问题探究范式。
2. 明确语文教学设计的六条基本要求。
3. 熟悉语文教学设计的主要步骤。

学习过程

1. 学习者可以按座位就近分为6个学习小组，组织者为各个小组分配学习任务。

2. 两个小组重点讨论杜威的“在做中学”理论及其问题探究范式；两个小组重点讨论语文教学设计的六条基本要求；两个小组重点讨论语文教学设计的主要步骤。

3. 各个小组派代表陈述小组的讨论结果，其他小组的学习者可以补充发言。

4. 组织者及时评价，总结学习效果。

学习材料

材料一

杜威的“问题探究范式”

杜威（J. Dewey，1859—1952）教学理论的基本原则是“做中学”。他认为本能和兴趣是学习活动的心理基础和动力。“学校科目互相联系的真正中心，不是科学，不是文学，不是历史，不是地理，是儿童本身的社会活动。”在他看来，以儿童直接经验为中心的活动作业既是教材，又是教学方法。他提出了“反省思维的五个形态”，又据此提出了“问题探究范式”的五个步骤。第一步，暗示。学生要有对活动本身感兴趣的连续的活动，在情境中要感觉到解决问题的暗示。第二步，提问。学生要明确在这个情境中要解决的问题是什么。第三步，假设。学生要占有一定的资料，从事必要的观察，提出解决问题的假设。第四步，推断。学生必须负责一步一步地展开他所想出的解决问题的方法，推断所定假设的内在含义。第五步，检验。学生要有机会通过应用来检验他的想法，自己去发现它们是否有效，从而解决问题，取得直接经验。

杜威的“从做中学”及“问题探究范式”对中国教育的影响是深远的。1924 年，著名教育家黎锦熙出版了我国第一部语文教学法专著《新著国语教学法》，提出了“三段六步教学范式”。第一段是理解，包括预习和整理两步骤；第二段是练习，包括比较和应用两步骤；第三段是发展，包括创造和活用两步骤。这个范式重视学生在教学中的主体地位，加强培养学生的学习兴趣，使他们主动地获取知识，形成能力，发展智力。

总之，语文课程教学范式的变革，主要是对欧美教育思想、教学范式的借鉴和模仿，经过启蒙、移植、反省和过滤的实践与探索，习得了科学的备课、教学的程序与方法，冲击了传统的以教师为中心的师生关系，促进了以学生为主体，学生积极参与学习过程的教育观念的形成，同时给语文教学注入了科学、实验的精神，为以后语文课程改革与发展奠定了较好的基础。

材料二

语文教学设计的基本要求与步骤

语文课程改革的深入发展，促使教师的课程理念发生巨大变化。根据这种变化，语文教学设计应该体现以下六条基本要求。

第一，开展自主、合作、探究、高效的学习，唤醒学生的主体意识与能动精神。学习方式的变化会带来学习意识和学习行为的变化，改变原有的被动、依赖、封闭、低效的学习方式，让学生置身于主动、独立、开放、高效的学习环境，唤醒学生的主体意识与能动精神，这是语文教学设计应该坚持的基本原则之一。

第二，历练思维能力，引领听读说写言语能力全面发展。语文教学的核心任务是引领学生的言语实践，历练学生的思维能力。言语和思维是一个整体，是相互依存、共同发展的关系。离开了思维的引领，言语实践便失去了个性和活力；离开了言语的实践，思维历练便成了海市蜃楼。所以，渗透于聆听、阅读、对话、写作过程的思维历练，是语文教学设计应该坚持的又一个基本原则。

第三，提升审美品位，涵养鉴赏能力，诗化学生情感，塑造美丽人生。语文教学是一种追求境界的文化活动，它的价值在于提升审美品位、涵养鉴赏能力、诗化学生情感、塑造美丽人生。所以，语文教学设计应该淡化功利性的短期目标，远离世俗化的市场行为。

第四，联系学生生活，开放课程资源，提高学生搜集信息与解决问题的能力。一个学生要学会生存、学会发展，必须走向生活，开发信息资源，习得发现问题和解决问题的能力。

第五，落实学习目标，及时实施反馈矫正，保证高效率完成学习任务。教学质量、学习功效是语文教学的生命线，所以，保证高效率完成学习任务，是语文教学设计必须坚持的原则。清晰的目标提示、学生的积极参与、及时的反馈矫正，是理论界普遍认可的保证教学质量的三个条件。

第六，发挥语文教学评价的激励功能，强化学习兴趣，涵养创造意识。学生创造意识和创造能力的生成，不但要以学生自身的语文水平和学习意志为前提，而且需要来自学习环境的民主关系、轻松氛围和激励机制。所以，语文教学设计应该发挥语文教学评价的激励功能，强化学生的学习兴趣，激活学生的创造思维。

语文教学设计还应遵循以下基本步骤。

第一步，选择目标，制订计划。教学设计应该根据教科书的单元（课文）特点或者研究性学习课题的范围，为了促进学生的某种特殊发展选择相关学习目标，可以是知识积累与梳理目标、言语实践过程目标、思维发散与辐合目标、审美鉴赏与创造目标、现代学习技能训练目标、情感态度发展目标等。当学习目标确定后，需要安排一个教学计划。教学计划应包括教学任务、教学时间、学习材料、组织形式、活动步骤、方法手段与评价反馈等要素。

第二步，创设情境，激发动机。教学设计应该根据单元文本的特点或者研究性学习课题的范围，创设一个能够激励学生学习兴趣、启迪学生智慧的学习情境，引领学生发现问题、探究解决问题的路径。

第三步，明确步骤，组织学习。教学设计应该设法让每一个学生明白学习任务和学习步骤，可以选择教师陈述、板书告知、课件呈现或者给各个小组发放学习任务单等提示方式。任务步骤明确后，还应该说明学习材料的使用方法，组织学生参与学习的具体要求的制订。语文教学不是看电影和听报告，不能要求学生静静地听和被动地记，而是要把学习过程明示给学生，组织学生积极地参与教学活动。

第四步，展示成果，评价反思。展示成果应既展示学生的过程性学习成果（小组意见、个人质疑、个人体验、课堂作业、课堂制作、课堂表演、读书笔记、活动记录、活动图片、资料汇编、参与程度、学习态度等），又展示学生的终结性学习成果；评价的重点应该放在强化学习动机、改变学习方式、促进思维发展、历练实践能力等方面；还要加强反思环节的设计，注重收集反思资料，以利于改进教学方法、提高教学质量。

学习反思

1. “言语和思维是一个整体，是相互依存、共同发展的关系。离开了思维的引领，言语实践便失去了个性和活力；离开了言语的实践，思维历练便成了海市蜃楼。”琢磨学习材料中的这段话，说说它对语文教学设计的指导意义。

2. “语文教学是一种追求境界的文化活动，它的价值在于提升审美品位、涵养鉴赏能力、诗化学生情感、塑造美丽人生。”你对这句话有什么体会？与大家讨论。

活动二

自锄明月种梅花（实践方略）

学习目标

1. 掌握按照“听讲—导读—启说—评写”设计阅读教学过程的策略。
2. 领略运用成语为学习活动命名的智慧。
3. 品味教学设计的语言风格魅力。

学习过程

1. 学习者可以分为 8 个学习小组，组织者为各个小组分配学习任务。

2. 各个小组通读学习材料，然后围绕本组的学习任务展开讨论。两个小组重点讨论学习“听者有心”活动的体会；两个小组重点讨论学习“口诵心惟”活动的体会；两个小组重点讨论学习“知人论世”活动的体会；两个小组重点讨论学习“行云流水”活动的体会。

3. 组织者及时评价，总结学习成果。

学习材料

《从百草园到三味书屋》教学设计

活动 1　听者有心

目标：提示目标，激发兴趣。

时间：5 分钟。

材料：彩笔、白纸。

过程：

1. 简介作者引入。

2. 从课题提示课文整体构思的“两块式结构”。

3. 提示学习时要注意学习文中叙写故事的简明思路和片段描写的高超手法（如景物描写、人物素描、动作描绘、场面描写）。

活动 2　口诵心惟

目标：速读、精读，感受“成长”。

时间：20 分钟。

材料：彩笔、白纸、多媒体播放设备。

过程：

1. 初读课文。速读，找出文中两部分的起止句及过渡段，并试作概括；用一两句话说说对课文的认识。

2. 感受“成长”（从“成长”的角度感受文中的生活）。

感受百草园的无限乐趣；感受作者书塾读书生活的情趣（在读的过程中配乐并穿插对“成长”的体悟讨论）。

活动 3　知人论世

目标：激励参与，品析美段。

时间：20 分钟。

材料：彩笔、白纸。

过程：

1. 感受、讨论：从作者的叙述和用词中，我们能体会到儿童的何种心理及作者回忆时的何种心情？

2. 文中有很多精彩之处，大家可自由选择品析，用“说出文字描写好在哪里”的方式进行课堂交流。

提示：可供选择的品析之处有第 2 段描写的层次之美，第 4 段描述的生动之美，第 7 段用词的精确之美，第 9 段句式的抒情之美等。

活动 4　行云流水

目标：美段练习，仿写短文。

时间：30 分钟。

材料：白纸。

过程：

1. 回顾精彩段落，感受作者情感。

2. 选择仿写：

（1）鲁迅从视觉、听觉、味觉等角度对景物进行了传神的描写，我们也可以借鉴这种写法来写一处景物。

（2）学习作者描绘人物的传神之笔，练习写人物。

3. 其他评价提升。学生自读作品，学生评价，教师评价。

4. 学生根据评价、提示，修改、完善仿写内容。

活动说明：《从百草园到三味书屋》是一曲谱写幼年往事的优美乐章。在这篇脍炙人口的散文中，作者以如诗的笔触，舒卷自如地为人们描绘了一个妙趣横生的童心世界。文章分为两个部分，表现作者由童年的玩乐到入学读书的成长过程。第一部分写在“我的乐园”百草园中的游戏，那里快乐、有趣，洋溢着生机与活力。第二部分写长大了，不得不离开百草园到三味书屋去读书，中间还有巧妙的过渡。作者抓住几个记忆犹新的画面，写书塾的景物、饱学又和蔼的教师和孩子们找到的读书之外的乐趣，第二段景物描写非常精彩。文章内容丰富，放得开，收得拢。

（设计者：西北师范大学硕士研究生　王婷婷）

学习反思

1.《从百草园到三味书屋》的教学设计运用了听读说写范式呈现整个学习过程，“听讲—导读—启说—评写”四个环节安排得舒卷自如，教学过程与学习内容浑然天成，处处有听读说写范式的韵味，但又不露一点痕迹。这是一则理论引领实践的成功尝试。写一段文字，与大家分享你的学习感言。

2. 学会设计：设计者的教学思路是怎样展开的？教师与学生是怎样对话的？

活动三

一船明月一帆风（网络启智）

学习目标

1. 掌握翻转课堂的实践过程设计策略。
2. 训练将网络技术运用于学生学习过程的方法。

学习过程

1. 学习者认真阅读学习材料，组织者提示学习任务目标。
2. 讨论并复述翻转课堂的设计策略。
3. 讨论并发表掌握网络技术对促进学生发展的教育意义。
4. “头脑风暴”：学习者自由发言。
5. 组织者及时评价，总结学习效果。

学习材料

《雨巷》翻转课堂教学设计

教学目标：

1. 通过诵读感受诗歌的韵律美。

2. 感知诗歌的意象及特征，体会诗人孤寂忧伤的情感基调。

3. 学习鉴赏诗歌的方法，探讨《雨巷》主题的丰富性。

一、课前教学

课前准备的学习资源包括 2 段微视频、1 段名家朗读、1 段歌曲音频、1 份自主学习任务单、1 份拓展文字材料。

（一）学习微视频一

主要围绕感受《雨巷》的情感基调和欣赏韵律之美展开。通过微视频将枯燥单一的文字转变为音、画、情的展示，创设理解诗歌的情境，激荡学生心灵，启迪学生思考。

活动 1：初步诵读，整体感知。

“初读诗歌后，诗歌中弥漫着怎样的情感？”（孤寂、忧伤）“请找出诗中带有感情色彩的词语。”（如独自、彷徨、寂寥、忧愁、哀怨等）我们该以怎样的语调来朗读这首诗歌才能读出这种孤寂和忧伤？（语速应舒缓，语调应低沉一些）请同学们根据教师的讲解，有感情地自读诗歌，参照第一小节的示范，朗读好各小节的重音、停连、语气。

活动 2：听范读，模仿朗诵。

学生找到名家范读，欣赏感受诗歌韵律美，自己模仿诵读，并将自己最得意的朗诵视频上传到班级学习交流群。

活动 3：欣赏《雨巷》的韵律美。

叶圣陶称《雨巷》“替新诗的音节开了一个新纪元”，戴望舒也因这首诗歌获得“雨巷诗人”的称号。如果从音乐性的角度来欣赏这首诗，你有哪些美的感受？

明确：复沓、押韵、叠句、重唱等手法的运用，造就了诗歌回环往复的旋律和婉转悦耳的乐感。请大家带着自己的理解再次诵读诗歌，感受诗歌的音乐美。

活动 4:《雨巷》富有节奏和韵律感，被改编成了歌曲，同学们欣赏歌曲，谈谈改编的歌曲与原诗有何不同，把自己的感受分享到学习交流群。

（二）学习微视频二

活动 1：解读意象，体会情感。

通过视频一的学习和诵读活动，大家已经初步把握了诗歌的感情基调。诗人又是通过哪些具体意象来表达这种情感基调的呢？诗人为什么选择这些意象？它们有什么特点呢？视频中，教师以“雨巷”这一意象为例，分析讲解后，学生尝试分析诗中的其他意象。

明确：诗中描绘的“雨巷”是一个狭窄悠长、阴暗潮湿使人感到压抑沉闷的雨巷。我们可以想象一下：暮春时节，披着江南的细雨，漫步在悠长又寂寥的雨巷。“自在飞花轻似梦，无边丝雨细如愁”，你的耳边只有绣花针般的丝雨摩挲着青石板的声响，甚至有时连这点声响都若有若无。那么此时的“我”心绪会如何？自然会倍感冷清、惆怅。所以说，“雨”与“巷”的组合构成了一个独特的意象，比起单独的“雨”或者“巷”，就会更有情致，更见凄切，这是戴望舒的首创，难怪他会被称为“雨巷诗人”。

学生参考品鉴欣赏——意象分析演示文稿课件，分析诗中其他意象，然后将你的感受和发现在课堂上与其他同学分享交流。

活动 2：探讨主题丰富性。

通过知人论世，把握诗歌主题。无论是“丁香姑娘”还是“我”，都让人感到忧伤、孤寂和迷茫。思考一下，诗人为何会这样孤寂和忧伤？阅读参考资料中的“作者简介”和“创作背景”（内容包括戴望舒《我的素描》、《印象浙江之戴望舒》视频、作者简介、创作背景及作品评价等）。

明确：通过阅读相关资料，我们知道了诗人的忧伤大概来自以下几个方面。首先，性格的忧郁。小时候一场“天花”病给他脸上留下了片片瘢痕，常常被人取笑，诗人的性格也变得沉郁起来。其次，时代的忧郁。五四运动让诗人惊醒，但他的思想还不够成熟。面对革命的长期性、曲折性、艰巨性，他没有清醒的认识，不知道革命的路在何方，所以选择了逃避。再次，爱情的忧郁。隐居在朋友家中时，对施蛰存的妹妹产生了爱慕之情，但生理上的缺陷使诗人心中充满了自卑感，给初恋造成了一层无形的阴影，两人之间没有真诚的理解，爱情之花逐渐枯萎，导致了与恋人最终分手的结局。此外，在那个白色恐怖的时代，反动派对革命者的血腥屠杀，使原来响应、向往革命的青年，情绪从高峰坠入低谷。诗人苦苦追寻的“丁香姑娘”仅仅是诗人爱情的象征吗？当然，它可以指的是恋人，也可以指像诗人一样的革命者，还可以指对美好理想和愿望的追求或者诗人内心情感的写照……

既然“丁香姑娘”有如此多的象征含义，那么，对这首诗歌的主题你又有哪些解读呢？《雨巷》可以是一首爱情诗，也可以是诗人对美好事物或者理想进行追求的诗歌，还可以是诗人在特定年代感到迷茫，找不到出路的一种情绪反应。所以说，象征性的诗歌，它的主题可以有丰富的解读。

再一次朗读，体会韵律。美丽哀怨的“姑娘”诗人遇到了吗？希望他遇到了，或许他们有过短暂的相遇吧。下面请同学们选择自己喜欢的诗节，有感情地诵读诗歌。

活动 3：领会读诗的方法。

明确：首先，要诵读诗歌本身，把最初的珍贵感受留在心中，通过反复诵读，进一步感知诗歌。其次，要解析关键的意象，通过意象的分析来品味情感，感受意境。最后，查找相关的背景资料，通过知人论世、以意逆志、联想想象、文本互涉等方法来把握诗歌的主题。

（三）自主学习任务单

① 倾听名家范读，反思自己诵读中出现的问题，并思考改进的方法。

② 找出这首诗歌中的意象，思考诗人为什么选择这些意象，它们有什么特点。

③ 谈谈诗中意象所营构的意境。

④ 结合诗句具体说说诗歌采用了什么写作手法。

⑤ 拓展阅读《错误》，品味诗中“你”这一意象，并感悟诗中的情感。

二、课堂教学

活动 1：诵读诗歌，检测课前微视频一的学习效果，评估学生对诗歌的整体感知情况，师生点评诵读效果，集体配乐美读。

活动 2：学生分组交流对诗中意象的认识，评估学生对诗歌意象的认知感受。

活动 3：美点品析。“雨巷”“我”“姑娘”“丁香”“油纸伞”“篱墙”这几个意象带给你怎样的感受？尝试用优美的语言，将“我”“丁香”“姑娘”“雨”“油纸伞”等意象想象成一幅画面。学生展示补充，师生共同评析。

活动 4：课堂点睛。思考：如果把诗中的“丁香姑娘”换成“玫瑰姑娘”“茶花姑娘”或者“梨花姑娘”可不可以呢？“丁香姑娘”为何如此忧伤？说说自己的看法。再次有感情地朗读诗歌。

活动5：参读感悟。运用有关的诗歌鉴赏方法，学习品味《错误》诗中“你”这一意象，并感悟诗中的情感。

活动6：创生课堂作品。尝试以《雨巷》为题材，小组合作创作一个音乐短片的解说词。要求：包含抒情主人公、典型意象、意境、吟诵、配乐等元素；小组合作完成；分享交流并自我评价。

三、课后反思

翻转课堂体现了以学生为中心的教学理念，课堂上要讲授和学习的内容通过课前精心制作的微视频让学生提前自主学习，并完成相应的学习任务。课堂上，围绕学生学习中的问题和文本的核心教学价值展开更深入的研讨和交流。学生更主动、积极地参与到课堂中去，有更多的时间展示自己的课前学习成果，激发学习热情和自信力。教师的活动设计和流程安排更加合理，教师只是在学生需要的时候进行启发与点拨，帮助学生对知识进行内化、拓展和延伸，提高学习效率。可以说，借助互联网这一强大的学习平台，翻转课堂为教师和学生的深度交流互动提供了一个更广阔的空间。

（设计者：西北师范大学硕士研究生　张露）

学习反思

1. 看了翻转课堂的教学设计，你对翻转课堂有些什么样的认识？

2. 结合《雨巷》的教学过程，说说翻转课堂实现了课堂教学的哪些“翻转”。

3. 如此把网络技术与学生的学习生活紧密融为一体的活动，是否会强化学生不爱学习、痴迷上网的“网游情结”？和大家讨论讨论，在学习交流群发表你的感言。

·课节讨论·

1. 本课节的三个学习活动分别从理论探究、实践方略和网络启智三个角度探讨教学过程设计的意义、策略和价值，活动内容兼顾了学生知识与能力、过程与方法、情感态度与价值观的全面发展。体验了三个活动的不同风格和独特作用，你肯定对教学活动过程的设计有了一些新的思考，能告诉大家吗？

2. 本课节分别用唐代杜牧《清明》中的诗句“借问酒家何处有”、南宋刘翰《种梅》里的诗句“自锄明月种梅花”和唐代韦庄《送日本国僧敬龙归》中的诗句“一船明月一帆风”为三个学习活动命名。学习了本课节的内容后，你对诗句的含义、活动名称、学习内容之间的联系有何认识？发表出来与大家共享。

课节九

参与式知识建构活动设计

“岸容待腊将舒柳，山意冲寒欲放梅。”这是杜甫《冬至》中的诗句，意思是说堤岸好像等待腊月的到来，好让柳树舒展枝条，抽出新芽；山野好像要冲破寒气，好让梅花吐蕾绽放。诗的意境，正好和基础教育面临的时机一样，充满着对未来的希冀；正好和参与式学习一样，萌发着无限的生命力。为了启迪大家设计参与式知识建构活动的智慧，本课节将从四个方面展开学习过程。

学习目的

1. 了解知识建构范式转型的发展趋向。
2. 掌握语文认知能力训练体系的设计方法。
3. 建构语文情感能力培养的行为指南。
4. 引领社会实践中语文特色活动的设计过程。

活动一

水心云影闲相照（范式转型）

学习目标

1. 理解“促进认知框架与理论基础的转换”。
2. 能建构“发挥创造性直觉的导向作用”的策略。
3. 能认识“中止判断”评价策略的教育价值。

学习过程

1. 学习者按座位就近分成4个学习小组，各个小组阅读学习材料“知识建构的范式转型”。

2. 学习材料有四部分内容，每个小组在通读的基础上，重点讨论其中的一项内容。

3. 各个小组依次派代表陈述讨论的结果，其他小组的学习者可以补充发言。

4. 组织者及时评价，总结学习效果。

学习材料

知识建构的范式转型

一、促进认知框架与理论基础的转换

超越聚焦个别知识要素的传统，促成整个认识框架、整个认识活动理论基础的转换，是“参与—对话”实践范式的特点之一。

国外有的教育家认为，建构主义的思维规则适合于社会关系和结构的世界，科学知识的增长是一种整个知识经由危机阶段彻底转换的“范式革命”过程。这种转换类似于“格式塔”的转换，其结果不是个别要素的重新认识，而是一种整个视角、整个认识框架的转换，甚至是整个认识活动形而上学基础的转换。①

“参与—对话”实践范式因此提倡超越聚焦个别知识要素的泥沼，促成整个认识框架、整个认识活动理论基础的转换。这种转换是由狭窄的学问情境向广阔的社会情境的转换，是由研究封闭的纸上知识向研究开放的人类知识的转换，是一种“人—书”实践范式向“人—书—人”实践范式的转换。

学习者在置身“参与—对话”实践过程时，可以避免书本知识的束缚，抛开对自我的认同，搁置对自己思想的欣赏，而去参与分享集体智慧的活动，体验修正自我知识、获得创造性突破的欣喜。在整个实践过程中，学习者体验到的是“我们”中的“我”，意识到了人类个体最终形成于我们与所有他人的相互关系之中，人类文化、社会关系是知识个体的起源。

---

① 石中英. 知识转型与教育改革［M］. 北京：教育科学出版社，2001.

二、成为“知识共通体”的积极建设者

超越“专门化”与“唯我论”的认识过程，在社会对话中建构综合的“知识共通体”，是“参与—对话”实践范式的特点之二。

以知识为中心的教育过程，历来注重学问化、专门化、结构化的认识过程。学问化认为所有的学习内容应当从学问中引申出来，不进入学问范畴的事件是教学所不希望的。专门化认为学问应该是独立的主体，每门学问都具有不同的结构，种种学问的统合是不可能的，所以不能不采取专门化的立场。也就是说，不是强调理科，而是突出物理学、化学、生物学；不是强调社会科，而是突出地理学、历史学、经济学。结构化认为要以各自学术领域的构成要素——概念、命题、原理、探究形态为中心，组织各门学科的知识脉络。

唯我论的或儿童中心主义的教育过程，主要关注个体的心理过程以及他们从内部建构世界知识的方式。冯·格拉斯费尔德（E.von Glasersfeld，1917—2010）认为：“知识既不是通过感官也不是通过交流被动接受的，而是由认知主体主动建构起来的。”① 教育家将“知识”重新定义为与生命有机体经验中固有的不变成分有关，而不是与一个独立存在的世界中的实体、结构和事件有关。“感知”并不是对来自外界的信息的接受或复制，而是对不变成分的建构，通过这种方式有机体才能够同化和组织它的经验。② 也就是说，一个人或是通过天赋，或是通过提炼内在的思维能力而获得权威地位。

以促进学习者个性与社会和谐发展为中心的教育过程，是对以知识为中心的教育过程与唯我论的教育过程的彻底超越。它不但关注个体从内部

---

①② 斯特弗，等. 教育中的建构主义［M］. 高文，等译. 上海：华东师范大学出版社，2002.

建构世界知识的方式，而且关注科学文化知识与社会生活环境对个体发展的建构作用。也就是说，它关注的是个体、文化、社会和谐建构“知识共通体”。这种关注正好和建设性后现代主义的精神相吻合。

美国建设性后现代主义思想家大卫·雷·格里芬认为，后现代不是彻底抛弃现代，而是对现代所做出的根本超越。“后现代范式既指一种世界观，又指这种世界观所蕴含的用以指导我们生活的伦理观”，这种生活伦理观强调和谐、合作和贡献。和谐是指人类的心灵中永远跳动着渴求普遍和谐的愿望，“生态运动的兴起使我们进一步认识到，所有的事物都是相互联系着的，我们应当同我们的总体环境保持某种和谐”。合作是指“后现代思想还把生活的基本关系描述为非强制性关系，指出在事物的本性中合作比竞争更为基本”。贡献是指后现代思想的任务之一就是创造一种新的意识，“为他人的利益、为整体的（社会的、国家的、世界的）利益工作，就是为自己的利益工作”。

“参与—对话”实践范式所追求的个体、文化、社会和谐建构“知识共通体”，正好体现了这种和谐、合作和贡献的精神。“知识共通体”要求根本改造现行的课程内容与框架，变封闭型的课程为开放型的课程；要求新一代成为新型学习者，即成为富有社会性与创造性的知识主体，成为能够创造教育环境，形成自身的知识网，并且创造出自身的探究方法的学习者。这种需求希望建构面向复杂社会情境的、面向未来生活的、跨学科跨文化的、具有“一体化”倾向的综合知识，以促进学习者主动地摆脱“知识的奴隶”与“未来的文盲”的被动地位，成为“知识共通体”的积极建设者。

三、发挥创造性直觉的导向作用

超越简单的逻辑方法，充分发挥创造性直觉、科学激情的认知向导作用，是“参与—对话”实践范式的特点之三。

培养学习者的创造性，是人类教育的一个永恒的话题。一般来说，创造性需要广博的知识、灵活的思维，对想法、观点的不断重组，以及研究与解决问题的动机和毅力。但是，现在的学校除了注重向学生灌输书本知识以外，很少关注青少年其他方面的发展。如果说有些学科也向学习者教授思维方法的话，也只是教授一些逻辑的归纳推理方法。著名物理学家爱因斯坦（A. Einstein，1879—1955）在谈到如何“寻找那些具有高度普遍性的规律”时说：“没有什么逻辑的道路可以通向这些规律，它们只能通过建立在某种对于经验客体理智之爱基础上的直觉来达到。”[①]

哲学家海德格尔（M. Heidegger，1889—1976）非常赞赏荷尔德林（J. Holderlin，1770—1843）的诗，他从“人之体验也多。自吾人是一种对话，且能彼此倾听，天神多得命名”的诗句中感觉到，“能说和能听同样的原始，我们是一种对话”，“我们对此获得了一致，我们据此而成为统一的，因而根本上是我们本身。我们的此在承荷着对话及其统一性”。[②] 诗哲聆听神灵无声的语言，并用自己的口将那在一刹那间所感悟到的神的信息昭示给民众，从而唤醒世人明晓自己的命运，走向诗意的人生。海德格尔是哲学家，却从荷诗中体验到了人的“存在”与“此在”，体验到了“对话”对于人的“共在”价值，这里没有逻辑推理，有的是直觉与创造性。

美学家宗白华先生在论述《易经》离卦的美学意义时认为，离者丽也。“丽者并也。丽加人旁，成俪，即并偶的意思。即两个鹿并排在山中跑。这是美的景象。在艺术中，如六朝骈俪文，如园林建筑里的对联，如京剧舞台上的形象的对比、色彩的对称等，都是并俪之美。这说明离卦包含有对偶、对称、对比等对立因素可以引起美感的思想”[③]。由“离卦”的抽象符号联想到“两个鹿并排跑”，再抽象出“对立”的美感思想，如果离开创造性

---

① 石中英. 知识转型与教育改革［M］. 北京：教育科学出版社，2001.
② 孙周兴. 海德格尔选集［M］. 上海：上海三联书店，1996.
③ 宗白华. 艺境［M］. 北京：北京大学出版社，1999.

直觉，仅仅依靠逻辑的力量根本无法进入如此的美学殿堂。

所以，“参与—对话”实践范式提倡打破常规，用一种新的方式审视问题情境，以促进意外收获的产生；提倡创设发散思维活动，来培养学习者创意的新颖性、流畅性、灵活性；提倡开展游戏活动、艺术活动来激活创造意识；提倡通过丰富活动内容来发现和培养创造性天才。超越简单的逻辑方法，发挥创造性直觉、科学激情的认知向导作用，是“参与—对话”实践范式的重要功能。

四、运用“中止判断”的评价策略

超越“权威性标准”主导评价的方式，采用“中止判断”“呈现众识”的策略促进学习者知识的生成与发展，是“参与—对话”实践范式的特点之四。

以讲授传输理论知识为中心，仍是目前绝大多数高师院校教学方式的价值取向，教学评价也自然是“权威性标准”起主导作用。在这种现象影响下，学习者过于重视成绩，养成了不敢有超常质疑或越规思考的习惯；学习者只会在已知社会规范内追求成功，而不敢对可能失败的未知事物冒险；在权威的压力下，个人害怕被人视为异端，不得不放弃自我的特点去遵从大众；教师不鼓励学生探讨学问之外的问题，因而常常抑制了学生想象力的发展。

现象学认为，最基本的逻辑规律是被直觉到的，而且被直觉到的东西不以任何其他东西为前提。本质直觉的方法就是以获得非经验的、无预先假定的本质和本质规律目标的一种认识方法。获得本质直觉的基本途径是“面向实事本身”，为了确保这一途径畅通无阻，“参与—对话”实践范式提倡采用多元化、激励性评价标准和评价方法，而“中止判断”和“呈现众识”的策略被认为是最有利于促进学习者主体创造潜能发展的策略。

在教学过程中，当问题目标确定后，应该鼓励所有学习者发表意见；对大家的意见，先作记录，不作批评；意见越多越好，并力求向新奇方向发展；综合所有意见，经过分类、排序、选择、修改后当众陈述，或者经过讨论确定最佳意见。在“参与—对话”的过程中，人人都主动地发表意见，无论这些意见片面与否、有用与否，一律不作任何批评，这就是“中止判断”。中止判断可以避免因为争论某种方法的好坏而影响大家情绪的现象，可以消除因为担心受批评而缩回可能的创造性见解的顾虑。每个人都积极地发表意见，每个人都毫无保留地说出心中的想法，每一种想法都畅通无阻地呈现在众人面前，这就是“呈现众识”。呈现众识是找到更好的解决问题办法的必要条件，是经验共享、反省自我、修正知识的最好契机，是学习者主体与同伴、与社会和谐发展的理想起点。

中止判断能够淡化或者消解“权威性标准”所衍生的话语霸权、角色霸权和情境霸权，使教学活动完全处于一种自由话语、平等角色和民主情境相交融的氛围之中，从而唤醒学习者的主体意识和创造潜能。呈现众识能够弱化“真理性知识”对学习者的束缚力量，能够改变“唯我论主体”对文化与环境的漠视态度，从而推动学习者主体与人类文明、社会环境和谐发展的进程。

学习反思

1. “国外有的教育家认为，建构主义的思维规则适合于社会关系和结构的世界，科学知识的增长是一种整个知识经由危机阶段而彻底转换的‘范式革命’过程。这种转换类似于‘格式塔’的转换，其结果不是个别要素的重新认识，而是一种整个视角、整个认识框架的转换，甚至是整个认识活动形而上学基础的转换。”写一篇短文，发表你学习这段话后的看法。

2. 和同伴交流学习后面这段话的体会：“‘知识共通体’要求根本改造现行的课程内容与框架，变封闭型的课程为开放型的课程；要求新一代成为新型学习者，即成为富有社会性与创造性的知识主体，成为能够创造教育环境，形成自身的知识网，并且创造出自身的探究方法的学习者。”

3. 后面这段话提到了四个“提倡”，就此说说你的见解：“提倡打破常规，用一种新的方式审视问题情境，以促进意外收获的产生；提倡创设发散思维活动，来培养学习者创意的新颖性、流畅性、灵活性；提倡开展游戏活动、艺术活动来激活创造意识；提倡通过丰富活动内容来发现和培养创造性天才。”

4. 和同伴交流对“中止判断”“呈现众识”的教育价值的看法。

活动二

林下泉声静自来（系统建构）

学习目标

1. 练习用“演绎法”建构语文知识系统。
2. 练习用“归纳法”建构语文知识系统。

学习过程

1. 将学习者分成 3 个小组，学习“用演绎法建构语文知识系统”的内容，练习运用这种方法建构语文知识体系。

2. 将学习者分成 4 个小组，学习“用归纳法建构语文知识系统”的内容，练习运用这种方法建构语文知识体系。

3. 讨论这两种方法对促进学习者建构语文知识体系的理论意义与实践价值，派代表陈述讨论结果。

4. 组织者进行评价，总结学习效果。

学习材料

材料一

用演绎法建构语文知识系统

先行组织者范式是美国教育家奥苏伯尔（D. Ausubel，1918—2008）提倡的一种有意义的接受学习教学范式。它主张在安排学习任务之前，先为学生呈示一种结构化的概念材料，然后用这种理论知识统摄学习任务的具体内容，进一步认识上位概念和下位知识之间的理论联系。这种范式也叫“知识树”范式。

先行组织者范式的结构序列：

一是明确教学目标，呈示先行组织者材料。第一步让学生明确本课的教学目标，呈示先行组织者材料，唤醒学生的相关知识经验。如学习逻辑知识，可以呈示以下逻辑树（如图 3 所示）。

二是学习单元内容，理解具体学习材料。第二步让学生熟悉理解本单元的学习材料，按照教学目标逐项进行阅读、讨论或其他学习活动。如对“逻辑树”，可以从概念、判断、推理三个层次分别联系具体的语言现象进行理解与应用学习；对推理可以从归纳推理和演绎推理两方面开展学习。

三是明确理论知识和具体知识之间的联系，形成学生新的认知结构。第三步让学生形成新的认知结构，充分认识掌握逻辑的相关理论知识对学习应用语言的指导作用与实践价值，充分认识先行组织者材料在学习某些单元内容时的综合贯通与有序分化功能。如：概念、判断和推理之间的关联作用，三段论推理合乎逻辑规则的几个前提，假言推理在充分条件和必

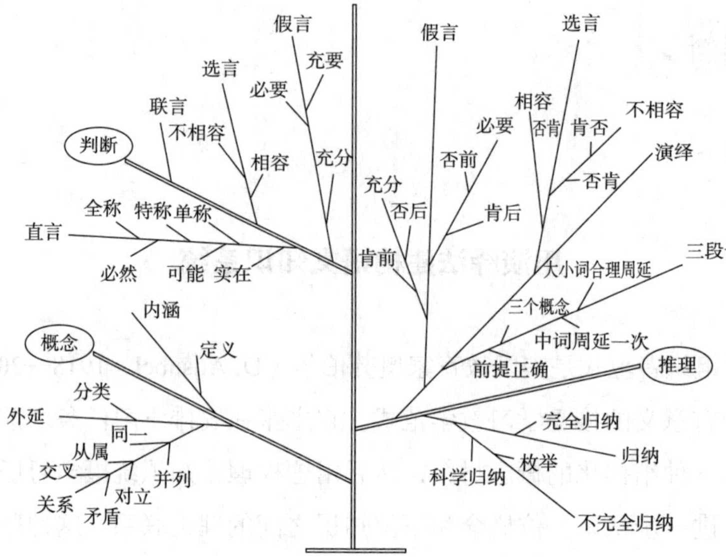

图 3　逻辑树

要条件下不同的推理过程，明确概念的内涵和外延的几种方法，如何下定义和分类别等。

学习过程要求：

1. 将学习者分成 3 个学习小组，学习用演绎法建构语文知识系统的内容，仔细领会“逻辑树”的枝干结构及其知识元素的意义。

2. 第一小组重点讨论关于“概念”的知识元素及其意义；第二小组重点讨论关于“判断”的知识元素及其意义；第三小组重点讨论关于“推理”的知识元素及其意义。

3. 各个小组推举代表陈述小组的讨论结果，其他小组的学习者可以补充发言。

4. 依据“概念”“判断”“推理”等逻辑元素的关联作用而画成的“逻辑树”，对促进学习者建构语文知识体系有什么意义？理解了“逻辑树”，对运用语言、历练思维有哪些帮助？各小组讨论后发表看法。

材料二

用归纳法建构语文知识系统

在语文教学过程中，“归纳法”是被经常采用的建构知识的方法。它有利于帮助学习者弄明白容易混淆的概念之间的联系与区别，有利于从大量的杂乱的知识材料中发现学习的规律和方法，进而减轻学习者的负担，提高学习的效率。例如，文言文学习中，经常会碰到“词类活用”的知识，这也是学生学习的难点。如果在学习了一定篇目的文言文之后，引导学生发现并列举文章中的文言词类活用例句，通过比较分析、归纳概括，找出词类活用的规律及其表达方式，然后画出一棵“文言词类活用树”，其将对以后的学习产生深远的影响。用“归纳法”建构文言词类活用知识体系，一般采用下列步骤进行。

首先，列举下列含有词类活用现象的例句：

（1）外连横而斗诸侯。

（2）殚其地之出，竭其庐之入。

（3）短屈原于顷襄王。

（4）夫子不远千里，将有为乎?

（5）君子之学也，以美其身。

（6）沛公已去，间至军中。

（7）舍相如广成传舍。

（8）朝秦楚，莅中国而抚四夷也。

（9）贫者席地而卧。

（10）六王毕，四海一。

（11）士也罔极，二三其德。

学习过程要求：

将学习者分成4个学习小组，每个小组确定角色分工及责任。

第一小组重点讨论文言文中“名词活用”的现象，并列举例句；

第二小组重点讨论文言文中“动词活用”的现象，并列举例句；

第三小组重点讨论文言文中“形容词活用”的现象，并列举例句；

第四小组重点讨论文言文中“数词活用”的现象，并列举例句。

各个小组推举代表陈述小组的学习结果，其他小组的学习者可以补充发言。

组织者及时评价，总结学习效果。

其次，找出例句中的活用词，并分析活用的类型。例句（1）中的“斗”，例句（2）中的“出”“入”，都是动词，“斗”是使动用法，“出”“入”当名词用。例句（3）中的“短”，例句（4）中的“远”，例句（5）中的“美”，都是形容词，“短”当动词用，“远”是意动用法，“美”是使动用法。例句（6）中的“间”，例句（7）中的第一个“舍”，例句（8）中的“朝”，例句（9）中的“席”，都是名词，“间”（小路）作状语，“舍”当动词用，“朝”是使动用法，“席”是意动用法。例句（10）中的“一”是数词，当动词用；例句（11）中的“二三”是数词，是使动用法。

再次，根据文言例句中词类活用的形式，探索一种逻辑结构，画出一棵文言文词类活用知识树。

最后，依据文言词类活用树的逻辑结构，进行拓展性学习。学习者可以回顾已经学习过的文言文，琢磨哪些词类活用句能够放到文言词类活用知识树上去。学习者也可以在以后的学习中，一旦碰见活用词就归类填写到相关位置上去。如果能够举一反三，脱口而出，那么文言词类活用“问题”便会迎刃而解。

学习反思

1. 在学习之前提供“知识树”，对学习者建构语文知识体系有什么意义？结合自己的学习实践经验，发表看法与大家分享。

2. 运用“逻辑树”知识，分析一篇文章的层次结构，或者分析论述性文章中的一段话，你发现了什么？

3. 在学习之后完成“知识树”，对学习者建构语文知识体系有什么意义？结合自己的学习实践经验，发表看法与大家分享。

4. 如果你以前从未见到过知识树，说说你学习用归纳法建构语文知识体系的第一印象。

5. 画知识树，关键的环节是对语文知识的逻辑分类的认识与把握。希望你选择另一种语文知识，进行体系建构，并且画一棵知识树试试。

活动三

雷惊天地龙蛇蛰（情商效应）

学习目标

1. 能复述语文情商教育的含义，分析情商教育的目标体系。
2. 能列举利用情感激励效应培养语文学习兴趣的实践策略。
3. 能探索促进特殊学习者发展的途径。

学习过程

1. 将学习者分成 3 个学习小组，各组通读三则学习材料。
2. 组织者为各个小组分配学习任务。

第一组重点讨论语文学习情商教育的意义，讨论情商教育目标体系的有序关联结构；第二组重点讨论情感激励范式在语文教学中的应用前景，启迪每一位教师关注情商教育，开展情商教育；第三组重点讨论如何在课堂教学中关注弱势群体，关注特殊学习者的心理需求，探索建构学校、家庭、社会三结合的良性育人机制的有效策略。

3. 各个小组的代表陈述小组的讨论结果，其他小组的学习者可以补充发言。
4. 组织者及时评价，总结学习效果。

学习材料

材料一

语文学习情商教育

语文学习是学习者的智力因素和非智力因素相互作用、相互促进的学习心理活动。智力因素一般指观察力、记忆力、思维力和想象力，思维力是智力因素中起主导作用的心理因素。非智力因素一般指动机、兴趣、情感、意志和个性，兴趣在非智力因素中起着重要的作用。但是，智力因素的诸要素和非智力因素的诸要素在逻辑上存在交叉现象，比如人们常说的有趣、乐趣和志趣，都和兴趣相关，也和动机、情感、意志相关。所以，我们在这里提出了语文学习情商教育和语文学习认知教育的理论，目的是用层级化、有序化的理论体系描述或者预测学习者语文学习发展状况。

语文学习情商教育，也叫语文学习情感教育，是指通过语文学习，学习者在愿意、行动、批判、建构、创造等五个层级目标上，渐次提升语文学习情感水平，塑造完美和谐个性的人格发展过程。学习者的情商发展在学习的不同阶段预期出现愿意、行动、批判、建构、创造等五个水平的学习成就。愿意是指学生能够主动地接受语文学习的提示，愿意参与语文学习的过程。行动是指学生对语文学习产生了兴趣，并随之出现了自主的学习行为。批判是指学生在鉴赏文艺作品或评价社会现象时所表现出来的价值判断，学生已逐渐形成了自己的审美倾向和是非标准。建构是指养成了一种系统化的意识和行为，能够将各种零碎的知识条理化、结构化，具有良好的语文学习习惯，能够综合不同的学术观点，能够独立自主地审视社会问题。创造是指已经形成了个性化的人格范式，进入了精神自由的境界，具有高雅的审美情趣，具有创造性的言语能力，能够用自己的视角、自己的情感、自己的语言去表现人生、表现社会。

语文学习情商教育是建构在脑科学基础之上的人性需求发展教育，因为人脑“似乎是一个可塑的、变化着的器官。这个器官可以被学习过程所更改。脑的神经心理学并不是不可改变的，第二语言的学习可以改变脑组织的活动方式”。所以说，人的智商通过后天的教育可以不断地提高，人的情商通过后天的培养也可以获得明显的进步，情商教育具有不可估量的潜在价值。

学习反思

1. 语文学习情商教育和非智力因素培养有什么不同？请发表你的观点，与同伴共享。

2. 依次描述语文学习情商教育的五个层级目标，说说它对教学实践的引领作用。

3. “语文学习情商教育是建构在脑科学基础之上的人性需求发展教育。”这句话对你有哪些启迪，写一段话在班级学习群交流。

材料二

假信息反馈效应

古希腊神话里有一个王子叫皮格马利翁，他爱上了一个美丽的姑娘，可那个姑娘却是一尊石雕。无论春夏秋冬，无论烈日飞雪，皮格马利翁都坐在石雕前，诉说着自己的爱情。一年又一年，姑娘石雕依旧，皮格马利翁依旧。国王和王后，大臣和将军，用尽了车轮战术，也丝毫不能改变王子的心。终于有一天，石雕活了，那是一个美丽又善良的姑娘。后来王子继承了王位，姑娘就成了王后。这个故事讲的是情感期待可以改变人的生活，可以成就人的未来。教育心理学把这种现象叫作“皮格马利翁效应”。这里说的假信息反馈效应是一种学习情感激励效应，是在学习过程中，坚持以期待和关爱去感染学生，并用“夸大”学习效果的方法，培养学生的自信心，提高学习的有效性的做法。假信息反馈范式是“皮格马利翁效应”在语文教学设计中的一种尝试。

以作文教学为例，假信息反馈范式的过程可描述如下。

1. 假信息反馈

有个初中生写的作文只有半页，而且文不对题、废话很多。教师却这样写评语：“你的作文虽然短，但很简练，因为审题时进行了认真的思考，所以文章中心比较突出，也没有废话。每一句都围绕文章中心来写，这样很好，希再努力。”并打了 70 分。作文一发下去，那个学生十分高兴，连声说：“想不到我的作文还能得 70 分。”

2. 假信息期待

第二次作文，这个学生就有了一点进步，每一句都想着不离开文章中心，但是老写那么几句话，语言啰唆，多次重复。教师又写了这样的评语：“你的作文进步好快，文章中心更突出了，尤其注意了叙述层次，每层写一个意思，写过了的不再重复，这样很好，希再努力。”并打了 74 分。

3. 假信息强化

第三、第四次作文……

4. 假信息效应

语文教师的情感期待与耐心指导，渐渐地激发了学生的作文兴趣，提高了学生的作文能力。

通过假信息反馈、假信息期待、假信息强化、假信息效应系列活动的螺旋式发展，学生的学习将会出现种种的可能性，学习动机的不断强化将会生成预期的学习效果。经过耐心引导，虽然每次反馈的是假信息，但只要坚持不懈，期待就会变为现实，假信息就会变成真信息，这就是皮格马利翁效应的魅力所在。

皮格马利翁效应也被称为罗森塔尔效应，强调的是暗示的力量。设计者以皮格马利翁效应为依据，尝试着提出了一种教学设计范式——假信息反馈范式。这种教学设计旨在激励学生的情感，培养学生的自信心，进而提高语文教学效率。这种设计范式能够激发学生的学习兴趣，促进学生的每一次发展，凸显出施教者的爱心和耐心。

学习反思

1. 假信息反馈效应、皮格马利翁效应、罗森塔尔效应实际上是同一教育心理学效应的不同说法。这种效应发生的时间、地点、人物完全不同，浸透着人类最温馨的“情感期待”支配下的一系列行为实践，从而演绎出一个个动人的故事。你的工作或生活中，是否出现过类似的故事，讲给大家听听。

2. 真心和耐心是产生假信息反馈效应的催化剂，远离浮躁与功利是产生假信息反馈效应的前提。如果能够做到这两点，就会有“蓦然回首，那人却在灯火阑珊处”的惊喜。你做好准备了吗？谈谈你的看法。

材料三

假如结局不是这样

有一年，我给中文系三年级学生上课，发现 W 同学听课特别专注，还经常露出思有所获的笑容。当组织课堂讨论时，他第一个举手要求发言。

我示意他可以提问，W 同学站起来很长时间不说话，我走过去，看到他嘴唇在动却没有声音。我立刻意识到他有语言障碍，于是由他嘴唇的蠕动，猜想他要说什么，然后试着提示了一个词，W 竟然说出了一个词组。在我耐心的观察与提示下，他断断续续地表达了一个意思，令我惊讶的是，这个见解很有思想。在以后的课堂上，我们有过多次类似的讨论。每当这个时候，教室里静得出奇，同学们都用鼓励的眼光和赞许的笑容跟 W 对话。

半年后，教育实习开始了，W 分到我带队的小组。我事先向实习学校的领导、教师和 W 即将实习上课的学生介绍了情况，希望他们能够给予理解和宽容。接下来的实习课上，W 看到的是一双双信任的眼睛，一张张温馨的笑脸。学生们都在猜，实习老师想要说什么，组长的提示默契不默契。W 上的那几节课，课堂上安静得令原来的老师感到惊讶，学生们的作业比原来整齐了许多。我多次碰到 W，他虽然没说什么话，可从他的表情上，我读懂了什么叫自信。

W 已到大四了。学校在毕业班招收保送的教育硕士，每班成绩排在前 10 名的学生才有资格参加面试。在面试的人群中，我看见了 W。面试结果，评委一致认为 W 根本不适合从事教育教学工作。后来我的信箱里有一封信。W 说，保送不上，他就要考统招的教育学研究生。这时候，我觉得一定要非常明确地告诉他，希望他正确地认识自己，应该找一个适合自己的工作，如编辑、图书管理等。后来，我又见到一封信，开始是感谢，接着是失望。

后来因为忙，我对 W 渐渐淡忘。一天有事，坐了一辆学校的车，和司机聊天。司机说，他刚从一个县上回来，中文系有一个学生因为找不到工作，有点不正常，系上送到精神病医院，他自己却跑回家，乘人不注意跳水窖了。

我惊愕得半天说不出话来。假如，我想说，假如结局不是这样，可是，有假如吗？

这是一则关于特殊学习者的案例。案例中的 W 是一位有口吃的大学生，在老师的正确指导与同学们的帮助下，W 正确地处理了学习阻抗，他的实习生活过得很“灿烂”。但是，悲剧还是发生了，因为学校和现实之间毕竟存在着很大的差距。这个悲剧提醒我们：关爱每一个学生，尤其要关爱特殊学习者，需要一种情感教育社会机制，仅仅靠几个教师是远远不够的。

学习反思

1. 学习材料中讲的是一个真实的故事。如果你的学生中有类似 W 这样的人，你将如何防止悲剧的发生？

2. 解决特殊学习者对学习感到恐惧的基本方法，就是用平静、同情的话语告诉他们，接受新的学习会有什么样的感受。把特殊学习者的感受加入到谈话中，会使他们感到安全，感觉语文教师理解和接受他们。当实施新的学习计划成为问题的时候，常用的解决方法有：① 深情地鼓励特殊学习者去做语文教师期望做的事情，如按时参与学习；② 解释或讨论某一要求的原因，如这样做有什么好处等；③ 解释特殊学习者的行为，如迟到可能是生语文教师的气等；④ 模糊地接受潜在的违约现象，然后用其他方法保持与特殊学习者的联系，如不直接批评特殊学习者因为看电影没有做作业，而是强调特殊学习者进行选择的能力以及为做出决定应该承担的责任等。

活动四

雨足郊原草木柔（多元发展）

学习目标

1. 借鉴多元智能理论知识，拓展语文实践之路。
2. 掌握丰富教学范式，开启学生创造之门。

学习过程

1. 将学习者分成 9 个学习小组，组织者为各个小组分配学习任务。

2. 各小组学习材料一，就如何将多元智能理论知识转化为课程活动展开讨论。

3. 组织者将材料一中的学习活动分别落实到每个小组，各组围绕本组活动形式的特点，每个人设计一个语文学习活动，然后依次在组内展示或者陈述；每组推举 2—3 人在全班展示。

4. 组织者及时评价，总结学习效果。

5. 再将学习者分成学习小组，组织者为各个小组分配学习任务。

6. 各小组研读材料二，就如何将丰富教学范式的三种类型的学习活动转化为语文学习形式展开讨论。

7. 各个小组的代表陈述小组的讨论结果，其他小组的学习者可以补充发言。

8. 组织者及时评价，总结学习效果。

学习材料

材料一

多元智能理论与语文学习活动

根据加德纳（H. Gardner，1943—）的观点，智能是在特定的文化背景下或社会中解决问题或制造产品的能力。解决问题的能力，就是能够针对某一特定的目标，找到通向这一目标的正确路线。文化产品的创造，则需要有获取知识、传播知识、表达个人观点或感受的能力。多元智能理论为我们展现了一片广阔的学习天地，和语文学习相联系，可以设计以下学习活动。

1. 言语智力学习活动：记录一段访谈过程、朗读一篇抒情散文、在主题班会上演讲、写一则童话或小小说、主持一个团体活动。

2. 逻辑智力学习活动：猜字谜、给某个概念下定义、总结文章的中心思想、指出一则语言材料的逻辑错误、参加对抗性辩论赛。

3. 空间智力学习活动：迷宫游戏、根据一首诗的意境画一幅图、解说一幅三维图形、展示语文实践活动的幻灯片。

4. 身体运动智力学习活动：演出课本剧、写毛笔字、为同学们表演一段哑剧、排练班级运动会入场队形、欣赏武术表演。

5. 音乐智力学习活动：用比喻等修辞方法形容一段音乐、用自己熟悉的曲子哼唱刚学习的一首诗、模仿自然界的某种声音、用方言说一段笑话等。

6. 人际关系智力学习活动：竞选班长演讲、采访一位作家、参加小组讨论、集体策划学校语文竞赛活动方案、设计一个语文夏令营计划。

7. 内省智力学习活动：选出几张自己的按年龄排列的照片并为每张照片写几句话、叙述自己的一次失败经历、说明自己看某部电影时情绪波动的过程、列出自己的兴趣清单、设想自己的愿望实现时的情景。

8. 自然智力学习活动：收集制作树叶标本并进行标注、说明一次植树活动、朗诵一组描写大自然的诗歌并录成磁带给朋友听、写几篇山水游记、为某报写一篇报道。

9. 生存智力学习活动：描写一次爬山活动、阅读《鲁滨逊漂流记》并写一篇读后感、向别人介绍自己的能力与特长、描述自己学习掌握一项技能的过程。

开发多元智能学习活动，可以引导学生从多种角度、多种层面了解某一主题。当教师不以僵化的纸笔测验方式评价学生，学生就可以从多种途径获得知识；教师放弃了填鸭式传授知识的手段，却从别的教师或者学生身上学到了很多东西。

学习反思

1. 学习材料中依据 9 类智力形式设计了 42 种学习活动，目的在于打开学习者的思路。把你设计的最精彩的学习活动展示出来，与大家分享。

2. 以上活动形式多样，但又突出了语文课程的言语性、思维性、综合性、实践性、审美性特点。你是否注意到了这一点？说说你的看法。

材料二

每个学生都可能成为创造者

"春风杨柳万千条，六亿神州尽舜尧。"这两句诗说的是每个人都有可能成为创造者，成为道德高尚的人。在学校教育中，每个学生都可能成为创造者吗？丰富教学范式在尝试回答这个问题。丰富教学范式是以三环天才理论和个体—环境互动的优化教学理论为依据的培养人才的教学范式。三环天才理论有三大要素：高于平均水平的能力（接受课本知识的能力）、执着精神（从事学习和工作时所具有的热情和责任感）和创造力（探究问题时表现出的独到的发现和解决问题的能力）。个体—环境互动的优化教学理论认为，学生个体的内部环境和学习的外部环境必须形成良性互动，才能达到优化教学的目的；环境提供机会，个人则利用这些机会展示自己的潜力。依据这两种理论，设计多种层次、多种形式的学习活动，让每个学生有机会从"旋转门"（喻分期分批）进入创造者的行列。

丰富教学范式包含三种类型的学习活动。

第一类是学校调查并开发周边的各种课程资源，组织由家长、教师和学生组成的小组，根据学生的兴趣，开展丰富多彩的学习活动。如：参观邮票展、书画展、奇石展并举办鉴赏活动；组织看电影、看戏曲、听音乐并举办鉴赏活动；组织观看球赛、车赛、冰上运动并请人讲述冠军的故事；组织观看组装电器、印刷书籍、厨艺比赛，并请劳动能手讲述自己的生活。这一类学习活动基本上不是学校课表上的课程内容，目的是发现和培养学生的兴趣，尤其是要关注那些考试成绩分数不高的学生的兴趣。这一类学习没有作业的要求。

第二类是根据学生的兴趣和学习欲望，在学校的课程中强化或者增加某些内容，促进学生在认知、情感、技能和研究等方面获得长足的发展。

如培养审美鉴赏、逻辑思维、创造性思维和批判性思维能力；培养采访交谈、录音摄像、数据分析、得出结论的能力；培养使用电脑软件、阅读指南、互联网的能力；培养文学创作、新闻采编、外文翻译、口语交际的能力；等等。这一类学习活动可以寓于学校的普通课程或者专门的校本课程。

第三类是开展个人化的学习实践活动，使学生像专业人员一样进行研究和创造，使学生从课业学习者变成社会创作者。如像鉴赏家一样为集邮爱好者开发专题邮票系列讲座；像作家一样创作发表文学作品；像教师一样开发一种影视鉴赏课程并给低年级学生讲授；自己写词、自己谱曲录制一段音频或视频给同伴观看；像记者一样连续追踪采访报道一个社会热点问题；等等。这一类学习活动是为了培养学生的自信心、成就感和执着精神，使学生在问题探究和创作活动中变换角色、健康成长。环境提供机会，个人则利用这些机会展示自己的潜力。

学习反思

1. 丰富教学范式包含三种类型的学习活动：第一类是学校调查并开发周边的各种课程资源，组织由家长、教师和学生组成的小组，根据学生的兴趣，开展丰富多样的学习活动；第二类是根据学生的兴趣和学习欲望，在学校的课程中强化或者增加某些内容，促进学生在认知、情感、技能和研究等方面获得长足的发展；第三类是开展个人化的学习实践活动，使学生像专业人员一样进行研究和创造，使学生从课业学习者变成社会创作者。这三种类型的学习活动践行了一种什么样的学习理念？三种类型学习活动有什么区别？它们传达了一种怎样的设计思路？

2. 为什么说丰富教学范式是一种以三环天才理论和个体—环境互动的优化教学理论为依据的培养人才的教学范式？说说你的看法。

3. 本活动从学习内容到课程活动凸显了一种倾向，就是从课堂教学向社会实践的拓展。这种倾向有什么教育价值？发表你的观点与大家分享。

·课节讨论·

1. 本课节一共设计了四个学习活动，分别从知识建构的范式转型、语文认知能力训练体系的设计、语文情感能力培养指南的建构、社会实践中语文特色活动的设计等四个方面安排学习内容，组织教学活动。这四个方面在结构上有哪些关联性？在设计上突出了怎样的学习理念？

2. 本课节讨论的语文知识建构和你平时认为的语文知识建构有无区别？如果有，说给大家听听。

3. 本课节用北宋程颢《游月陂》中的诗句“水心云影闲相照”“林下泉声静自来”和北宋黄庭坚《清明》中的诗句“雷惊天地龙蛇蛰”“雨足郊原草木柔”分别为四个学习活动命名。程诗的意思是，水中的云影和天上的白云互相映照，树林下的泉水在静寂的夜晚显得格外清晰。黄诗的意思是，春雷惊天动地，惊醒了蛰伏的龙蛇；春天雨水充足，郊外原野上的草木长得很柔嫩。你对诗句含义、活动名称、学习内容、学习过程之间的联系有何想法？发表出来，与大家分享。

课节十

参与式小学语文教学设计

“树树皆秋色，山山唯落晖。”这是唐代王绩《野望》里的诗句。这是一幅涌动着生命力的美丽画卷，丝毫看不到其他写秋诗篇中萧瑟悲凉的气息。参与式小学语文教学犹如诗句表达的意境一样，充满着灵动和生机。学习本课节的内容，学习者将领略参与式小学语文教学的设计智慧。

学习目的

1. 运用参与式设计拼音与识字教学过程。
2. 领悟参与式小学语文阅读与习作教学的魅力。
3. 在探究和参与中策划综合性学习活动。

活动一

观山观水皆得妙（拼音与识字）

学习目标

1. 掌握参与式汉语拼音教学的一些方法。
2. 在参与式教学活动中提高学生的识字能力。

学习过程

1. 将学习者分为4个学习小组，各组依次学习材料中的教学设计。
2. 每两个小组选择同一教学设计讨论学习体会，派代表陈述本组讨论结果。
3. “头脑风暴”：学习者自由发言，重点就活动形式、设计方法发表看法。
4. 教师总结学习情况。

学习材料

材料一

《学习汉语拼音 ie、üe、er》教学设计

活动 1 看图学拼音

目标：

1. 能够讲述图画内容。

2. 会认读韵母 ie、üe、er。

时间：10 分钟。

材料：字母卡片、投影仪、录音机、音乐磁带、材料一至材料三。

过程：

1. 将学习者分为三组，分别发放附件中材料一至材料三的图画。

2. 请各组讨论：① 本组图画画的是什么？每个人都说一说，由组长总结讨论的结果；② 这两幅图中画的两种事物的拼音有没有相同的地方？

3. 从第一组开始，教师用投影仪展示该组材料中的图画，由组长报告本组讨论的结果，教师引出要学的第一个韵母，并给全班领读。

4. 同时展示材料一至材料三中的六幅图画，教师范读三个韵母。学习者认真地听教师的发音，仔细观察教师的口型和舌位。

5. 学习者模仿教师发音时的口型和舌位，自己练习发音，感受这几个韵母的发音特点。

6. 教师领读韵母。

7. 同桌的两位学习者互相教读，反复练习。

附件：

材料一

材料二

材料三

活动 2　一起唱儿歌

目标：

1. 能够掌握韵母 ie、üe、er 的读音。

2. 会背拼音儿歌。

时间：15 分钟。

材料：投影仪、课文插图、韵母卡片、双面胶、附件中材料。

过程：

1. 教师用投影仪出示课文插图和韵母卡片。

2. 教师领读韵母 ie、üe、er。

3. 将材料的儿歌粘贴在黑板上，给全体学习者领读。

4. 全体学习者以分组读、师生配合读、男女生配合读的形式熟读儿歌。

5. 以“开火车”的形式每人背诵一句儿歌。

6. 教师用歌曲《新年好》的曲调唱出这首儿歌，在全班领唱。

7. 男生和女生进行唱儿歌比赛，优胜者可得到教师奖励的“幸运星”一颗。

附件：

椰子树，ie ie ie，

摘下椰子给爷爷。

月亮圆，üe üe üe，

姐姐月下听音乐。

小耳朵，er er er，

儿童一起唱儿歌。

飞机飞，ei ei ei，

要把 ei 和 ie 分清。

提示：借助儿歌学拼音不仅能取得较好的学习效果，而且能培养儿童学习拼音的兴趣。教师不妨收集或自编一些儿歌。例如：

1. 单韵母儿歌

a，张大嘴巴 aaa，歌唱祖国真伟大。

o，大公鸡叫 ooo，每天清晨催醒我。

e，大白鹅 eee，爱清洁，心里乐。

i，一件衣服 iii，我们穿衣要爱惜。

u，火车叫 uuu，白天黑夜忙运输。

ü，一条金鱼 üüü，吹起泡泡真有趣。

2. 区别 b、p、d、q 形近字母的儿歌

像个 6 字 bbb，

6 字反写 ddd。

像个 9 字 qqq，

9 字反写 ppp。

活动 3　找伙伴

目标：能够拼读带有韵母 ie、üe、er 的音节。

时间：15 分钟。

材料：韵母卡片、声母卡片、白纸、彩笔。

过程：

1. 将学习者分为三组。
2. 给各组发白纸、彩笔、韵母卡片和声母卡片。
3. 各组通过讨论给这三个韵母找“伙伴”，把拼成的音节写在白纸上。
4. 各组报告人展示讨论结果。
5. 教师将三个组拼成的音节张贴在黑板上，并用红笔勾画出来（重复的音节不画）。
6. 教师带领全体学习者拼读这些音节。
7. 大家讨论：拼成的这些音节可以得到哪些字？由学习者说，教师把这些字写在白纸上。
8. 学习者以“开火车”的形式给这些字组词，教师写在白纸上。
9. 教师领读组成的词。

活动 4　聪明孩子找位置

目标：能够在四线格中正确书写韵母 ie、üe、er。

时间：10 分钟。

材料：画有四线格的纸、用硬纸板剪成的字母。

过程：

1. 教师领读韵母 ie、üe、er。

2. 教师在黑板上的四线格中范写三个韵母，请学习者仔细观察。

3. 将学习者每三人分为一组，每组发给画有四线格的纸和用硬纸板剪成的字母 i、e、ü、r。

4. 各小组成员互相配合，将手头的字母在四线格纸上摆成韵母 ie、üe、er。

5. 学习者离开座位互相观摩，看看哪一组给韵母找的位置最准确。

6. 每位学习者在自己的拼音本上反复练习写这三个韵母，教师相机指导。

7. 教师给写得正确的学习者每人画一朵“小红花”。

（设计者：西北师范大学硕士研究生　朱琳）

学习反思

教师应积极创设有利于儿童学习汉语拼音的教学环境。其作用主要有：便于儿童记忆字母；便于认读和巩固拼音知识；形象活泼，生动有趣，便于培养学习兴趣；有利于培养动手操作能力；激发创造力和积极性等。创设这种环境的方法有：张贴字母歌、字母表、拼音儿歌、拼音口诀、顺口溜、带有音节的课程表、全体学习者的注音名单等挂图和图表；悬挂放有声母卡片、韵母卡片、音节卡片、四线格卡片的布袋；展示实物（如粉笔像 l、收音机像 b、钥匙环像 o、伞柄像 t、雨伞像 f、椅子像 h、气球像 q、树枝像 y、门框像 n 等）；标注教室内物品的音节；展示学习者的拼音书写作业和图画；摆放拼音教学所用的电教设备等。教师可以和儿童一起搜集材料，共同布置教室。其中墙壁的布置要考虑到：创造性、趣味性、形象性；字的大小和色彩搭配；儿童的身高；内容与学习进度一致；性别平衡；

体现民族风格；平等地展示儿童作品等。桌椅的布置也应有利于儿童开展小组合作学习，如摆放成圆形、马蹄形，或者将几张课桌拼成大桌子，让儿童围坐成一圈等。

这些设想与方法对你有哪些启迪？发表看法，与大家分享。

材料二

《太阳和月亮》教学设计

活动1　看图注音

目标：

1. 能够给指定的字正确注音。

2. 能够根据拼音认读汉字。

时间：15分钟。

材料：粉笔、材料一至材料五。

过程：

1. 教师先领读本课要求会认、会写的字，再领读课文。学习者齐声朗读课文。

2. 将学习者分为五个小组，分别发给材料一至材料五。

3. 各小组先自读本组材料中的拼音，再看图给汉字注音。

4. 各小组依次展示填好的结果。

5. 各小组选派一位代表在全班把本组的注音领读三遍。

附件：

材料一

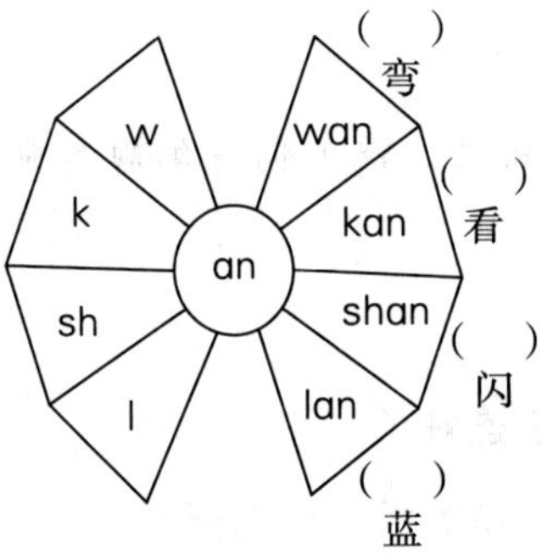

材料二

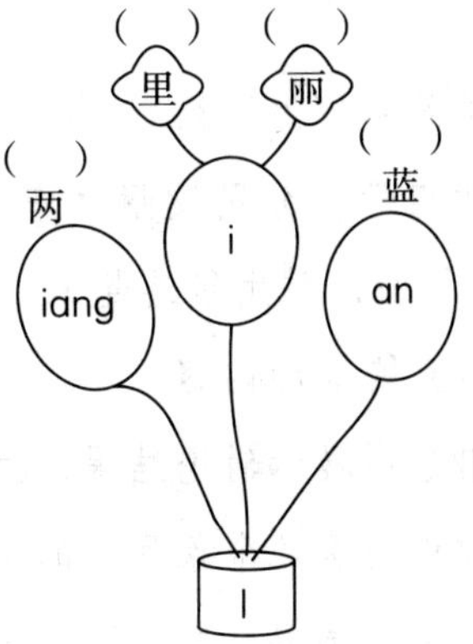

材料三

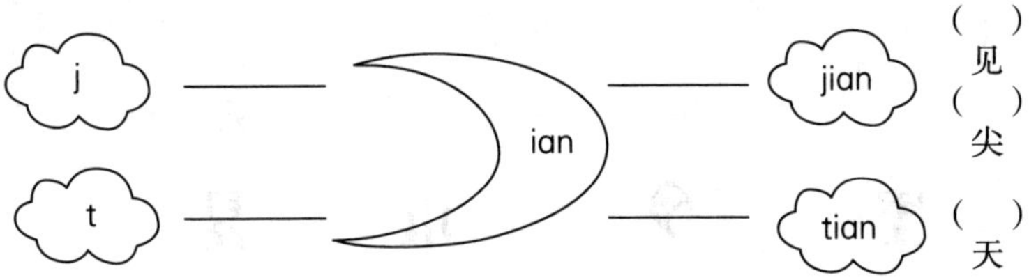

材料四

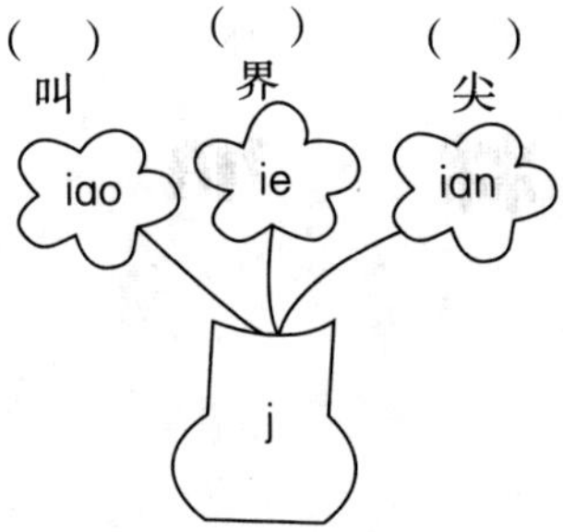

材料五

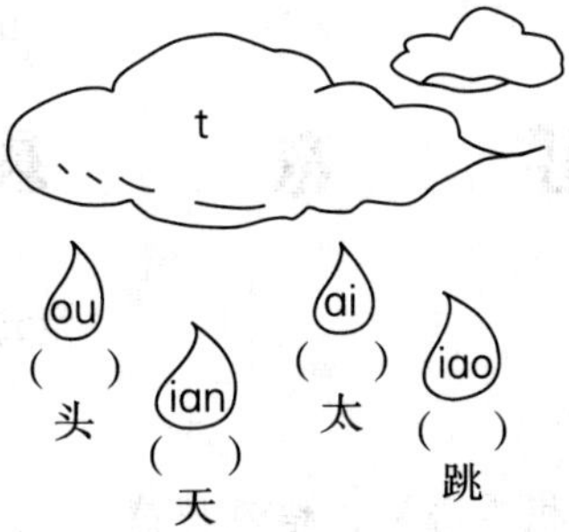

活动2　识字写字

目标：

1. 能初步感知和了解象形字的构造特点。

2. 识字、写字。

时间：10 分钟。

材料：彩笔、铅笔、附件中材料一和材料二。

过程：

1. 将学习者分为两组。

2. 给两组学生分别发附件中材料一、材料二，请他们仔细观察哪两个字“长”得相像，并用线连起来。

3. 两组互换活动内容。

4. 两组分别展示讨论结果，互相检查是否连对了。

5. 教师总结这几个象形字的构造特点，并在黑板上示范书写。

6. 教师带领学习者在“田”字格中描写这几个汉字，同时念笔顺。

附件：

材料一

月　　小　　里　　只　　见

材料二

水　　鸟　　出　　从　　林

活动 3　踢毽子

目标：

1. 积累语汇，培养语感。

2. 初步掌握数量词的用法，能完成数词和量词的简单搭配。

时间：10 分钟。

材料：毽子、彩笔、附件中材料一至材料三。

过程：

1. 将学习者分为三组。

2. 分别发放材料一至材料三，要求照着例子说出短语或句子，说得越多越好。

3. 每位学习者先踢毽子，再按照材料一至材料三中的例子说出短语或句子，说不下去的表演一个小节目，教师将大家说的一些短语或句子记录下来。

4. 教师领读例句和记录的内容。

附件：

材料一

例 1　美丽的（世界）

弯弯的（　　）

蓝蓝的（　　）

（　　）的星星

（　　）的船

（　　）的（　　）

材料二

例 2　一（个）小书架

两（　　）云

三（　　）人

四本（　　）

五层（　　）

六幅（　　）

七（　　）（　　）

（　　）（　　）（　　）

材料三

例 3　弯弯的月亮像（小船）。

蓝蓝的天空像（　　）。

闪闪的星星像（　　）。

（　　）的（　　）像（　　）。

活动 4　遨游太空

目标：

1. 能通过搜集资料学会多渠道获取信息的方法。

2. 激发想象力，提高言语表达能力。

3. 增强学习语文的兴趣。

时间：30 分钟。

材料：彩笔、绘画纸。

过程：

1. 将学习者分为 5 个小组。

2. 第一组学习者朗诵搜集到的关于太阳和月亮的儿歌。第二组学习者说出搜集到的关于太阳和月亮的谜语，请大家猜一猜。第三组给大家讲两个关于太阳和月亮的故事。第四组给大家唱两支关于太阳和月亮的歌曲。第五组将搜集到的有关太阳和月亮的文字资料和图片展示出来，文字资料由教师朗读。

3. 每位学习者根据自己的想象画一幅有太阳或月亮，或是其他星球的图画，再给本组学习者展示并讲述自己的画。

4. 教师展示部分学习者的画，再请他们讲述。

5. 教师将每位学习者搜集到的资料和所画的图画放入个人档案袋。

活动说明：教师应在课前将学习者分组并布置搜集资料的任务。

学习提示：

识字是小学语文教学的主要内容，教师应积极创设有利于儿童识字的教学环境，如在教室墙壁上张贴笔画、笔顺名称表，偏旁、部首名称表，以及田字格、回宫格、生字卡片、课程表、学习者姓名卡片、小学生守则、识字儿歌、地图、名人名言、谜语、对联、学习者绘画作品和书写作业等。

（设计者：西北师范大学硕士研究生　朱琳）

学习反思

1. 两则教学设计中采用了唱儿歌、讲故事、填空、猜谜语等活动形式。这些活动形式对培养小学生的学习兴趣，提高教学效果有哪些作用？发表看法，与大家分享。

2. 两则教学设计都通过一个个学习活动来推进教学过程、完成学习任务，在这些活动中，充分体现了学生的主体意识和能动行为。请紧密结合设计内容发表自己的学习体会。

3. 拼音与识字教学是小学语文教学的主要内容，也是小学语文教学的重点和难点。这些教学设计对解决学习重点、突破教学难点有何帮助？说说各自的意见。

活动二

剪裁妙处非刀尺（阅读与习作）

学习目标

1. 掌握小学语文参与式阅读教学的一些方法。

2. 在生动有趣的学习活动中培养学生的习作能力。

学习过程

1. 将学习者分为 6 个学习小组，各组依次学习“教学设计”。

2. 每两个小组选择同一学习材料讨论学习体会，每个小组派代表陈述本组讨论结果。

3.“头脑风暴”：学习者自由发言，重点就活动形式对达成学习目标的作用发表看法。

4. 教师总结学习情况。

学习材料

材料一

《身边那些有特点的人》习作教学设计

教学设想：通过“开启—梳理—碰撞—点拨—练写”这一支架式教学框架，指导学生写作。

教学目标：

1. 抓住特点介绍熟悉的一个人，并用上表示特点的词语。

2. 尝试“运用一件或两件事情写出一个人物的特点”。

3. 试着运用写作方法或修辞手法进行描写。

4. 能拟一个表现人物特点的题目。

导入新课：同学们，现在我们来做一个游戏，根据老师的描述，大家快速猜出“他是谁”。

生：(齐声回答)好。

师：准备，请听。火眼金睛，头戴金箍。

生：(迫不及待地抢答)孙悟空。

(大屏幕出示孙悟空图片)

脚踏风火轮，手拿乾坤圈。(哪吒)

赤手空拳打老虎，喝了烈酒十八碗。(武松)

方法同上，分别出示图片。激发同学们的学习兴趣。

师：这些个性鲜明的文学形象给我们留下深刻印象，是因为其外貌、性格、装扮、兴趣爱好……都是人物身上显著的特点。我们身边也有这样性格鲜明的同学，你们猜一猜，他是谁？

师：他，笑起来很好看，眼眉弯弯。

生：（齐声回答）景同学。

师：他，毛笔字写得怎一个好字了得！

生：（面露羡慕）陈同学。

（大屏幕出示课题：习作——身边那些有特点的人）

（板书：课题）

师：请同学们把课本翻到第 82 页，自己读一读习作提示，看看这一次习作有哪些要求。

（请几位同学说一说）

生：重点要写一写有特点的人。

生：写一写自己身边熟悉的有特点的人。

师：同学们说得很对，就是留心观察身边和我们朝夕相处的有特点的人。

出示课本小气泡图片。

师：读读小气泡词语，你想到了谁，为什么会选择他？

（生思考）

生："热心肠"——助人为乐，我想到了班长每次搞值日的时候总是帮助同学们。

生："小书虫"——爱读书。我想到了王同学。

生："乐天派"——天生性格开朗，爱笑。我想到了马同学。

生："小问号"——"十万个为什么"，总喜欢问问题。我想到了苏同学。

师：你还想到哪些词语呢？

（大屏幕出示：飞毛腿、美食家、小雷锋、百灵鸟、淘气包、开心果）

同学们选择几个词语，同桌之间交流其意思。

师：我们把有鲜明的性格或突出爱好的人冠以褒奖的、含有诙谐的、简短的名号的表达就叫"雅号"。（板书：雅号）

聚焦身边有特点的人。

师：句子是组成文章的要素，会写句子是学好语文的关键，怎样才能写好句子呢？离不开练习。

出示句子，生根据支架提示，进行句子练习。

1. 我的（　　）是一个（　　）的人，大家都亲热地称他“（　　）”。

2. “（　　）”是（　　）的“雅号”，之所以大家这样称呼他，是因为（　　）。

3. 我的（　　）是个名副其实的“（　　）”。

（生练写）

生：我的好朋友是一个关心班集体的人，大家都亲热地称他“热心肠”。

生：“大嗓门”是赵同学的“雅号”，之所以大家这样称呼他，是因为他说话总像是在隔着几座山喊话一样，生怕别人听不到，结果大家都差点儿被他的声音惊吓。

生：我的同桌是个名副其实的“小辣椒”。

师：是啊，我们的身边有许多有特点的人，只要你有一双善于发现的眼睛，总会找到独一无二的他们。说话有趣的幽默王子，高音喇叭似的爸爸妈妈，惹是生非的淘气包……

（生点头）

支架引路——厘清称号故事。

师：一位作家说过，文章质量的高低，三分在技巧，七分在选材。新颖的材料能激起人们的阅读兴趣，给人以耳目一新之感。下面我们一起来看看“小麦霸”是如何选材的。

（出示图片）

以“小麦霸”为例，构思选材。（“小麦霸”选材四方面：会唱很多歌；喜欢唱歌；缠着我听她唱歌；歌唱比赛经常获奖）

（生思考完成学习单）

交流汇报。

生：零食大王（1. 桌仓里、书包里全是零食；2. 零花钱全买零食；3. 上课偷吃零食；4. 打篮球、跑步、走路时，口袋里都会掉出零食）

生：小画迷（1. 房间书架上全是漫画；2. 下课时间都在画画；3. 经常给书上文字配插图；4. 参加各种绘画比赛经常获奖）

生：百灵鸟（1. 边听歌边刷牙；2. 上学、放学路上哼歌；3. 课间休息缠着朋友听唱歌；4. 参加各种歌唱比赛经常获奖）

生：昆虫迷（1. 书房里全是跟昆虫相关的书籍；2. 枕头下放着法布尔的《昆虫记》；3. 下课就去学校花园里观察小昆虫；4. 周末经常去郊外捕捉昆虫，回来做标本）

生：小书虫（1. 每晚临睡总是捧着课外书；2. 坐马桶都要读书；3. 讲起书中人物故事滔滔不绝；4. 下课手不释卷）

生：美食家（1. 喜欢看各类食谱书、美食节目；2. 没事总是偷偷下厨；3.“黑色料理”少不了；4. 爱吃好吃的食物并写下感受）

生：飞毛腿（1. 早晨操场上总能见到他晨跑的身影；2. 下课拉着同学赛跑；3. 干什么都是跑着去的，风风火火像“长腿先生”；4. 每年校级春季运动会 4×100 米接力赛拿第一）

生：象棋爷爷（1. 爱下棋；2. 看别人下棋，常常忘记吃饭时间；3. 总是喜欢琢磨《棋谱大全》；4. 得空就给我讲象棋基本杀法，讲得乐呵呵，陶醉其中）

生：爱跳广场舞的奶奶（1. 每晚饭后雷打不动去跳广场舞；2. 吃饭还端着碗夹着菜，只要其他人一叫跳舞去，立马放下饭碗；3. 教小孙孙一起跳；4. 经常外出参加比赛）

生：爱唠叨的妈妈（1. 一早起来就开始嘱咐我赶紧洗漱，快点吃早餐，上学要迟到了；2. 接送我的路上总是叮嘱我好好听讲，认真完成作业；3. 电话手表总有妈妈的电话和短信；4. 吃饭总是唠叨多吃肉、多吃菜）

师：同学们真棒，紧紧围绕人物特点选材，充分突出人物性格。

师：习作并不容易，但我们可以通过模仿来学习写作。

出示课文《剃头大师》片段。

师：男女生比赛，找出文中运用的写作方法。

1. 虽然以前没有干过这一行，可我好像有剃头的天分。先把姑父的大睡衣给他围上，再摆出剃头师傅的架势，嚓嚓两剪刀，就剪下一堆头发。

2. 我觉得自己像个剃头大师，剪刀所到之处，头发纷纷飘落，真比那老剃头师傅还熟练。这儿一剪刀，那儿一剪刀，不一会儿，姑父的睡衣就像一张熊皮，上面落满了黑头发！

（生思考并回答）

生：先……再，是表示顺序的词语。

生：嚓嚓是拟声词。

生："这儿一剪刀，那儿一剪刀"是动作描写。

生："我觉得自己像个剃头大师"，是心理活动描写。

生："姑父的睡衣就像一张熊皮"是比喻修辞。

师：是啊，写作有时需要略写，蜻蜓点水即可；有时又需要浓墨重彩地去写。写作会用到描写手法，如动作描写、语言描写、外貌描写、神态描写、心理活动描写等；也会用到修辞手法，如比喻、拟人、夸张、排比等。这些写作方法的运用会使我们的文章生动形象。

亲身体会乐趣多。

师：写好作文还需"自我"感受。让我们跟随丽丽去郊外捉蝴蝶吧！

图片展示：丽丽捉蝴蝶（抿着嘴—弓着腰—蹑手蹑脚—一步一步慢慢地靠近—将右手伸向—张开的两个手指一合，夹住）

生：全体起立，站在自己的座位上，边听老师指令边做动作。

同学们快乐得像置身于大自然，仿佛真正捉到了一只色彩斑斓的蝴蝶。

套用支架的"小试牛刀"。

生：当堂进行习作。

学生作品展示与评价。

（片段一）

我们班的“小书虫”

三年级　张芷译

她特别爱看书，整天捧着书看个不停。《小王子》《窗边的小豆豆》《海的女儿》等，好多书她都看过。有一次下课了，我们叫她一起出去玩，她头也不抬地说：“好的，我马上就来。”直到我们回到教室了，她还坐在那津津有味地捧着书看呢。

还有一次放学了，她的妈妈来接她，在校门口足足等了半个小时，也不见她的身影。看到其他同学都走了，她妈妈便来教室找她，发现她居然还在那儿聚精会神地看书，根本不知道同学们都走了。

教师评语：

作品通过课间看书、放学后因看书忘记回家的事例，体现了她爱看书的特点，一个“小书虫”的形象跃然纸上。

（片段二）

戏迷奶奶

三年级　莫瑜翰

记得有一次，奶奶一边哼着戏曲儿，一边给我们做红烧排骨。突然，奶奶一拍脑门儿：“啊呀！今天有戏曲大赛呢！”说完，她盖上锅盖，连忙跑到客厅打开电视，津津有味地看起来，一边看还一边自言自语：“这孩子唱得有模有样的，长大了一定是戏曲家呀。”听着听着，奶奶还情不自禁地跟着电视唱了起来。

直到节目放完，她才意犹未尽地关掉电视。这时，她闻到一股难闻的煳味儿，才记起锅里的红烧排骨。她赶紧走到厨房揭开锅盖一看，排骨都被烧煳了，锅也被烧黑了。唉，我们的红烧排骨！

这就是我的戏迷奶奶，一个爱戏的老太太。

学生互评：

作品通过奶奶做红烧排骨时因为看戏曲大赛太入迷而把排骨烧煳，体现了奶奶爱戏的特点。

师：叶圣陶曾说，写完一篇东西，看几遍，修改修改，然后算数，这是好习惯。请继续修改今天的片段描写。

（设计者：甘肃省兰州市龚家湾第三小学　王丽俊）

材料二

《示儿》教学设计

一、情境导入

现在请大家轻轻闭上双眼，时间回到公元1210年的除夕，那是一个风雨交加的夜晚，一间简陋的茅草屋里，烛光闪烁，忽明忽暗。床上躺着一位头发花白的老人，他真切地感到自己将不久于人世。于是，他把儿子叫到床前，用微弱的声音嘱咐道："死去元知万事空，但悲不见九州同。王师北定中原日，家祭无忘告乃翁。"现在请大家睁开眼睛，刚刚在你们眼前浮现的那位老人，就是今天我们要了解的主人公——陆游。

二、诵读涵泳诗歌

一读字音。自由朗读，借助拼音读准字音，读通、读正确这首诗。（师过渡）诗歌语言凝练，短短28个字就包含了浓浓的遗憾与盼望之情。

二读诗意。学生质疑提出不懂的、重点字词，师生共同解释字义。根据字义请两个学生试着翻译诗句。（“元”，本来；“但”，只是；“九州”，指全国；“同”，统一；“王师”，指国家的军队；“定”，平定，收复；“家祭”，祭拜祖宗；“乃”，你的；“翁”，父亲）边读边理解每句话的意思，然后用自己的话说说题目及整首诗的意思。

三读画面。诗歌是富于想象力的。诗中有画，我们只有插上想象的翅膀，走进画中，才能感受到诗歌的图画美。

再读，用自己的语言将头脑中呈现的画面描述出来，也可作画。

学生读后作画、交流（鼓励学生走出诗句，提供更大的想象空间）。

四读情感。读诗不但要读出诗的节奏，更要理解诗句，体会诗人所表达的情感。这样就能读出诗的意境美了。你感受到诗人什么样的情感？标出重音、停顿、语调（高低、升降要有变化）。

学生自由读，指名读。这首诗有一个字概括了诗人的情感，是哪一个字？（悲）诗人为什么感到悲伤？从“死去元知万事空”你能体会到诗人对生死的态度是怎样的？但他却对一件事耿耿于怀，那就是（但悲不见九州同）。

诗人生前最大的愿望是什么？诗人对儿子最后的嘱咐，我们应该如何读？

全班齐读。

五读意境。（学生情感很饱满，基本已经背熟了）诗人的一生都在盼望着朝廷的军队，在弥留之际，诗人念念不忘的不是生的不舍，而是中原的恢复、祖国的统一，这是为什么呢？请看陆游早些时候的一首诗作。

出示《秋夜将晓出篱门迎凉有感》。

秋夜将晓出篱门迎凉有感

陆游

三万里河东入海，五千仞岳上摩天。

遗民泪尽胡尘里，南望王师又一年。

读后两句“遗民泪尽胡尘里，南望王师又一年”。

师：从“泪”字，你能想到什么？有哪些人在哭泣？他们为什么哭？他们过着什么样的生活？生活艰辛不幸让他们有一个动作——“望”。望着谁？他们会怎样地望？他们等到王师了吗？（没有）从哪个字看出来的？“又”，说明他们在日复一日，年复一年地盼望王师，可是却始终没有盼来。

师：正是因为诗人唯独放不下故土和那些生活在水深火热之中望眼欲穿的遗民。所以，在即将离开这个世界的时候：

作者的遗憾是（死去元知万事空）。

作者的遗恨是（但悲不见九州同）。

作者的遗愿是（王师北定中原日）。

作者的遗嘱是（家祭无忘告乃翁）。

师过渡：就这样，一位怀着满腔爱国之情的老人，带着他毕生的遗憾和无限的希望永远地离开了。

学生小结：诗人悲伤是因为看不到祖国统一，即使知道人死了什么都没有了，依旧渴望有一天朝廷的军队能收复失地、统一祖国。我们可以感受到诗人强烈的爱国之情。（板书：爱国）

三、拓展延伸

在近代也曾有一段不堪回首的历史，民族危机空前严重，帝国主义肆意瓜分中国，清政府腐败无能，此时，梁启超认为要挽救民族危难，必须改造年轻一代的思想，于是写下了这篇《少年中国说》。

学生背诵：“少年智则国智，少年富则国富，少年强则国强，少年独立则国独立，少年自由则国自由，少年进步则国进步，少年胜于欧洲则国胜于欧洲，少年雄于地球则国雄于地球。……美哉，我少年中国，与天不老！

壮哉，我中国少年，与国无疆！”

师过渡：诗可言志，亦可传情。古诗是语言的浓缩，而往往浓缩的就是精华。作为中国独有的宝贵文化遗产，古诗语言的精炼与美妙，我们不仅要品味，还可以试着写写。

学生作品展示：

寒日末了暖来至，假期而终学期始。贤友初见喜互故，作业繁多骇而哀。当务之急好学筹，共道叶同苦作厚。

同学们有了诗人的潜质，继续加油哦！

同学们，天下兴亡，匹夫有责；国富民强，少年有责。我们应该像诗人陆游那样心怀祖国、报效祖国。作为新时代的少年，我们能为祖国强盛做些什么？（生很踊跃）

再次齐声背诵《示儿》，下课。

教后反思：

本节课最大的感受就是体现了以读为主的原则，从读入手，以读为主，以疑促读，以读促思，读思结合，让学生在“读”中“悟”，在“悟”中“读”，在反复朗读中，理解诗句，体会诗人渴望收复失地、统一祖国的爱国之情。

本节课教师尽量为学生提供一个展示的平台，让他们在展示中享受成功的快乐。给他们充分的自由，让他们自己去说、去做。学生是学习和发展的主体。所以，我们应尽可能地给学生多一点思考的时间，多一些探究的机会，使课堂真正成为学生自主活动和探索的天地。

在语文教学中，教师要拓宽语文学习和运用领域，整合教学资源，在发展语言能力的同时，发展思维能力、激发想象力和创造潜能。本节课在教学中设置多角度拓展环节（作者角度、文章主题、情感价值），帮助学生提高语文素养。这种“以人为本”的教育理念，面向全体学生，关注到每个学生的发展，提升学生的学习品质。让每一位学生都能积极参与课堂学习活动，让每一位学生都能得到及时帮助，让每一位学生都能健康发展。

（设计者：甘肃省兰州市第五十五中学　王林琳）

学习反思

1. 本设计创设了哪些不同的学习活动？说说这些活动的教学价值。

2. “我们应尽可能地给学生多一点思考的时间，多一些探究的机会，使课堂真正成为学生自主活动和探索的天地。”说说你对此话的体会。

材料三

写话练习教学设计

活动 1　自画像

目标：

1. 能够观察自己的外貌。

2. 能够描述自己的外貌特征。

时间：15 分钟。

材料：小镜子、学习者自己的照片、纸、笔。

过程：

1. 每位学习者拿出自备的小镜子一面或者本人的照片几张。

2. 要求每位学习者用小镜子观察自己的外貌，或者用照片认真地审视自己。

3. 同桌的两位学习者互相观察，说出对方外貌上的特点。

4. 每位学习者用简要的语言描述自己的外貌特征，不会写的字用拼音代替。

5. 教师挑选几位学习者的习作朗读，请大家猜一猜这是谁的“自画像”。

6. 教师对每位学习者的习作给予评价，并将习作放入个人档案袋。

活动 2　海的女儿

目标：

1. 能理解故事的内容。

2. 能用简单的话写出自己的读后感。

时间：30 分钟。

材料：纸、笔、音频或视频（乐曲《踏浪》《落潮》《海上》等）。

过程：

1. 播放音、视频，教师朗读童话，请大家认真地听。

2. 将学习者每六人分为一组，讨论听故事后的感想。

3. 再次播放乐曲，要求每位学习者写几句简单的话表达自己的感想。不会写的字用拼音代替。

4. 请几位学习者朗读自己写的话。

5. 教师将每位学习者所写的感想放入个人档案袋。

活动 3　写写身边物

目标：练习写话。

时间：15 分钟。

材料：纸、笔。

过程：

1. 将学习者分为“黑板组”“桌子组”“窗户组”。

2. 请“黑板组”先观察黑板再讨论：① 黑板是什么颜色？什么形状？② 放在哪里？③ 有什么作用？

3. 请“桌子组”先观察桌子再讨论：① 桌子有哪几种形状？② 由哪几部分组成？③ 有什么作用？

4. 请“窗户组”先观察窗户再讨论：① 窗户由哪几部分组成？② 安放

在什么地方？③ 有什么作用？

5. 各小组的每位成员将本组讨论的结果组织成一小段话，写在纸上。不会写的字用拼音代替。

6. 教师从每个组请一位学习者朗读自己写的话。

活动说明：引导儿童观察实物或演示后写话是初步培养书面表达能力的有效方法。教师应在写话前给儿童提示观察提纲，这样儿童就可以比较容易地将观察提纲的内容组织成一小段有条理的话了。

活动 4　互评自改

目标：

1. 能够互相点评习作。

2. 能够自己修改习作。

时间：10 分钟。

材料：活动 3 中学习者所写的话、红笔。

过程：

1. 将学习者每四人分为一组。

2. 小组成员互相点评活动 3 中所写的话，给每一段话提出修改建议。

3. 每个人都根据修改建议和自己的想法修改所写的话。

4. 小组成员互相点评修改后的话。

5. 各小组每位成员谈谈点评和修改的感受。

6. 教师将学习者写的话和修改的情况放入个人档案袋。

（设计者：西北师范大学硕士研究生　朱琳）

学习反思

材料三设计了 4 个形式迥异的活动来训练学生的习作能力。这些活动各自发挥了怎样的功能？说说你的认识，与大家分享。

活动三

不知细叶谁裁出（综合性学习）

学习目标

1. 掌握小学综合性学习活动的设计理念与方法。

2. 在综合性学习活动中促进学生个性的全面发展。

学习过程

1. 将学习者分为 4 个学习小组，各组学习教学设计。

2. 各小组讨论学习体会，每个小组派代表陈述本组讨论结果。

3. “头脑风暴”：学习者自由发言，重点就如何设计与实施综合性学习活动发表看法。

4. 教师总结学习情况。

学习材料

“国旗在我心中”教学设计

活动 1 “看”国旗

目标：

1. 能通过看升旗仪式理解国旗的深刻内涵，增强民族自豪感。

2. 能够怀着热爱之情仔细地观察国旗，阅读有关国旗的资料。

时间：10 分钟。

材料：北京天安门升旗仪式的视频。

过程：

1. 播放升旗仪式，请全体学习者起立，认真观看。

2. 互相交流观看升旗仪式的心情。

3. 播放国歌，将国旗贴在黑板上，请大家观察。

4. 互相交流观察国旗的感受。

5. 请大家交流感想。

活动 2 “听”国旗

目标：能通过听歌曲、听故事等活动感知国旗的深刻内涵。

时间：20 分钟。

材料：歌曲音频（《歌唱祖国》《五星红旗》）、国旗迎风招展的录音、有关国旗的故事。

过程：

1. 播放歌曲，请全体学习者起立，认真倾听。

2. 将学习者每四人分为一组，讨论：这两首歌曲动听吗？它为什么能打动我们的心？听的时候是否感到自豪、心情激动？

3. 播放国旗迎风招展的录音，请全体学习者闭上眼睛，仔细地听，同时想象五星红旗在风中飘扬的情景。

4. 教师给大家讲一两个有关国旗的故事。

5. 学习者互相交流听了歌颂国旗的歌曲、国旗飘动的声音、有关国旗的故事后的感想。

活动3 “读”国旗

目标：

1. 能够阅读有关国旗的资料。

2. 能够熟练地朗读有关国旗的儿歌。

时间：15分钟。

材料：投影仪等。

过程：

1. 将学习者每两人分为一组。

2. 给每组发放朗读材料，要求两人轮流朗读材料。

3. 请几位学习者说说材料中主要说了什么。

4. 用投影仪出示儿歌。学习者先自读，再齐读，尽量背会。

5. 课后可以自己编一些歌颂国旗的儿歌。

活动4 “说”国旗

目标：能够清楚地说出对国旗的感受。

时间：10分钟。

材料：中国运动员获奥运会冠军的升旗仪式的视频。

过程：

1. 播放奥运会上五星红旗冉冉升起的视频，请大家全体起立，聚精会神地观看。

2. 将学习者每六人分为一组，各组讨论：① 五星红旗在奥运会场馆升起意味着什么？② 获得冠军的中国运动员为什么激动地注视着国旗流下眼泪？③ 当五星红旗在国歌声中冉冉升起，观众席上飘舞着五星红旗，你的心情怎样？

3. 各组派代表陈述本组的讨论结果。

活动5 “写”国旗

目标：

1. 能够描述国旗。

2. 能够写出参加升旗仪式的感受。

时间：20分钟。

材料：国旗、国歌视（音）频、纸、笔。

过程：

1. 学习者传看国旗，再用手量一量。

2. 每位学习者写一段话描述国旗，再互相读一读。

3. 参加升旗仪式。全体学习者起立唱国歌，在国歌声中向国旗行注目礼。

4. 写一写参加升旗仪式的心情和感受。不会写的字用拼音代替。

5. 请几位学习者读自己的话。

6. 教师将学习者写的话放入个人档案袋。

活动6 “画”国旗

目标：

会画国旗。

时间：20分钟。

材料：绘画纸、彩笔。

过程：

1. 学生在白纸上画国旗。

2. 展示作品。教师对学生的画给予评价和奖励。

3. 将学生的画放入个人档案袋。

说明：本活动的各个小活动均围绕国旗展开，寓抽象的爱国精神于具体事物之中，使儿童在了解、感知国旗的过程中养成爱国思想，同时提高听、读、说、写、看、画等能力。活动开始时的巧妙导入和活动实施中的适时点拨、情境渲染以及活动尾声的及时总结都很重要。

（设计者：西北师范大学硕士研究生　朱琳）

学习反思

1. 体验了“国旗在我心中”的6个学习活动过程，你肯定在实践方式上对综合性学习有了进一步的认识，请谈谈你对活动过程设计的整体看法。

2. 许多语文教师担心综合性学习会带来“去语文”倾向，影响学生语文能力的正常发展，体验了以上综合性学习过程，是否有助于消解一些原先的顾虑？发表看法，与大家分享。

·课节讨论·

1. 本课节主要从实践层面，围绕拼音与识字、阅读与习作、综合性学习安排了三个学习活动，并且通过一系列教学设计案例多角度地展示了小学语文教学的设计理念、设计方法、实践步骤和评价活动。本课节的学习对你有哪些启迪和帮助？发表看法，与大家分享。

2. 体验了三个活动的鲜明风格和独特作用，你肯定对不同教学内容的参与式活动的设计有了一些新的思考，能告诉大家吗？

3. 识字写字、听读说写是小学语文教学的核心任务，道德情感教育是渗透在完成这些任务的过程之中的，认知与情感教育应该是浑然一体、不可分割的。以上教学活动是怎样体现这种理念的？请发表你的看法与大家交流。

4. 本课节以唐代王绩《野望》中的诗句“树树皆秋色，山山唯落晖”起兴导入，分别用北宋黄庭坚《题胡逸老致虚庵》中的诗句“观山观水皆得妙”、南宋陆游《九月一日夜读诗稿有感走笔作歌》中的诗句“剪裁妙处非刀尺”和唐代贺知章《咏柳》中的诗句“不知细叶谁裁出”为三个学习活动命名。学习了本课节的内容后，你对诗句的含义、活动名称、学习内容之间的联系有何认识？发表出来，与大家共享。

课节十一

参与式实用文教学设计

“此行不为鲈鱼鲙，自爱名山入剡中。”这是李白《秋下荆门》里的诗句，意思是说自己此行不是为了鲜美诱人的荆门鲈鱼，而是为那仰慕已久的剡中名山。正所谓“醉翁之意不在酒，在乎山水之间也”。中学实用文的教学，也就是人们常说的记叙文教学、说明文教学和议论文教学，这些教学内容和实践方式与学生的生存发展紧密相关，与学生的生活环境环环相扣，它所展示的是语文教学最基础的知识、学生发展最需要的能力和语文教师最朴实却最具魅力的实践智慧。参与式实用文教学的设计理念和实践过程犹如诗句意境一样，充满着名山一样的风光，自然，没有雕饰，却令人憧憬，令人向往。学习本课节的内容，领略参与式实用文教学设计的智慧，对学生、语文教师的发展都具有促进作用。

学习目的

1. 掌握参与式记叙文教学的设计与实践方法。
2. 理解参与式说明文教学的知识与设计理念。
3. 掌握参与式议论文教学的设计与实践策略。
4. 领悟参与式综合性学习的设计思路与方法。

活动一

满阶梧叶月明中（记叙文教学）

学习目标

1. 明确环境描写对叙述人物生活意义的重要作用。
2. 掌握记叙人物的常用方法。
3. 熟悉记叙文教学设计应该关注的能力要素。

学习过程

1. 将学生分成小组，各小组首先学习教学设计，要求从学生参与学习的方式方法和记叙文教学特点相结合的角度展开讨论。

2. 各小组派代表陈述讨论结果，教师总结点评。

3. 各小组学习“记叙文教学小常识”，派代表陈述学习体会，教师及时总结点评。

学习材料

材料一

《慈母情深》教学设计

一、预习指导

（一）预习要求

1. 通过工具书解决生字生词。

2. 找出自己感受最深的句子，并加以理解、评析。

（二）预习方法

批注是一种常用的读书方法。阅读的时候把读书感想、疑难问题随手批写在书中的空白地方，以帮助理解，深入思考。批注可以是“眉批”（批在书头上），也可以是“旁批”（字、词、句的旁边，书页两侧），还可以是“尾批”（批在一段或全文之后）。批注的内容非常广泛，方法很多，同学们做到以下六种即可。

① 评人物　② 赏语言　③ 发联想　④ 析写法　⑤ 质疑难　⑥ 补内容

二、教学目标

1. 有感情地朗读课文，把握课文内容，感受慈母情深、亲情无价。

2. 通过对母亲外貌、动作、语言描写的重点句、段的朗读，体会母亲的慈祥与善良和“我”对母亲的感激、热爱与崇敬之情。

3. 初步了解环境和人物描写在表现人物思想感情中所起的作用。

三、教学过程

（一）听歌入文，导入新课

播放歌曲《母亲》，同学们欣赏并谈听后感受。这首歌曲表达了什么样的感情？

（同学们谈完感受，教师声情并茂地讲述下面的引言）

有一位当代作家，名叫梁晓声。他写了一部以母爱为题材的小说，名叫《母亲》。小说中记叙了母亲在养育自己和弟弟妹妹的过程中的20多个小故事。每个故事的情节并非虚构，都是真实生活的记录。今天我们学习的文章《慈母情深》，就是小说中的一个故事。下面，我们就来阅读这篇表现母子情深的文章。

（二）披文入情，整体感知

1. 初读课文。第一遍读，鼓励学生自由去读，要求学生随着作者的思绪，用心去感受文章的每一个情景、每一个瞬间。了解那个艰难贫困的年代，体验在那个生活极其困难的家庭，一个母亲是怎样疼爱和抚养自己的孩子的。读完后，谈谈文中母亲给你留下的最深刻的印象是什么。

2. 学生快速浏览课文，教师有感情地范读重点语段，学生边听边想象当时的情景，以帮助学生了解当时劳动的艰辛。

那是我第一次到母亲为我们挣钱的那个地方。

空间非常低矮，低矮得让人感到压抑。不足二百平米的厂房，四壁潮湿颓败。七八十台破缝纫机一行行排列着，七八十个都不算年轻的女人忙碌在自己的缝纫机旁。因为光线阴暗，每个女人头上方都吊着一只灯泡。正是酷暑炎夏，窗不能开，七八十个妇女的身体和七八十只灯泡所散发的热量，使我感到犹如身在蒸笼。那些妇女热得只穿背心。毡絮如同褐色的重雾，如同漫漫的雪花，在那些妇女之间纷纷扬扬地飘荡着。她们不得不戴着口罩。每个妇女的口罩上，都有三个实心的褐色的圆，那是因为她们的鼻孔和嘴的呼吸将口罩滞湿了，毡絮附着在上面。她们的头发、臂膀和背心也都变成了褐色，毛茸茸的褐色。我呆呆地将那些女人扫视一遍，却发现不了我的母亲。

说说这段文字给你留下了什么样的印象？母亲是一个怎样的人？鼓励

学生积极合作，充分交流，有感而谈。

引导学生思考：描写母亲她们的工作环境和劳动场景对表现人物和主题有什么作用？

（本文描写母亲她们的工作环境恶劣、艰苦，劳动场景忙碌、紧张，可见母亲挣钱的艰辛，与下文母亲毫不犹豫地给钱让“我”买书形成对比，更有力地表现了母亲对“我”的疼爱，突出主题）

3. 重点理解：在母亲为“我”讨回小人书的过程中，“葛里高利”“我”和母亲的行为和情感发生了怎样的变化？“葛里高利”为什么叫来一辆小汽车，并把“我”和母亲一直送到家门口？表现了母亲什么样的性格特征？

4. 如何理解“我想我没有权利用那钱再买任何别的东西，无论为我自己还是为母亲”？（想想母亲的辛苦劳作）

（三）琢磨细节，品味语言

1. 仔细阅读关于描写母亲动作、语言、神态的语句，体会作者所要传递的母爱情感。

当“我”想买一部长篇小说《青年近卫军》，到母亲的工厂里去找母亲，看到的是一个什么样的身影？当“我”对着劳累的母亲大喊“妈”的时候，又看到了什么样的动作、什么样的眼神？当“我”说出要钱买书的时候，看到的是母亲什么样的动作？母亲把钱塞在我手心里，然后她就怎样？当我用买书的钱为母亲买了一听水果罐头，母亲怎样数落“我”？

2. 抓住重点句子，让学生通过对表现慈母情深的重点句进行朗诵、讨论、交流，体会母亲挣钱的艰难，感悟慈母情深。这样以句带篇、以点带面的方法，既培养了学生的语言组织能力、归纳能力，又有效地突破了教学中的难点。而且，课堂上的讨论与交流，营造了自主、合作、平等的良好学习氛围，使学生自主参与学习，学生在研讨中碰撞出思维的火花，在切磋中激发出创新的灵感，在交流中感受语言文字的魅力。学生成了课堂的主人。

（四）归纳总结，拓展延伸

1.《慈母情深》是作家梁晓声的小说《母亲》里的片段，记叙了母亲在极其艰难的生活条件下，省吃俭用，支持和鼓励“我”读课外书的往事，表现了慈母对子女的深情，以及孩子对母亲的敬爱之情。

2. 品读了课文，相信每一位同学都会联想到自己的母亲。虽然我们的生活不再贫困，但母亲的爱亘古不变。你感受到的母爱是什么样的？每一位同学心里肯定都有深刻的感受，都有许多珍贵的记忆，都有许多朴素而美丽的故事。请你写一个片段，通过一个眼神、一个动作、一个身影、一段话语，表达自己对母爱（父爱）的理解。时间是8分钟，内容在200字左右。

（设计者：甘肃省张掖市民乐县第四中学　杨浩）

学习反思

1. 描写母亲她们的工作环境和劳动场景，对表现人物和主题有什么作用？本教学设计是如何引导学生围绕环境描写参与学习过程的？

2. 揣摩关于母亲动作、语言、神态的语句，体会作者所要传递的母爱情感。本教学设计是如何引导学生从这些方面进入文本，参与学习，获得发展的？

材料二

记叙文教学小常识

目标：

1. 明确并掌握记叙能力训练要素，尝试运用这些知识设计教学活动。

2. 尝试用记叙文“四一式”速读法整体感知课文。

过程：

1. 小组学习“记叙文教学小常识”，每两组分别就“记叙能力训练要素”“记叙文‘四一式’速读法”展开讨论，明确“小常识”对设计参与式记叙文教学活动有哪些作用。

2. 各个小组派代表陈述学习体会，教师及时总结点评。

附件：

材料一　记叙能力训练要素

1. 记叙的要素（段的训练）

2. 记叙的起始（段的训练）

① 总领式　② 抒情式　③ 引用式　④ 背景式　⑤ 起兴式　⑥ 悬念式　⑦ 写景式　⑧ 解说式

3. 记叙的顺序（篇的训练）

① 顺叙　② 倒叙　③ 插叙

4. 记叙的线索（篇的训练）

① 事件　② 人物　③ 实物　④ 情感

5. 记叙的手法（篇的训练）

① 象征　② 映衬　③ 抑扬　④ 虚实　⑤ 设疑　⑥ 对比　⑦ 联想　⑧ 想象　⑨ 荒诞　⑩ 意识流

6. 记人（篇的训练）

① 一件事写人　② 二三事写人　③ 写一群人　④ 写两个人的关系　⑤ 写人物小传

7. 记事（篇的训练）

① 写一件事　② 写二三事　③ 写故事　④ 写小说

8. 记叙的结尾（段的训练）

① 总结式　② 照应式　③ 启迪式　④ 说明式　⑤ 点睛式　⑥ 抒情式

材料二　记叙文“四一式”速读法

分文体速读法：分文体速读法是根据实用文体的构成要素和特点，预先列出每种文体的阅读要点，让学生围绕这些要点快速阅读，然后回答要点内容，并记录阅读时间、计算阅读效率的一种方法。其中记叙文“四一式”速读法是很重要的一种速读方法。这里“四”指记叙文要素中的时间、地点、人物和事件，“一”指文章的中心思想或作者的情感倾向。训练思路为：何时、何地、何人在何事中怎么样，表现出什么精神，反映了什么问题，作者持什么态度。

学习反思

1. 记叙能力训练从 8 个方面展示了训练知识与能力要素。作为一名语文教师，全面系统地掌握这些要素并指导教学实践比较好呢，还是无须了解这些东西以防束缚教师和学生的思维活动和学习行为呢？发表看法，与大家分享。

2. “整体感知”是现行语文教学参考书中经常提示的教学用语，可是许多课堂教学活动的整体感知与“整体”关系不紧密，甚至是一些非常琐碎的教学行为。学习了记叙文“四一式”速读法及其教学过程，你对“整体感知”是否有了新的认识？发表观点，与大家交流。

活动二

凭栏十里芰荷香（说明文教学）

学习目标

1. 掌握说明的常用方法对设计参与式活动的意义。
2. 熟悉说明文教学设计应该关注的能力要素。

学习过程

1. 将学生分为6个小组，各小组首先学习“学习材料”，要求从学生参与学习的方式方法和说明文教学特点相结合的角度展开讨论。

2. 各个小组派代表陈述讨论的主要观点，教师及时总结点评。

3. 各小组学习“说明文教学小常识”，展开讨论，明确“小常识”对设计参与式说明文教学活动有哪些作用。

4. 各个小组派代表陈述学习体会，教师及时总结点评。

学习材料

《苏州园林》教学设计

教学目标：

1. 了解苏州园林的特点。

2. 学习课文对多种说明方法的运用，体会说明文语言的准确、严谨，并能运用到练笔习作中。

3. 体会苏州园林的美，增强文化自信。

教学重点：

1. 在教学中引导学生整体梳理课文，把握苏州园林的特点。

2. 引导学生关注说明方法，在具体的语境中体会其作用；结合具体语句，进一步把握说明文的语言特点。

教学难点：借鉴本文先总说再分别说明的写法，能够仿照本文进行练笔习作。

课时安排：1 课时。

课前准备：

一、课前安排学习小组的组长抽取任务单。

二、任务单

1. 园林如画特点研究组

思考解答：苏州园林“务必使游览者无论站在哪个点上，眼前总是一幅完美的图画”，那么在这幅画中，都有些什么内容呢？把这些都有机布置在一起就成画了吗？就是一幅完美的画吗？（也可不囿于此，任选一段分析苏州园林的“图画美”）

2. 说明方法使用研究组

选一些重点语句，讲解所选语句运用了什么说明方法，并分析该说明方法的作用。

示例：用图画来比方，对称的建筑是图案画，不是美术画，而园林是美术画，美术画要求自然之趣，是不讲究对称的。

说明：例句运用了打比方的说明方法，把苏州园林比喻成美术画，形象生动地说明了苏州园林的亭台轩榭“要求自然之趣，是不讲究对称的”的特点，从而进一步说明了“苏州园林的图画美”的特点。

可参考的规范讲解：上面的句子运用了什么说明方法，怎么样说明了什么事物的什么特点。

3. 语言准确严谨研究组

选一些重点语句，针对文章语言准确严谨的特点进行分析。（研究分析一些词语是否可删除或替换）

例如：“苏州园林据说有一百多处，我到过的不过十多处。其他地方的园林我也到过一些。”其中“据说”一词，表明了后面所说的苏州园林有“一百多处”是听说的，而不是作者统计的，这是留有余地的说法。但如果我们去掉了这个词语，又会有什么意味呢？

4. 文学创作大师写作组

借鉴本文先总说再分别说明的写法，写一段文字，介绍你曾经游览过的一座公园或建筑或其他地方，注意抓住其主要特点，有条理地进行说明。

要求：

（1）用一句话概括说明对象的主要特点；

（2）用每段的首句点明本段的具体内容以呈现清晰的文章结构；

（3）至少运用两种说明方法；

（4）注意用词的准确、严谨。

教学实录：

教师导入：俗话说“桂林山水甲天下，苏州园林甲江南”。苏州园林因其独特的园林艺术而闻名天下。我们可以通过学习叶圣陶先生这篇《苏州园林》，一起去领略苏州园林的风采。（板书课题）

教师：我们昨天已经自主预习了本文，现在我要检查同学们的预习效果了。请听题：苏州园林最大的共同点是什么？请用文中原句作答。

学生齐答：务必使游览者无论站在哪个点上，眼前总是一幅完美的图画。

（板书：一幅完美的图画）

教师：第二个问题，为了达到这个目的，设计者和匠师们是怎么做的呢？依然用文中原句作答。

学生齐答：他们讲究亭台轩榭的布局，讲究假山池沼的配合，讲究花草树木的映衬，讲究近景远景的层次。

（板书：四个“讲究”）

教师：从同学们响亮的回答中，我可以判断出大家都进行了充分的预习。现在，请大家一起听读课文。在认真听读的基础上，再次熟悉课文内容，同时，各个小组重点思考如何解决小组任务。

（听读完毕）

教师：刚才我们的耳朵享受了一次旅行，苏州园林已经在我们的脑海里留下了很深的印象，相信你有很多的话要和大家分享，现在请各个小组给大家展示你们的发现和收获。首先请园林如画特点研究组的代表来给我们展示！

小组代表一：苏州园林可以“使游览者无论站在哪个点上，眼前总是一幅完美的图画”。在这幅画中，有亭台轩榭、假山池沼、花草树木、花墙廊子，还有角落、门窗、色彩等。它们错落有致地分散在苏州园林的各处，没有欠美伤美的败笔，形成了一幅巨大而充满了自然之趣的美术画。不管是大处着眼，还是聚焦细微，都能够看出来设计者的别具匠心，处处都能让人得到美的享受。

小组代表二：我比较喜欢第五段。第五段说“苏州园林栽种和修剪树木也着眼在画意”，所谓“画意”，我的理解就是充满了画的自然美。“高树与低树俯仰生姿。落叶树与常绿树相间，花时不同的多种花树相间”，随着季节的变化，画的内容和色彩也不相同，这多美啊，这幅画很立体不说，也很自然。

（其他发言略）

教师：通过小组代表的发言，我们真切感受到苏州园林的特点确实是“游览者无论站在哪个点上，眼前总是一幅完美的图画”。可是，苏州园林这种图画美是怎样呈现到我们读者眼前的呢？这就要说到说明方法的使用了。下面有请说明方法使用研究组展示成果。

小组代表一：我主要找的是作比较的说明方法。找到的有“我国的建筑，从古代的宫殿到近代的一般住房，绝大部分是对称的，左边怎么样，右边也怎么样。苏州园林可绝不讲究对称，好像故意避免似的”。这里将苏州园林内亭台轩榭的布局跟宫殿和一般住房的布局相比，突出了苏州园林不讲究对称的特点。在介绍花草树木时说，“没有修剪得像宝塔那样的松柏，没有阅兵式似的道旁树”，就突出了苏州园林在修剪树木时着眼于画意，符合中国画的审美的特点。还有在介绍建筑物的色彩时，又与北京的园林相比较，“苏州园林与北京的园林不同，极少使用彩绘”，就突出了苏州园林的色彩美……使用作比较的说明方法的地方还有很多，经过比较，真的发现苏州园林美得太不一般了！

（其他发言略）

教师：作者通过多种说明方法的运用和用词的准确、严谨，可见作者强大的语言驾驭能力，不愧为“优秀语言艺术家”，让我们不得不叹服！但叹服的同时，我们也有同学表示不服气，想和作者一较高下，下面请出文学创作大师写作组。来，秀出你们的文章！

小组代表习作一：

中山公园（节选）

武汉的中山公园是全国百家历史名园之一，集休闲、娱乐、游艺等多项服务功能于一身。

中山公园的游乐项目多种多样，有海盗船、摇头飞椅、摩天轮等。其中一些游乐项目十分照顾儿童的需求，不似那些大型游乐场的项目让儿童望而却步，像果虫滑梯，无论是坡度还是高度，都很符合儿童的需求，不会让小朋友感到恐惧。

中山公园的园林景观区保留了传统园林风格及历史建筑，有棋盘山、四顾轩、松月轩等景点，还有一些现代历史雕塑，如张公亭和中山像。中山公园前区设有许多小亭子，可供游客休息观景。园中还有许多植物，到了秋季，满是金黄的树叶，落在地上、桥上、湖面上，如群蝶在空中飞舞。

……

中山公园历史悠久，既可在这里休闲娱乐，又能观赏美景，每次去都让我流连忘返，乐而忘学习之忧。

教师点评：好一句“乐而忘学习之忧”！在分说游乐项目多种多样时，合理运用了举例子和作比较的说明方法；在分说园林景观区保留了传统园林风格及历史建筑这个特点时，除了使用举例子的说明方法，还使用了摹状貌的说明方法。只是我不解的是，“园林景观区保留了传统园林风格及历史建筑”这一局部特点是否契合中山公园的总特点，如果答案是否定的，还请继续修改，直到真正符合创作要求！

小组代表习作二：

我的校园

我去过山东日照，见过波澜壮阔的大海；也登过九江的庐山，领略过李白笔下“飞流直下三千尺”的壮美。然而，在我心中，它们的美和我的校园比起来，总还是略逊一筹的。

我的校园地理位置优越。地处汉口的繁华商圈，北邻中山公园，东靠青少年宫，南接步行街，还毗邻循礼门地铁站，无论去哪里，都很方便。

我的校园环境优美。走进校园，首先映入眼帘的是刻在墙上的校训“诚实、自信、明志、践行”，简单明了的八个大字，让每个走进校门的学子无不感到心灵的震撼。小操场的入口处，两棵梧桐树挺立两旁，像两个忠诚的哨兵，守护着我们的学习区。我们的学习区由勤学楼、问学楼和研学楼三部分组成。其中，勤学楼是五层高的教学楼，问学楼是三层高的教师办公区，研学楼是五层高的综合实验楼。这三栋楼恰到好处地连在一起，就像一个大写的“U”。最受我们同学喜爱的地方当属小操场另一侧的大操场了，那里有标准的足球场地和规范的跑道。课间操的时候，总有我们奔跑在其中的身影；午饭后，更有我们三五成群，和好朋友们散步于其间的身影。

我们的校园书香弥漫。操场边，走廊上，同学们三个一伙儿，五个一群，手捧书本，或高声背诵课文，或激烈讨论数学题目。他们青春洋溢的脸上，写满了求知的欲望。

这就是我美丽的校园。

教师点评：这个片段选取的是我们熟悉的校园来进行写作。因为熟悉，所以有话可写。很明显，我们可以发现作者在第2、第3、第4段的开头分别用一个小句子写了我们的校园地理位置优越、环境优美、书香弥漫三个特点，尤其是环境优美这个特点，写得很出彩，两处打比方非常恰切。整体上来看，文章是总分总的结构，却不是借鉴课文先总说再分别说明的写法，缺少了用一句话概括校园的主要特点，如果先用一句话概括出校园的总特点会更好。另外，从具体的段落来看，书香弥漫的特点写得有点单薄，这一特点完全可以再加工修改。还有就是第一段中拿日照和庐山来与校园作比较，真正的目的又是什么呢？针对以上三点，也请再修改一下！

教师总结：文章不厌百回改。唯有修改，方可出佳作，方可接近大师的水平！其他的同学，你们是不是也想把自己曾经游览的地方介绍给大家呢？那就赶紧去写吧！下课！

（设计者：湖北省武汉市第二十八中学　王利敏）

学习反思

说明文是学生在学习和生活中常用的文体形式，可是许多学生不喜欢说明文，一些语文教师也不重视说明文教学，致使说明文教学流于形式，效果不佳。学习了此则教学设计，对你有何启迪？把你的收获说给大家听听。

活动三

句里江山随指顾（议论文教学）

学习目标

1. 认识运用议论文的基本知识和能力要素设计参与式活动的意义。
2. 熟悉参与式议论文教学设计应该关注的能力要素。

学习过程

将学生分成小组，首先学习“学习材料”，要求从学生参与学习的方式方法和议论文教学特点相结合的角度展开讨论，各个小组派代表陈述讨论的主要观点，教师及时总结点评。

学习材料

《人是一根能思想的苇草》教学设计

教学目标：

1. 能厘清文章思路、概括主旨。
2. 学生能把自己的人生体验带入文本，与文本融为一体，并能演绎自己的认识。

3. 了解著名思想家对人生价值的看法，树立积极健康的人生观。

课时安排：1 课时。

教学步骤：

一、创设情境，诗意联想

（多媒体播放《在水一方》主题曲）

“蒹葭苍苍，白露为霜。所谓伊人，在水一方。”听这首歌可以想象到成片的芦苇守候江边，在风中摇曳。那细细的筋骨，瘦瘦的枝叶，柔韧地张扬着生命的野性，无畏狂风摇撼，任凭霜雪肆虐。有位少年，撑着长篙，著一叶扁舟，透过芦花的波纹，寻找心上的佳人。这个故事造就了五千年文明古国最为优美的诗句！两千多年以后，法国哲学家帕斯卡尔（B. Pascal，1623—1662）同样在见到芦苇后灵光一现，咏出了“人是一根能思想的苇草”这样的至理名言。

二、阅读课文，质疑探究

1. 围绕问题读课文，画出表明作者核心观点的句子，学生回答后教师归纳展示。

① 思想形成人的伟大。

② 人只不过是一根苇草，是自然界最脆弱的东西，但他是一根能思想的苇草。

③ 我们全部的尊严就在于思想。

2. 作者以“苇草”为喻说明了什么？为什么要这样比喻？

（结合课文语句解读并投影）

“人只不过是一根苇草，是自然界最脆弱的东西，但他是一根能思想的苇草。用不着整个宇宙都拿起武器来才能毁灭他，一口气、一滴水就足以致他死命了。然而，纵使宇宙毁灭了他，人却仍然要比致他于死命的东西高贵得多，因为他知道自己要死亡，以及宇宙对他所具有的优势，而宇宙对此却是一无所知。”

明确：作者以苇草为喻，意在说明人的脆弱。在文中，作者这样说人生命的脆弱性，如“一口气、一滴水就足以致他死命了”。

3. 作者又说，人是能思想的苇草，从文中看，“能思想”具体指的是什么？结合自己的人生体验和阅历举例说明。（学生讨论回答后教师归纳展示成果）

明确：“因为他知道自己要死亡，以及宇宙对他所具有的优势。”这句话让我们知道两个方面的内容。知道死亡意味着什么，其他生命会知道自己要死亡吗？首先，死亡意识意味着人的生命意识的觉醒。其次，因为知道死亡，从而必须赋予生命本身以意义。知道宇宙对他的优势，这来自人对宇宙的了解，人类依靠科学知识理解认识宇宙。其实作者所叙涵盖了人类知识的两大领域，一是人对自我的认识，二是人对外在世界的认识，能思想的苇草，就是能认识自我和世界的苇草。因为能认识自我和世界，人类自身具有强大的力量。这就是思想的力量。这个句子让我们看到人类的渺小和高贵，脆弱和强大。渺小和脆弱是指肉体，高贵和强大指思想。这一点就使人在精神层面上超越了宇宙和自然。

举例：我们没有老虎的力量，我们没有狮子的速度，豹子的敏捷，但是人类能掌控它们的命运。

小结：作者以其特有的揭示矛盾的方法，阐述了人在无限大与无限小两个极限之间的对立，说明了人既崇高伟大又十分软弱无力这一悖论，天才地揭示了“人因思想而伟大”这一动人主题。

4. 学生运用课前搜集的资料具体说明帕斯卡尔恰恰就是一根思想的苇草。（学生讨论回答后教师归纳展示成果）

5. 讨论：“正是由于它而不是由于我们所无法填充的空间和时间，我们才必须提高自己。”如何理解这里的“空间”和“时间”？

明确：为什么我们无法填充空间与时间？对于无限大的空间而言，我们会感到人的渺小、微不足道；对于无限长的时间而言，我们会感到人的生命的短暂、转瞬即逝。所以作者说我们无法填充空间和时间。所以我们必须提高自己，就是指用思想确立自我。

6. 为什么说“我们全部的尊严就在于思想”？

前后四人为一组探讨，可以列举在人类历史上坚持思想、捍卫尊严的事例。学生列举实例后教师再举例分析。

学生讨论发言后教师指导展示讨论成果。

7. 教师小结，深化理解。

人的高贵、伟大均来自思想。思想是维系人格尊严的根本，放弃思想就是放弃尊严，捍卫思想就是捍卫尊严。

8. 往古来今曰宙，四方上下曰宇。齐读最后一段，思考为什么说“由于思想，我却囊括了宇宙”。

学生自由发言后教师展示深化成果。

中世纪的神学思想开始瓦解，人作为个体占据中心的位置，与此同时，人的视野也无限地扩大和多样化：在地理学上是新大陆的发现，在物理学上是望远镜和显微镜的发明，人类拥有了前所未有的信心和力量，因此有了一种勃勃的雄心，人类开始主宰自己的命运，并开始试图用自己的思想解释和把握眼前的这个世界。

三、拓展延伸，我思我写

检查学生在课前搜集到的关于思想的名言名句，并说说各自的见解。例如：① 我思故我在。② 一个人，只要拥有了思想，遇见鬼神，鬼神畏惧你；遇见高山，高山就给你让路；遇见河流，河流会给你铺桥；遇见天空，天空会给你翅膀。思想的力量是无人能挡的。（学生畅言，言之成理即可）

学生发言后教师归纳展示成果：不管人类多么渺小脆弱，但正如帕斯卡尔所说“我们全部的尊严就在于思想”。人与动物的最大区别在于人能思想，可以探索世界，改变世界。伟大的思想造就人类文明的力量。面对人类创造的奇迹，曾经悲观厌世的浮士德不禁感叹“停一停吧，你真美丽”。在心理学上有一座著名的“马斯洛金字塔”。（投影：生理需求、安全需求、社交需求、尊重需求和自我实现需求）人生正如这座金字塔，我们不能只满足于自己的口舌之欲，在精神上应该有所追求。

四、读写结合，练习巩固

大自然充满了哲理，只要细心观察，用全副身心去体会，就能在其中发现无穷的真谛。一旦有所触发，写成文字，就会有真正的理趣。比如泰戈尔的“生若夏花之绚烂，死若秋叶之静美”，郭璞的“林无静树，川无停流”，帕斯卡尔的“人是一根能思想的苇草”。同样是芦苇的形象，在《蒹葭》中是诗意的象征，在帕斯卡尔眼中是脆弱的象征，在作家张弛心中又是什么样呢?

学生课外阅读张弛的《心中的芦苇》，根据自己的体会，从不同角度巧妙立意，写一段300字左右的赏析性文字。教师及时进行点评。

（设计者：甘肃省武威市民勤县第一中学　魏宏）

学习反思

诗意与议论似乎是相矛盾的，本设计的教师却把他们驾轻就熟地融合了。学习了此则教学设计，你对此有何新的认识，发表出来与大家分享。

知识链接

议论文教学小常识

学习目标：

1. 明确并掌握议论能力训练要素，尝试运用这些知识设计教学活动。

2. 了解并掌握议论能力训练要素，在运用知识中提高学生的语文能力。

3. 尝试用议论文“三三式”速读法整体感知课文，提高学习效率。

学习过程：

1. 各小组学习“议论文教学小常识”，分别就“材料一”“材料二”展开讨论，明确“小常识”对设计参与式议论文教学活动有哪些作用。

2. 各个小组派代表陈述学习体会，教师及时总结点评。

材料一 议论能力训练要素

1. 论点的提炼（句的训练）

2. 论据的选择（段的训练）

3. 论点的引出（段的训练）

① 点题式 ② 设问式 ③ 比照式 ④ 分析式 ⑤ 举例式 ⑥ 引用式

4. 论证的方法（篇的训练）

① 例证法 ② 引证法 ③ 演绎法 ④ 归纳法 ⑤ 比喻法 ⑥ 对比法 ⑦ 类比法 ⑧ 因果法 ⑨ 归谬法

5. 议论文练写（篇的训练）

① 一事一议 ② 校园生活评论 ③ 思想评论 ④ 社会问题评论 ⑤ 文学评论 ⑥ 人物评论

6. 议论的结尾（段的训练）

① 总结式 ② 启迪式 ③ 照应式

材料二 议论文“三三式”速读法

分文体速读法：分文体速读法是根据实用文体的构成要素和特点，预先列出每种文体的阅读要点，让学生围绕这些要点快速阅读，然后回答要点内容，并记录阅读时间、计算阅读效率的一种方法。

议论文“三三式”速读法。这里的第一个“三”是议论文的三要素，即论点、论据和论证过程，后一个“三”是指提出问题、分析问题、解决问题的基本结构。训练思路是：文章提出了什么论题，运用哪些论据和论证方法分析问题，得出了什么结论。

思考：

1. 议论能力训练从 6 个方面展示了训练知识与能力要素，作为一个语文教师，全面系统地掌握这些要素对设计参与式活动、指导教学实践有哪些重要作用，请发表看法与大家分享。

2. 中学生刚接触议论文学习和议论文写作往往有些畏难情绪，语文教师也认为议论文教学是一个难点。学习了议论能力训练要素，对你的教学有何帮助？把体会说给大家听听。

活动四

野菜花开蝶也来（综合性学习）

学习目标

1. 认识参与式活动对设计综合性学习的理论意义和操作价值。
2. 尝试运用参与式学习方式设计综合性学习活动。

学习过程

1. 分小组首先学习两则“学习材料”，要求从学生参与学习的方式方法和综合性学习特点相结合的角度展开讨论。

2. 各小组学习教学设计案例后，展开讨论，认识参与式综合性学习设计的理念和方法，尽可能设计有内涵、有价值、有效果的教学活动。

3. 各个小组派代表陈述学习体会，教师及时总结点评。

学习材料

材料一

《黄河，母亲河》综合性学习活动设计

教学目标：

1. 了解黄河的悠久历史，激发学生热爱故乡、热爱祖国的思想感情。

2. 掌握围绕综合性学习活动主题搜集、整理、筛选资料的方法。

3. 能应用书本知识去思考和解决现实问题。

活动1　黄河知识我知道

目标：

1. 小组合作，搜集整理有关黄河的资料。

2. 各组派代表清楚流畅地展示这些资料。

时间：10分钟。

材料：多媒体设备、文字及展示资料。

过程：

主持人导入：黄河，这条奔腾不息的河流，用她甘甜的乳汁哺育了一代又一代的中华儿女，孕育出光辉灿烂的华夏文明。今天就让我们做一次黄河文化的巡礼，走近黄河，领略黄河文明，反思黄河忧患，唤醒我们母亲河畔儿女内心深处的黄河情。首先让我们随着同学的讲解来认识黄河。

1. 展示黄河的知识资料

学生甲：一位诗人曾经说，黄河是太阳和月亮降下的神女。神女黄河从青海巴颜喀拉山脉发源，一路奔腾东下，在甘肃南部展身躯，舒广袖，画出了第一道优美的曲线，留下了著名的“九曲黄河第一弯”。黄河像一条腾

飞的巨龙，穿行在西北黄土高原的秦晋大峡谷中。

黄河滚滚洪流，一路奔腾，一泻千里，像忍受不了河岸的束缚，终于扑进大海，将海赶出十里、百里、几百里。黄河在这里歇息。全长 5 464 千米，是我国仅次于长江的第二大河，流域面积达 75.244 3 万平方千米。

学生乙：考考你，黄河是我国第几大河？黄河发源于哪座山脉？黄河注入什么海？黄河全长多少千米？黄河的形状和哪个汉字相似？

请在我的描述中抢答出这是哪一座城市？

（1）黄河穿城而过；

（2）“黄河母亲”是她的标志性雕塑，也代表着她的形象；

（3）人们说起她总会想到一本书、一碗面、一条河。

教师学法指导：认真听，快速记，培养筛选信息的能力，丰富知识储备，这是语文学习的良好习惯。

2. 教师小结过渡

黄河，中华民族的摇篮，雄浑跌宕，悠悠历史中，她以其博大的胸怀和非凡的气势滋养了中华民族的成长，无数文人墨客歌颂她、赞美她。下面就让我们一起来领略黄河文明吧！

活动说明：

1. 课前根据学生兴趣划分小组，明确任务，准备所需材料；

2. 其他小组同学认真听，有疑问在本小组展示后可讨论。

活动 2　黄河文化我品析

目标：

1. 通过黄河故事、成语、诗词等的赏析，进一步了解黄河深厚的文化底蕴。

2. 激发学生热爱黄河、热爱故乡的情怀。

时间：25 分钟。

材料：多媒体设备、资料、黄河石。

过程：

学生准备好自己已筛选好的资料，小组派代表展示。其余同学倾听、记录。

（一）讲黄河传说

学生甲：大禹治水的传说。这个故事说明黄河成就了中华民族的英雄。

学生乙：鲤鱼跳龙门的故事。这个故事告诉我们，我国传统文化教育人们需要通过顽强不懈的努力来改变自己的处境，也常比喻飞黄腾达的事。

（二）说黄河俗语

学生甲：跳进黄河洗不清。这句话的本意是说受了很大的冤枉，就算跳进黄河这样的大河也洗不清了。

（三）谈黄河成语

学生甲：河清海晏。意思是黄河的水清了，大海也平静了。用来形容天下太平，也说成海晏河清。

学生乙：望洋兴叹。比喻因为自己力量太小而感到无可奈何。

学生丙：中流砥柱。砥柱山其实是一块巨石，位于黄河三门峡段的急流中，是一个石岛，人称"砥柱石"，或"中流砥柱"。这一成语比喻坚强的、能起支柱作用的人或集体，就像立在黄河激流中的砥柱山一样。

学法指导：积累并有效运用成语，可以使语言更简洁、典雅，表意更丰富。

（四）赏黄河诗文

学生甲："君不见黄河之水天上来，奔流到海不复回。"颍阳距黄河不远，登高纵目，借以起兴。黄河源远流长，落差极大，如从天而降，一泻千里，东走大海。如此壮丽景象，定非肉眼可以穷极，作者是想落天外，自道所得，语带夸张。上句写大河之来，势不可当；下句写大河之去，势不可回。一涨一消，形成舒卷往复的咏叹味，是短促的单句所没有的。

学生乙：王之涣《凉州词》首句"黄河远上白云间"抓住远眺的特点，

描绘出一幅动人的图画。辽阔的高原上，黄河奔腾而来，远远向西望去，好像是从白云中流出来的一般。次句“一片孤城万仞山”，写塞上的孤城。在高山大河的环抱下，一座地处边塞的孤城巍然屹立。这两句，描写了祖国山川的雄伟气势，勾勒出这个边防重镇的地理形势，突出了戍边将士的荒凉生活境遇，为后两句刻画戍守者的心理提供了一个典型环境。

学生丙：王之涣《登鹳雀楼》首句“白日依山尽”描绘夕照衔山的现实景色。一轮落日金光夺目，在连绵起伏、苍苍莽莽的群山西面缓缓落下，在视野的尽头渐渐隐没，这是天空景，也是西望景。次句“黄河入海流”写俯瞰黄河远去天边的意中景象。诗人面对流经楼前的滚滚黄河的滔滔大浪，视线由上到下、由近及远、由西向东，跟随黄河水向远方伸展。虽不能目击黄河入海的情状，却可以充分发挥想象，好像看见黄河一路汹涌澎湃，气势磅礴，流入大海，令人心旷神怡。这是陆地景，也是东望景。

教师小结赏析诗文的方法：通过同学们对诗文的赏析，我们应该具备积累诗文和赏析诗文中优美诗句的能力。赏析诗文应该掌握方法：一是在头脑中想象诗句所描绘的画面；二是根据画面体会作者传达的情感，也就是“画意诗情”。

（五）观黄河奇石

1. 学生展示自带的黄河石

学生甲：黄河奇石是天然形成的具有观赏、玩味、陈列和收藏价值的黄河卵石。质硬、色美、形纹俱佳，独树一帜，令人爱不释手。黄河奇石具有天然性、稀有性、可柔性、区域性、商品性等特点，根据产出背景、形态特征及成岩构造的不同，黄河奇石大体上分为画面石、象形石、景观石、彩色石、抽象石、黄河化石和文字石等。

学生乙、丙、丁：对同学展示的黄河石进行品评鉴赏。从形、色、质的角度进行品赏。

2. 介绍黄河名石——中卫黄河肉石。出示图片，介绍特点。

（六）教师小结

通过大家介绍与黄河有关的传说、俗语、成语、诗句和石头，折射出黄河悠久的历史与灿烂的文化，生活在黄河之滨的我们，怎能不为之骄傲和自豪？

活动说明：

1. 提前约两周分好小组，将每一环节的任务落实到人，准备资料。

2. 活动展示前，课代表和教师检查资料准备情况，提出修改意见，学生及时修改。

3. 活动前，在小组内预演，小组合作，力争展示效果最优。

活动 3　黄河现状我关心

目标：

1. 历练观察、思考生活现象的能力。

2. 运用知识解决实际问题。

时间：10 分钟。

材料：多媒体设备、自拍的照片和视频资料。

过程：

（一）黄河现状我关心

教师导语：我们生活在兰州这座与黄河最亲近的城市，更应该倾听黄河母亲的呻吟和诉说。现在，请同学们来展示一下，我们听到了什么。

学生甲：黄河面临的主要问题——污染。兰州市黄河中山桥西侧是一个休闲娱乐的近水广场，但从广场向西走不到 50 米，就可以看到一条宽阔的排洪沟，沟内一股颜色乌黑、散发着臭气的水流正源源不断地流入黄河。

学生乙：我在网上看到，黄河兰州段还有五六十处隐形排污口，大多是企业私自开挖的。这些隐蔽的排污口通常白天关闭，晚上集中排污，以逃避环保监测。

（二）治理对策我来想

1. 请你设计一则公益广告，呼吁人们保护我们的母亲河。要求简明、有创意。

（1）保护母亲河，爱护大自然！

（2）黄河清，天下安。

（3）爱护黄河，就是爱护自己的母亲！

2. 请你想一条黄河治污的好办法，与大家分享。

说明：“头脑风暴”，可有各种奇思妙想，可提前思考，更注重课堂生成。

活动4 黄河情感我抒写

目标：

1. 能独立完成与本主题相关的作文。

2. 能初步评价他人的习作，准确描述其优缺点。

时间：15分钟。

材料：每位同学的书面作文、纸、笔。

过程：

1. 小组互换、阅读、评价他人习作；

2. 小组内推选出优秀习作在全班展示。

活动要求：

1. 提前布置，以“黄河”为话题，自拟题目进行写作，体裁不限，600字以上；

2. 提前一天收齐，展示当天发至各小组进行互评；

3. 评价应该客观准确，可就同一作品进行小组内讨论。

课堂小结：

以赞赏性评价为主，对不足之处提出建议。

（设计者：甘肃省兰州市华侨实验学校　陈瑞霞）

学习反思

本设计以“热爱黄河”为主题，通过4个学习活动展示教学过程，既体现了综合性学习的基本理念和实践方式，又和语文能力训练紧密结合，教师的教学智慧和创造性意识在设计过程中得到了充分发挥。请结合案例，谈谈对你开展综合性学习设计的启迪，发表观点与大家分享。

材料二

感受陇东道情皮影

皮影戏是我国一门古老的民间传统艺术，是一种集音乐、美术、挑纤表演艺术于一体的综合艺术。陇东道情皮影是古老的道情说唱艺术与皮影戏完美结合的产物。学生了解皮影戏、喜欢皮影戏、尝试制作并演皮影戏，有利于深入感受本土戏曲文化的特点，形成重视、认同民间优秀文化艺术的态度，同时经过查阅资料、搜集处理信息、动手制作、扮演、观察等活动，培养学生自主合作、积极探究的学习态度，陶冶性情，感受优秀的民间文化艺术给生活带来的美好。

第一课时　了解陇东道情皮影戏

教学目标：

1. 了解皮影戏的来历及演变过程，了解皮影戏的种类，激发观赏兴趣。

2. 历练搜集、整理资料的能力及合作能力。

教学准备：

分组搜集皮影戏资料，制作简单的幻灯片。

教学过程：

1. 同学们，你们喜欢道情皮影戏吗？你看过哪几出皮影戏？（引发

动机）

2. 各学习小组讨论本组搜集的皮影戏资料并进行整理，准备汇报。

3. 分类汇报。

4. 同学们对各组搜集的皮影资料有什么感想？

5. 你们想看看精彩的皮影雕刻工艺品吗？请看图片（课件）

6. 同学们讨论一下，听了大家的介绍，看了图片，你对皮影戏有哪些认识和感触？相互交流。

第二课时　欣赏道情皮影

教学目标：

1. 通过现场观赏，了解道情皮影的乐器种类、舞台设施、显影原理等。

2. 通过现场观赏，感受陇东道情皮影戏的唱腔特点，了解人物脸谱的类别。

3. 通过欣赏道情皮影戏，结合戏曲题材，感受这一民间艺术形式在农村群众精神文化生活中所起的作用。

教学过程：

1. 引发动机，激发兴趣。

师：同学们，上节课我们研究了道情皮影的历史，知道了皮影戏的由来和发展变化，还看了有关图片，通过多种途经获得了对皮影戏初步的认识。今天大家到这里，让我们共同现场欣赏、感受道情皮影演出。（先观赏短短一折子戏，5 分钟左右）

2. 各小组讨论整理本组搜集的有关皮影演职人员组成、舞台设施、乐器种类等资料，准备汇报。

3. 各小组分类汇报。

关于演出人员组成和乐器种类资料的汇报。

生 1：由前台、三吹、打击乐组成。

生 2：还有四弦琴。

嘉宾1补充：一个戏班演职人员至少五人。一人前台挑扦并演唱；一人专职高音乐器（笛子、笛呐和唢呐），俗称“三吹”；一人专职中音乐器（四弦），一人敲板鼓、小锣、皮鼓、鱼鼓、筒板兼二胡或其他；一人敲大锣、钗兼水梆。

关于舞台设施资料的汇报。

生3：舞台幕布是一张纸，由灯光照亮，人物形象投影于纸上，犹如投影仪。

嘉宾2补充：道情皮影戏以灯光下的“纸亮”为舞台，影件透过灯光显影于纸亮（或幕布），供舞台前的人观赏。过去农村演出借助窑洞，收音效果好。现在在房间演出，灯光由过去的煤油灯变为现在的电灯，效果更佳。纸亮下边的桌面置一毛糙的织品（过去用农村普遍使用的山羊毛织的口袋一条），使皮影件站立稳定不打滑。

4. 下面演出一折子较长的戏，同学们注意舞台表演的象征性、代表性及道情音乐唱腔的特点。（演出15分钟的一折子戏）

5. 各小组分组讨论，大家畅谈感受，然后推选小组代表总结汇报。

生1：唱腔上有“嘛簧”的特点，即一人唱众人和，产生了音乐上的气势。

生2：声腔浑厚、粗犷，有陇东民歌特色。

……

师：同学们回答积极，表现很好，抓住了道情音乐的很多特点。现在请嘉宾作更正补充。

嘉宾：皮影戏一般剧中角色皆由前台挑扦一人演唱，采用高低调、真假声相结合的方法，类似于西北民歌的演唱特点。唱词每两句为一小乐段，以七字、十字句最常见，每一段唱词必须押韵。每句词分两腔（两句即为四腔）演唱：一腔起，二腔承，三腔转，四腔合（嘛簧）。每腔之间有一小过门，极具中国民族音乐之特点。

生3：清唱与伴奏交替进行是道情的基本演唱方式。

嘉宾：很好，唱腔根据速度分坦板（慢板）和飞板。每个板路又根据不同调式有花音、伤音之分。

关于皮影舞台表演（动作）的象征性、人物脸谱类别的资料汇报。

生1：战争场面，千军万马厮杀，在皮影戏中只有一个或几个将帅战几个回合，具有象征性。

生2：皮影人物忠奸贤愚在脸谱上表现分明，忠正贤良五官端正，奸佞邪恶贼眉鼠眼。

嘉宾：同学说得很好。皮影舞台人物总是以点代面，以少胜多，万水千山、千军万马只能以典型代表象征性代替，和其他戏曲一致。

皮影在制作时已一次定型，喜怒哀乐不由自主，忠奸贤愚妍媸分明，表演起来直观明了。马无须鞭代，虎实有其形，妖魔鬼怪也确有其貌，俱能按角色操作摆布。即使高难度的呼风唤雨、腾云驾雾、上天入地等神奇动作，也可表演得淋漓尽致。

第三课时　皮影的制作

教学目标：

1. 通过参与皮影制作，历练合作探究的精神。

2. 通过参与制作，进一步理解皮影的表演原理，脸谱的类别及皮影工艺的精湛。

教学过程：

1. 引发动机，激发兴趣。

把准备好的各类人物皮影肖像展示给学生（通过投影课件），让学生结合观赏皮影的记忆，仔细观察制作人物的要点。

● 通过观察，你们发现皮影人物制作时首先应注意其什么突出特点？

（平面图案、人物皆侧面显影等）

● 提出任务：今天这节课就让我们自己尝试制作皮影人物。

● 各小组可两人或三人合作。（要求：安静、默契、动作迅速）碰到疑难问题可以请教特邀制作嘉宾。

● 学生制作，教师和特邀制作嘉宾巡回指导。

● 各组把做完的皮影展示给大家，成功的当场奖励，给其他同学做示范，失败的找原因（构图不好、比例不当，表演实践不理解等）。

● 学生一边修正一边比较，选出最好的参加全班评比。

● 大家畅谈收获、感受。

● 教师、嘉宾小结，归纳建议。

2. 制作综评。

教学总结：陇东本土文化校本课程是以全面提高学生的人文素养为目标，以主题活动为特征的课程，其突出特点是学生在各项活动中亲历、感悟、学习、提高，学生的学习过程是富有生机、充满探究意识的学习过程。在开展这个文化专题的课程教学时，以新课程理念为指导，进行开放式教育，真正体现以学生发展为本的教育宗旨。所以整个教学活动过程的设计均以学生活动为中心，并在活动中力求使每个学生主动参与，主动尝试、自主探索，把自主权还给学生，让学生在情境中探索，在参与中提高。从陇东皮影戏专题教学活动的过程观察，学生对家乡的戏曲文化极有兴趣，如走访民间艺人、收集皮影制品、寻找音像材料。教学过程中讨论热烈、发表意见踊跃，充满了对家乡戏曲的亲切感和自豪感。学生的兴趣，决定了教学活动达到了目的。

（设计者：甘肃省庆阳市环县第一中学　向文剑）

学习反思

1. 设计者说，学生在搜集资料信息、观赏皮影、与皮影戏演职人员（嘉宾）对话、制作皮影等一系列具体的活动情境中，陶冶了情操，提升了审美能力，形成了对本土文化的正确价值判断，丰富和发展了自己的个性内涵。你认同他的观点吗？让大家听听你的声音。

2.“参与”是本专题教学的命脉，如果没有学生的积极参与，综合性学习活动就没有生命力。你对这种认识有何看法？发表出来与大家共享。

·课节讨论·

1. 本课节围绕实用文教学，从记叙文、说明文、议论文、综合性学习等方面设计了4个学习活动，通过一系列教学设计和实践案例，让学习者领略了参与式学习的魅力，习得了在语文知识关照下的参与式学习的设计理念和设计方法。学习后，你有哪些新的体会？列举几条分享给大家。

2. 本课节不仅提供了教学设计案例，而且提供了各种语文能力训练要素，这两种学习资料的相互印证，对大家的学习会产生一定的促进作用。希望把你的学习收获发表出来，让众多语文教师参与学习和讨论。

3. 本课节以唐代李白《秋下荆门》里的诗句“此行不为鲈鱼鲙，自爱名山入剡中”起兴导入，以南宋刘翰《立秋》中的诗句“满阶梧叶月明中”、北宋黄庭坚《鄂州南楼书事四首》(其一)中的诗句“凭栏十里芰荷香”、北宋陈师道《次韵夏日》中的诗句“句里江山随指顾”和北宋饶节《晚起》中的诗句“野菜花开蝶也来”为4个学习活动命名。学习了本课节的内容，你对诗句的含义、活动名称、学习内容之间的联系有何认识？发表出来与大家共享。

课节十二

参与式散文与诗歌教学设计

“春色满园关不住，一枝红杏出墙来。”这是南宋叶绍翁《游园不值》里的诗句，意思是说，一枝绽放在墙头的红杏，是那样绚丽，那样芬芳，那样卓尔不群。虽然有人想关住春色、关住生命，但是那枝红杏无所畏惧地、笑语盈盈地向外界宣布：我来了！参与式教学的过程犹如诗句意境一样，生机勃勃，充满着灵动的变化，会给人带来意想不到的收获。学习本课节的内容，领略参与式散文与诗歌教学的设计智慧，对促进教师的专业发展，对涵养学生的语文素养，具有不可估量的作用。

学习目的

1. 领略参与式散文教学过程的魅力。
2. 运用参与式教学法设计诗歌教学活动。
3. 认识古代语文教学的几种学习方式。

活动一

月在浮云浅处明（散文教学）

学习目标

1. 用心体悟课例的设计亮点。
2. 掌握参与式散文教学设计的基本思路与方法。

学习过程

1. 把学习者分为若干小组，确定小组组长和记录员。
2. 全体学习者学习课例并展开讨论。
3. 各小组派代表陈述讨论结果。
4. 教师及时评点。

学习材料

材料一

散文鉴赏活动教学设计

学习目标：了解散文的基本特点和鉴赏散文的基本方法。

活动 1　大家一起来“织网”

目标：

1. 感知散文取材和写法上自由灵活的特点。

2. 能根据自己的理解说出散文“形散神不散”的特点。

时间：30 分钟。

材料：彩笔、白纸、胶水等。

过程：

1. 将参与者分成 4 个活动组。

2. 发放附件材料，按要求在白纸上续画“网”图表。

3. 将各小组填写好的内容写在白纸上，贴在墙上展示。

4. 每组选一位代表，说明本组填写的情况。

5. 比较各组“织网”的大小，分析所填写内容的异同。

6. 讨论散文从涉及的题材范围和体裁上看有什么特点，散文与其他的文体相比，在写法上有什么特点。

7. 反思本活动能否让参与者体会散文取材和写法自由灵活的特点，要达到更好的效果，还可采取哪些活动形式。

提示：

1. 鼓励学生在题材和内容上拓展，思路上有大胆创新，对“网”的扩展越多越好。

2. 让参与者明确散文是一种自由、灵活的抒写见闻感受的文体，主张“我手写我口，我手写我心”，与小说、戏剧、诗歌相比，其形式更自由，取材更广泛，写法更灵活。广义的散文包括小品文、杂文、随笔、札记、游记、书信、传记、报告文学、回忆录、序言、祭文等；狭义的散文一般称作抒情散文，也有“美文”“小品文”之称。

附件:“树”与“人”组成的文网

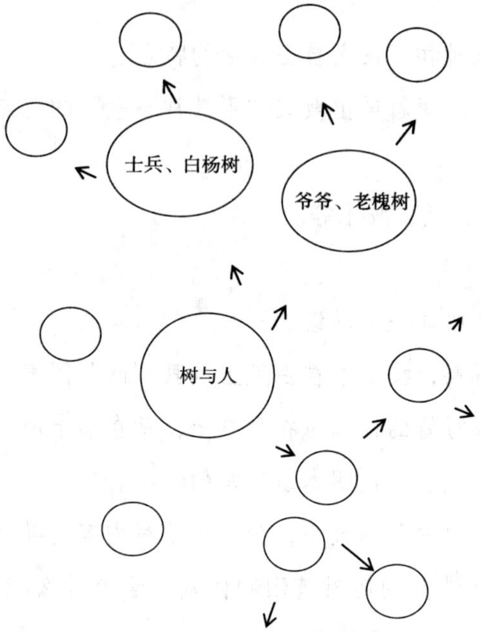

活动2　我是“散文家”

目标:了解写景状物类散文的象征手法。

时间:45分钟。

材料:彩笔、白纸。

过程:

1. 用抽取“松”“梅”“竹”“柳”带字卡片的方法将参与者分成4个活动组。

2. “头脑风暴”:以本组组名的植物为象征物,发挥联想和想象,写出能表达象征意义的句子或片段。

3. 利用写好的句子或片段,各组分别构思出一篇立意明确的散文框架图。

4. 将本组的成果写在白纸上展示。

5. 各组报告人说明本组的写作情况，并共同分析构思上有创造性的方面。

6. 总结从自己创作的过程看，散文在形式上有什么特点，散文的内容有什么特点，语言有什么特点。

提示：

1. 活动中应鼓励学生的创新思维。

2. 让参与者明确散文的主要特点是选材范围广阔，注重表现作者的生活感受和独特境遇，结构自由灵活，形式比较短小，语言自然、简洁、优美。

学习反思

1. 学习了本活动的内容，你对散文也许有了进一步的了解，用自己的话复述一下散文的特点、题材、结构、语言、表现手法等要素，同伴之间相互补充更有意义。

2. 本活动的设计十分重视启迪学习者的发散思维。你对此有何理解？发表看法与大家分享。

材料二

《故都的秋》教学设计

教学目标：

1. 通过阅读鉴赏课文，感知故都的秋清、静、悲凉的特点，掌握情景交融的艺术手法。

2. 学会抓住景物特点，运用情景交融的艺术手法描写身边秋景。

教学过程：

1. 引诗文，入课题

师：秋天，是一个多彩的季节，徜徉在秋韵里，看着秋色、听着秋声，往往会引发人们无限的感慨；秋天，也是一个多情的季节，不同的心态对秋有不同的感悟。秋是一个永恒的文学主题，马致远的“古道西风瘦马”抒发了一个漂泊天涯游子的凄苦愁楚之情；刘禹锡的“自古逢秋悲寂寥，我言秋日胜春朝”抒发的是作者旷达的情怀和乐观的精神；毛泽东的“看万山红遍，层林尽染”饱含了一代伟人的雄心壮志。那么，郁达夫的《故都的秋》又表达的是什么样的情思？今天我们一起来学习《故都的秋》。

2. 抓文眼，知情感

师：请大家朗读开头两段和最后两段，找出关键句，然后概括出作者笔下秋的特点和作者的情感。（学生根据要求朗读）

师：大家找出的关键句有哪些？概括出了哪些特点和情感？

生：第一段的关键句是“北国的秋，却特别地来得清，来得静，来得悲凉”，最后一段的关键句是“我愿意把寿命的三分之二折去，换得一个三分之一的零头”。作者笔下秋的特点是清、静、悲凉，作者对故都的秋充满喜爱之情。

师：其他同学有没有补充的？

生：“我的不远千里，要从杭州赶上青岛，更要从青岛赶上北平来的理由，也不过想饱尝一尝这‘秋’，这故都的秋味。”这一句表现了作者对故都秋的喜爱，所以也是关键句。

师：刚才两位同学都找出了关键句，从这些语句可以看出，作者对故都的秋充满了喜爱之情，故都秋具有清、静、悲凉的特点。用简短的一句话概括是：本文抒发了对——

生：故都清、静、悲凉之秋的喜爱。

3. 品秋味，感秋思

师：围绕故都秋的特点，作者选取了哪几个典型的画面？请同学们分别为这几幅秋景图取个诗意的名字。

（学生读完课文后，四人一组确定命名，然后抽取两组，派代表板书）

组 1 展示：小院秋晨　秋槐落蕊　　　秋雨话凉　秋日胜果

组 2 展示：清晨静观　落蕊清扫　　　都市闲人　北方秋枣

师：下面请其他组的学生推荐一名代表，对这两组的命名进行点评。

生：这两组同学能够抓住主要的景物来命名，有的名字体现了景物特征，例如“秋槐落蕊”，有的点明了时间、地点、人物等，这些名字都很不错。如果把“都市闲人”改为“闲人话秋”或者“青衣闲人”会更好，因为这一幅图景中写到了人物缓慢悠闲的语调、闲人的衣着，这样命名更具体，也能够传递出清冷的秋意。

师：大家赞成他的修改吗？（学生全部点头同意）

师：这位同学的评价非常中肯，修改非常棒！他在修改的时候考虑的不仅仅是画面，还观察到了一些细节，恰恰就是这些细节，才让我们充分感受到故都秋的特点——清、静、悲凉。

师：故都的秋是清、静、悲凉的，那么，这些特点是如何体现出来的？请用排比句、诗词、散文等自己喜欢的形式写出自己的看法。

（演示文稿展示提示和要求：① 可以采用“故都秋的清、静、悲凉，在……”的句式；② 可以单独赏析一幅图景，也可以多幅图景结合赏析；③ 可以从声音、色彩等不同角度去分析；④ 先单独完成，然后四人为一组，互相评析，最后每组推荐出一位同学的作品进行展示）

组 1 成果展示:《天净沙》 破屋小院蓝朵，碧天驯鸽蝉鸣，都市布衣闲人，落蕊满地，清静悲凉是景。

组 2 成果展示：故都秋的清、静、悲凉，在淅淅沥沥的雨声里；在都市闲人的青布单衣中；在秋雨后的斜桥闲影里；在缓慢悠闲（平仄抑扬）的声调里；在都市闲人充满了京腔的互答里。

组 3 成果展示：故都秋的清、静、悲凉，在淅淅沥沥的雨声里；在缓慢悠闲的声调里；在扫帚留在灰土上的丝纹里；在槐树叶底漏下的日光里；在秋蝉衰弱的残声里；在青天驯鸽的飞声里。

师：对这三组同学的展示，请其他组各推荐一名同学进行评价。

生：展示的作品里面，组 1 仿写的《天净沙》告诉我们，作者选取的景物是能够表达清、静、悲凉的。组 2 和组 3 的同学推送的作品告诉我们，清、静、悲凉在各种悠闲、缓慢、凄凉的声音里。所以我觉得这三组同学写得都相当不错。

师：这三组同学的表达方式不尽相同，但是都认为作者在描写景物时融入了主观感情，这就是我们所说的融情于景。

师：除了景的选择、声音的描写，景物的色调、作者看景时的情感、状态等也能够体现清、静、悲凉的情感。大家下去之后再继续深入、细致地研读，完善自己刚才的作品。

4. 学故都秋，写身边景

师：作者运用寓情于景的写作方式，写出了故都秋的清、静、悲凉。现在我们也来写自己心目中的秋，赋予秋自己的情感色彩。

（要求：① 先单独完成写作，然后四人一组相互讨论修改；② 每组选出一篇在全班进行展示）

师：现在有三个组推荐了他们选出的作品，请这三位作者分别朗读一下自己的作品！

（学生鼓掌欢迎，三位同学依次将作品投影、朗读）

生 1：

秋雨

高一（19）班　杨加伊

秋雨来得有点突然，在我还没意识到秋天到来时，秋雨便轻轻落下。本就摇摇欲坠的叶，只被这雨轻轻一点，便离开了这从出生都一直伴在身侧的枝。所有留在树上的叶都在颤抖，似是为落下的叶而哀鸣。

今天的天空很亮，却仍不见一朵云，她们将自己的洁白，小心翼翼地藏在辽远的湛蓝之后。窗外的雨声很小，只能听到麻雀叽叽喳喳的吵闹声，似乎在低声诉说他对万物的思思念念。

我突然想出去走走，而我确实也随着光出去了。我没有带伞，等待着雨落上我的全身。很奇怪，一个不喜欢雨的人又怎么会爱上淋雨？屋外的雨也是极小的，一滴又一滴落入面前的小水洼中，荡起轻轻的涟漪，像思念、像愁情。

雨仍在下着，没有停止的念头。雨滴打在我的肩头，在期待我吐露着我的思念。可未等我开口，她们又早已跌落在地上。也是啊，雨从来不会等待，又怎么会倾听；所以啊，秋雨又怎么知道我的愁思？

生2：

秋叶

高一（19）班　刘明鑫

晚上十一点，踏出教学楼，看到了一片片落叶静静地躺在台阶、地面和长椅上，它们并没有黄透，而是绿中带黄。它们原本还有着新鲜活力，原本还能在枝条上自由摇曳，但秋风毫不留情，它勒令叶离开枝头，即使它们那一抹绿还没有褪去。

叶——落了，它们在空中翩翩起舞，它们在空中绽放光华，它们在空中竭尽全力地展现自己最后的生命历程，最终，一切归为平静。我未曾想到，原来只需要短短十几分钟，它们便飘然而下，原来夏已悄悄离去，原来秋已悄然到来，我的心不由地荡起一丝伤感，是啊，一叶落而天下凉啊！

生3：

秋

高一（19）班　李甜

马致远笔下的秋是悲凉的，风是萧瑟的，但我心中的秋是绚烂的。秋是农民洋溢着幸福的笑脸，是枝头的硕果累累。

秋风袭来，泛黄的叶子在空中跳着欢快的舞，树上的果实已迫不及待地等待采摘，似乎是在报答农民伯伯一年来的辛劳耕作，这是秋天送来的独特的礼物。深秋的叶是最淘气的，你看，他们有时会舞动在行人的脚边，有时会飘飞在帅哥的肩头，还会偷吻一下少女的脸庞，有时会踏着风的节律合唱一首圆舞曲……

秋天，是属于童话的，也是充满浪漫的。我爱秋天，爱秋风，也爱秋叶，还爱秋天的……

师：这三位同学不仅文章写得好，朗读也相当不错，感谢三位！

师：这三位同学都写了自己心中的秋。那么，你最喜欢谁的秋？为什么？请其他组的同学谈谈自己的看法。

生 4：我喜欢《秋雨》，因为在《秋雨》中用了一些形容词、动词写出了雨的特点。尤其是“屋外的雨也是极小的，一滴又一滴落入面前的小水洼中，荡起轻轻的涟漪，像思念、像愁情”，不仅用了比喻，还用了通感，也充分体现了融情于景的技巧。

生 5：我喜欢第三位同学的，因为他（她）笔下的秋是昂扬的，人物的情感也是积极乐观的，人活着应该是快乐的，秋天多好啊，有收获、有美景！为什么要悲秋呢？

（同学们都哈哈大笑）

生 6：我还是比较喜欢第二篇。这篇文章虽然悲秋，但是能够从一片片凋落的叶子联想到它们的前世今生，进而联想到人生，这种想象力无人可及啊！

（同学们又大笑）

师：确实，这几篇短文各有风采，这几个同学的评论也是各具特点。通过短文的写作和对短文的评价，我发现大家对情景交融的手法的理解和应用还是不错的。

5. 总结

师：故都的秋，藏在平凡的秋姿里，染在清冷的秋色里，响在悠然的秋声里；我们的秋，是那滴向小水洼的雨滴，也是那静躺台阶或偷吻少女的秋叶，我们的秋肯定是多姿多彩的。下课之后，请大家继续写完自己心中的秋景，把我们的情思寄托在秋色、秋韵里。

（设计者：内蒙古乌海市第六中学　汪红霞）

学习反思

1. 学习了材料二，说说你对散文教学的新认识。

2. 散文教学设计既要重视散文文本的特质，也要重视学生的学习经验。你对此有何理解？发表看法与大家分享。

活动二

清溪流过碧山头（诗歌教学）

学习目标

1. 了解并应用我国古代母语教育的方法学习现代语文。
2. 掌握参与式诗歌教学设计的基本思路与方法。

学习过程

1. 把学习者分为 6 个小组，确定小组组长和记录员。

2. 全体学习者学习三则教学设计，每个人总结好学习体会，准备展开讨论。

3. 要求 1—2 组围绕材料一展开讨论，3—4 组围绕材料二展开讨论，5—6 组围绕材料三展开讨论。

4. 各小组派代表陈述讨论结果。

5. 教师及时评点。

学习材料

材料一

《将进酒》教学设计

教学目标：

1. 通过各层的中心句体验诗人情感变化的波澜。
2. 凭借诗歌方法知识品味诗歌的语言魅力。
3. 运用“兴观群怨”学程推进学习进程。

教学过程：

开始：配乐朗诵或齐诵这首诗。

兴：以赋比兴手法将读者引入诗的意境。

① 黄河之水……　② 明镜白发……

观：通过“观”认识诗仙李白的情感世界。

① 理解“人生得意须尽欢”的人生态度。

② 理解“天生我材必有用”的自信追求。

③ 理解“但愿长醉不愿醒”的无尽烦恼。

④ 理解“与尔同销万古愁”的豪放情怀。

群：运用群体交际方法开展讨论与对话。

① 诵读，说出“诗眼”统摄全诗的作用。

② 讨论，说出“夸张手法”的表达效果。

③ 品味，说出起伏跌宕的情感结构波澜。

④ 琢磨，长短奇偶口语巧妙结合的语言。

怨：运用表达手段得体地展示人格魅力。

① 背诵全诗。

② 本诗开篇即以“宇宙感悟”方式营造意境，你对此作何理解？写篇短文在小组内传阅。

③ 拓展阅读《宣州谢朓楼饯别校书叔云》《梦游天姥吟留别》《蜀道难》《行路难》等诗篇，写一篇探究李诗浪漫主义风格的评论。（传评）

附件一

将进酒

君不见黄河之水天上来，奔流到海不复回。君不见高堂明镜悲白发，朝如青丝暮成雪。人生得意须尽欢，莫使金樽空对月。天生我材必有用，千金散尽还复来。烹羊宰牛且为乐，会须一饮三百杯。

岑夫子，丹丘生，将进酒，杯莫停。与君歌一曲，请君为我倾耳听。钟鼓馔玉不足贵，但愿长醉不愿醒。古来圣贤皆寂寞，惟有饮者留其名。陈王昔时宴平乐，斗酒十千恣欢谑。主人何为言少钱，径须沽取对君酌。五花马、千金裘，呼儿将出换美酒，与尔同销万古愁。

宣州谢朓楼饯别校书叔云

弃我去者，昨日之日不可留；乱我心者，今日之日多烦忧。长风万里送秋雁，对此可以酣高楼。蓬莱文章建安骨，中间小谢又清发。俱怀逸兴壮思飞，欲上青天揽明月。抽刀断水水更流，举杯消愁愁更愁。人生在世不称意，明朝散发弄扁舟。

行路难（其一）

金樽清酒斗十千，玉盘珍羞直万钱。停杯投箸不能食，拔剑四顾心茫然。欲渡黄河冰塞川，将登太行雪满山。闲来垂钓碧溪上，忽复乘舟梦日边。行路难，行路难，多歧路，今安在？长风破浪会有时，直挂云帆济沧海。

附件二

孔子“兴观群怨”学程以人为本的教育价值

孔子提出了诗教的过程及其教育功能：“《诗》可以兴，可以观，可以群，可以怨。”这是以学《诗》为中介逐层展示了为学者领悟文本、发展自我的学习之程。从现代教育的视角看，“兴观群怨”的“兴”指“比兴情境”，“观”指“观阅文本”，“群”指“群体交流”，“怨”指“怨说得体”。首先说“比兴情境”，从《诗》本体的角度讲，比兴手法是诗人创设情境的一种手段，是将学习者引入文本意境的第一步；从学习者的角度讲，可以凭借比兴情境来促进自身形象思维能力和审美实践能力的发展。其次说“观阅文本”，学习者观阅文本可以获得认识诗人、认识社会、认识自然的知识，可以提升自身领悟文本意义的水平；另外通过学习《诗》的语言，可为表现生活、反映社会、抒发情感历练言语表现力。再次，“群体交流”，孔子说：“不学《诗》，无以言。不学礼，无以立。”（《论语·季氏》）其中“言”指对话，“礼”指社会活动中的行为规范，对话与习礼都要以学《诗》为前提。孔子强调学以致用，提倡通过学诗用诗来锻炼合群性，涵养与他人、与社会和睦相处的能力。最后说“怨说得体”，“诗可以怨”是说通过学《诗》以明白什么时间、什么场合、以什么方式来表情达意是比较恰切的，在运用语言中得体、灵活、幽默地展示人格魅力，为自己的生存和发展积累驾驭生活情境的智慧，才是古代教育的理想目标。“比兴情境—观阅文本—群体交流—怨说得体”四种活动井然有序地揭示了学习者自我完善的学习过程，前两个活动的重点在领悟文本，后两个活动的重点在发展自我。

孔子说：“诵诗三百，授之以政，不达；使于四方，不能专对；虽多，亦奚以为？”他认为，学了《诗》却不能迁移应用，那将没有任何意义。“比兴情境—观阅文本—群体交流—怨说得体”展示的是一种开放的学习程序，走进文本以习得知识与能力，走出文本以寻求发展机遇、锻炼生存智慧，二者的完美结合才是最有意义的学习。教学设计的“怨说得体”环节安排了两个写作活动，前者在目前语文教学中比较常见，后者比较少见。后者要求结合诗歌特点与文学知识发表评论，才是真正意义上的语文学习。

“怨说得体”环节如果经常强化后者的练习，学习者的主体性和发展性就会落到实处，因为这非常符合现代教育科学反馈性有效学习的理论。

学习反思

1. 教学活动的“观”部分，一共设计了4个小活动，分别以诗歌文本各层次的4个中心句为阅读理解的重点，这样设计有何好处？教学活动的“群”部分，也设计了4个小活动，分别以不同的诗歌知识作为讨论的话题，这样设计有何好处？希望结合参与式学习的有效性条件——“有语文知识问题情境”进行思考，发表各自的学习体会。

2. 你对孔子“兴观群怨”学程的展开式以及“比兴情境—观阅文本—群体交流—怨说得体”有何新的认识？请发表自己的观点与大家分享。

材料二

杜甫几首登高诗的研究性学习教学设计

教学目标：

1. 领悟杜甫登高诗宇宙感悟、沉郁顿挫的艺术风格。

2. 掌握借助诗眼、意象、意境、情感、手法、语言诸要素学习诗歌的方法。

3. 应用“行成于思”学程引领语文学习活动的实践方式。

教学过程：

1. 吟诵。吟诵杜甫七言律诗《登高》，领悟诗篇雄奇壮阔，寓宇宙、万物、人生为一体的意境，以及忧国忧民、生命悲苦而始终不渝的情怀。在吟诵领悟的基础上，要求抓住诗眼“悲”，解释它是如何统领全诗的情感基调的；用自己的话描绘诗句展示的宇宙感悟意境；寻读诗句采用的意象、手法，分析它们对强化诗眼、表现意境发挥了哪些作用；从押韵、对仗、平仄、结构等角度理解诗的语言特点；发表对杜甫诗歌沉郁顿挫艺术风格的见解。

2. 博览。拓展阅读杜甫其他几首有关登临题材的诗篇，如《登岳阳楼》《登楼》《白帝城最高楼》《望岳》等诗作，适当参考有关杜甫诗歌的评论，领略诗人卓越的艺术才能。

3. 提要。品味鉴赏已经阅读过的杜甫关于登临的诗篇，就每首诗的诗眼、意象、手法、意境、情感、语言特点概括出书面提要；发表《望岳》诗从内容和情感上与其他几首诗不同特点的见解。

4. 钩玄。了解杜甫的社会经历与思想倾向，结合吟诵、博览、提要中对几首诗的理解与分析，以及自己对学习过的杜甫诗篇的印象，解释登高题材对表现诗人的情怀有什么作用，宇宙感悟、沉郁顿挫、忧国忧民与登高题材是怎样融会贯通、化为一体的。

学习反思

1. 教学设计中提到“掌握借助诗眼、意象、意境、情感、手法、语言诸要素学习诗歌的方法”。你对此有何理解？希望你写一篇文章发表自己的看法。

2. 你认为韩愈的“行成于思”学程，以“吟诵—博览—提要—钩玄”作为语文学习的 4 个环节，对当代语文教学具有怎样的意义？

3. 诗言志、诗缘情、诗美言是古代教育家总结出来的诗教特征。“执子之手，与子偕老”是如何体现这一特点的？这两句诗传达了中华文化的哪些美好情感？让大家听到你的声音。

4. 朱熹的“学诗之序”以“章句—训诂—讽咏—涵濡”的方式展开，

这个学程对解决目前语文教学中的“去语文”“假语文”现象有何现实价值？请发表看法和大家讨论。

材料三

《短歌行》教学设计

教学目标：

1. 通过不同时代、不同体式的古诗词学习，逐步掌握“知人论世，以意逆志”的古诗词鉴赏方法。

2. 通过赏析具体篇目的言说方式、艺术表现方式、审美方式，感知这些方式背后的独特情思。

3. 以诗歌中诗人的思想情感、艺术手法、生平经历等为切入点，学写文学短评。

第一课时

教学目标：

1. 通过赏析本诗独特的表达方式，感悟诗人广纳贤才的气度胸襟，深入认识抒情主人公的形象特点。

2. 通过诗文比较，理解本诗情感表达的特点和优势。

教学过程：

我看曹操

活动 1　构筑云词图

课前布置学生通过投票（多选）选出能够体现曹操形象的词语，根据学生投票结果生成云词图。

师：同学们，今天我们来学习《短歌行》。这首诗歌的作者是曹操，同学们对他并不陌生。在预习作业中，同学们选出了符合自己所了解的曹操形象的一些词语，下面我们来看一下大家选择的结果。

（云词图词条及投票数量）

奸雄（67） 多疑（62） 雄才大略（57） 文学家（55） 挟天子以令诸侯（54） 文武双全（44） 乱臣贼子（43） 口是心非（33） 自私残暴（30） 汉贼（22） 白色脸谱（21） 统一北方（18） 胸襟广阔（18） 栋梁之材（15） 爱才惜才（7） 悲悯苍生（4） 虚怀若谷（学生补充词条）（教师给出一部分词条，同学可补充词条）

活动 2　词条数据分析

师：我们可以看出，“奸雄”“多疑”这两个词语应该是大多数同学的选择。我想请同学来说说看，为什么会有这种认识？

生 1：曹操生性多疑，比如他杀了神医华佗，就是因为华佗说他的头疼必须要做开颅手术，而曹操认为华佗这么做是要谋害自己，还有他在梦中杀了身边的侍从，其实是他误以为侍从要害自己。

生 2：还有曹操在逃亡的路上投奔自己的老朋友吕伯奢，吕伯奢出门打酒，家人要杀猪招待他，结果他怀疑人家是要杀他，就先动手杀了这一家人，离开的路上遇到吕伯奢打酒回来，知道是误会，但他还是把朋友也杀了。

师：关于这个事，还有一句话广为流传，那就是“宁教我负天下人，休教天下人负我”。这句话一出，曹操的奸雄形象就更加深入人心了。不过，这些证据是从哪里得到的呢？

生（齐声）:《三国演义》。

师：看来同学们对《三国演义》这部小说的内容非常熟悉。在这部书中，作者很成功地将曹操塑造成了一个“奸雄”形象，也影响着后世人对曹操的判断。不过，我发现在我们的云词图上，还有几个词也是大家高频选择的对象，比如“雄才大略”和“文武双全”。谁选了这两个词？来给大家说明一下理由。

生 3：曹操在东汉末年“挟天子以令诸侯”，是中国北方的实际统治者，所以我认为他是一个有雄才大略的领袖。同时他还是一位杰出的文学家，他是“建安文学”的开创者，我们初中读过曹操的《观沧海》，这首诗歌也体现出他很有文学造诣。

师：说得很好，用很简洁的语言概括了曹操的政治成就和文学成就。云词图里有一个词语，选择的同学很少，它就是“胸襟广阔”。另外，还有同学在选项外补充了一个词“虚怀若谷”，这似乎和最高频的词是矛盾的，我想请这位同学来说说为什么。

生 4：因为我认为多疑和奸雄只是《三国演义》中曹操的形象特点，并不等于历史中真正的曹操就是这样的形象。首先华佗、吕伯奢的真正死因在历史上并没有定论，这是罗贯中写的。另外在东汉末年，实际上曹操阵营里的人才最多，甚至一些人才都是从敌人的阵营中投奔来的，我觉得这从侧面反映出曹操应该是一个重视人才、胸襟开阔、虚怀若谷的明主。

师：这是你从哪里获取的知识呢？

生 4：我比较喜欢这段历史，在初中看《三国演义》的时候也参考了一些史料。

师：看来这位同学探究式的阅读方式的确很有用。它能够让我们更加理性地看待一位历史人物，而不是听信小说家的一面之词。毕竟《三国演义》是有很明确的“尊刘贬曹”的思想倾向的。

师：苏轼说“文如其人”，就是说一个人的文章风格和他的性格特点是相似的。曹操的诗歌被评价为“古直悲凉、气韵沉雄”，是“建安风骨”的最佳诠释，而初中时同学们读过的《观沧海》也向我们展现了曹操的雄才大略和恢宏气度。今天我们通过学习《短歌行》，也能对曹操的人物形象有更深入的理解和认识。

我读曹操

师：《短歌行》是曹操写作的一首以“求贤”为主题的诗歌，现在我们不妨假设自己就是一名东汉末年的优秀人才，在这乱世之中正渴望能够有一番作为，现在大家一起来朗读一下曹操的这首《短歌行》。

（学生齐读）

师：在读到这首求贤诗歌时，有哪些地方打动了你这位优秀人才，让你想去为曹操效力呢？请同学们分小组讨论，结合诗句分析是什么打动了你。

活动3　小组讨论，合作探究，汇报成果

小组1：我们小组对“青青子衿，悠悠我心。但为君故，沉吟至今”这几句很有感触。因为这里化用了《诗经·子衿》的诗句，把自己对人才的渴望比作是女子对心上人的思念，非常真挚动人。

师：求贤之心未必人人都有，可思念却是很普遍的情感，以熟悉来比陌生，可以引起每位读者的共鸣，是吗？有没有同学知道“青青子衿，悠悠我心”原作中的后两句？

生5：纵我不往，子宁不嗣音？

师：意思就是说，即使我不去找你，你怎么不写信给我？原本是姑娘埋怨心上人的情绪，但这种话一般是赌气，不会说出口的。曹操这里也没说出口，但他的意思是什么呢？

生5：他没办法找到所有的人才，但希望人才能主动来投奔自己！

师：说得好，看来我们也懂得曹操这番含而不露的心思了。

小组2：“呦呦鹿鸣，食野之苹。我有嘉宾，鼓瑟吹笙。”这几句曹操借《诗经·小雅·鹿鸣》中的诗句，告诉投奔他的人会得到丰厚的待遇。

师：能够得到尊重对人才来说是很有吸引力的。诗人在这里使用了典故，这有什么好处？哪位同学可以来说说看？

生6：用典可以让诗歌的抒情更加委婉含蓄。

师：没错，但含蓄不代表不让人理解，而是借古人之口，让诗歌更有内涵了，在抒情时更加生动而有感染力，从而达到言简意丰的效果。

小组3：我们读完前八句就很有感触，诗人感慨人生短暂、时光易逝，

所以借酒浇愁。这种忧愁其实是很多人都有的，这就能够引起共鸣。

师：说得很对，时间都去哪儿了，这是人们心中普遍存在的疑惑，尤其是在什么情况下我们特别喜欢思考这个问题呢？

生（齐声）：假期结束的时候。

师：这个回答太真实了，尤其是假期结束，作业还没做完的时候吧！其实我们会感慨时光易逝，主要是因为自己无所作为。所以曹操此时感慨人生几何，其实内心深处的忧愁是还没能建立功业。这对于广大有识之士来说更有感染力。他在呼吁大家，快来和我一起施展抱负吧！

小组 4："明明如月，何时可掇？忧从中来，不可断绝。"诗人把人才比作明月，抒发了人才难得的忧愁。"越陌度阡，枉用相存。契阔谈讌，心念旧恩。"这几句让我们感到曹操把自己的姿态放得很低，让对方屈驾来看望自己。他的谦逊让人才们觉得很受尊重。但是我们没明白，"契阔谈讌"为什么指久别重逢？

师：有同学能回答这个问题吗？

生 7：我觉得是因为有的人可能是从敌方阵营投奔来的，比如荀彧、贾诩，曾经曹操和他们是敌人，有过交锋，后来他们成为曹操的谋士，所以说是重逢。

师：可以这样理解。也许曾经在战场上兵戎相见，也许神交已久，但曹操都欢迎之至，是不是更显得他胸襟气度不凡？

小组 5：我们觉得最后八句特别好。首先诗人用比喻的手法，把人才比作乌鹊，把群雄比作树枝。当时在乱世之中很多人才是犹豫彷徨的，不知道该为谁效力。但是曹操接着又化用诗句说自己"山不厌高，海不厌深"，意思是说，我很需要人才，多多益善，你们都来我这里吧！不用担心没有你的位置。接着借"周公吐哺"的典故表达自己求贤若渴的心情，希望天下的有识之士都能与自己同心。

师：分析得很到位。通过分析艺术手法，我们可以很准确地把握诗人的情感。所以这几句能打动我们的地方在于，曹操对于那些人才犹豫不决、无所适从的心理的理解与关怀，以及广纳人才的气魄。另外作者之所以用周公的典故，还在于周公为西周政权的建立与稳定立下不世之功。这也表现出他渴望一统天下的豪情。这样一个有豪情、有理想、有共情的领袖的确值得人才为之效忠！

第二课时

教学目标：

通过群诗联读，逐步探索文学短评的切入点。

教学过程：

诗文对比

师：除了这首诗歌，曹操在建安十五年（210）还为招揽人才颁布了一纸公文。现在大家来阅读这篇《求贤令》，思考一下，同样以“求贤”为主题，它与诗歌的作用有什么区别？

展示：

求贤令

曹操

自古受命及中兴之君，曷尝不得贤人君子与之共治天下者乎？及其得贤也，曾不出闾巷，岂幸相遇哉？上之人求取之耳。今天下尚未定，此特求贤之急时也。

“孟公绰为赵、魏老则优，不可以为滕、薛大夫”。若必廉士而后可用，则齐桓其何以霸世！今天下得无有被褐怀玉而钓于渭滨者乎？又得无盗嫂受金而未遇无知者乎？

二三子其佐我明扬仄陋，唯才是举，吾得而用之。

活动4　同桌探讨，展示成果

师：哪位同学来说说你的发现？

生7：虽然两个作品都表达了求贤若渴的心理，但诗歌的情感更充沛，更能打动人心。而《求贤令》更具体，让读者能够知道曹操需要什么样的人才。

师：什么样的人才？

生7：他说“唯才是举”，就是有才华就行。根据注释我们可以了解到，他在第二段里提到的那些有才华的人都是道德品质上有问题的，但他并不介意。

师：说得很好！《求贤令》的文体是应用文，它的功能是公布选拔标准“唯才是举”。而《短歌行》这首诗歌，则是以时光易逝、功业无成的慨叹引发共鸣，以真诚的渴盼打动人心，以谦逊的姿态表达尊重，以关怀与共情建立信任，以豪迈的气魄吸引归附，重在以情动人。

活动5　群诗联读，教师答疑，辅助理解

教师提供阅读材料：《短歌行》《蒿里行》《薤露行》《龟虽寿》《观沧海》

学生自读，互相交流，加深对曹操诗歌思想内容和艺术成就的认识，为文学短评的写作积累素材。

活动6　写作文学短评

依据读诗和研讨成果，教师展示参考选题，学生撰写文学短评。（课后完成）

文学短评选题参考：1. 巧用比兴表情思；2. 心系生民显雄才；3. 慷慨苍凉建安风。

学生短评节选一：

“铠甲生虮虱，万姓以死亡。白骨露于野，千里无鸡鸣。”这段触目惊心的文字，将东汉末年董卓之乱中军、民凄惨的遭遇，社会惨烈的境况用平实的语言展现无遗。“荡覆帝基业，宗庙以燔丧。播越西迁移，号泣而且行。”将董卓毁坏汉室宗庙，胁迫天子西迁的大破坏景象勾勒显现。“月明星稀，乌鹊南飞，绕树三匝，何枝可依。”这四句也有人解读为东汉末年中原战乱不休，百姓流离失所情形的比兴描绘。曹操以他“生民百遗一，念之断人肠”的沉痛心情，将亲身所历、亲眼所见或以“实录”或以比兴的

方式写进诗歌，让后世读者为之伤怀，为之震撼。这恐怕不是一个自私残暴、多疑狠戾的乱臣贼子所思所写，这些忧思或许是曹操延揽贤才、平定天下的重要动力。

教师简评：该短评着眼于三首诗中对东汉末年动乱场景的描绘，由此探寻诗人心志，初步尝试了“以意逆志”的鉴赏方法。切入点甚佳，还有进一步深入挖掘的余地。

学生短评节选二：

前不久读到《滕王阁序》中“老当益壮，宁移白首之心？穷且益坚，不坠青云之志”的句子，得知这是年轻的王勃在经历人生挫折后发出的时代强音；同时，也想到了曹操《龟虽寿》中“老骥伏枥，志在千里；烈士暮年，壮心不已”的诗句。前者被视为盛唐之音的前奏，后者是建安时代的强音。盛唐即将到来之时，有雄厚的时代背景支撑王勃发出如此的慨叹，这很容易为人理解；但是身处东汉末年那群雄逐鹿、纷争不已的乱世，曹操能发出这种慷慨激昂的豪迈之声，更是令人感慨，更何况他写作这首诗时已迈入老年。他平定北方、征战乌桓，将董卓之乱以来的混乱逐步归于稳定，把自己的豪情壮志、不世功业用四言诗这种节奏鲜明整齐的诗体表达出来，阔大而豪壮。也许，盛唐的豪迈正是远远地承续了曹操所表达的这种慷慨豪迈之气，绵绵不绝，越发精彩！

教师简评：该短评将盛唐之音和建安风骨纳入了相互比较的视野，从两首（篇）杰作中发掘了他们在时代精神上的共性，眼光独到，视野开阔，思维活跃。同学们可以这篇短评为契机，更多地阅读相关诗文，由感性认识逐渐走向理性分析，增进诗文鉴赏的能力。

（设计者：甘肃省兰州市第一中学　陈静怡）

学习反思

1. 从单元整合视野说说你对《短歌行》教学的新认识。

2.《短歌行》教学体现了“1+X”教学设计的理念，你认为教学实践中我们要注意些什么？

·课节讨论·

1. 本课节的两个学习活动分别从散文教学、诗歌教学的视角探讨参与式教学设计的意义、策略和价值，有教学设计案例，有知识方法引领。学习之后，你肯定对散文教学和诗歌教学的设计有了一些新的思考，通过短文的形式让大家分享你的收获。

2. 诗歌教学中应用了古代语文学程来设计教学过程，用意是唤醒语文教师用中国语文实践方式教诗歌的潜能。你学习后有何想法？可写一篇文章去投稿。

3. 本课节以南宋叶绍翁《游园不值》里的诗句“春色满园关不住，一枝红杏出墙来”起兴导入，分别用北宋道潜《江上秋夜》中的诗句“月在浮云浅处明”和北宋程颢（一作朱熹）《秋月》中的诗句“清溪流过碧山头”为两个学习活动命名。学习了本课节的内容后，你对诗句的含义、活动名称、学习内容之间的联系有何认识？请发表出来与大家共享。

课节十三

参与式小说与戏剧教学设计

“落木千山天远大，澄江一道月分明。”这是北宋黄庭坚《登快阁》里的诗句，意思是说，登阁远眺，千山万树落叶飘飘，诗人却看到了天的辽远和阔大；一道江水澄澈如碧，诗人却从中发现了月亮的光明和美丽。这种意外的收获、流动的喜悦带给人的陶醉，就像阅读小说、欣赏戏剧一样充满心动和快乐。通过参与式小说与戏剧教学设计的学习，你会在促进专业发展、提高言语能力和审美素养方面有所领悟，有所收获。

学习目的

1. 掌握参与式小说教学的设计策略。
2. 运用参与式活动设计戏剧教学过程。

活动一

三峡江声流笔底（小说教学）

学习目标

1. 能够探究小说人物的性格内涵，提高欣赏小说的能力。

2. 能够明确小说教学的基本知识和能力要素，设计参与式小说教学活动。

学习过程

1. 把学习者分为 4 个小组，确定小组组长和记录员。

2. 全体学习者对学习材料进行学习，用心思考，准备积极参加讨论。

3. 各小组展开讨论，记录员认真记录大家的发言要点。

4. 各小组派代表陈述讨论结果。

5. 教师及时评点。

学习材料

小说鉴赏活动教学设计

教学目标：

1. 明确小说教学的基本知识和能力要素。

2. 了解小说中人物、情节、环境的重要作用和它们之间的关系。

教学过程：

活动 1　小说人物再现

目标：

1. 体会小说通过语言、动作等手段塑造人物的方法。

2. 增加学生阅读和再创作的兴趣。

时间：30 分钟。

过程：

1. 用报数的方法把参与者分成两组。

2. 给两组分别发放相关材料。

3. 甲组研究材料中参与表演的人物，并分配角色、制作简单的道具。

4. 乙组讨论材料中人物的性格特征，并画出评分表，写在白纸上。

5. 甲组选一位参与者朗读“旁白”提示，主要人物和围观者依次上场，开始表演。

6. 乙组根据表演中的表现，依表演者的语言、动作、神态是否符合角色的性格为依据评分，将结果写在白纸上。

7. 甲、乙两组互换，再做上述工作。

8. 两组分别选一位代表陈述评分的标准和制订标准的理由，并宣读结果。

9. 讨论：表演者是否准确地把握和再现了小说中的人物性格，为什么？

提示：

1. 活动把重点放在设计（情节、人物语言）和表演（表情、动作）上，使参与者体会小说中的语言、动作、外貌的描写对表现人物的重要作用。

2. 鼓励参与者发挥想象和联想，设计出符合人物个性以适合特定场景的细节。

活动2　异想天开

目标：认识小说的情节对展示人物性格、反映社会现实的作用。

时间：30分钟。

过程：

1. 将参与者分成四组，每人发放相关图表材料。

2. “头脑风暴”，完成图表材料要求的内容。

3. 小组内交流填写图表的结果，并选出有代表性的两份图稿，画在白纸上展示。

4. 各组代表分别说明自己填写图表的情况。

5. 反思：本活动是否达到了让参与者了解小说情节重要性的目的？还有哪些更好的活动形式？

提示：

1. 活动中要让参与者了解情节是人物性格展开的过程，也是社会画面展开的过程；小说的情节来源于生活，是现实生活的提炼，比现实生活更集中、更有代表性。

2. 应鼓励参与者对情节“预料之外、情理之中”的创造性扩展，鼓励多向思维，也应保留对同一情节表达的主题的不同理解。

活动3　对号入座

目标：

1. 体会环境描写在表现人物和渲染气氛、推动故事情节方面的重要作用。

2. 了解环境描写的重要性。

时间：25 分钟。

材料：白纸、剪刀、彩笔、固体胶等。

过程：

1. 将参与者分成 4 组，每组各发放材料——“小说常识”（材料略）。

2. 一起阅读材料。

3. “头脑风暴”：环境描写在小说中各有怎样的作用？

提示：

1. “环境模拟”的材料应多于“情节”材料，这样有利于参与者体会不同背景可以衬托同一情节和主题，同一背景也可以对不同情节和主题起到衬托作用。

2. 活动中让参与者明确：材料中有的属于社会环境描写，有的属于自然环境描写。社会环境描写作用主要是交代时代背景，自然环境描写可渲染气氛，烘托人物的情绪，推动故事情节的发展。

（设计者：甘肃省兰州市第一中学 黄万盛）

学习反思

本则小说鉴赏活动突破了以往阅读文本、赏析评论的固定模式，通过典型人物模拟、典型环境模拟、故事情节创设等活动形式，让学生“穿越”其中，与小说中人物共命运，身临其境地体验小说角色的喜怒哀乐，感悟参与式学习的独特魅力。这种独具匠心的教学设计，对你和你的同伴有哪些启发？讨论一下，发表学习体会与大家分享。

活动二

六朝帆影落樽前（戏剧教学）

学习目标

1. 运用参与式策略设计戏剧教学活动，培养学生欣赏戏剧的兴趣。

2. 明确没有冲突就没有戏剧的道理，让学生在参与中体验戏剧艺术的魅力。

学习过程

1. 把学习者分为 4 个小组，确定小组组长和记录员。

2. 全体学习者学习两则“教学设计”，用心思考，准备积极参加讨论。

3. 要求 1—2 组围绕材料一展开讨论，3—4 组围绕材料二展开讨论，记录员认真记录大家的发言要点。

4. 各小组派代表陈述讨论结果。

5. 教师及时评点。

学习材料

材料一

《窦娥冤》教学设计

《窦娥冤》是元代戏曲大师关汉卿的代表作，它深刻地反映了社会现实，塑造了光彩照人的窦娥形象，戏剧冲突尖锐、扣人心弦，悲剧的魅力经久不衰。戏剧是语言的艺术，本文又具有浓郁的生活气息和强烈的抒情色彩，因而教学中把诵读作为首要环节，让学生通过多种方式的读，切实感受人物心理，仔细体会剧作的情味，为深层探究做好铺垫。现实主义是关汉卿剧作的一大特色，但是学生对人物悲剧命运的认识往往肤浅，所以在赏析中设计研讨环节，让学生真正体味窦娥悲剧的思想内涵。同时，本设计打算使用“支架范式”，即通过教师的引导和帮助，逐渐把学习的任务及学习管理工作转移给学生，让学生主动地发现知识、运用知识，和同伴们一起去完成更高水平的学习任务。

教学目标：

1. 理解文本，了解主人公窦娥的内心世界，分析作品的深层含义。

2. 诵读品味，评论关汉卿元杂剧的语言特色。

3. 同情窦娥的遭遇，认同她的抗争精神。

教学过程：

第一课时

一、导入新课

（投影展示电影《窦娥冤》剧照）这就是被后人高度评价为“中国杂剧第一戏”的《窦娥冤》。王国维对其的评价是“即列之于世界大悲剧中，亦无愧色”。这部剧的作者就是元代杂剧大师——关汉卿。看看幻灯片，酝酿情感，披文入情。

二、走近作者

师生互动共叙自己知道的关汉卿。

1. 史家评价:（关汉卿）多才多艺、风流倜傥、狂狷不羁、傲然独立。

2. 自我描述：我是个蒸不烂、煮不熟、捶不扁、炒不爆、响珰珰一粒铜豌豆，恁子弟每谁教你钻入他锄不断、斫不下、解不开、顿不脱、慢腾腾千层锦套头？我玩的是梁园月，饮的是东京酒，赏的是洛阳花，攀的是章台柳。我也会围棋、会蹴鞠、会打围、会插科，会歌舞、会吹弹、会咽作、会吟诗、会双陆。你便是落了我牙，歪了我口，瘸了我腿，折了我手，天赐予我这几般儿歹症候，尚兀自不肯休。则除是阎王亲自唤，神鬼自来勾，三魂归地府，七魄丧幽冥，天啊！那其间才不向烟花路儿上走。（多媒体展示）

3. 人生际遇：关汉卿是个饱学之士，却与仕途失之交臂。元代社会，尚武轻文，等级森严。民族分四等，汉人、南人被压在最底层；职业分十级，有一官、二吏、三僧、四道、五医、六工、七匠、八娼、九儒、十丐之说。

4. 戏剧贡献：关汉卿号已斋（一作一斋），约生于金末或元太宗时，编有杂剧67部，现存18部。其中《窦娥冤》《救风尘》《拜月亭》《单刀会》等是他的代表作。后人列关汉卿、马致远（《汉宫秋》）、白朴（《墙头马上》）、郑光祖（《倩女离魂》）为元曲四大家。

三、杂剧知识

元杂剧的结构由“四折一楔子”构成。四折的内容分别构成故事的开端、发展、高潮、结局。“折”既是一个音乐单元，又是一个情节段落、叙事单元。一折戏，由同韵同宫调的一套曲子组成，而一部杂剧的四大套曲又与情节发展的“起、承、转、合”相呼应。“楔子”则是四折正戏之外的过场戏，主要起联系剧情的作用，其位置灵活，并不一定置于剧首。元杂剧的“角色”是表征性别、年龄、职业以及善恶、美丑、忠奸、贤愚等特点的人物类型，演员既代表某个“人物”，又代表某类“角色”。如男女主角分别称为“正末”与“正旦”，一般都是正面人物。对人物的角色定位包含着作家对人生、人性的褒贬评判。净，俗称“大花脸”，多扮相貌、性格上有特异之处者如粗暴勇猛的人物。丑，俗称“小花脸”，多扮次要角色。此外，还有“卜儿”（老妇人。卜是“娘”的简写）、孛老（老头儿）、孤（官员）、徕儿（小厮）、细酸（读书人）、邦老（盗匪）、洁郎（和尚）等角色。元杂剧采用一人主唱的表演方式，一折戏的一套曲子由正旦或正末独唱，其他角色只说不唱。由正旦主唱的戏叫“旦本”，由正末主唱的戏叫“末本”。这种一人主唱的形式有利于突出主要人物。

第二课时

一、阅读剧本，梳理情节

要求按出场先后整理各部分的人物表，用对联概括各部分的情节。

楔子：人物——蔡婆子、窦天章、端云

情节（对联）——蔡婆子索债得儿媳，窦秀才受助应科举。

第一折：人物——　　　　情节（对联）——

第二折：人物——　　　　情节（对联）——

第三折：人物——　　　　情节（对联）——

二、诵读曲辞，涵养语感

第一折:《混江龙》《清哥儿》《寄生草》

第二折:《梁州第七》《斗蛤蟆》《黄钟尾》

第三折:《滚绣球》《耍孩儿》《二煞》《一煞》

第三课时

一、分析鉴赏，合作探究

元杂剧的曲辞实际上就是诗歌，在赏析的时候应该抓住典型意象、意境和运用的典故，明确表现手法、语言特色，体会曲辞表达的思想感情。

1. 教师引领，赏析《混江龙》。

生活状况：茶饭不思，孤枕难眠。

描绘意境：锦花烂漫，圆月高悬。（乐景衬哀情）

抒发情感：心中愁闷，孤寂凄凉。（叠词）

2. 学生探究，分组赏读。

① 分组赏析《清哥儿》《梁州第七》《斗蛤蟆》《黄钟尾》四支曲辞。

② 各小组赏析，记录要点；小组代表发言，师生互动评价。

3. 赏析《滚绣球》《耍孩儿》《二煞》《一煞》。

① 指导诵读。

② 问题探究。

讨论：

① 三桩誓愿的作用。（情节、形象、情感）

② 如何看待三桩誓愿的应验？（浪漫主义手法）

二、指导背诵，强化效果。

第四课时

话题：窦娥之冤

一、窦娥冤在哪里？请用课文中相关注解和剧情概述回答。基本点：被嫁祸、代受过。

二、窦娥之冤何以验证？请依据课文内容概述说明。基本点：三桩誓愿——血溅白练，三伏降雪，亢旱三年。

三、窦娥之冤的悲剧性与深刻性。

（一）诵读。学生分角色诵读窦娥鸣冤与应验的内容，从【鲍老儿】至结束。一位读窦娥说唱的内容，一位读监斩官的话语，一位读刽子手的言语，一位读括号内解说内容。

（二）研讨。三桩誓愿明明是反科学的，作者却让它们都实现了。这是宣扬迷信，还是另有目的？下面请分组研讨。

活动要求：

1. 组长带领本组成员再读这段文字，加深印象。

2. 就圈点的关键词，交流各自的看法。

3. 组长记下达成共识的观点，在全班交流。

基本点：采用超现实的浪漫主义手法——从情节角度看，凸显窦娥之冤感天动地，使作品更具悲剧效果。从反映现实看，强化对社会黑暗的揭露，增强批判现实的力度。从塑造人物看，突出了窦娥的不屈不挠，使人物形象更有亮度。从反映民意看，传递了百姓申冤平冤、雪恨安良的共同心声。

重点品读【滚绣球】曲辞，做到当堂背诵，着重把握窦娥斥天骂地，剑指黑暗的统治，包括官场黑暗、法制混乱。她喊出的是个人的也是整个受压迫者共同的心声。这里的窦娥就有了典型意义。

（三）献疑。引导回溯前半部分，培育学生的质疑发现。

窦娥为顾怜婆婆，连命都将舍去，赴法场前却还要顾惜婆婆伤心而选择走后街，岂不傻上加傻吗？基本点：从塑造人物角度看，这里表现窦娥的柔弱，连面对婆婆“气杀”的一点勇气都没有；后面展示窦娥的刚强。两相对照，效果更好，刚柔相济，使得窦娥的形象更丰满。从悲剧意义角度看，写窦娥避见婆婆，也是很有表现力的一笔。《窦娥冤》这出戏之所以撼人心魄，就是因为窦娥太善良、太崇高了。

四、从《窦娥冤》看悲剧的民族特色。

请看屏幕:（多媒体显示，课内完成）

古希腊悲剧是命运的悲剧。(《被缚的普罗米修斯》)

莎士比亚的悲剧是个性的悲剧。(《哈姆莱特》)

关汉卿笔下窦娥的悲剧是什么性质的呢？请大家根据给出的材料判断。（多媒体显示）

窦娥因父亲求取功名欠下债务而抵债成为童养媳；窦娥因张驴儿对婆婆

下毒误伤张父而替婆婆屈招受过；窦娥因官吏昏聩、法制黑暗而蒙冤问斩。

（设计者：甘肃省白银市第十中学　张玲玲）

学习反思

1. 从本设计中学到了哪些有关戏剧的基本知识，这些知识对设计参与式戏剧教学活动有帮助吗？和学习伙伴讨论一下，发表看法与大家分享。

2. 本设计从简单的戏剧知识准备到深刻的悲剧性质探讨，层层推进，步步深入，高潮迭起。联系参与式“由易到难有梯度设计活动”的策略，发表各自的学习感言。

材料二

戏剧教学活动设计

教学目标：

1. 熟悉戏剧文学的基本特点。

2. 掌握鉴赏戏剧的常用方法。

教学过程：

活动 1　我来做编剧

目标：

1. 了解戏剧艺术的综合性特点，其对时间、空间高度集中的要求。

2. 提高鉴赏戏剧文学的兴趣。

时间：30 分钟。

过程：

1. 把参与者分成四组。

2. 给各组发放附件中材料一，并把材料中的图片剪开。

3. 小组讨论，把图片按“适合舞台表演”“比较适合舞台表演”“不适合舞台表演”的要求选出来，贴在白纸上。

4. 各组派代表说明选择的情况，比较哪个组选择得更准确。

5. 发放附件中材料二。

6. 各组分别将材料中的内容也按上述要求分成三类，贴在白纸上。

7. 全体讨论：有些内容为什么不适合舞台演出？戏剧文学（剧本）必须遵循哪些原则？

8. 总结。

提示：

1. 考虑到现代戏剧舞台声、光、电技术的应用，参与者只要说得有理，答案不必强求一律。

2. 讨论中应明确：戏剧艺术是一种综合艺术，戏剧文学（剧本）是戏剧表演的基础。戏剧演出受舞台各种条件的限制，剧本必须遵循时间、空间高度集中的原则。戏剧文学与电影文学有一定的区别。戏剧主要借助人物的语言、动作的表演，限制较多；电影更多地借助光、电、声构成画面，手段更丰富。

附件：

材料一　哪些是可以被戏剧艺术运用的？请挑选出来。

将图片剪开，贴入表内。

类别	适合舞台表演	比较适合舞台表演	不适合舞台表演
图片			

材料二　哪些内容适合舞台表演？哪些比较适合舞台表演？哪些不适合舞台表演？

1. 只见远远地一个汉子，挑着一副担子唱道：“赤日炎炎似火烧，野田禾稻半枯焦……”	2. 诸葛亮舌战群儒。	3. 地壳运动，火山爆发，气候剧变，大量的植物死亡，恐龙开始灭绝。

续表

4. 我心里忽然有一种很古老的东西涌上来……读过的书，有的近了，有的远了，模糊了……忽然又仿佛看见棋呆子的母亲用一双弱手一页一页地折书页。	5. 有的人叫道："孔乙己，你脸上又添上新伤疤了！"他不回答，对柜里说："温两碗酒，要一碟茴香豆。"	6.《三国演义》。
7. 数以万计的飞船，掠过大大小小的星际陨石，冒着雨丝般的激光束的射击，以光速前进。	8. 雨村道："方才何故不令发签？"门子道："老爷荣任到此，难道就没抄一张本省的'护官符'来不成？"	9. 航空母舰行驶在波涛汹涌的夜的太平洋上，天际不时闪过炮弹和鱼雷爆炸的火光，透过光亮，可以看到满天的浓烟和海面上漂浮着的船甲残骸和死尸。
10. 浓烟继续自我欣赏，继续在摇摇摆摆中腾空。他一边飞舞一边扩散，色彩越来越淡，声音越来越微弱。飞升呀，飞升呀，最后终于完全消失了。	11. "你看这段布美不美？"两个骗子问。他们指着，描述着一些美丽的花纹——事实上它们并不存在。	12. 小草偷偷地从土里钻出来，嫩嫩的，绿绿的。园子里，田野里，瞧去，一大片一大片满是的……风轻悄悄的，草软绵绵的。

将表格剪成方块，按类型贴入表内。

类别	适合舞台表演	比较适合舞台表演	不适合舞台表演
内容			

活动 2 自编自演

目标：

1. 认识戏剧中展示矛盾冲突、塑造人物的主要手段是人物的语言、动作。

2. 感知“没有冲突就没有戏剧”的道理。

时间：50 分钟。

材料：白纸、彩笔、剪刀、固体胶等。

过程：

1. 把参与者分成红、蓝两组。

2. 发放附件中材料三，本组内合作填写图中的内容。讨论：戏剧中的人物是怎样联系起来的？

3. 发放附件中材料四。

4. 本组讨论，设计人物关系示意图，写在白纸上。

5. 根据人物关系示意图和提示，组内合作编写短剧。

6. 红组上台表演，蓝组观看、评价。

7. 蓝组上台表演，红组观看、评价。

8. 将人物关系示意图、剧本草稿贴在墙上展示。两组评论人物关系设计、编剧、表演方面的优点和不足。

9. 思考：矛盾冲突在戏剧艺术中有什么重要作用？

提示：

1. 按活动目的的需要，参与者应将设计重点放在人物之间的矛盾冲突方面，并力求通过矛盾冲突展现人物的性格。

2. 让参与者明确：戏剧必须有集中、强烈的矛盾冲突。戏剧中的矛盾冲突有外在冲突和内在冲突之分，如人与人、人与社会、人与自然之间的矛盾冲突是外在的冲突，人物内心的矛盾是内在的冲突。

附件：

材料三 《雷雨》人物之间的关系与矛盾

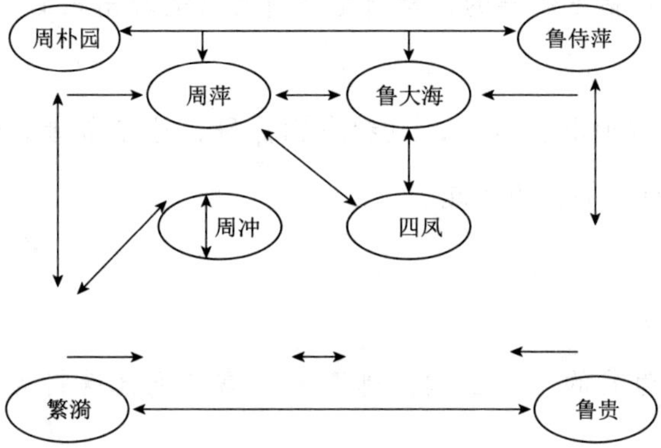

材料四　根据下面的材料完成以下工作：

1. 设计一个人物关系图。

2. 编写短剧。

3. 分角色表演（表演时间不超过 10 分钟）。

学生陶陶打碎了教室的一块玻璃，玻璃划伤了一个同学的手指，一名学生、一名班干部、一个处理问题简单粗暴的男教师、一个耐心细致的女教师、学校教导主任、两个家长、学校校长等人依次出场，处理这件事……

活动 3　看“戏”、评“戏”

目标：通过戏剧人物的语言、动作认识人物特点，了解戏剧中人物形象的塑造方法。

时间：20 分钟。

材料：材料五、白纸、彩笔。

过程：

1. 将参与者分成红、黄、蓝三组。

2. 发放材料五。

3. 以组为单位研究所发材料，评价材料中的人物性格特征。

4. 各组陈述本组研讨的结果，从材料中任选两个片段，派代表朗诵。

5. 评论朗诵者把握人物性格的准确性。

6. 思考材料中的人物性格是怎样的，材料是通过什么表现出来的。

7. 集体总结。

学习提示：活动可以增加电化教学，观看戏剧片段，让参与者评论或模仿。所用材料可根据参与者的能力另选。

材料五

（一）《打渔杀家》片段

萧　恩　哎呀儿啊！为父的上得公堂，那赃官一言不问，就将为父重责了四十！

桂　英　好贼子！

（唱散板）

骂一声贼子真可恨。

欺压爹爹为何情？

桂　英　爹爹你受屈了！（哭）

萧　恩　这还不算受屈呀！

桂　英　啊，怎样才算受屈呢？

萧　恩　那赃官言道，叫为父连夜过江与那贼前去赔礼，那才是受屈呢。

桂　英　爹爹你是去也不去？

萧　恩　哎——呀！说甚么去与不去？为父恨不得今晚肋生双翅，飞过江去，我要杀……

桂　英　禁声！（萧恩、桂英双望门。萧命桂英关门）

爹爹，杀甚么？

萧　恩　杀他的满门！

桂　英　爹爹啊，他们势力浩大，爹爹你，你……还是忍耐了吧！

萧　恩　休得多口，取为父衣服、戒刀过来！

桂　英　爹爹！不去也罢！

萧　恩　儿就不要管了哇！

桂　英　（捧衣服戒刀）还是不去的好！

萧　恩　唉，拿了过来！儿在家好好看守门户，为父去了。

桂　英　爹爹请转！

萧　恩　做甚么？

桂　英　孩子也要跟随前去。

（二）《茶馆》片段

松二爷　好像又有事儿？

常四爷　反正打不起来！要真的打的话，早就到城外头去啦，到茶馆里来干吗？

（二德子，一位打手，恰好进来听见了常四爷的话）

二德子　（凑过去）你这是在对谁甩闲话呢？

常四爷　（不肯示弱）你问我哪？花钱喝茶，难道还叫谁管着吗？

松二爷　（打量了二德子一番）我说这位爷，您是营里当差的吧？来，坐下喝一碗，我们也是外场人。

二德子　你管我当差不当差呢！

常四爷　要抖威风，跟洋人干去，洋人厉害！英法联军烧了圆明园，尊家吃着官饷，可没见您去冲锋打仗！

二德子　甭说打洋人不打，我先管教管教你！（要动手）

（三）《悭吝人》片段

（他的钱箱被儿子和儿子的仆人偷走，他在花园就喊捉贼，出来帽子也没有戴）

阿尔巴贡：

贼！捉贼！捉凶手！捉杀人犯！王法，有眼的上天，我完啦，叫人暗害啦，叫人抹了脖子啦，叫人把我的钱偷了去啦。这会是谁？去了什么地方？他在什么地方？他躲在什地方？我怎么样才找得着他？往什么地方跑？不往什么地方跑？他不在那边？他不在这边？这是谁？站住。还我钱，混账东西……（抓住自己的胳膊）啊！是我自己。我神志不清啦，我不晓得我在什么地方，我是谁，我在干什么。哎呀！我可怜的钱，我可怜的钱，我的好朋友！人家把你活生生从我这边抢走啦；你既然被抢走了，我也就没有依靠，没有了安慰，没有了欢乐。我是什么都完啦，我活在世上也没有意思啦。没有你，我就活不下去。全完啦，我再也无能为力啦，我在咽气，我死啦，我叫人活埋啦。难道没有一个人愿意把我救活过来，把我的宝贝钱还我，要不然也告诉我，是谁把它拿走的？哦？什么？没有人。不管是谁下的这个毒手，一定用心在暗地里算计我的：不前不后，正好是我跟我那忤逆儿子讲话的时候。走。我要告状，拷问全家大小：女佣人，男佣人，儿子，女儿，还有我自己。这儿聚了许多人！我随便看谁一眼，谁就可疑，全像偷我的钱的贼。哎！他们在那边谈什么？谈那偷我的钱的贼？楼上什么声音响？他会不会在上头？行行好，有谁知道他的下落，求谁告诉我。他有没有藏在你们当中？他们全看着我，人人在笑。你看吧，我被偷盗的事，他们一定也有份。快来呀，警务员，宪兵，队长，法官，刑具，绞刑架，刽子手。我要把那几个人绞死。我找不到我的钱呀，跟着就把自己吊死。

（设计者：甘肃省兰州市第一中学　黄万盛）

学习反思

1. 这也是一则很有个性的参与式学习设计，每个活动完全将学生置身于戏剧人物与戏剧环境的中心，在激烈的矛盾冲突中，体验戏剧的语言，参悟角色的情感，认识真实的社会。整个活动过程带给你哪些感慨与激励？对你的教师专业发展有何帮助？请谈谈你的看法。

2. 如果把类似的参与式活动带进你的课堂教学，你将会如何设计它、实践它、创新它？请发表你的感言。

·课节讨论·

1. 本课节的两个参与式学习活动，主要围绕小说教学和戏剧教学展开，但展示的设计风格、学习情境、活动方式均各有特色。体验了整个学习过程，你肯定对参与式教学设计有了一些新的思考，能告诉大家吗？

2. 学习了本课节，你对小说教学、戏剧教学的设计与实践有哪些新的感悟和想法？希望你写一篇文章。

3. 本课节以北宋黄庭坚《登快阁》里的诗句“落木千山天远大，澄江一道月分明”起兴导入，用宋代米芾《望海楼》中的诗句“三峡江声流笔底”“六朝帆影落樽前”分别为两个学习活动命名。学习了本课节的内容后，你对诗句的含义、活动名称、学习内容之间的联系有何认识？发表出来与大家共享。

课节十四

参与式文言文教学设计

“日长睡起无情思，闲看儿童捉柳花。”这是南宋杨万里《闲居初夏午睡起》（其一）里的诗句。诗人说自己初夏睡起，像许多人一样慵懒而难觅情思，看着儿童兴致勃勃地捕捉飘飞的柳絮，无意中有了一种悠然的闲趣。诗句本来和文言文教学扯不上关系，如果将角色翻转一下，就有了这样的打油诗句：学习文言无情思，呆看老师吐柳花。文言文是语文教学中的难点，因为文本语言、人物情趣、社会背景都和学生的生活世界相去甚远，所以学生感到学习文言文困难很多。于是出现了打油诗句所说的现象：学生对学习文言文没有兴趣，只是呆看着老师字斟句酌，口吐柳花。当然，还是有不少教师积累了丰富的经验，使文言文教学充溢着智慧，充满了情趣，学生不仅学到了知识，提高了理解文言文的能力，而且对文言文产生了难以割舍的情怀。学习本课节的内容，领略参与式文言文教学的设计智慧。

学习目的

1. 掌握古文诵读、古文理解的基本知识和方法。
2. 领悟参与式文言文教学设计促进学生发展的作用。
3. 从语文名师的课堂教学中领略文言文教学的魅力。

活动一

微径断桥寻古寺（古文诵读）

学习目标

1. 探究古文诵读的知识与能力训练要素。

2. 明确参与式文言文教学的设计方法。

学习过程

1. 把学习者分为 6 个小组，确定小组组长和记录员。

2. 全体学习者学习“古文诵读教学设计”，用心思考，准备积极参加讨论。

3. 要求 6 个小组分别围绕材料一中“活动 1”至“活动 6”展开讨论，记录员认真记录大家的发言要点。

4. 各小组派代表陈述讨论结果。

5. 教师及时评点。

学习材料

材料一

古文诵读教学设计

教学目标：

1. 明确诵读在古文学习中的重要作用。

2. 了解并掌握古文诵读的技巧。

3. 养成良好的诵读习惯。

活动 1　文言文诵读方法的探究与交流

目标：明确诵读在古文学习中的重要作用。

时间：5 分钟。

过程：

“头脑风暴”：你认为学习文言文最行之有效的方法是什么？有何根据？

诵读是学习古文的最重要的方法之一，诵读是前人总结出来的行之有效的学习文言文的好方法。

古书不厌百回读，熟读深思子自知。

书读百遍，其义自见。

熟读唐诗三百首，不会吟诗也会吟。

读得多了，熟了，就能增强语感，逐步理解文章的内容，掌握其语言规律，从而自己也就会写作了。诗歌、散文莫不如此。我们今天并不要求学写文言文，但是经常诵读，对提高阅读文言文的能力，无疑会有很大的裨益。

活动 2 这些字音怎么读

目标：

1. 弄清文言文中一些常见字的读音。

2. 掌握文言文中一些容易读错的字的特点及读音规律。

3. 重视字的读音，养成良好的诵读习惯。

时间：20 分钟。

材料：练习材料、白纸、彩色笔（或粉笔、黑板）。

过程：

1. 发放材料。以小组为单位，给材料中加点的字注音并解释，然后朗读这些词句。

2. 1、2 组完成“材料一”“材料二”，3、4 组完成“材料三”“材料四”。

3. 1 组和 3 组，2 组和 4 组交换，在上一组完成的基础上进行修改。

4. 各组回到原位，看看别的组对哪些地方进行了修改。

5. 小组代表依次说出加点字的读音和意义。

6. 大家发表看法。

7. 明确：这些字音很容易读错，如果读错了音，诵读就失败了。看来，不管是古文也好，现代文也罢，诵读的一个最基本的条件是——读准字音。

8. 齐读附件中“材料一”至“材料四”中的词句。

9. 讨论：容易误读的一般有几种情况？

10. 谈谈对“破音异读”“通假异读”“古音异读”的理解。

附件：

给下面各材料中加点的字注音并解释。

材料一

（1）平原君使者冠盖相属于魏。（《史记·信陵君窃符救赵》）

（2）六艺经传皆通习之。（《师说》）

（3）是以先帝简拔以遗陛下。（《出师表》）

（4）表恶其能而不能用也。（《赤壁之战》）

（5）君子博学而日参省乎己，则知明而行无过矣。（《荀子·劝学》）

（6）夜久语声绝，如闻泣幽咽。（《石壕吏》）

（7）永元中，（张衡）举孝廉不行，连辟公府不就。（《张衡列传》）

（8）既加冠，益慕圣贤之道。（《送东阳马生序》）

（9）疾在腠理，汤熨之所及也。（《扁鹊见蔡桓公》）

（10）两股战战，几欲先走。（《口技》）

材料二

（1）三岁贯女，莫我肯顾。（《诗经·硕鼠》）

（2）盖欲日知其所亡，月无忘其所能。（《论语》）

（3）欲信大义于天下。（《隆中对》）

（4）从弟子女十人所。（《西门豹治邺》）

（5）屈原至于江滨，被发行吟泽畔。（《屈原列传》）

（6）五万兵难卒合。（《赤壁之战》）

（7）属予作文以记之。（《岳阳楼记》）

（8）居十日，扁鹊望桓侯而还走。（《扁鹊见蔡桓公》）

（9）楚人有涉江者，其剑自舟中坠于水，遽契其舟……（《吕氏春秋·察今》）

（10）风吹草低见牛羊。（《敕勒歌》）

（11）博闻强识而让。（《礼记》）

（12）默而识之，学而不厌，诲人不倦。（《论语》）

材料三

（1）沛公欲王关中。（《鸿门宴》）

（2）今王与百姓同乐，则王矣。（《孟子》）

（3）乃使其从者衣褐，怀其璧，从径道亡。（《廉颇蔺相如列传》）

（4）王尝语庄子以好乐，有诸？（《孟子》）

（5）富贵不归故乡，如衣锦夜行。（《汉书》）

（6）即欲乘便以此行之事语汝。（《与妻书》）

（7）弦弦掩抑声声思，似诉平生不得志。（《琵琶行》）

材料四

（1）然臣之弟子禽滑厘等三百人，已持臣守圉（御）之器，在宋城上而待楚寇矣。（《墨子》）

（2）公输盘为楚造云梯之械。（《墨子》）

（3）侍医夏无且以其所奉药囊提（dǐ）轲。（《荆轲刺秦王》）

（4）荆轲知太子不忍，乃遂私见樊於期。（《荆轲刺秦王》）

（5）昨夜见军帖，可汗大点兵。（《木兰诗》）

（6）周景王之无射也。（《石钟山记》）

（7）后月余，单于出猎，独阏氏子弟在。（《苏武传》）

（8）秦愿献商、于之地六百里。（《屈原列传》）

（9）高渐离击筑，荆轲和而歌，为变徵之声。（《荆轲刺秦王》）

活动3　句读（一）——加标点

目标：

1. 明确句读的概念。

2. 分清句读。

时间：25分钟。

材料：附件中材料一至材料五。

过程：

1. 给发放的两段文字材料（材料一、材料二）加上标点，然后小组讨论。

2. 第1小组代表简述材料一的内容，第二小组代表进行补充说明。第3小组代表简述材料二的内容，第4小组代表进行补充说明。

3. 第1小组代表按标点的情况朗读“材料一”，第2小组代表说出各个停顿处的标点。然后讨论、齐读。第 3 小组代表按标点的情况朗读附件中材料二，第 4 小组代表说出各个停顿处的标点。然后讨论、齐读。

4.“头脑风暴”：刚刚我们是给一段文言文加标点，这个工作在古代叫什么？

句读。古书一般是不断句的，前人读书要自己断句。古代断句用“、”（zhǔ）作标志，在语意未完需要停顿的地方，点在两个字的中间；在句终的地方，点在字的旁边。后来用圆圈作为句终的标志。在一句末尾用“。”断开，叫“句”；在语意未完而需要停顿的地方用“、”断开，叫“读”。

5. 掌握句读知识对教师、对学生各有何作用？

6.“头脑风暴”：你刚才主要依据什么给文言文加标点呢？

7. 发放附件中材料五。

活动说明：关于加标点的文言短文材料的难易，培训者可视参与者的程度和学习时间的长短来选择。若时间宽裕、参与者程度较高，可选用文字较长、难度相对较大的材料，如材料三、材料四。

附件：

材料一

孔子曰言之不文行而不远又曰辞达而已矣夫言止于达意即疑若不文是大不然求物之妙如系风捕影能使是物了然于心者盖千万人而不一遇也而况能了然于口与手者乎是之谓辞达辞至于能达则文不可胜用矣（苏轼《答谢民师书》）

材料二

湖阳公主新寡帝与共论朝臣微观其意主曰宋公威容德器群臣莫及帝曰方且图之后弘被引见帝令主坐屏风后因谓弘曰谚言贵易交富易妻人情乎弘曰臣闻贫贱之知不可忘糟糠之妻不下堂帝顾谓主曰事不谐矣（司马光《资治通鉴》）

材料三

樊姬楚国之夫人也楚庄王罢朝而晏问其故庄王曰今旦与贤相语不知日之晏也樊姬曰贤相为谁王曰为虞丘子樊姬掩口而笑王问其故曰妾幸得执巾栉以侍王非不欲专贵擅爱也以为伤王之义故所进与妾同位者数人矣今虞丘子为相数十年未尝进一贤知而不进是不忠也不知是不智也不忠不智安得为贤明日朝王以樊姬之言告虞丘子虞丘子稽首曰如樊姬之言于是辞位而进孙叔敖孙叔敖相楚国富兵强庄王卒以霸樊姬与有力焉（刘向《新序·杂事》）

材料四

沧州南一寺临河干山门圮于河二石兽并沉焉阅十余岁僧募金重修求二石兽于水中竟不可得以为顺流下矣棹数小舟曳铁钯寻十余里无迹一讲学家设帐寺中闻之笑曰尔辈不能究物理是非木柹岂能为暴涨携之去乃石性坚重沙性松浮湮于沙上渐沉渐深耳沿河求之不亦慎乎众服为确论一老河兵闻之又笑曰凡河中失石当求之于上流盖石性坚重沙性松浮水不能冲石其反激之力必于石下迎水处啮沙为坎穴渐激渐深至石之半石必倒掷坎穴中如是再啮石又再转转转不已遂反溯流逆上矣求之下流固慎求之地中不更慎乎如其言果得于数里外然则天下之事但知其一不知其二者多矣可据理臆断欤（纪昀《阅微草堂笔记·河中石兽》）

材料五　给文言文加标点应注意的一些问题

1. 通读全文，综合运用所学过的知识，顾及前后文，反复研究，把握主要内容。如弄清文中说的是什么人，办的是什么事，采用的是什么方式，取得了什么结果，等等。

2. 确定词的句中意义，注意语序、分析句式，重点解决一些疑难。例如，有些词语是属上还是属下，是句还是读，就需要运用文言知识反复研究。

3. 把握古文语句讲究整齐对称的特点。

4. 参考一些对话的标志，如“曰”“云”“言”等。

5. 一些常用虚词，也可作为断句的参考。如常放在句首的“盖”“夫”“故”“岂”，放在句末的“之”“也”“矣”“焉”“哉”“乎”“欤”“耳”“邪(耶)”等。

6. 以上几点只对断句起辅助作用。对正确断句起决定作用的是古代汉语、古代历史文化知识和阅读浅易文言文能力的总的水平。而这些知识只能在平日的学习中不断积累，不断熟练掌握。

活动4 句读（二）——句中停顿

目标：

1. 掌握句中停顿的规律。

2. 读清句读。

时间：15 分钟。

材料：附件中材料一和材料二。

过程：

1. 在诵读已加注了标点的文章时，根据标点符号读出停顿的长短、语调的抑扬，是不是就可以朗诵好了呢？还要注意一些什么？句中停顿。我们还是通过活动来体会。

2. 发放附件中材料一。

3. 标出材料中各个句子句中需要停顿的地方，符号“/”。

4. 结果展示，代表讲解，其他人发表意见。齐读。

5. 总结规律。哪几个在读法上属于同一类型？

6. 发放附件中材料二。

附件：

材料一 标出材料中各个句子句中需要停顿的地方，符号“/”。

（1）中间力拉崩倒之声。

（2）率妻子邑人来此绝境。

（3）云髻半偏新睡觉，花冠不整下堂来。

（4）三军以利用也，金鼓以声气也。

（5）璧有瑕，请指示王。

（6）（霍）光与左将军桀结婚相亲。

（7）如此则荆吴之势强，鼎足之形成矣。

（8）此所谓“强弩之末势不能穿鲁缟”者也。

（9）天下有变，则命一上将将荆州之军以向宛洛，将军身率益州之众出于秦川。

（10）夫以疲病之卒御狐疑之众，众数虽多，甚未足畏。

（11）盖儒者所争，尤在于名实，名实已明，而天下之理得矣。

（12）故天将降大任于是人也，必先苦其心志，劳其筋骨，……

（13）老吾老以及人之老，幼吾幼以及人之幼。

（14）人马烧溺死者甚众。

（15）吾恐季孙之忧，不在颛臾，而在萧墙之内也。

（16）操虽托名汉相，其实汉贼也。

（17）今齐地方数千里。

（18）刘备天下枭雄。

（19）予独爱莲之出淤泥而不染，濯清涟而不妖，中通外直，不蔓不枝，香远益清，亭亭净植，可远观而不可亵玩焉。

材料二　句中停顿的一般规律。

1. 长句子的句中停顿，要辨清语意和语言结构。

a. 主谓之间一般要停顿。

b. 宾语较长时，在谓语动词之后一般要停顿。

2. 引文之前一般要停顿。

3. 放在句子开头领起全句或全段的一些虚词（发语词或句首语气词，如“夫”“盖”“惟”“故”“其”“若夫”“至若”等）之后必须作停顿。

4. 在古代是两个单音词，而现代汉语中恰巧是一个复音词，词义也发生变化的时候，要分开来读。如：可以、妻子、初一、其实、地方、形成、以及、结婚、利用、睡觉、中间、指示等。

活动 5　读出句子的语气

目标：

1. 能够辨别文言语句的语气。

2. 能够读出各类文言语句的语气。

时间：15 分钟。

材料：附件中材料一和材料二。

过程：

1. “头脑风暴”：诵读除了要读准字音、读清句读，还要注意些什么？读出语气，读出文章的感情和气势，表现出文章中抑扬顿挫、跌宕起伏的节奏感。用语言表达感情色彩，总是带着语气的。在文言文里，词的感情色彩、句的构造、修辞手法的运用，都和语气的表达密切相关。

2. 发放附件中材料一，按要求完成练习题。

3. 按 1—4 组的顺序，各组依次由一人对其中一句的语气作出判断，并读出来。

4. 讨论：读出语气要注意哪些方面？

5. 发放附件中材料二。

附件：

材料一　判断下列句子的语气

（1）古之学者必有师。师者，所以传道受业解惑也。

（2）呜呼！孰知赋敛之毒有甚是蛇者乎！故为之说，以俟夫观人风者得焉。

（3）愿早定大计，莫用众人之议也。

（4）其业有不精，德有不成者，非天质之卑，则用心不若余之专耳，岂他人之过哉！

（5）而此独以钟名，何哉？

（6）今所谓慧空禅院者，褒之庐冢也。

（7）种植之利有大于此者乎？

（8）则汉室之隆，可计日而待也。

（9）廷掾起矣。状河伯留客之久，若皆罢去归矣。

（10）以残年余力，曾不能毁山之一毛，其如土石何？

（11）阙秦以利晋，唯君图之。

（12）臣之壮也，犹不如人；今老矣，无能为也矣。

（13）甚矣，汝之不惠！

（14）群葩当令时，只在花开之数日，前此后此，皆属过而不问之秋矣。芙蕖则不然。自荷钱出水之日，便为点缀绿波；及其茎叶既生，则又日高日上，日上日妍。有风既作飘飖之态，无风亦呈袅娜之姿，是我于花之未开，先享无穷逸致矣。迨（dài，及，到）至菡萏（花苞）成花，娇姿欲滴，后先相继，自夏徂（cú）秋，此则在花为分内之事，在人为应得之资者也。及花之既谢，亦可告无罪于主人矣；乃复蒂下生蓬，蓬中结实，亭亭独立，犹似未开之花，与翠叶并擎，不至白露为霜而能事不已。此皆言其可目者也。

材料二　读出句子的语气应注意的地方

（1）读出句子的语气应以理解文章的思想内容为基础。

（2）语言是有声的艺术，应放声朗读。

（3）用普通话读。

（4）注意语气词（可表提顿、陈述、祈使、疑问、感叹、肯定、期望、推测等不同语气）。

（5）语调要自然。

（6）要把握词语的感情色彩。

（7）注意句式。

（8）读出修辞效果。

活动 6 内容回眸

目标：温习前面所讲的内容。

时间：5 分钟。

材料：前面学习过程中已用的材料。

过程：

“头脑风暴”

（1）前面我们共同学习了哪些内容？

（2）明确诵读的重要性，掌握诵读的要领——读准字音，读清句读，读出语气。

活动 7 实战大演练

目标：巩固前面所讲的内容。

时间：15 分钟。

材料：诵读材料。

过程：

1. 发放诵读材料《赤壁赋》。

2. 实战大演练（诵读）准备。（5 分钟）

3. 四个小组的代表依次读①至④自然段，大家发表看法。

4. 按要求齐读。

5. 给出关键词，试作背诵。

附件：

赤壁赋

苏轼

壬戌之秋，七月既望，苏子与客泛舟游于赤壁之下。清风徐来，水波不兴。举酒属（zhǔ）客，诵明月之诗，歌窈窕之章。少焉，月出于东山之上，徘徊于斗牛之间。白露横江，水光接天。纵一苇之所如，凌万顷之茫然。浩浩乎如冯虚御风，而不知其所止；飘飘乎如遗世独立，羽化而登仙。

于是饮酒乐甚，扣舷而歌之。歌曰：“桂棹兮兰桨，击空明兮溯流光。渺渺兮予怀，望美人兮天一方。”客有吹洞箫者，倚歌而和之，其声呜呜然，如怨如慕，如泣如诉。余音袅袅，不绝如缕。舞幽壑之潜蛟，泣孤舟之嫠（lí）妇。

苏子愀然，正襟危坐而问客曰：“何为其然也？”客曰：“‘月明星稀，乌鹊南飞’，此非曹孟德之诗乎？西望夏口，东望武昌，山川相缪（liáo），郁乎苍苍，此非孟德之困于周郎者乎？方其破荆州，下江陵，顺流而东也，舳舻（zhúlú）千里，旌旗蔽空，酾（shī）酒临江，横槊赋诗，固一世之雄也，而今安在哉？况吾与子渔樵于江渚之上，侣鱼虾而友麋鹿，驾一叶之扁舟，举匏（páo）樽以相属。寄蜉蝣与天地，渺沧海之一粟。哀吾生之须臾，羡长江之无穷。挟飞仙以遨游，抱明月而长终。知不可乎骤得，托遗响于悲风。”

苏子曰：“客亦知夫水与月乎？逝者如斯，而未尝往也；盈虚者如彼，而卒莫消长也。盖将自其变者而观之，而天地曾不能以一瞬；自其不变者而观之，则物与我皆无尽也，而又何羡乎？且夫天地之间，物各有主，苟非吾之所有，虽一毫而莫取。惟江上之清风，与山间之明月，耳得之而为声，目遇之而成色，取之无禁，用之不竭，是造物者之无尽藏也，而吾与子之所共适。”

客喜而笑，洗盏更酌。肴核既尽，杯盘狼籍。相与枕藉乎舟中，不知东方之既白。

设计说明：

1. 本设计只为提供一种教学思路，教师可根据自己的实际情况对其中所用材料进行增删取舍。

2. 教师在选择材料时，一定要注意材料的典型性和使用价值。

材料二

怎样学习文言文

学习文言文，懂得一些文言知识，具备阅读浅易文言文的能力，有助于加深对祖国传统文化的理解，还能够进一步提高其现代汉语的语言修养，增强其现代汉语的表达能力。

学习文言文的主要困难是词句古奥难懂。文言远离我们的时代，许多词语的意义、语法特点，我们感到陌生；记载的历史文化、典章制度，我们又不熟悉。解决的办法就是去理解它、熟悉它。理解、熟悉的重点是文言的常用实词、虚词和句式。要多朗读，多背诵，多总结，多翻译，勤查工具书。

朗读，是培养语感的重要方法，要在初步理解词句的基础上，反复朗读课文，使之朗朗上口。这样做，有助于词语的学习和记忆，能增进对课文内容的理解。朗读的时候，要眼到、口到、耳到、心到；要注意用普通话读准字音，尤其是一些异读字，要按课本注释中标注的读音去读，或者去查验有关的工具书；随着理解的加深，还要读清句读，读出感情。

背诵，是学习文言文的重要方法。通过背诵，整篇文章记熟了，其中实词的意义、虚词的用法也就记住了；涉及的文言句式也就熟悉了，有关的文化常识也就了解了。这样，背诵得越多，记得越多，在以后的阅读中，越能够触类旁通。这里特别应该指出的是，背诵应该是经过多遍诵读，边体会、边记忆的自然结果，而不是单纯的死记硬背。

学习文言文，还要对常用文言词和句式进行对比、归纳、总结，逐渐熟悉文言词句的特点和一般用法，领会其规律性和灵活性，再结合准确规范的翻译练习，逐步获得阅读浅易文言文的实际能力。

阅读文言文，总会有些词语不能理解，查工具书，既能解决疑难，又能节省学习的时间，提高学习的效率。中学生学习文言文常用的工具书有《古汉语常用字字典》《辞源》《辞海》等，其中《古汉语常用字字典》应是必备的工具书，要经常查阅。

总之，只要下苦功，认真熟读每一篇课文，掌握常用的文言词语和句式，并且了解一些古代文化的基本知识，就一定能够提高阅读文言文的能力。

（设计者：西北师范大学附属中学　辛万祥）

学习反思

1. 本设计从诵读、字音、句读、语气等方面系统介绍了文言文诵读的能力训练要点，并配以必要的练习材料，这种设计对提高学生的学习兴趣和学习能力有哪些作用？发表你的看法，与大家分享。

2. 本设计最后提供了阅读材料“怎样学习文言文”，这对文言文教学有何作用？说说你的学习体会。

材料三

让孔子智慧烛照今日心灵

——《〈论语〉十二章》课堂作品

教学目标：

1. 通过多种形式的朗读理解文本内容。

2. 通过模拟情境把握句子所蕴含的哲理。

3. 通过对孔子智慧的领悟解决现实困惑。

教学过程：

以孔子诞辰纪念日导入新课，简介孔子。

师:《论语》真是一部了不起的著作！请同学们看课后第一题和第二题，原来《论语》是可以分类学习的：修身、学习方法、学习态度。第一题已经给出修身的句子，那么哪些句子对应了“学习方法”和“学习态度”呢？

生：第1、4、5章对应了学习方法。

生：第7、9、10、12章对应了学习态度。

师：同学们的分类非常合理，当然也会有一些句子不单单属于一种分类。比如第一章，“人不知而不愠，不亦君子乎？”这句话是什么意思呢？

生：人家不了解我我却不怨恨，这样的人不是品德高尚的人吗？

师：所以，这句话属于哪种分类呢？

生：这句话指的是修身。

师：很好，关于“修身”的内容下节课我们再集中学习。

屏显分类：学习方法、学习态度、修身。

师：请同学们仿照老师的标记，在相应语句前面做上记号。下面请大家大声朗读课文，朗读时注意字词的读音。

生朗读课文。教师辨误。

活动1　朗读——读出文言味儿

师：下面我们就来朗读《论语》第一章，体会“以读代析”的奇妙。先来自由朗读，读出文言味儿。

一生朗读。

师：读得通顺流畅，但文言味儿不够浓。怎样才能读出浓浓的文言味儿呢？

生：把结尾那个字拖长了音来读。

师：非常棒！让我们齐声朗读，感受古代私塾的读书气氛。（生齐读）

师：老师还有一个读出文言味道的法宝，那就是——

生：反问句！

师：是的。作为反问句的语气词，“乎”自然要读出升调来。（生读出升调结尾，兴奋。）

师：让我们运用刚才一抓“乎”，二升调的方法再次朗读课文，读出文言味来。（生齐读）

师：这章论语告诉我们怎样的读书方法呢？

生：要经常复习。

生：要跟志同道合的朋友交流讨论，相互学习。

师：是的，让我们通过反复诵读，理解和领会孔子传授的学习方法。（生齐读，背诵）

第4、5章采用同样的方法来训练朗读。

活动2 演读——穿越时空的对话

师：同学们读得很好，作为奖励，下面老师带大家来做一个穿越游戏。

屏显：

回到两千五百年前。一生演孔子，一生演弟子。

生（孔子）：你要谨记，（ ）。

生（弟子）：弟子明白，您是说（ ），对吗？（同桌翻译，练习表演，师指导）

生（孔子）：你要谨记，温故而知新，可以为师矣。

生（弟子）：弟子明白，您是说，学习旧的知识，从而有新的理解和收获，这样就可以当老师了。对吗？

生（孔子）捋胡须点头：所言甚是。（生笑，鼓掌。其他组依次表演）

师：非常精彩！从你们身上，老师看到了孔子的端庄严肃，看到了他对学生的谆谆教诲，还看到了作为弟子的谦虚好学。

活动3 趣读——还原古人读书姿态

屏显：学习态度（三章）（生随意散漫地读）

师：老师发现大家要么是太过随意，要么是很刻板地朗读。朗读文言文的姿态，真的只能是这样吗？（生不好意思地摇头）

师：屏显学生在操场读《论语》的图片，让学生模仿朗读。（生起立，双手执书，双臂前平举，齐声朗诵）

师：我来采访一下同学们，这样朗诵你有怎样的感受？

生：感觉精神一下振奋了，不会犯困。

师：有提神醒脑功效。免得头悬梁锥刺股了。（生笑）

生：我体会到了庄重感，对孔子更加敬重了。

生：我感到优秀传统文化是很神圣的东西。

师：还有没有别的朗诵方式？请看《从百草园到三味书屋》里的句子——

屏显：

“我疑心这是极好的文章，因为读到这里，他总是微笑起来，而且将头仰起，摇着，向后面拗过去，拗过去。”

师：同学们能不能从这段文字中提取朗诵古文的方式呢？

生：要大声朗读。

生：要微笑。

生：将头仰起，摇着，向后面拗过去。

师：同学们读得很仔细！你能给大家表演下吗？（一生害羞地表演。掌声。其他学生朗读，师生点评）

师：孔子告诉我们要有怎样的学习态度？

生：爱好学习的人不如以学习为乐的人，我们不要厌学，要以学习为快乐。

生：几个人在一起，我们要善于学习他人身上的优点，如果他身上有缺点，要反思自己有没有，有则改之。

生：时间一去不复返，要珍惜时间。

活动 4　角色体验——我是心理咨询师

师：孔子虽然生活在两千多年前，但他的很多观点都能指导今天的学习和生活，下面我们就来进行一个角色体验的小游戏，体会孔子思想的妙处和用处。

屏显：角色体验——我是心理咨询师

规则：假如你是心理咨询师，请你引用《论语》中关于学习方法或学习态度的语句，对有困惑和烦恼的来访同学进行心理疏导。

【示例】

（来访者）妈妈天天批评我，说我就知道浪费大好时光，我都被烦得不想回家了。

（咨询师）孔子说："逝者如斯夫，不舍昼夜。"如果不珍惜时间，留给你的只能是后悔！（规劝）

【语言实践】

来访者：我的同桌学习成绩不好，也没有什么兴趣爱好，跟这么个一无是处的人同桌，严重影响我的心情。

咨询师：孔子说，"三人行，必有我师焉，择其善者而从之，其不善者而改之"。你的同桌可能不是你想象中那么优秀，但"尺有所短，寸有所长"，他也可能具备你没有的长处呢，你要多去发现，虚心学习啊！

【语言实践】

来访者：我挺喜欢读书，每天早读课我都是班里声音最大的一个，可是一到考试，成绩总是不理想，真是让人灰心失望。

咨询师：孔子说，"学而不思则罔，思而不学则殆"。大声读书自然是好的学习方法，但同时也要问问自己，你有没有深究所读内容的含义呢？有没有带着探究的心理去阅读呢？如果没有，尝试改变吧，或许你会有新的收获。

（学生分组表演，展示，教师点评）

师：同学们学以致用，个个都是自我疗愈的高手。让我们一起诵读"感动历史之人物——孔子"的颁奖词，再次致敬孔子。

（生齐读）

活动5 模拟情境——彰显孔子智慧

师：孔子被誉为“至圣先师”，他所传授的学问，是融入生活体验的学问，是点醒人心灵的学问，这就是我们今天为什么仍然需要读《论语》。课后请同学们自学疏通“修身”部分，自选真实的心理困境，设计一场心理咨询师和来访者的对话，让孔子的智慧烛照今天的心灵！

【学生模拟情境对话】

来访者：我以前是语文课代表，可是自从新语文老师接手我们班之后，语文课上几乎没有点过我回答问题，也没有和我谈心交流过，我一点都不喜欢新语文老师。

咨询师：孔子说过“人不知而不愠，不亦君子乎？”新语文老师没有重视你，可能因为他还没有完全适应新班级，对你的了解也不够，这不值得计较啊！你可以毛遂自荐，主动展示自己，这样的话他才可能关注到你呢。

【学生模拟情境对话】

来访者：我们家生活拮据，但我一看到别的同学都穿名牌运动服和鞋子，就很羡慕，自己也想买。我又无法说服自己不去惦记，真是太苦恼了。

咨询师：孔子曾说：“饭疏食，饮水，曲肱而枕之，乐亦在其中矣。”追求外在的物质是永无穷尽的，一个人只有淡看外在，重视内在，才能安放好自己的心，也更能获得别人的尊重。你说呢？

【教学反思】

《义务教育语文课程标准（2022年版）》强调把立德树人作为语文教学的根本任务，引导学生在学习语言文字运用的过程中，体认和传承中华优秀传统文化，积淀深厚的文化底蕴，增强文化自信。鉴于此，我设计了校园来访者和心理咨询师的模拟对话情境和言语表达任务。从学生的作业反馈来看，学生做到了对文本内容的深入理解，对文字背后所蕴含的中华人文精神和传统美德的领悟，也能够打通文本与生活，在日常情境或心理困境中加以运用，解决了自己的现实问题，实现了语文素养的提升。

（设计者：安徽省蚌埠市铁路中学　邓颖）

学习反思

1. 本课例中的朗读、趣读、演读、角色体验、模拟情境等活动设计对文言文学习有哪些作用？发表你的看法与大家分享。

2. 在新的时代背景下，我们如何学习传统文化经典，说说你的看法。

活动二

舌端幽渺致张皇（古文理解）

学习目标

1. 探究古文理解的知识与能力训练要素。

2. 明确参与式文言文阅读教学的设计方法。

学习过程

1. 把学习者分为 6 个小组，确定小组组长和记录员。

2. 全体学习者学习“古文理解教学设计”，用心思考，准备积极参加讨论。

3. 要求 6 个小组分别选择“活动 1”至“活动 6”展开讨论，记录员认真记录大家的发言要点。

4. 各小组派代表陈述讨论结果。

5. 教师及时评点。

学习材料

古文理解教学设计

教学目标：

1. 探索古文理解的方法和途径。

2. 激发学习古文的兴趣。

活动 1　智取黄龙

目标：

1. 展示一种自主学习、共同参与的学习方式。

2. 探讨这种学习方式的优点和不足。

时间：100 分钟。

活动介绍：

该活动由五个小活动组成。参与者要运用自己的知识和智慧，通过“知己知彼”“清剿喽啰”“闯关夺隘”“直捣黄龙”，达到“智取黄龙”的目的，亦即运用自己的智慧，通过合作学习，解决所给文言材料中字词、句子、篇章三方面的问题，从而掌握相关的文言知识。

各组可进行竞赛活动，在“清剿喽啰”“闯关夺隘”“直捣黄龙”等过程中，可依靠本组的力量直接“闯关”，也可寻求“帮助”。“闯关”成功的小组，可得“小红旗”。

“作战总结”是对本节学习情况的总结，归纳出“古文理解”方面带有规律性的东西。

活动过程参见图 4“‘智取黄龙’示意图”。

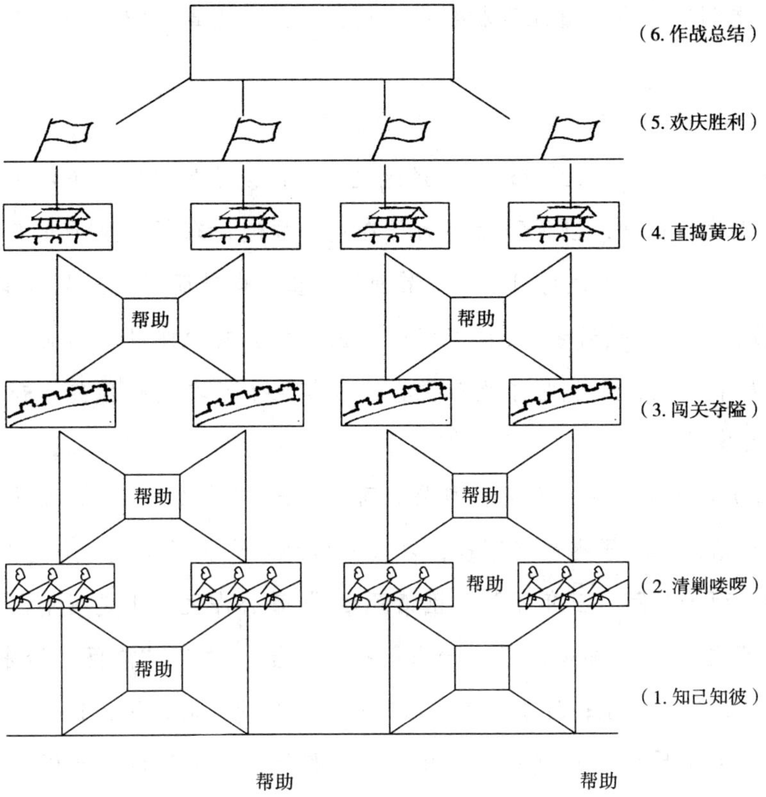

图 4　“智取黄龙”示意图

活动 2　知己知彼

目标：初步熟悉阅读材料，发现问题。

时间：20 分钟。

过程：

1. 发放“文言阅读材料”（一）至（四）（见附件）。

2. 通读四则材料，了解大体内容，勾画出重点和疑难点。

活动说明：

1. 附件所列的“文言阅读材料”，只是一些例子，培训者可根据自己的需要、参与者的水平等自主选择适当的材料。

2. 选例时，应尽量注意材料在字词、句式、篇章等方面的代表性、典型性。

附件：文言阅读材料

（一）秋水时至，百川灌河。泾流之大，两涘渚崖之间，不辩牛马。于是焉河伯欣然自喜，以天下之美为尽在己。顺流而东行，至于北海，东面而视，不见水端。于是焉河伯始旋其面目，望洋向若而叹曰："野语有之曰：'闻道百，以为莫己若者。'我之谓也。且夫我尝闻少仲尼之闻而轻伯夷之义者，始吾弗信；今我睹子之难穷也，吾非至于子之门则殆矣，吾长见笑于大方之家。"

（二）晏子治东阿，三年，景公召而数之曰："吾以子为可，而使子治东阿，今子治而乱。子退而自察也，寡人将加大诛于子。"晏子对曰："臣请改道易行，而治东阿，三年不治，臣请死之。"景公许之。于是明年上计，景公迎而贺之曰："甚善矣，子之治东阿也！"晏子对曰："前臣之治东阿也，属托不行，货赂不至；陂池之鱼，以利贫民。当此之时，民无饥者，而君反以罪臣。今臣后之治东阿也，属托行，货赂至，并会赋敛，仓库少内，便事左右，陂池之鱼，入于权家。当此之时，饥者过半矣，君乃反迎而贺臣。臣愚，不能复治东阿，愿乞骸骨，避贤者之路。"再拜，便僻。景公乃下席而谢之曰："子强复治东阿。东阿者，子之东阿也。寡人无复与焉。"

（三）初，楚子将以商臣为太子。访诸令尹子上。子上曰："君之齿未也，而又多爱，黜乃乱也。楚国之举，恒在少者。且是人也，蜂目而豺声。忍人也，可不立也。"弗听。既，又欲立王子职，而黜太子商臣，商臣闻之而未察，告其师潘崇曰："若之何而察之？"潘崇曰："享江芈（mǐ）而勿敬也。"从之。江芈怒曰："呼！役夫！宜君王之欲杀汝而立职也。"告潘崇曰："信矣。"潘崇曰："能事诸乎？"曰："不能。""能行之乎？"曰："不能。""能行大事乎？"曰："能。"冬十月，以宫甲围成王。王请食熊蹯而死。弗听。丁未，王缢。谥之曰"灵"，不瞑；曰"成"，乃瞑。

（四）贞观十七年，太宗谓侍臣曰："自古草创之主，至于子孙多乱，何也？"司空房玄龄曰："此为幼主生长深宫，少居富贵，未尝识人间情伪、治国安危，所以为政多乱。"太宗曰："公意推过于主，朕则归咎于臣，夫功臣子弟多无才行，借祖父资荫遂处大官，德义不修，奢纵是好。主既幼弱，臣又不才，颠而不扶，岂能无乱？隋炀帝录宇文述在藩之功，擢化及于高位。不思报效，翻行弑逆。此岂非臣下之过欤？朕发此言，欲公等戒勖子弟，即家国之庆也。"太宗又曰："化及与玄感，即隋大臣受恩深者子孙，皆反，其故何也？"岑文本对曰："君子乃能怀德荷恩，玄感、化及之徒，并小人也。古人所以贵君子而贱小人。"太宗曰："然。"

活动 3　清剿喽啰

目标：疏通字词。

时间：20 分钟。

材料：白纸、彩笔、活动 2 中文言阅读材料、"智取黄龙"示意图。

过程：

1. 设置障碍——发现目标。

各组从指定的两则阅读材料中分别挑出 3–5 个影响"闯关"的"喽啰"（不理解的或认为是理解本文较关键的字词），并分别写在白纸上。

阅读分工如下：第 1、2 组，材料（三）、（四）；第 3、4 组，材料（一）、（二）。

2. 厉兵秣马。

各小组讨论本组任务材料中的 3–10 个问题，时间 5 分钟。

各小组任务如下：第 1 组，材料（一）；第 2 组，材料（二）；第 3 组，材料（三）；第 4 组，材料（四）。

3. 清剿喽啰。各组报告人回答本组任务材料中的 3–10 个问题。不能回答的，可寻求帮助；回答错误的，其他参与者予以指出、纠正。

4. "清剿"评估。集体评议。全部回答正确，算"闯关成功"；回答不正确，在别人的帮助下有了答案，算“经帮助闯关成功”。对闯关的情况，用彩色笔在“智取黄龙”示意图上做出标示。

活动 4　闯关夺隘

目标：疏通影响阅读的句子，尤其要弄懂特殊句式的句子。

时间：20 分钟。

材料：白纸、彩笔、活动 2 中文言阅读材料、“智取黄龙”示意图。

过程：

1. 设置障碍——发现目标。

各组从指定的两则阅读材料中分别挑出 2—3 个较难理解或是特殊句式的句子，并分别写在白纸上。

阅读分工如下：

第 1、2 组，材料（一）、（二）；

第 3、4 组，材料（三）、（四）。

2. 厉兵秣马。各小组讨论本组任务材料中的 2–6 个问题，时间 5 分钟。各小组任务如下：第 1 组，材料（三）；第 2 组，材料（四）；第 3 组，材料（一）；第 4 组，材料（二）。

3. 进攻“关隘”。各组报告人回答本组任务材料中的 2–6 个问题。不能回答的，可寻求帮助；回答错误的，其他参与者予以指出、纠正。

4.“闯关”评估。集体评议。全部回答正确，算“闯关成功”；回答不正确，在别人的帮助下有了答案，算“经帮助闯关成功”。对闯关的情况，用彩色笔在“智取黄龙”示意图上做出标示。

活动说明：如果字词的问题解决了，那么一般句序句子的理解问题不会很大，所以，“闯关夺隘”的重点应放在“特殊句式”上。这一点教师要注意引导。

活动 5　直捣黄龙

目标：疏通关键语句，理解全文内容。

时间：20 分钟。

材料：

白纸、彩笔、活动 2 中文言阅读材料、"智取黄龙"示意图。

过程：

1. 设置障碍——发现目标。各组从指定的两则阅读材料中分别挑出 2 个在内容理解方面的问题，并分别写在白纸上。阅读分工如下：第 1、4 组，材料（二）、（三）；第 2、3 组，材料（一）、（四）。

2. 厉兵秣马。各小组讨论本组任务材料中的 2–4 个问题，并对本则材料的大意作简要概括。时间 5 分钟。各小组任务如下：第 1 组，材料（四）；第 2 组，材料（三）；第 3 组，材料（二）；第 4 组，材料（一）。

3. 发起总攻。各组报告人回答本组任务材料中的 2–4 个问题，并概括本则材料的内容。不能回答的，可寻求帮助；回答错误的，其他参与者予以指出、纠正。

4. "总攻"评估。集体评议。全部回答正确，算"闯关成功"；回答不正确，在别人的帮助下有了答案，算"经帮助闯关成功"。对闯关的情况，用彩色笔在"智取黄龙"示意图上做出标示。

5. 升胜利的旗帜，欢庆胜利。

活动说明："帮助"的设置，是为了让参与者明白，团结、合作、互助是追求新知、战胜困难的重要武器。在"欢庆胜利"时，对此应予以强调。

活动 6 作战总结

目标：通过对上面活动的总结，厘清文言字词、篇章内容等方面的学习思路，发现文言特殊句式的特点和规律。

时间：20 分钟。

材料：白纸、彩笔、前面活动中写有各小组提出的问题的白纸、发放的材料《古文阅读中应予重视的字词》《几种常见的文言特殊句式》。

过程：

1. 观察前面活动中各组挑选出的疑难字词。“头脑风暴”：哪些字词是我们在学习中应予以重视的？

2. 发放材料：《古文阅读中应予重视的字词》。

3. “头脑风暴”：文言文中的特殊句式有哪几种？各有什么标志？

4. 发放材料：《几种常见的文言特殊句式》。

5. “头脑风暴”：理解文章内容应注意些什么？

6. “头脑风暴”：“智取黄龙”这种活动在文言文教学中有何优缺点？在你的教学实践中，还运用过哪些有效的方法？

活动说明：

1. 前面的活动只是就事论事地解决了这几段短文阅读中遇到的一些具体问题，那么，哪些知识是参与者必须记住的，哪些是带有规律性的，是参与者应该掌握的，参与者明白了这些，会对解决以后遇到的类似问题有帮助。所以，“作战总结”是这类活动不可或缺的一个重要组成部分。

2. 由于时间的限制，在规定的时间里，有些内容难以展开，所以发放相关的知识归类材料是必要的补充手段。

设计说明：

1. 各组在讨论提出本组的问题时，培训者可适当参与意见，将重要的知识点纳入“问题”之中。

2. 由于时间有限，内容繁多，教师在“作战总结”时，要突出重点或有所侧重，要充分利用发放的材料，使教学由课内向课外延伸。

3. 各个活动中的阅读材料，教师可以根据参与者的水平或所选材料的难度，固定阅读某则材料，或进行交换阅读。固定阅读的好处是，参与者可以充分理解某则阅读材料，掌握其中的知识点，且操作简单，易于组织，一般适用于中学课堂教学。交换阅读的好处是，可以扩大参与者的阅读量，但组织较难，一般适用于程度较高的参与者。

（设计者：西北师范大学附属中学　辛万祥）

学习反思

1. 本节的活动是一个系列性的活动，内容又是比较枯燥的“文言文”，所以引入竞争机制，激发学习者的参与意识，调动其学习兴趣，这是活动有序、顺利进行的有效手段。学习以后，你对这种参与式设计方式有何看法？发表意见给大家听。

2. 能否发现问题、提出问题，恰恰是衡量学生是否主动学习的一个最重要的标志。老师提出问题，学生思考回答，说到底，学生学习仍是一种“被动”的思考。你对此有何看法？发表认识与大家分享。

3. 本设计大量地使用了“头脑风暴”活动来激励学生参与学习的积极性，发现学生理解的创造性。你认同这种设计吗？说说你的学习体会。

活动三

风流儒雅亦吾师（古文课堂）

学习目标

1. 探究语文名师的古文课堂，汲取有意义的教学经验。

2. 明确“以语文知识为中介”是设计参与式教学活动的基本条件。

学习过程

1. 把学习者分为 6 个小组，确定小组组长和记录员。

2. 全体学习者学习《小石潭记》课堂作品，用心思考准备，积极参加讨论。

3. 要求 6 个小组分别选择下列问题展开讨论：教师设计了哪些言语实践活动？学生的主体精神得到发挥了吗？记录员认真记录大家的发言要点。

4. 各小组派代表陈述讨论结果。

5. 教师及时评点。

学习材料

《小石潭记》课堂作品

教学目标：

1. 了解柳宗元在文学与文化方面的成就与贡献，激发主动探究、广泛阅读的兴趣。

2. 理解并欣赏美文，感受作者情趣，从中获得相应的读写方法。

3. 激发想象力，树立人地和谐观，涵养积极乐观的人生观。

教学方法：诵读法、品读法、自主合作探究法、情境教学法。

教学用时：1 课时。

教学过程：

1. 导入新课，对比激趣。

在《桃花源记》中，陶渊明在黑暗的社会现实面前，用他诗人的梦想给我们营造出了一个和美安乐的人间桃花源，成为后世人们乌托邦式的精神避难所。四百多年以后，又有一位失意文人柳宗元，他在历经打击磨难之后，寄情于大自然的青山秀水，发现了许多自然界的桃花源，其中之一便是那名不见经传的小石潭。我们今天就跟随他的脚步去探寻一下。

柳宗元被贬到湖南永州后，写下了《永州八记》。《永州八记》奠定了山水游记这一文体在中国散文史上的地位，《小石潭记》是其中的第四篇。

2. 自读自译，理解文意。

（1）齐读课文，初步感知。

① 学生准备：将注释中带拼音的字找出来并标注在文中。

② 朗读指导：要读准字音，读出文言文的韵味，注意拖音。

（2）译读课文，疏通文意。

① 字词点拨，方法指导。

出示课文词类活用现象，引导学生理解其含义，体会古人简约的语言风格。教给学生联系上下文、结合语境理解疑难字句的方法，鼓励学生敢于去阅读那些生涩难懂的古文。

② 对照注释，自读自译。（疑难问题勾画标记）

③ 小组合作，共解疑惑。

④ 全班交流，破疑解难。

3. 寻访故地，认识“柳文化”。

唐代的永州是远离中土的“蛮荒之地”，是个人烟稀少令人生畏的地方，州城区域极小。据史料记载，永州“元和初仅有户八百九十四”。

今天的永州，却是个拥有五百多万人口的大城市了。我们在感叹城市的发展变化之际，也不由得想到柳宗元对永州发展所做的历史文化贡献。

让学生知晓，是柳宗元通过自己的慧眼和妙笔将那些罕见的胜境传给世人，才有了永州山水的名扬天下。永州人将“柳文化”视为永州文化之根。

4. 随踪游览，品读妙境。

创设情境：永州市政府为了纪念柳宗元对永州发展所作的贡献，拟拍摄一组以《永州八记》为主题的纪录片，请你做导演。

（1）发现镜头：

其中《小石潭记》部分，你会选择在哪个季节拍摄？又会选取文中哪些画面做镜头呢？

提示：

季节可从自然景观的色彩和形态来判断。

镜头如：画面的静景、动景、近景、远景、全景、特写……

① 引导学生跟随作者的游踪去发现镜头画面，感受随着作者脚步和视线的变换而发生的景与情的变化。多角度欣赏文字所蕴含的画面美，体会

抓住特征描写的特点，感受作者游览的情趣（重点感受乐景、乐情，体会自然之怡情作用）。品读有声有色、有动有静、有情有味、空间感与画面感交融、充满生命气息的写景游记美文。

关键地方朗读体味，渗透朗读指导。如潭鱼部分要融入感情，读出意味："佁然不动"要读出静止感，"俶尔远逝"读出迅疾感，"往来翕忽"读出轻快感，"似与游者相乐"，读出忘我的乐趣。

② 通过趣味活动学习文章以作者的游览顺序（人—竹—石—树—鱼—溪……）为线索的行文方法，并以此线索，试背课文。

（2）想象补白：

引导学生发现文中没有写出却藏在文字空白处的画面。

① 由"竹树环合"到"寂寥无人"：竹树触动了他的神思。

补充竹文化的象征意义，还原情感生成过程。

② 由"寂寥无人"到"凄神寒骨"：前者意味较淡，后者情感极浓，其间必有心路历程。引导学生想象还原，来一场精神的穿越之旅。

呈现：

他想到自己当年春风得意，而今却流落到此蛮荒之地，壮志难酬而悲愤忧伤！

想到自己空有满腹经纶却无处施展，只能暗自悲伤；

想到千里之外的故园，那里藏着他曾经的欢笑，如今或许已经荒芜，因而感到忧伤；

看到周围的竹子俊逸挺拔、充满生机，却遗落在此荒野之中，如同自身一样无人赏识，不禁悲从中来；

想到自己的命运，也如同那曲折的小溪般坎坷多变，不知前路在何方，因而心生凄凉……

教师补充：

柳宗元被贬谪到永州之后，居无定所，水土不服，内心忧惧，朝不保夕。半年后慈母也染病离世，与亲朋好友生死两隔，困辱交加。短短几年时间就百病缠身，身心饱受煎熬……那一幕幕从眼前闪过，又怎能不“凄神寒骨，悄怆幽邃”！

可就是这样的磨难，却成就了一代文学大家。《柳宗元集》收编的诗文，三分之二以上都作于永州。有人说柳宗元一贬再贬，却被贬进了唐宋八大家，看来真是老子所说的“祸兮福所倚”呀！我们也要学会正确应对困难，用积极乐观的心态去看待生活中的苦难。

③ 由“凄神寒骨，悄怆幽邃”的伤痛沉湎到“以其境过清，不可久居”的顿然觉醒，再到“记之而去”的悠然沉静，其间仍有空白，让我们再次想象还原并揭秘文章的生成过程。

屏显独坐小石潭边图片，配小溪水声。

呈现：

或许是一只鸟儿从眼前飞过，或许是脚下忽然爬过来一只虫子，或许是同行人的声音传入耳中，又或许那潭中的游鱼突然跃出水面……柳宗元从思绪中回过神来，再看看四周，幽静深远、凄清无边，忽觉此境不宜久居。而作为文学家特有的艺术嗅觉，又让他敏锐地感知到了其间所蕴含的文学价值，于是拿出纸笔，将这一切记录下来，然后起身，拍拍尘土离开了。一切重归宁静，如同初来时用脚步丈量路程的闲情一般……

而这一切，只用短短三十多个字就表现了出来，真是字字珠玑啊！

（3）文眼俯瞰：

文中更有一字，如同天外之眼将一切囊括在内，大家找找看。（境）

由“境”你想到了哪些词语？（环境、处境、心境、情境、意境、境界、身临其境、境由心生……）请以其中一个或几个为话题来谈谈你的感受。

呈现：

小石潭周围的环境非常清幽，引人入胜。

描写逼真，静中有动。景中含情，让人有身临其境之感。

人鱼逗乐，很有意境，作者真是达到一定的境界了呀！

后半部分意境寂寥悠远，也很有美感。

作者坐在潭边怀想自己的境遇，悄怆幽邃，宛如情境再现！

环境的变化引发了人心境的变化，可见人与自然真是融为一体了！

明明一起还有五个同游者，却说寂寥无人，看来真是境由心生！

作者的处境如此不堪，可还能有此闲情雅致，可见他很有情趣，是一个热爱生活的人……

小结：

清幽的环境、不堪的处境、多变的心境、真切的情境、优美的意境……包罗万象，真是好一个“境”字呀！

（4）深入其境：

学生诵读品味，之后播放朗诵视频（视频画面还原文中景貌），学生听读并对照画面进一步感受其境，体会文字的表现力。

5. 聚焦特写，欣赏妙笔。

柳宗元纵情于永州的青山秀水之间，发现了许多自然界的奇观，也写下了很多奇文。他使人与山水妙合无间、血肉相连，也使今天的我们能有机会欣赏到如此美文。他描写潭鱼的部分更是堪称文学史上的千古绝唱。我们再来欣赏它！

（1）发现技巧：

引导学生体会绝妙的比喻并发现本段描写的特殊之处：无一字提到水，却处处都能感受到水的清澈透明。

（2）比较欣赏：

绿水平潭，清洁澄深，俯视游鱼，类若乘空。

——郦道元

庭下如积水空明，水中藻、荇交横，盖竹柏影也。

——苏轼

月光普照在大地上，一只狗走过来，它身后留下了黑黑的影子。

——契诃夫

学生小组分工，欣赏个性与共性，之后交流。

呈现：

个性：郦道元直接点明“绿水”“清洁”，然后作了比喻；柳宗元无一字提到水，却写出了水的清澈，而且蕴含感情。苏轼表面写水，实际却是写月。契诃夫没有用任何修辞，却也写出了月光的明亮程度。他们的年代不同，国别不同，句式也不同。

共性：柳宗元跟郦道元一样，都用空气来比喻水的清澈。柳宗元用鱼影写日光写水而不见水字，苏轼用树影写月而不见月字，却都是千古名句。契诃夫也用影之黑来反衬月之明，他们用了相同的手法，都很有画面感。

（3）练笔迁移：

应用其中手法写一个片段，力争写出事物特征。

生 1：漫步在街道上，寒风如银针一般刺向行人，使人不由地缩了缩身子。抬头眺望，慵懒的阳光从叶子中穿出来，色彩斑驳陆离，好似一幅名家绘就的油画。

评：也很有画面感！把寒风比作银针，“刺”的过程有一种冰凉的痛感。“穿”字也用得好，很有动感。“慵懒”显出了阳光的寡淡，与寒冷的天气相契合，又很有美感。

生 2：一湾石潭，水面上闪着金光。一缕清风掠过，泛起淡淡涟漪。阳光穿透潭水，各式各样的石子儿铺在水底。鱼儿悠然地穿梭其中，就像一群活泼的精灵。

评：再现了一个小石潭啊！果然认真学习经典，我们就能妙笔生花！所以我们一定要多读书，从中获得新鲜滋养。

6. 小结课堂，拓展延伸。

明代文学家茅坤说："夫古之善记山川，莫如柳子厚。"课外阅读《永州八记》中的其他作品。除了山水游记之外，柳宗元的诗歌、杂文、寓言、传记也都是包罗万象，凸显着生命的情调。我们可以更多地阅读他的作品，体会文学与文化的深厚与博大。走进书本，走进自然，或许我们——会发现一个不一样的自己！

（设计者：甘肃省天水市第六中学　牟婧）

·课节讨论·

1. 本课节以"古文诵读""古文理解""古文课堂"三个学习活动展开，不仅提示了文言文教学的基本知识和教学要求，而且将参与式教学的设计理念、学习策略和活动方式融贯其中。通过学习讨论，体验了三个活动的不同风格和独特作用，你对教学活动过程的设计也许有了一些新的思考，能告诉大家吗？

2. 本课节以南宋杨万里《闲居初夏午睡起》（其一）里的诗句"日长睡起无情思，闲看儿童捉柳花"起兴导入，分别用北宋贺铸《宿芥塘佛祠》中的诗句"微径断桥寻古寺"、北宋陈师道《次韵夏日》中的诗句"舌端幽眇致张皇"和杜甫《咏怀古迹》（其二）中的诗句"风流儒雅亦吾师"为三个学习活动命名。学习了本课节的内容后，你对诗句的含义、活动名称、学习内容之间的联系有何认识？发表出来与大家共享。

课节十五

参与式写作教学设计

“我初学诗日，但欲工藻绘。中年始少悟，渐若窥宏大。……汝果欲学诗，功夫在诗外。”这是南宋陆游《示子遹》里的诗句，包含很多意思：一是写诗需要一生的体悟和努力，二是初学时有追求辞藻华丽的毛病，三是丰富的生活阅历可以开阔写作视野与表现力。这些虽然是说给他儿子的话，但对学习写作的中小学生都具有启迪意义。学习本课节的内容，领略参与式写作教学的设计智慧，将有助于解决陆游提及的这些问题。

学习目的

1. 涵养宇宙感悟捕捉物象为写作活动定位的智慧与能力。

2. 领悟名作风范，在读写一体中探究提高写作能力的途径。

3. 联系学生生活拓展写作空间，创设写作训练系列活动。

活动一

万古云霄一羽毛（捕捉物象）

学习目标

1. 运用古代“宇宙感悟”的方式捕捉写作物象。
2. 掌握写作必需的表达方式与写作方法。
3. 领悟发散思维在写作训练中的重要作用。

学习过程

1. 把学习者分为 6 个小组，确定小组组长和记录员。

2. 全体学习者学习“教学设计（一）”和“教学设计（二）”，用心思考，准备积极参加讨论。

3. 要求 1—2 小组重点围绕“寻找发现美的眼睛”，3—4 小组重点围绕“历练表现美的能力”，5—6 小组重点围绕“描写抒情能力训练要素”展开讨论，记录员认真记录大家的发言要点。

4. 各小组派代表陈述讨论结果。

5. 教师及时评点。

学习材料

材料一

教学设计（一）：寻找发现美的眼睛

教学目标：

1. 领悟“石头效应”启迪写作教学设计的意义。

2. 领悟“残缺效应”引领写作能力培养的价值。

3. 围绕话题“寻找发现美的眼睛”展开讨论。

学习过程：

1. 全体学生学习材料“石头效应与写作实践活动”，并用关键词记录学习体会要点。

2. “头脑风暴”：联系自己的写作状况发表学习感言。

3. 教师及时鼓励、评点。

4. 全体学生学习知识链接，并用关键词记录学习体会要点。

5. “头脑风暴”：联系自己的写作状况发表学习感言。

6. 教师及时鼓励、评点。

知识链接：

石头效应与写作实践活动

形象思维是语文学习的重要思维方式，一种意象往往会生成多种意义，激励学习者去发现创造性的探究之路，成就具有鲜明个性特点的写作风格，塑造出鲜活而性格迥异的艺术人物。女娲补天的五色石、《西游记》中的石猴孙悟空、《石头记》中衔玉而生的贾宝玉等，均为同一石头演化而成，这种由同一意象生成众多艺术形象的现象就是石头效应。石头效应在中国古代发挥了无与伦比的艺术创作影响力。

神话故事《女娲补天》大概是最早讲述这一“石头”故事的，说水神共工和火神祝融相斗，失败了的共工愤怒地撞断了擎天柱不周山，于是天地迸裂倾覆。女娲炼五色石补天，一颗颗五色石就成了天上闪烁的星星，最后剩了一块石头，女娲把它安放在东南方一座美丽的大山之中。

《西游记》说：“那座山正当顶上，有一块仙石。每受天真地秀，日精月华，感之既久，遂有灵通之意。内育仙胎，一日迸裂，产一石卵，似圆球样大。因见风，化作一石猴。”[①] 这石猴就是龙宫借宝、大闹天宫、护送唐僧西天取经的孙悟空。

《红楼梦》这样写：“忽见那厢来了一僧一道，且行且谈。那僧道：‘此事说来好笑。只因当年这个石头，娲皇未用，自己却也落得逍遥自在，各处去游玩，一日来到警幻仙子处，那仙子知他有些来历，因留他在赤霞宫中，名他为赤霞宫“神瑛侍者”。他却常在西方灵河岸上行走，看见那灵河岸上三生石畔有棵绛珠仙草，十分娇娜可爱，遂日以甘露灌溉，这“绛珠草”始得久延岁月。’”[②] 这里说的神瑛侍者，就是贾宝玉。他衔“玉”而生，这块玉，就是女娲补天剩下的那块石头。绛珠仙草，就是林黛玉。二人在《红楼梦》里合演了“木石前盟”的爱情悲剧。

同一块石头，同一个意象，在不同的作者心中却有着完全不同的理解和创造，这就是写作实践中的石头效应。在语文学习过程中，如果我们能够领略石头效应，认识意象的发散思维价值，也许就顿悟了写作的个性化含义，激活了自身的写作潜能，有望发现一片写作实践的新天地。

残缺效应与写作实践活动

残缺效应就是以残缺为美的情趣主宰的艺术活动所展示出来的审美实践

---

① 吴承恩. 西游记［M］. 北京：人民文学出版社，1980.

② 曹雪芹，高鹗. 红楼梦［M］. 北京：人民文学出版社，1964.

及其欣赏效果。“断臂的维纳斯”是美术史上“残缺美”的代表性雕塑作品。她的残缺不知引发了多少人的审美联想和审美行为，人们设想过多种方案，想给维纳斯一双完整的手臂，但均以失败而告终。人们终于明白，只有断臂的维纳斯才是最美的。《红楼梦》的后四十回是高鹗写的，人们都认为结局不符合曹雪芹原初的故事脉络，于是很多人都续写了后四十回，但是艺术效果都不太令人满意。人们应该明白，高鹗改写结局的《红楼梦》是具有“残缺美”的中国古典名著，这种具有残缺美的《红楼梦》才是最美的《红楼梦》。为“残缺美”留一些生存空间，更能够显示出人类的美丽与包容。真正的美并不因为残缺而逊色，雨果《巴黎圣母院》中的敲钟人加西莫多可以说是一个丑八怪，但是因为他的善良、纯洁、勇敢而成了美的化身。

庄子的笔下有许多加西莫多式的人物，他们没有因为残缺而被人鄙视，反而折射出了美丽的光彩。残酷的社会现实迫使庄子用隔离智慧方式塑造了一系列“恶骇天下”的人，他们有与众不同的价值取向，重视整体人格生命，流露出一种吸引人的精神力量。“鲁有兀者叔山无趾（被刑律处以剁掉脚趾的人），踵（用脚跟跳着）见仲尼。仲尼曰：子不谨前（以前不谨慎），既犯患若是矣（已经犯法被处罚成这样了）。虽今来，何及矣（来不及了）。无趾曰：吾唯不知务而轻用吾身（我只是不愿意随波逐流而看轻身体），吾是以亡足（我因此被剁了脚趾）。今吾来也，犹有尊足者存焉（还认为有比脚趾更尊贵的东西存在），吾是以务全之也（我因此追求道德精神的完美）。夫天无不覆，地无不载，吾以夫子为天地（我以为夫子是不可颠覆、载动的天地般的人物），安知夫子之犹若是也（哪里知道夫子也是这样的人）！孔子曰：丘则陋矣。”[①] 庄子塑造的这些德全形不全的艺术形象，通过高尚的内心世界与残缺的外部相貌的鲜明对比，于内外异构中反映了“德有所长而形有所忘”的价值观倾向，完成了自己从最痛苦的悲剧囹圄中

① 郭庆藩. 庄子集释［M］. 北京：中华书局，1961.

走出来的心灵超越。

庄子在《人间世》里塑造了一个残缺者支离疏。“支离疏者，颐隐于脐（面颊隐藏在肚脐跟前），肩高于顶（双肩高过头顶，指驼背），会撮（发髻）指天，五管在上，两髀为胁（只能看到大腿看不到肋部，指腰弯得很厉害）。挫针治繲（替人缝洗衣服），足以糊口；鼓筴播精（替人扇簸粮食），足以食（供养）十人。”[①] 这样的人却能够发现自己的生存之道而终其天年。庄子塑造的叔山无趾、支离疏一类人物的生活方式和精神境界，实际上是对残缺效应引导下的审美理想的憧憬和建构，是一种“无为而无不为”的审美精神追求。世界上十全十美的东西很少，而有点残缺的东西处处可见。如果我们意识到残缺效应能够引领人们审美精神的健康发展，我们就走进了美丽的自由王国。

学习心理效应与写作实践之间存在一种默会关系，是一种隐性效应，需要语文教师进行科学的认识和显性化建构，才能够发挥培养学习者的主体意识和写作能力的作用。清代戴复古《论诗》讨论的是写作的创新问题：“意匠如神变化生，笔端有力任纵横。须教自我胸中出，切记随人脚后行。”他认为，写作必须创新，要抒发内心的真情实感，要展现自我的个性特点，切忌随波逐流，拾人牙慧，这样才能做到笔力纵横，气势如虹。创新，是一个古老的话题，唐代韩愈说：“惟古与词必已出，文从字顺各识职”。要求词必已出，文从字顺，反对剽窃他人。到了今天，创新仍然是写作的焦点问题，说明创新是一项艰巨而长远的任务，需要学习者为此付出努力。“独怜幽草涧边生，上有黄鹂深树鸣。春潮带雨晚来急，野渡无人舟自横。”唐代韦应物以写田园风物诗而著名，这首《滁州西涧》属于此类诗的代表。诗作所选景物非常普通，而且是被很多诗人写了又写的意象。但是和其他田园风物诗相比，此诗具有新颖别致的意境。其创新之处在于诗人的心理

---

① 刘建国，顾宝田．庄子译注［M］．长春：吉林文史出版社，1993.

活动视角，他喜爱的是涧边幽草，听到的是深树鹂鸣，看到的是急雨春潮，感慨的是野渡横舟。诗篇以“独”冠之，句句写的是诗人的独特领悟，物物浸润着诗人的独特情趣，所选物象与其他诗作无二，可是营造的诗境却别有一种格调。现在大家都在探讨个性化写作，若能在写作实践与学习心理效应的融通之旅中，探寻出一种有效的写作实践路径，对于促进学习者写作能力的发展具有较强的实践意义。

学习反思

1. 有位西方艺术家说：“世界上并不缺少美，而是缺少发现美的眼睛。”学习了以上知识链接，听了同学们的发言，每个教师肯定有一些想法，希望联系自己的写作教学实践，真实地表达自己的学习感悟。

2. 知识链接中还引用了古人戴复古、韩愈、韦应物的诗句或写作体会，你对这些内容有哪些看法，联系写作教学，发表感想并与大家分享。

材料二

教学设计（二）：历练表现美的能力

教学目标：

1. 通过观察人物言行，捕捉景物特征，体验感官知觉等活动，提高描写能力。

2. 根据表达的需要，围绕表达中心，能选择恰当的表达方式。

3. 多角度观察生活，发现生活的丰富多彩，能抓住事物的特征。

活动 1　人物素描

目标：通过阅读、观察或者回忆人物活动的画面，掌握描写人物的基本方法。

时间：20 分钟。

过程：

1. 让全体学生阅读“材料：名著选段”1—4，重点关注动作描写、肖像描写、语言描写和心理描写的提示，领悟提示与阅读内容之间的联系。

2. 让学生自主选择其中的一则材料，然后按照选择把学生分为 4 个小组，选择同样内容的学生坐在一起，分别以材料中的人物姓名给小组命名，依次为“林冲”“外祖母”“王熙凤”“鲁达”。

3. 让 4 个小组按照分组顺序以“跳高运动员”“农民工”“年轻女教师”“快递员”为对象，分别开展动作描写、肖像描写、语言描写和心理描写的活动（也可以自己选择描写对象，如老爷爷、小弟弟）。

4. 每个小组推举 2—3 名学生展示朗读他们的描写成果。

5. 同学们自由发表评价意见，教师归纳总结。

6. “头脑风暴”：学生可以自由选择描写对象，发表自己的写作成果，文字长短不限。

材料：名著选段

1.《水浒传》选段

林冲想到，柴大官人心里只要我赢他。也横着棒，使个门户，吐个“拔草寻蛇势”。洪教头喝一声：“来、来、来！”便盖将下来。林冲往后一退，洪教头赶入一步，提起棒又复一棒下来。林冲看他脚步已乱，便把棒从地下一跳，洪教头措手不及，就在那一跳里，和身一转，那棒直扫着洪教头臁儿骨上，撇了棒，扑地倒了。

关注动作描写的作用：既写了林冲武艺高强，又写了林冲心地善良，比武点到为止。

2. 高尔基《童年》选段

外祖母微笑的时候，那黑得像黑樱桃的眼珠儿睁得圆圆的，闪出一种难以形容的愉快光芒，在笑容里，快活地露出坚固雪白的牙齿。虽然黑黑的，两颊有许多皱纹，但整个面孔仍然显得年轻，明朗。但这面孔却被松软的鼻子、胀大了的鼻孔和红鼻尖而给弄坏了。她从一个镶银的黑色鼻烟壶里嗅烟草。她的衣服全是黑色的，但通过她的眼睛，从他内心却射出一种永不熄灭的、快乐的、温暖的光芒。她的腰弯得几乎成为驼背，肥肥胖胖，可是举动却像一只大猫似的轻快而敏捷，并且柔软得也像这可爱的动物。

关注肖像描写的作用：对外祖母形象的描写，反映了作者对外祖母的喜爱，表现了外祖母慈爱、开朗、坚毅的性格，乐观、坚强的生活态度。

3.《红楼梦》选段

这熙凤携着黛玉的手，上下细细打量了一回，仍送至贾母身边坐下，因笑道："天下真有这样标致的人物，我今儿才算见了！况且这通身的气派，竟不像老祖宗的外孙女儿，竟是个嫡亲的孙女，怨不得老祖宗天天口头心头一时不忘。只可怜我这妹妹这样命苦，怎么姑妈偏就去世了！"说着，便用帕拭泪。

关注语言描写的作用：这段话表现了王熙凤八面玲珑、聪慧机敏，在具体环境下能够兼顾各种人物身份的不同想法，具有善于驾驭场面的语言表达能力。

4.《水浒传》选段

鲁提辖假意道："你这厮诈死，洒家再打！"只见面皮渐渐的变了。鲁达寻思道："俺只指望痛打这厮一顿，不想三拳真个打死了他，洒家须吃官司，又没人送饭，不如及早撒开。"拔步便走，回头指着郑屠尸道："你诈死！洒家和你慢慢理会！"一头骂，一头大踏步去了。

关注心理描写的作用：表现鲁达粗中有细，机智灵活，好汉不吃眼前亏，面临危险走为上的性格特点。

活动 2　捕捉自然

目标：通过观察与分析，捕捉自然景物的特征，提高描写能力。

时间：20 分钟。

过程：

1. 把学习者分成“青松组”“鲜花组”“孔雀组”“奔马组”4 个学习小组。

2. 青松组在青松、垂柳、白杨、苍柏中任选一种描写树的形态。鲜花组在君子兰、美人蕉、杜鹃花、三角梅中任选一种描写花的形态。孔雀组在孔雀、白鹤、麻雀、灰鸭中任选一种描写飞禽的形态。奔马组在黄牛、白兔、花狗、黑猫中任选一种描写它的形态。要求 300 字左右。

3. 写完后，各组交换文稿，每个学习者要仔细阅读手中的文稿，并写出评语要点。

4. 评阅结束后，每组推荐 1—2 篇，让作者当众朗读，评阅人在一旁点评。

说明：

1. 描写景物要获得逼真的效果，一是要善于捕捉景物与众不同的特征，二是要写出景物的整体印象和某些局部的特点。

2. 参照材料中的描写方法，注意以下提示：描写树，必须观察树干、树枝、树叶、花朵、果实的形状、颜色等；描写花一般会涉及花茎、花叶、花瓣、花蕊的形状、颜色等；描写动物必须注意它们的头、身、腿、翅、蹄、爪、尾的形状与颜色等。

附件：

材料一

旱獭要整整在洞穴里冬眠半年，到了夏至后，发青的酥油草把它们养得胖墩墩，圆滚滚。这时它们的毛色麻黄发亮，肚子拖着地面，短短的四条腿行走迟缓，正可以大量捕捉。

——碧野《天山景物记》

材料二

那就是白杨树，西北极普通的一种树，然而实在是不平凡的一种树。那是力争上游的一种树，笔直的干，笔直的枝。它的干通常是丈把高，像加过人工似的，一丈以内绝无旁枝。它所有的丫枝一律向上，而且紧紧靠拢，也像加过人工似的，成为一束，绝不旁逸斜出。它的宽大的叶子也是片片向上，几乎没有斜生的，更不用说倒垂了。它的皮光滑而有银色的晕圈，微微泛出淡青色。这是虽在北方风雪的压迫下却保持着倔强挺立的一种树。

——茅盾《白杨礼赞》

活动3　四季写真

目标：充分调动学习者的各种感觉器官，去知觉、去发现美的自然景物。

时间：20分钟。

过程：

1. 把学习者分成春、夏、秋、冬4个小组。

2. 各组分别以《春风》《夏雨》《秋月》《冬雪》为题写一段文字，要求300字左右。

3. 仿照材料中的描写方法，描写时要尽可能五觉并用，即把视、听、触、味、嗅五种感觉器官充分调动起来，去惟妙惟肖地展示景物的特点。

4. 完稿后小组间互相交流评阅，挑选其中写得较成功的当众朗读，评阅者重点就五觉的运用及描写效果加以评论。

5. “头脑风暴”：除了以上活动中呈现的描写方法外，你们在阅读中还发现和掌握了哪些描写方法，举例与大家分享。

材料：

写海潮（听、视、嗅、味、触）

每天潮来的时候，听见海涛冲击岩石的音响，看见空际细雨似的，朝雾似的，暮烟似的飞沫升落，有时它带着腥气，带着咸味，一直冲进我们的窗棂，粘在我们的身上，润湿着房中的一切。

——鲁彦《听潮》

写风的变化

沙沙，沙沙（听），噢，起风了。微风徐来，像一块透明的纱巾，在人脸上拂来拂去，怪舒服的（触）。迎着风深深一吸，然后仔细辨别，这风夹着泥土淡淡的芬芳，小草的气息（嗅），这味儿还有点甜呢（味）。啊！风渐渐地大了，顺着“呼呼”的响声寻去（听），这山脚下一层白色的海涛涌过来了（视）。

——学生习作《风》

知识链接：

描写抒情能力训练要素

1. 观察捕捉（段的训练）

（1）描写人物 ① 肖像 ② 动作 ③ 语言 ④ 心理

（2）描写景物 ① 特征（形态）② 知觉（视听嗅味触）

③ 变化（动静、远近、强弱、大小）

2. 描写顺序（篇的训练）

① 时间（晨午昏夜、春夏秋冬）

② 空间（植物——枝叶花实，动物——首身爪尾）

③ 艺术（景物变化、景物组合）

3. 描写方法（段、篇的训练）

① 白描 ② 渲染 ③ 正面描写 ④ 侧面描写 ⑤ 细节描写

⑥ 背景描写 ⑦ 借景抒情 ⑧ 托物言志

4. 修辞使用（句、段的训练）

比喻、拟人、摹绘、夸张、通感、引用、对偶、排比、象征……

学习反思

1. 在5种表达方式里，中学生甚至于语文教师自身最薄弱的就是描写能力。曾经听到不止一位语文教师给学生讲，尽量多用形容词就是描写。学习了“历练表现美的能力”，你有何收获？把你的收获说给大家听听。

2. 本设计的 3 个活动有所侧重地训练了学生的写作表达能力，结合“描写抒情能力训练要素”的相关内容，你肯定有了系统化的学习体会，写一篇文章投给语文教学方面的杂志吧！

3. “宇宙感悟”是古人普遍的思维方式，现在的人已经不太熟悉它了；“瞬刻永恒，万物一体”是古人参透宇宙人生的最高境界，“万古云霄一羽毛”，“子在川上曰，逝者如斯夫”表现的就是这种境界，可是现在很少有人能理解它了。如果你有时间，希望参阅《中国语文教育发展史论——中西文化对话视野的国学学习哲学》（高等教育出版社 2014 年版）这本书，这对你的语文教学或许有一定的帮助。

活动二

焉得思如陶谢手（从读学写）

学习目标

1. 掌握从读学写的要点与表达方式。

2. 领悟读写一体的思考与写作流程。

学习过程

1. 把学习者分为 6 个小组，确定小组组长和记录员。

2. 全体学习者学习“经验共享”和“读写一体”学程，用心思考，准备积极参加讨论。

3. 首先进行学习“现代经验：从读学写的几点做法”的讨论，要求 1—2 小组重点围绕“解决内容空洞的问题”，3—4 小组重点围绕“解决作文中立意肤浅的问题”，5—6 小组重点围绕“解决语言贫乏的问题”展开讨论，记录员认真记录大家的发言要点。

4. 各小组派代表陈述讨论结果，教师及时评点。

5. 其次进行学习“古代经验：读写一体”学程的讨论，要求 1—3 小组重点围绕“应用‘读写一体’学程指导学习《庄子 · 秋水》”的设计流程，4—6 小组重点围绕“陆机学程”的语文教学价值展开讨论，记录员认真记录大家的发言要点。

6. 各小组派代表陈述讨论结果，教师及时评点。

学习材料

材料一

小小农垦园，收获满心田——“学会记事”课堂作品

教学设想：农村学生由于生活经历单一、阅读量少，作文往往存在“无话可说”的问题。创设体验场地和语言环境，让学生进行活动体验，并将体验过程和心理感受诉诸笔端，不失为解决“无话可说”问题的一种有效方法。

教学目标：

1. 通过劳动体验，把劳动的起因、经过、结果说清楚。

2. 体验劳动过程生成的心理感受，对重点内容细致描写。

3. 借鉴课文《散步》的“矛盾”方法，学会记事时如何写出曲折，突出波澜。

导入新课：

同学们，今天我们上一节作文课——学会记事。为了让同学们学会记事，有话可写，昨天下午老师带同学们到农垦园种了油葵和葫芦。谁能将种植的经过说一说？

（请几位同学说）

生：昨天下午，我们全班同学在老师的带领下去种油葵和葫芦。挖坑、点籽、埋土，很快就种完了。

……

师：你们觉得他们把种植过程说清楚了吗？

生：似乎不太清楚。

师：记事应该有一定顺序。正常情况下，应该怎么叙述？

生：把事情的起因、经过、结果说清楚。

师：那应该怎样说这件事呢？

生：为了学会种植，让同学们热爱劳动，老师昨天下午带领我们去农垦园种油葵和葫芦。首先老师介绍了种植油葵的要领，然后将我们分成测量行距株距组、挖坑组、播种组、填埋组四个小组。测量组的同学用尺子测量好行距和株距，并做好标记；挖坑组的同学在标记处用小铲子挖出 10 厘米见方的小坑，用铲子培好土；播种组的同学将种子开口朝下，订三角形插入土中；填埋组的同学用手将土轻轻覆盖在小坑里。很快，一窝油葵就算种完了。

师：谢谢你！经你这样一说，我想大多数同学都会种油葵了。所以，要记一件事，第一要素是什么？

生：把事情说清楚。

（板书：说清楚）

师：听了刚才这位同学的叙述，你们觉得记事是否只要把事情说清楚就可以了？

（生思考）

生：只说清楚显得太平淡了，不能给人留下深刻的印象。

师：那怎样记事才能给人留下深刻的印象呢？

生：要有细节描写。

师：你能具体说说吗？

生：我觉得既然是写种植，首先就要详细写清种植的过程。测量、挖坑、点种、填埋的过程一定要细致地写出来，用上准确的动词。

师：要围绕“种植油葵”这一中心事件，用准确的动词写出播种的过程。你说得真好，抓住了重点。

生：还可以加入心理描写。我没有种地经历和经验，很好奇，也很期盼，同时还有些担心。

师：“知己知彼，百战不殆。”对于没有种过地、没有使过农具的同学来说，确实存在这位同学说的期盼、好奇、担心的心理。

生：劳动时在毒辣辣的太阳暴晒下，我们汗流浃背，看似简单的种地，其实也很辛苦。

师：是啊，“谁知盘中餐，粒粒皆辛苦！”劳动需要出力流汗，真的很辛苦！除了辛苦，同学们还有什么感受呢？

生：我的手被小铲子磨出了一个大水泡，到今天还疼呢！（伸手给同学看）但我看见，我爸爸妈妈经常去地里干活，手就没有磨出泡。我回家请教他们，他们告诉我劳动也要讲究技术，不可蛮干！

师：孩子，其实父母在劳动时手上也会磨出水泡，甚至流血，结成老茧，只不过，他们都咬牙忍着，没有告诉你罢了！父母就是这样的人，宁可自己吃苦受累，也要竭尽全力把最好的东西留给孩子！

（生点头）

生：劳动关乎我们的衣食住行，我们的吃穿用度都从劳动中来！

师：劳动创造了世界！劳动是人类生活的基础，所以，我们要热爱劳动，珍惜劳动成果。

师：同学们刚才的谈论，让老师明白了，记事，不仅要说清楚，还要有重点！那本次作文的重点是什么？

生：种地的过程和心理感受以及收获应该是重点。

师：我们在记事时不能平均用力、面面俱到，应该重点突出，抓住中心环节，进行细致描写，以突出主题，铺垫情感。（板书：抓重点）

师：同学们，我们本单元所学的《散步》除了把事记清楚，重点突出外，在构思方面有什么特点呢？

生：有矛盾，有波澜。

生：《散步》中大家发生了分歧，一家人在田野散步，儿子要走小路，母亲要走大路。作为中年人的我，决定顺从母亲走大路，但母亲因为疼爱孙子，想走小路。

师："文似看山不喜平。"这个故事之所以能打动人，一方面是以小见大，从"散步"这个平凡小事中感悟到中年人身上担负的使命这个大主题；另一方面也是因为它表现了矛盾，因为有矛盾，才有波澜，才更能引起读者的兴趣。

（板书：有波澜）

师：同学们想一想，写种植这篇文章，怎样设置矛盾，才能让读者觉得有波澜，有意思呢？

（生思考）

生：在家里，爷爷奶奶比较疼我，从来不让我干家务。平时总告诉我只要我好好学习，考上高中、大学就可以了，他们认为劳动是没出息的孩子干的事。但经过昨天的劳动，我知道了劳动很重要，不仅关乎衣食住行，而且通过劳动，还能培养吃苦耐劳、团结协作等优良品德呢！可见，劳动是伟大而光荣的！

师：这就是对劳动价值认识的矛盾，你可以把这个矛盾写进作文中。

生：由于在家里很少劳动，我不会使用工具，劳动前觉得自己不行。但经过老师的指点，我很快掌握了怎样挖坑。熟能生巧，我现在已经能熟练地使用小铲子了。我觉得我能行。

师：这是对自我认知变化的矛盾，由不自信到自信，你可以借助这个矛盾构思作文。

生：一开始我认为劳动很简单，但经过亲身实践，我才知道劳动很辛苦，需要出力流汗，需要恒心和毅力，更需要一定的技术。

师：这是劳动过程中心理变化的矛盾，你可以它为线索，来叙写劳动故事。

同学们，通过今天的学习，我们知道了要把一件事写清楚，一定要说清楚，抓重点、有波澜。

（设计者：甘肃省兰州市西固区范坪学校　贺亚峰）

学习反思

1. 要把一件事写清楚，就一定要把这件事说清楚，抓重点、有波澜。说一说你对此的认识。

2. 本课例恰当地借鉴了《散步》中矛盾构思的手法。说说你对写作教学中“从读学写”的认识和实践体会。

材料二

现代经验：从读学写的几点做法

根据课本的编排体系和单元教学的目的要求，针对初一学生作文中存在的内容空洞、立意肤浅、语言贫乏的现象，教师采取一些具体做法，进行严格的写作训练，收到了一定的效果。

一、充分发挥阅读课文的示范作用，从读学写，集中力量解决内容空洞的问题

从培养学生听、说、读、写四种能力的总的要求来看，只有切实、认真、有效地抓好学生阅读能力的培养，才可能达到全面推动听、说、写能力的提高。在教学实践中，对这一点我深有体会，要上好写作课，首先必

须上好阅读课，充分发挥课文的示范作用，从读学写，是可以解决内容空洞的问题的。

在学习了《从百草园到三味书屋》后，我问学生：“鲁迅笔下的百草园为什么那样有趣？”学生思考后回答说：“是由于作者写了他亲身经历过的事情。”接着我指导学生阅读《写作》课本训练一的范文，然后让他们写自己的趣事。给出了《夏天趣事》《童年趣事》《春节趣事》等练习作文题。有个学生在《夏天趣事》中写道：“这里的蝴蝶可真多，也很好看。我们拿着衣服，我在左，他在右，同时向一只蝴蝶扑去，可是蝴蝶飞了，我俩却碰在了一起，我们都捂着额头大笑起来。”由于发挥了教材的示范作用，在这篇文章中，百草园的情趣洋溢其中，内容比较充实，语言也比较生动。

在学习《小麻雀》《小橘灯》《驿路梨花》等课文时，我随堂出了一些学生时时可见的现象为训练的题目，如《弟弟起床》《妈妈做饭》《爷爷泡茶》等，要求十分钟内完成，当堂读，当堂评。下面抄录一个学生写的《妹妹起床》：

妹妹平时起得最早，今天是星期天，九点了她还不起床。我走到床边，只见她睡得正香呢。我折了一根扫帚穗儿，轻轻地扎了一下她的鼻孔，她嗯了一声，用手背揉了揉鼻子又睡着了。我不耐烦了，掀开被子拍她一巴掌，她才睁开了眼，仍旧懒洋洋地躺着。我刚想说她一顿，一看她那样子，不由笑了起来，你看她，泪痕还没干，好像做梦时哭过的样子，头发乱糟糟的，眼屎还糊在眼角上。

由于写了自己熟悉的事情，所以这段文字内容充实，遣词造句准确生动，妹妹起床时的形象跃然纸上。

在学习说明文单元时，我就让学生写《我的家》《我的学校》《我的笔盒》《我的课本封面》等题目。学习了景物描写单元，下雪，就让学生写下雪、刮风、日出等自然现象。总之，充分发挥教材的示范作用，写自己熟悉的、常见的事物，就可以克服内容空洞的现象。

二、认真阅读课文，领会作者写作意图，指导学生解决作文中立意肤浅的问题

要解决好这个问题，关键仍然是上好阅读课，让学生了解作者为什么而写作，针对性在哪里，表达了作者怎样的立场、观点和感情等。然后从读学写，明确自己为什么而写作，要表达自己怎样的观点和感情等。这样进行写作训练，是解决学生作文中立意肤浅的一种方法。学习《荔枝蜜》一文后，我提出这样的问题：作者在文章中表露了对蜜蜂的赞美，他的目的仅仅是赞美蜜蜂吗？并且重点讲解课文后面三段话对表达文章中心思想的作用，讲解以物喻人的表现手法，随堂出了《小树》《小鸟》《小溪》等练习作文题。下面抄录的是一个学生写的《小鸡》：

笃笃笃，迫不及待的小鸡使劲啄破了蛋壳，探出了尖尖的嘴巴，圆圆的脑袋，接着又从蛋壳里挣脱出了身体。一个小小的生命诞生了。它一身茸茸的黄毛，真是好看极了。它来到了一个向往已久的新世界，小鸡开始了自己的新生活。它感到这个世界是这样光明，这样美好，便抬起头，伸伸腿，想走一走，看一看，可是刚迈出第一步，就摔倒了。它并没有气馁，又站了起来，蹒跚地向前走去。我也要像小鸡一样，做一个顽强的人，绝不能向困难低头。

这篇习作，以鸡喻人，语言活泼，立意新颖。这种练习说明，只要学生真正理解了课文中心思想及其表现手法，教师再有意识地进行引导，立意肤浅的问题是可以解决的。

在学习议论文单元时，学生感到比学习记叙文困难多一些。我在讲了如何提出论点，运用论据，进行论证的知识后，结合经典议论文讲解，让学生比较清楚地了解作者是如何围绕论点来组织论据的，并且结合阅读教材中的范文，出了《谈勤奋》《谈义气》《为科学献身》《赞坚持不懈》等作文练习题，要求学生当堂提出论点，在课外搜集论据。结果学

生第一次写议论文就比较成功。一些学生写的作文《谈勤奋》，不但论点正确，而且文章层次清晰、论据充实。所举事例真实生动，有我国古代、现代以及国外的有关勤奋的名人逸事，谈古论今，纵横中外，文章很有气势。

在教学实践中我体会到，认真阅读课文，领会作者写作意图，进而从读学写，是解决学生作文立意肤浅的一种有效的方法。同时，这一种训练又起到了以写促读的作用，使学生更能准确、深刻地把握文章的中心思想。

三、学习课文的表现方法，状物、记事、写人要抓住特征，解决语言贫乏的问题

语言贫乏的原因是多方面的，解决的方法也很多，除了向生活学习，注意听，注意记，扩大课外阅读量，更重要的方法是在课堂上学。有意识地记一些词，背一些片段是必要的，但是领悟课文的表现方法，抓住状物、记事、写人的特征，也是解决学生语言贫乏、丰富学生词汇的一条途径。

学习《老山界》时，课文中有一段描写寂静的旷野夜景的话十分精彩，我便引导学生从读学写，随堂出了《夜半雷声》《深夜蛙鸣》《清晨鸟啼》《小院夜景》《山村暮色》等练习作文题。有个学生在《夜半雷声》中写道：

半夜，我被轰隆隆的一阵巨响惊醒，原来打雷啦！这声音像大海的波涛汹涌澎湃，像草原上万马驰骋飞奔，像神话中的天兵天将脚踩乌云呐喊而来，像森林中的雄狮、猛虎乘着松涛呼啸而出，像大山忽然崩裂，像高楼突然倒塌。后来听见下雨啦！雷声像鼓点阵阵，像鞭炮声声，不久渐渐远去了。

这篇短文学习《老山界》的表现手法，抓住夜半雷声的特征，连用八个比喻，逼真贴切，想象丰富。当堂朗读后，同学们一致认为写得好。

鲁迅在《从百草园到三味书屋》一文中描写景物时，抓住事物的特征，选词准确生动，使读者对百草园有如临其境的感觉。我便引导学生向鲁迅学习，抓住特征，选词造句。首先进行夏天景物摹写练习，学生都争着回答：金黄色的麦田，绿油油的菜地，清凌凌的河水。到回答杏树时，发生了争议，有说黄色的，有说绿色的，有个学生说绿中透黄的杏树，我立即给予表扬，学生的情趣更浓了。接着又让学生用比喻进行状物描写，学生说：像大海一样波浪起伏的麦田，像地毯一样碧绿整齐的菜地，像带子一样弯弯的小河。到杏树时又发生了争议，有个学生说穿着花衣裳的杏树，我又给予表扬。下课铃响了，大家举着手都不愿放下来。

在学习了小说单元之后，我要求同学们写人时不但要形似，而且要传神，抓住人物的性格特点来刻画人物。我出了一个练习题，要求写本班的一个同学，但不准点名，写完后读给大家听，让大家猜猜是谁。

这种抓特征描写的训练，只要抓准了，学生作文时遣词造句就比较准确、形象、生动，这是解决语言贫乏问题的一个好办法。

学习反思

1. 这是一则改革开放初期的语文教学经验，但在今天看来，仍具有实践意义。语文教学是为了提高学生运用祖国语言文字的能力，这则经验值得借鉴。希望你联系自己的学习或者教学实际，发表短文与大家分享。

2. 内容空洞、立意肤浅、语言贫乏是写作教学过程中语文教师经常遇到的问题，无论过去、现在、将来，只要有新的学生，这个问题就会相伴而来。解决这个问题，不能一蹴而就，需要一个坚持不懈的计划。希望你和学习伙伴制订一个共同发展方案。如果你们是学生，应该怎么办？如果你们是语文教师，应该怎么办？

材料三

古代经验:“读写一体”学程

一、学程渊源

晋代陆机在《文赋》中说:“伫中区以玄览,颐情志于典坟。遵四时以叹逝,瞻万物而思纷;悲落叶于劲秋,喜柔条于芳春。心懔懔以怀霜,志眇眇而临云。咏世德之骏烈,诵先人之清芬。游文章之林府,嘉丽藻之彬彬。慨投篇而援笔,聊宣之乎斯文。”这段话实际上是陆机对自己学习过程的一个概括:作者长久伫立在天地间深刻观察,在文化典籍中涵养情感志趣。随着四时更替,慨叹时光的流逝,思绪在万物变化中自由驰骋。深秋时节,因树叶零落而感到悲凉,阳春三月看到枝条柔嫩又乐开了花。有时心存敬畏,如冰霜在胸;有时志趣高远,上及行云。咏唱先贤的丰功伟绩,歌颂古人的德操芳馨。在文艺的林海中遨游,赞美那优美诗篇的文质彬彬。有了感受,于是执笔进行写作,把情感在文章中加以敷陈。这个学程从读开始到写结束,充分体现了“读写一体”的特点,概括一下可表述为:颐情—思物—咏诵—宣文。颐情,即集中注意力进行观察和阅读;思物,即为表达自己的情感寻求寄寓的物象;咏诵,即富有情感地诵读自己喜欢的美文;宣文,即用优美的语言抒发自己的感受、情趣与志向。“读写一体”学程所展示的是一种个性化学习取向,将兴趣、动机、情感、意志融入了学习过程,这在陆机之前的古代教育家中比较少见;尤其是“选择”意识和“移情”行为渗透了整个学习过程,学习者的主体性精神挥洒得淋漓尽致。

二、应用“读写一体”学程指导学习《庄子·秋水》

学习目标：

1. 理解“河伯”自我反思形象的现代教育意义。

2. 运用寓言形式表达自己的思想感情。

学习过程：

1. 颐情。集中注意力阅读《秋水》，借助文本语言仔细分析“河伯”看到大海前后的心理活动与思想变化，引入《夜郎自大》《坎井之蛙》的寓言故事，让学生比较“河伯”形象的自我反思意义与现代教育价值。

2. 思物。拓展阅读《庄子》中“毛嫱丽姬”“庖丁解牛”“叔山无趾”“浑沌无窍”等寓言故事，明确每个寓言中选择了哪些物象，这些物象在故事中具有怎样的隐喻意义，表达了庄子怎样的思想感情。

3. 咏诵。富有情感地诵读《秋水》。

4. 宣文。阅读寓言《螃蟹与青蛙》，试以“螃蟹”的立场改写这则寓言，要求综合运用对话形式、细节描写、心理描写、景物描写等手法。

螃蟹在树林里迷了路。遇到青蛙，问道：“青蛙哥哥，到河边去，怎么走？”青蛙指着前面说：“你一直往前走，一会儿就会到达河边。”螃蟹走了老半天，还是没走到河边。后来，螃蟹遇见了青蛙，指责道：“你害得我好苦，走了老半天还是没有见到河的影子。”青蛙说：“我没有骗你！叫你一直往前走，你却横着爬，当然到不了河边。”

三、诠释评析

读写一体是古代语文学习的普遍形式，以现代教育科学理论透视，这叫作“同构效应”，是说语文能力必须经由阅读和写作的相互配合才能形成，如果单独培养阅读能力或者单独培养写作能力，其结果只能是事倍功半。而目前阅读教学和写作教学之间的关联度较低，占用教学计划的时间比例也相当悬殊，效果也不尽如人意。如果能够遵循“同构效应”的规律，坚持读写一体的学习方式，提高语文教学质量也不是一件难事。个性化学习是当今人们讨论的焦点，可是真正的个性化学习是一个怎样的内涵，恐怕能够说清楚的并不多。陆机是从情、意、文、知、能与物的关系方面探讨这个问题的。《文赋》说：“每自属文，尤见其情。恒患意不称物，文不逮意，盖非知之难，能之难也。”陆机说每当自己作文，更加体会到写作的甘苦。常常害怕思绪与表现的事物不相吻合，文辞不能表达自己的思想。这不是有关“知”的困难，而是写作实践能力上的困难。可见，个性化水平就是学习者的情感、思想、文辞、知识、表达能力与表现的事物之间的关系和谐与否的量度，而表达能力所占的权重较大。陆机是古代第一个强调“诗缘情而绮靡”，同时将“情志”并举的文论家，他从励志、抒情、美言（优美的语言）几方面综合提升了语文学习的质量要求与理论水平。陆机在古代文论方面具有创新意义的见解，对今天的语文学习仍具有很强的指导作用。

学习反思

1. 古人在母语学习方面有许多宝贵的经验，对我们今天的语文教学具有很强的理论建设与实践创新意义。如果我们能够摒弃浮躁，潜心研究那些教育文献，从中挖掘、整理出一系列有价值的东西，不仅对提高当下的语文教育质量，而且对促进中华民族文化的复兴，必定大有裨益。学习了“古代经验”，你肯定有话要说，发表出来与大家分享。

2. 学习了“古代经验”，你对“读写一体”学程的展开式“颐情—思物—咏诵—宣文”，或许有了一些比较清晰的认识，希望你能够举例对它的操作过程进行描述，以便形成自己教学的动力。

活动三

三峡楼台淹日月（表现生活）

学习目标

1. 学习创设写作训练计划，提高学生的写作能力。

2. 培养乡土文化情结，激发学生的写作兴趣。

学习过程

1. 把学习者分为 6 个小组，确定小组组长和记录员。

2. 全体学习者学习“乡土文化写作训练”，用心思考，准备积极参加讨论。

3. 组织学习“乡土文化写作训练”的讨论，要求每个小组选择写作示例中的一个案例，结合训练目的和训练过程的提示展开讨论，记录员认真记录大家的发言要点。

4. 各小组派代表陈述讨论结果，教师及时评点。

学习材料

乡土文化写作训练

一、训练目的

语文教师应高度重视课程资源的利用与开发，充分发挥自身的潜力，创造性地开展各类活动，增强学生在各种场合学语文、用语文的意识，多方面提高学生的语文素养。

我们进行亲近乡土的自主性周记写作训练，正是基于对河西走廊这一独特地区自然景观、人文景观的关注和思考，充分发挥师生的潜力，发现和利用多种渠道提升语文素养。

二、训练过程

1. 关注家乡

以课堂、教材为起点，引发学生关注乡土的意识。在学习完一篇有地方文化特色的课文后，教师可以从课本内容展开，引发学生自主探究自己家乡的兴趣、情怀。教师可以说：同学们，在我们的语文课本里，有朱自清笔下那梅雨潭醉人的绿，有老舍笔下那秀丽的济南的冬天，有沈从文笔下温婉柔情的湘西边城，有汪曾祺笔下的北京胡同，等等，可谓不胜枚举。这些美妙的，读之令人心动的自然或文化景观，都倾注着作者对自己最熟悉的那个生活环境的热恋与赤诚。我们的家乡河西走廊，无论在历史上，还是在今天，都是声名远播，不仅仅因为它在古代是丝绸之路的要塞，更因为在当今，它上面镶嵌着镍都金昌这颗明珠，而我们大家作为土生土长的金昌人，你了解它吗？你了解过它的历史吗？你了解过它的特色吗？你能自豪地向他人介绍你家乡的一切吗？这时，同学们可能会摇头，也可能会流露出迷茫的神色，也可能会惭愧地憨笑……

2. 了解乡土文化

布置走访任务，搜集相关材料。教师可以建议同学们自主分组合作，在周末自发组织一些了解本地的走访活动，采集一些和当地文化有关的材料。分组要注意以下几点：一是分组要有指向性，如可以分为地方物产组（了解当地有哪些特色的物产，在周边地区及全国的影响如何）、当地植被组（了解当地有哪些代表性树种等）、山川河流组（了解当地有哪些河流、山川等）等，越细越好；二是分组要定员，并且分工明确，比如，三人为一组，一人负责组织联络，一人负责安全，一人负责记录整理资料，三是要明确走访的目的，即了解地方文化特色，并非搞科学研究，重在切身的体会和过程。

3. 交流走访心得

组织一节周记热身课交流走访心得。每个小组派一名发言人，代表各小组在全班发言，交流各组在走访中的发现、收获、心得，其余组员可以补充。教师要注意在这一环节发挥作用，要帮助同学们吸取精华、剔除糟粕，以便为后边的周记写作打下基础。教师要引导同学们进行扬弃，不能眉毛胡子一把抓。在这一步中每个小组的发言要在 5 分钟左右结束，要激发至少 6 组以上的小组发言。教师还要注意培养各小组成员之间的自主合作、协调能力。这一步总共占 45 分钟左右。

4. 布置自主成文

教师总结，布置自主成文。教师对走访活动、交流活动加以总结评价，列举有价值有意义的内容，学生在一周之内自行完成一篇周记。

5. 展示交流评价

组织自主性周记交流展示、评价。

（设计者：西北师范大学教育硕士　朱晓娟）

学习反思

1. 写作教学是语文教师借助教学计划和写作知识，鼓励学生把观察、体验、立意、取材、布局、谋篇的心理活动创造性地转化为言语表达的过程。没有写作教学计划，教学就带有盲目性、随意性。希望就这位教师创设乡土文化写作训练计划的教育意义和实践价值，发表你的学习感言。

2. 此则案例是一个典型的参与式写作教学设计，你从设计的每一个步骤中，发现了哪些激励学生参与学习、落实训练计划、取得学习效果的因素？和大家讨论讨论，发表你的认识要点。

·课节讨论·

1. 本课节的捕捉物象、从读学写、表现生活三个学习活动，所涉及的问题和解决思路，是围绕目前语文写作教学面临的困境、突破的出路、实践的策略和已有的经验几方面，尝试通过参与式学习的方式，使学习者在自主合作探究中获得共识，采取行动，提升写作教学的主体精神和教学效率。学习后，你肯定有了一些新的思考，能告诉大家吗？

2. 本课节以南宋陆游《示子遹》里的诗句“我初学诗日，但欲工藻绘。中年始少悟，渐若窥宏大。……汝果欲学诗，功夫在诗外”起兴导入，用杜甫《咏怀古迹》（其五）里的诗句“万古云霄一羽毛”、杜甫《江上值水如海势，聊短述》里的诗句“焉得思如陶谢手”、杜甫《咏怀古迹》（其一）里的诗句“三峡楼台淹日月”分别为三个学习活动命名。学习了本课节的内容后，你对诗句的含义、活动名称、学习内容之间的联系有何认识？发表出来与大家共享。

课节十六

参与式高效课堂的理论与实践

“有梅无雪不精神，有雪无诗俗了人。”这是南宋卢梅坡《雪梅》中的诗句，意思是光有梅花没有雪，梅花就显得没有神韵；如果有白雪陪伴梅花，而观梅赏雪的人不会作诗来评判它们，那他也还是一个俗人。参与式学习就好像白雪，学生就好像梅花，语文教师就好像诗人，三者的默契配合，课堂教学自然就会呈现生动、有序、高效的情境。教师好像诗人，诗人必须有灵气，有语言表现力，实践参与式教学的语文教师，必须专业知识扎实，谙熟教学理论，读懂你的学生。学习了本课节的内容，将有助于达到三者默契如一的境界。

学习目的

1. 掌握并运用科学方法论指导语文课堂教学。
2. 理解“有序性”是实现高效课堂的必要条件。
3. 践履参与式促进学生语文素养全面发展的科学路径。

活动一

道通天地有形外（科学理论）

学习目标

1. 理解科学方法论对提高语文教学质量的意义。

2. 运用“听读说写模式”改变课堂学习方式。

3. 复述“负反馈结构”教学过程的六个环节。

学习过程

1. 全体学习者整体阅读学习材料，然后每个人就科学方法论、听读说写模式、负反馈结构选择自己最感兴趣的内容，组织者按照学习者的兴趣分组，人多的可以分成几个小组，每个小组确定组长，组长组织大家学习讨论。

2. 各个小组阅读学习材料，然后重点讨论本小组对感兴趣内容的理解。

3. 每个小组派代表发表讨论结果。

4. “头脑风暴”：学习者个人发表不同的见解。

5. 组织者及时评价，总结学习效果。

学习材料

应用科学方法论提高语文课堂教学质量

在教育教学领域，一提到科学方法论，人们会自然联想到心理学方法。采用心理学方法来研究语文教学问题，目前尚处在初级阶段。研究者大都采用控制变量的方法，对一个假设进行实验验证，虽然结论是科学的，带有普遍性，但基本上是一些非常简单的教学问题研究，而且结论都是对人们熟知的经验的验证。例如：速读训练能够提高学习效率，适当重复学习可以增强记忆效果，提前讲授写作方法比不讲方法有利于提高学生的写作能力，等等。而对于比较复杂的学习问题，心理学方法的研究目前还不成熟。所以，应用系统科学方法论是目前较科学、较有意义的研究之路。

一、系统科学方法论

系统科学方法论是对系统论方法、信息论方法和控制论方法的总称。系统科学方法论的诞生（1948年）改变了我们生存的世界，使人类由电气时代进入了计算机时代，或者说信息时代。系统论方法主要是探索事物的内部结构以及事物与外部关系的科学方法；信息论方法是探索一事物由甲向乙传输时的运动规律性的科学方法；而控制论方法主要是从某一事物的构成分量及其运动过程上去探索其运动规律的科学方法。任何事物都有各自的结构与功能，各自的本质特点和运动规律，综合运用这三种方法研究同一事物，具有互相补充的作用。从事语文教育实践的人，一般都把目光投向教育教学的过程，因此，运用控制论方法研究语文教育的运动规律，具有很重要的意义。

“一切有目的的行为都可以看作需要负反馈的行为”，这是控制论的基本观点。在教学控制论系统中，如果教学目的和教学结果基本吻合，教学过程肯定会出现负反馈学习行为；如果教学结果与教学目的相去甚远，教学过程则出现正反馈行为。把控制论原理运用于语文教学实践，一般采用黑箱方法、灰箱方法和白箱方法。

黑箱方法是指不明确某系统的内部机制，只是通过输入（目的）和输出（结果）来控制系统的结构与功能的方法。人们在日常生活中经常使用黑箱方法，如打电话，一般人对电话机内部的结构与原理一无所知，但只要会拨号码，就可以达到通话的目的。黑箱控制在语文教学中是非常普遍的，它主要有两种方式。一种是在闭合性系统内进行教学目标变换为学习结果的控制，并不关心教学内容本身的内在含义。这里说的闭合性，是指教学过程中对教学目标的确定、实施与达成的一致性。如果教学目标是ABC，教学过程是执行ABC的变换，教学结果达成了ABC，那么教学系统就具有闭合性。在识字教学中，这种黑箱方法被经常采用，教师只要借助笔顺笔画、汉语拼音、组词造句等形式便可达到教学目标，至于相关的语音学、文字学知识则很少或者根本不涉及。例如，教学生认识“亦”字，只要会读，会写，知道“亦”是“也”的意思，就完成了教学任务。而“亦”是一个象形字，本义是“腋”，后来作为假借字被借走了，人们又新造一个“腋”字，“亦”反而失去了“腋”的意思，这些对学生甚至对教师来说就是黑箱，教学过程中不关心或者根本不需要知道这些知识。黑箱方法控制语文教学的另一种方式，是在闭合的系统内进行教学目标变换为学习结果的教学控制，而在开放性系统中形成学习的心理过程。这在我国传统教学中是一种普遍现象。如古代的启蒙教育，教学目标是背诵，教学过程是监督学生背诵，教学结果是完成背诵。现代有许多老学者回忆读私塾的情形时认为，那些文言文当时根本不知所云，但在先生的逼迫之下只能硬着头皮往下背。后来随着年龄的增长和理解力的增强，当时不懂得的文字渐渐地懂了，而且还时有所悟，才体会到当年的“死记硬背”为今日的研究与著作奠定了何等坚实的基础。那些私塾的老先生们采用的实际上就是第二种黑箱方法。这里说的系统的开放性指的是学习者的心理结构在外部环境和其他教育因素的影响下而发生变化的必然性。这种黑箱方法是以发展的、开放的形态来控制学习者的心理过程的，如果没有在闭合的系统内完成输入与输出的控制，那么以后的学习心理活动就像无源之水，根本不可能形成。当然，黑箱方法也有许多不足之处，但根据学生的年龄特征和教学内容的难易程度，今天仍有借鉴的必要。

灰箱方法是指学习者对某系统有了部分了解时，充分利用已有知识，通过输入与输出的控制，进一步认识系统和发展自我系统的方法。在语文教学中运用灰箱方法必须使教学系统具备闭合系统、同构关系、反馈机制三个条件。

闭合系统前面已经提到，是指教学目标和教学结果基本一致的教学控制系统。

同构关系是指系统的整体矢量和它所含有的各个层级结构分量之间的关系。任何系统的整体和部分之间都存在一种关系，例如，船只在任何时候的位置必须用经度和纬度两个数来确定，“位置”是一个矢量，含有“经度”“纬度”两个分量，只知道一个分量便无法确定矢量。如果把言语能力看作一个矢量，它含有听、读、说、写四个能力分量。如确定课文中的归谬法是学习目标（矢量），学习过程为：听老师讲述归谬法，读课文体会归谬法，对话评析归谬法，写作练习归谬法。当教学目标矢量在教学过程中分别以听、读、说、写四个分量展开式来表达和变换时，我们就说教学控制达到“同构”的程度。

反馈机制是指闭合的教学系统出现负反馈学习行为后，老师及时进行矫正调节的过程和方法。如果教学系统具有闭合性与同构性，学生内隐的学习心理活动就会转化为外显的负反馈学习行为，教师便可及时发现问题，及时进行矫正教学。美国教育家布卢姆认为，教学质量受三个因素的制约：一是提示，指为学生呈现教学内容的清晰度；二是参与，指学生积极参与学习的程度；三是反馈机制。有大量的教学实验证明，第三个因素对教学质量的影响是最大的。

白箱方法是当我们通过黑箱方法、灰箱方法认识了系统的时候，就可以用一定的关系式表达系统的内部结构的方法。《控制论》的作者维纳把它叫作“白箱网络”。制定白箱网络不是白箱方法的全部目的，而是通过它对系统进行再认识，或者利用它控制系统以后的过程或预测以后的行为。例如，我们把言语能力看作一个系统，它由听、读、说、写四个子项构成；把思维能力看作一个系统，它由领会、运用、分析、综合、评价五个子项构成；把语文知识看作一个系统，它由文字、语言、材料、主题、结构、文体等六个子项构成。如果把言语、思维、知识看作层级系统，它们的相互作用则构成了语文认知能力系统。而认知系统、情感系统、技能系统的相互作用又构成了语文课程目标系统。语文课程目标、语文教材、语文教师、学生、语文教学模式构成了“小语文系统”，即课堂教学系统。小语文系统和外部环境相互作用，又构成了“大语文系统”，即学校、家庭和社会的语文教育系统。这是用白箱方法从宏观系统上研究语文教育，也就是用关系式表达语文教育系统的内部结构。白箱方法也同样可以运用于微观语文教学系统的学习。例如，学习了《〈呐喊〉自序》和《药》，理解了作者弃医从文的原因，明白了小说中所塑造人物的社会意义，再读《阿Q正传》，再读《祝福》，读《野草》，便会对鲁迅的人生观、国民观有一个比较清晰的认识；同时也会引起学生阅读鲁迅作品的兴趣，加深学生对社会的认识，促进学生人生观的发展。如果用“关系式”来表达，就是：学习鲁迅时，学生认知结构的变化引起了情感结构的变化，从有选择地注意鲁迅（愿意），到对鲁迅产生兴趣（行动），到通过阅读鲁迅作品来提高自身的鉴赏力（批判），到把鲁迅的价值观和自己的价值观联系起来作出判断（建构），到促进自己的人生观、国民观的发展（创造）。以上两例分别从宏观和微观角度用一定的关系式表达了系统的内部结构，说明白箱方法反映了比黑箱方法和灰箱方法更高一级的认识水平，对系统的已知性和预测性表现得尤其突出。

二、听读说写模式

任何科学原理和科学方法都不能直接运用到语文教学实践中去，理论和实践的结合还需要一个中介环节，这就是教学模式。“听读说写模式”是根据系统科学方法论和语文课程的特征相结合而建构的一种教学模式。这个模式并非是指关于听、读、说、写等能力训练的一般教学模式，而是以教学活动中学生的“负反馈环路”心理结构和听、读、说、写言语行为程序来命名的语文教学控制论模式。“听读说写模式”可以用表 1 显示其基本结构及其学习策略。

表 1　“听读说写模式”表

学生活动	基本策略	教师活动
听	提示目标要求，补充基础知识 创设问题情境，激发学习兴趣	讲
读	指导速读课文，记录有关数据 围绕目标精读，落实有关要求	导
说	围绕目标品读，启发回答问题 鼓励求异思维，要求全体参与	启
写	围绕目标练习，重视语感训练 快速学写短文，及时反馈评价	评

可以看出，听读说写模式的主要功能是“四控一发展”。所谓“四控”：一是控制教学目标，教学过程的每个环节都紧紧围绕教学目标展开，通过教师主体的不断调节活动，使教学始终不偏离目标指向；二是控制教学过程，教学过程按照听讲—导读—启说—评写四个环节展开，每个环节都是学生主体和教师主体的双向或多向活动；三是控制学习行为，学生的听读说写的言语行为受到教师主体和教学目的的监控，同时也受到学生主体自我调节能力的监控，发展学生的自我监控能力，是控制学习行为的最终目的；四是控制学习速度，把快速读写纳入常规教学过程，目的是提高语文教学的效率，使学习能力矢量的各个分量都受到有效的控制。“一发展”指教学活动将促进全体学生情、智、能的统一发展，因为控制论是通过对行为的分析与研究去探索结构的，这个教学模式将情感学习、认知学习与技能学习有机地结合在一起，通过教师讲、导、启、评的“掌舵”指挥和学生听、读、说、写的能动行为，来促进全体学生整体素质的统一发展。整个学习过程体现了学生主体参与学习的能动精神。

三、语文复习课“负反馈结构”

负反馈结构着眼于学生素质的充分发展，着眼于全体学生的充分发展，具有明显的教学预决效应。运用负反馈教学结构的目的是让师生双方“耗费最少的必要时间和精力而收到最佳效果”。这种教学结构主张以目标为中心来组织复习活动，整个过程从明确目标开始到达成目标结束。教学目标以训练思维能力为主线，以训练听读说写协同发展的语文能力为重点。负反馈结构重视对认知前提、情感前提、教学质量三大教学变量的调控，主张通过前馈、中馈和后馈相结合的方式，使教学本身形成一个自我反馈矫正系统；重视以情感为核心的非智力因素对教学过程的影响，注重对学生学习积极性的激发和调动，主张让学生积极参与教学过程。这种教学结构的功能还在于主张学生学习负担的优化，提倡教师在保证有效完成复习任务的前提下，采取切实措施尽量减轻学生沉重的学习负担。

复习程序由六个步骤构成。① 标的。教师要根据复习内容确定十分具体又便于操作的教学目的与要求，并以恰当的方式通过自己的教学，使学生形成一定的目标意识。② 前馈。在复习单元内容之前，要对学生有关的知识基础、学习态度、学习能力等进行诊断测试，如果教师有丰富的教学经验，并对学生比较了解，也可以凭经验进行预测。针对诊断测试或经验预测所发现的问题，教师要提前进行补偿教学。③ 实施。这是复习课的中心环节。复习的内容包括对语文知识的系统梳理，确定必须掌握的言语能力和思维能力要素，应该重点训练的审美实践能力与语言表现力，等等。整个实施过程，就是围绕复习目的使全体学生的认知水平和情感水平都得到提高的过程。④ 中馈。无论是课时复习还是单元复习，在复习过程中要随时进行形成性测试和评价，以便及时发现问题，及时矫正解决。中馈是对复习目的、复习过程、学生参与程度的有效控制环节。⑤ 后馈。一个单元内容的复习结束以后，必须依据预定目标进行终结性检测。后馈环节的关键是编制测试题和把握反馈切入点。⑥ 达成。教师根据终结性检测的反馈信息，对没有达到复习目标的个别学生，要设法进行个别辅导，对大多数学生没有掌握的内容，教师应进行集体补救性教学。

学习反思

1. “在语文教学中运用灰箱方法必须使教学系统具备闭合系统、同构关系、反馈机制三个条件。”写一段教学反思，发表你对这句话的理解。

2. 琢磨这句话：“学生的听读说写的言语行为受到教师主体和教学目的的监控，同时也受到学生主体自我调节能力的监控，发展学生的自我监控能力，是控制学习行为的最终目的。”就此写一段感想。

3. “负反馈结构重视对认知前提、情感前提、教学质量三大教学变量的调控，主张通过前馈、中馈和后馈相结合的方式，使教学本身形成一个自我反馈矫正系统。”和同伴讨论讨论，谈谈你的看法。

活动二

自来自去梁上燕（初中实践）

学习目标

1. 认识“循序渐进，学以致用”思想对提高教学效率的意义。
2. 掌握“语文思维五能训练体系”的内容要素。
3. 理解创新教学方法的教育价值。

学习过程

1. 学习者可以按座位就近分成6个学习小组，组织者按照基本理念、训练体系、创新方法依次为各个小组分配学习任务，其中有三对小组的任务是相同的。

2. 各个小组整体阅读学习材料，然后重点讨论对本小组学习任务的理解。

3. 每个小组派代表发表讨论结果。

4. “头脑风暴”：学习者个人发表不同的见解。

5. 组织者及时评价，总结学习效果。

学习材料

语文能力系列化训练的探索与实践

1982年秋至1985年夏，甘肃省定西中学承担了人民教育出版社新编六年制重点中学初中语文课本《阅读》《写作》的试教任务。在教学实践中，施教者反复琢磨教材编排体系，仔细分析学生的实际状况，在“循序渐进，学以致用”的教学思想指导下，对学生的语文能力进行具体化、系列化、螺旋式训练，取得了较好的教学效果，初中学生语文水平达到高中程度。总结三年的教学实践，主要有以下几点体会。

一、变革教学思想与教学习惯是深化教学改革的前提

新教材的编排有比较科学的体系，注重培养学生读写听说的能力。在教学过程中，主要在如何把教材的科学体系和培养学生的能力结合起来上下功夫，使学生学而有得，学而有序，避免了单纯传授知识的倾向，发展了学生的创造力。这个认识又在以后的教学实践中不断得到发展，慢慢形成了自己的教学思想，即“循序渐进，学以致用”。循序渐进即遵循“语文思维五能训练体系”，螺旋式地培养学生的语文能力；学以致用即把学习书本知识和学生生活结合起来，培养能力，开发智力，促进学生个性健康发展。“学以致用”的思想可以用图5的式子来表示：

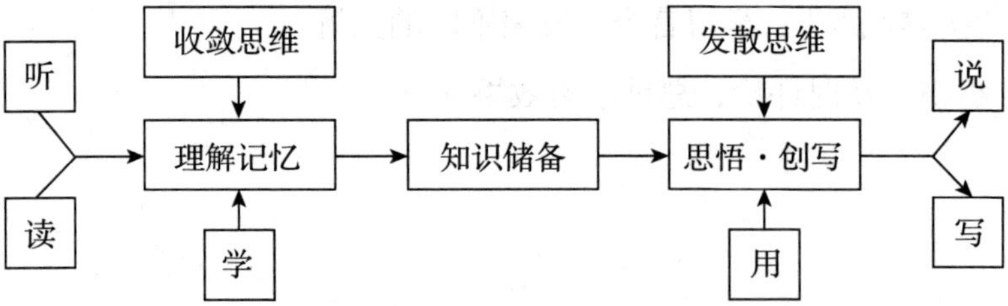

图5 “学以致用”表达式

这就是说，经过听和读的学习，向学生输入有关信息，通过分析、抽象、概括收敛思维过程，在理解记忆中形成学生的知识储备，接着引导学生进入形象、想象、模拟的发散思维过程，通过思悟和创造，迅速把知识储备转化为能力，输出有关信息，完成说和写的训练，使学生的智能与情感同时得到发展。

著名的瑞士儿童心理学家皮亚杰说过："智力训练的目的是形成智慧，而不是储备记忆，是在于造就智力的探索者，而不仅是博学。"世界正处于一个知识不断更新的时代，现代文明的发展和学生学到的知识之间的距离愈来愈大。因此，语文教学的目的不能停留在形成学生的知识储备上，而要发展他们的智慧，让学生能够解决未来工作中不断出现的新问题，这样我们才能把握住语文的时代性特点。

二、能力训练系列化、具体化是提高教学效率的关键

同样一本语文书，有的教师教学效果好，有的效果不好，原因何在呢？问题出在教师对训练体系的把握上。有的教师把文章和教材编排体系割裂开来讲，教学目的不明确，没有重点的能力训练，方法也千篇一律，因而学生没兴趣，效果不好。而有的教师注意了每篇文章在整个教材体系中的作用，目的明确，训练有序，方法得当，因而学生兴趣浓厚，效果较好。该实验尝试把能力训练体系和教材编排体系结合起来，使学生感到语文教学很实在，学习比较有趣。

关于现代语文教学"五能训练体系"的基本构想的详细内容，可参阅《语文能力系列化训练的探索与实践》一文。①

① 靳健. 语文教育的哲学转向与实践创新研究［M］. 兰州：甘肃教育出版社，2014.

这个设想尝试把现代语文的五种基本能力分解为约三十项能力，各项能力再分解为若干小的能力训练点，通过对学生进行系列化螺旋式训练，力图使学生都能收获明显的学习效果。在教学实践中我体会到，对语文能力进行具体化系列化训练，是教改的关键，也是语文教学科学性的具体体现。

三、学以致用、灵活多变的教学方法是培养创造能力的保证

实验者以“循序渐进”为线索，以“学以致用”为原则，根据每篇课文的特点和训练要求，在教学时分别采用不同的方法，有效地促进了学生语文能力的全面发展。训练方法的选择和使用因课而异，不拘一格。下面试举几例谈谈教学方法的设计和使用。

知识树法：就是把课本内容和所学知识按一定的逻辑绘成图表，使之起到形象、直观、易记的效果，可以借助它训练学生的思维能力和整体把握知识的能力。通过绘制“逻辑树”，使抽象变直观，使繁复变简化，使恐惧变有趣，降低了学习的难度，提高了教学的效率。另外，通过“古典诗歌体裁树”“文言词类活用树”“戏剧知识树”等，可使学生养成系统学习语文知识的意识，历练语文能力，掌握学习语文的方法。

分文体速读法：分文体速读法是根据实用文体的构成要素和特点，预先列出每种文体的阅读要点，让学生围绕这些要点快速阅读，然后回答要点内容，并记录阅读时间、计算阅读效率的一种方法。它可以分为下列三种具体方法。

记叙文“四一式”速读法：这里“四”指记叙文要素中的时间、地点、人物和事件；“一”指文章的中心思想或作者的情感倾向。训练思路为：何时、何地、何人在何事中怎么样，表现出什么精神，反映了什么问题，作者持什么态度。例文《为了忘却的记念》：1933 年 2 月 7—8 日，鲁迅在上海为了纪念柔石等五烈士遇难两周年写了这篇文章，回忆了五烈士的生平

和遇害情况，抒发了作者对烈士的怀念和尊敬之情，抨击了反动派的卑劣行径。

议论文“三三式”速读法：这里的第一个“三”是议论文的三要素，即论点、论据和论证过程，后一个“三”是指提出问题、分析问题、解决问题的基本结构。训练思路是：文章提出了什么论题，运用哪些论据和论证方法分析问题，得出了什么结论。

说明文“三项式”速读法：即要求学生围绕说明对象、说明顺序、说明方法三个要点来速读。训练思路是：文章按什么顺序、运用什么方法、说明了什么。

活动作文法：就是通过适当的教学或社会活动，让学生自己掌握第一手资料，然后作文的教学方法。由于学生的学习生活阅历比较浅，对有些作文无从下笔，如果教师只出个题目，这次作文肯定要失败的。因此，根据作文的训练要求，让学生走出课堂，自己动手动脑去掌握资料。例如，学习《中国石拱桥》后，想让学生写一篇关于桥的说明文，就带领学生带上卷尺绳子，去观察比较定西城区相邻的解放桥和永定桥，并分成小组让学生亲自丈量，记录数据。结果学生写的作文大部分令人满意。又如，教高三学生写调查报告，提前两周布置，让学生去附近的工厂、学校、村子、街道进行有目的的调查，掌握丰富的第一手资料，然后写文章。结果绝大多数学生写的调查报告材料充实，分析在理。有些学生观察问题、分析问题的能力超出了原来估计的水平。

假信息反馈法：就是利用假信息的不断反馈，最后变假为真取得训练效果的方法。这种方法可以帮助那些不爱学习的学生培养兴趣，有所进步。实验班在初一年级时有个学生写的作文只有半页，而且文不对题，教师就写了这样的批语：“你的作文虽短，但还算简练。由于审题时认真思考了，所以每句话都能围绕文章中心来写，这样很好，希再努力。”并打了七十分。作文一发下去，那个学生十分感慨，他说：“我小学的作文不是三十分就是四十分，评语不是离题万里，就是废话连篇，想不到上了中学作文还能得七十分。”第二次作文他就有了进步，每一句话得想着不离开中心，但翻来覆去，老是那几句话，重复啰唆，病句不少。教师就下了这样的批语：“你的作文进步很快，文章中心更加突出，尤其是注意了叙述层次，每层写一个意思，写过了的不再重复，希继续努力。”并打了七十四分。以后他的作文中的重复句就少多了。这样虽然反馈的是假信息，但只要坚持不懈，循循善诱，最后会变假为真的。有一个原来写作能力很差的学生经过诱导和训练，进步很快。她写的观察作文《探春花》，分花前、花初、花盛、花落四个阶段描写，由于观察细致，因而抓住了各阶段的特征，状物细腻，比喻贴切，剪裁恰当，层次有序，成为班上这类作文的佼佼者。假信息终于变成了真信息。

歌诀法：就是将一些容易混淆的语文知识和必须掌握的语文能力编成歌诀，帮助学生在较短的时间内获得较好的学习效果。如“拼音规则歌”“作家作品歌”“文化常识歌”“写作方法歌”等，不但学生爱听爱记，也的确起到了事半功倍的作用。

另外，还有好多具体的教学方法，基本上都是根据课文特色和学生需求创设的，也有一些方法是借鉴别人的。有些教学方法实践效果比较理想，如读写一体法、五觉法、信号法、结构法等，在其他文章中已有说明，这里不再赘述。

实验班原来基础较差，各科平均成绩在初一入学时曾是全级倒数第一。但经过一个阶段的努力后，各科学习都有了起色。1983 年秋，学校举行初二级查字典竞赛，结果十名获奖者中，实验班占了七名，前几名也是实验班的。不久学校又举行作文竞赛，初二级六名获奖者中，实验班占了三名，其中两个并列第一。1985 年 4 月底，甘肃省教育厅派人用同一试题对定西中学语文实验班初三（4）班，以及初三（3）班和高二（5）班进行语文测试，结果实验班考得最好，及格率、平均成绩、优秀成绩实验班均占优势。

1985 年夏，定西中学高中招生考试时，实验班学生不但语文成绩遥遥领先，而且政治、数学、物理、化学等科目平均成绩均为第一。全考区一千多考生中，总成绩 500 分以上的只有四人，也全是实验班学生。1985 年 10 月 11 日《甘肃日报》在头版以“定西中学设实验班改革语文教学——初中学生语文水平达到高中程度”为题报道了实验班教学简况。

学习反思

1. 写一篇文章，围绕下面这句话，谈谈你的看法：“循序渐进即遵循‘语文思维五能训练体系’，螺旋式地培养学生的语文能力；学以致用即把学习书本知识和学生生活结合起来，培养能力，开发智力，促进学生个性健康发展。”

2. “一个语文老师只有变革僵化的教学思想，对学生的能力进行具体化系列化螺旋式训练，寻求一套实用多变的教学方法，才能适应当代语文教学所具有的时代性、科学性与创造性的发展趋势。”写一段话，发表你对这句话的思考。

活动三

摘尽枇杷一树金（高中实践）

学习目标

1. 验证假设“参与式学习不会降低学习成绩，反而有助于提高学习效率”。

2. 理解参与式教学如何促进语文教师的专业成长。

3. 理解“率先示范、挑战禁区、十年实验”的求实精神与科学价值。

学习过程

1. 学习者通读学习材料，然后分成6个学习小组，分别就课题内涵、课题假设、创新点、研究思路、技术路线、实验总结等方面展开讨论。

2. 每个小组围绕本组的学习任务整理讨论要点，派一个代表在全班发言。

3. “头脑风暴”：学习者个人发表不同的见解。

4. 组织者及时评价，总结学习效果。

学习材料

参与式促进高中语文课堂教学高效发展的实践研究

从2001年秋季起，我们及时开展了高中课堂参与式教学实践研究的工作。起步阶段的研究说明，参与式学习活动不但改变了高中语文课堂的学习方式，促进了学生认知水平与情感水平的提升，促进了语文教师的专业发展，而且连续几年的高考成绩消除了人们担心教学质量下降的顾虑，为高中新课程的深入发展创造了条件。经过几年实践教学，我们取得了必要的研究数据，积累了一定的实践经验，增强了坚持开展实践研究的信心，所以，在甘肃省即将进入高中新课程实验教学的2009年秋季，申请了甘肃省教育科学“十一五”规划重点课题。①

一、基本概念的界定

高中语文课堂参与式教学是融合过程模式和情境模式的特点，以促进学生的个性和谐发展为宗旨，以平等参与、丰富多样的学习活动为载体，通过小组和班级学习形式，使学生自主获取并运用语文知识，历练学生的言语能力、思维能力、审美鉴赏能力及其情感态度的实践活动。它具有主体性、公平性、情境性、合作性、探究性、反思性的学习化育特点。

二、实践研究的对象

为了在甘肃省进入高中新课程实验教学前，积累一定的实践研究经验，

① 甘肃省教育科学“十一五”规划重点课题（GSBG〔2009〕GXZ019）。

在进入高中新课程实验教学以后，继续提供教学参照系，为甘肃省的高中课程改革做好服务工作，课题组选择了兰州市荟文学校、西北师大附中、甘肃白银平川一中等几所学校的部分高中班级，分阶段开展了语文课堂参与式教学研究工作。

三、实践研究的基本目标

① 参与式可以改变课堂学习方式，会激发学生的主体意识和创造精神。② 参与式学习不仅会影响高中课堂教学质量，而且有助于提高学生的高考成绩。③ 参与式学习能够使高三学生体验到课堂教学的乐趣，增强学生的学习幸福感。④ 参与式学习具有消除高中学生的学习倦怠情绪、减轻学习阻抗程度的作用。⑤ 参与式学习能够培养学生的合作意识与合作行为，预防孤僻、偏执等性格的形成。⑥ 参与式学习能够促进高中语文教师的专业发展。

四、课题研究的特点

① 率先示范。参与式学习从中英甘肃基础教育合作项目开始走向全国，我们编写的中英甘肃基础教育教师培训教材《中学语文新课程教学策略》《参与式语文学习活动设计》《中学语文参与式教师培训教程》《小学语文参与式教师培训教程》等，将参与式学习第一次呈现给了一线教师，系列教材新颖的教育理念，活动式的、过程化的编排形式令人们耳目一新。

② 挑战禁区。在被称为“教改禁区”的高三年级率先开展“高中语文课堂参与式教学实践研究”，具有很大的风险，同时也具有挑战性；实践的成功也更具有说服力。无论是在教育发达的东部省市，还是教育发展相对滞后的西部地区，从政府、社会、家庭到学校，都特别关注高考，高考成

绩成了人们衡量学校教育质量的特殊指标。几乎所有学校的高中（尤其是高三）课堂教学，充斥着高强度的模拟性训练，人们谓之“题海战术”。大多数校长禁止在课堂上开展学生讨论、情境活动、有声学习等，认为会影响教学质量，不利于提高高考成绩。如果开展参与式教学，要么被中途叫停，要么把所有的问题都归咎于参与式教学。所以说风险与挑战同在，只有成功，才能化险为夷。

③ 十年实践。2000—2010 年，我们已经扎扎实实地进行了 10 年的实践工作，为高中新课程的推进积累了许多有价值的经验。在目前社会上流行“选秀课”，“一课成功，吃香天下”的急功近利潮流面前，耐得住寂寞，不计较报酬，花十年时间去做实践，在我国已是很少见到了。

④ 高效课堂。针对形式主义猖獗的现象，我们提出了高效参与式学习理念，并且设计了一系列能体现高效参与式学习的教学活动，并在反复实验中不断修改和完善，希望为高中教师排难解忧，和高中教师分享幸福。我们开展参与式教学实践研究的教师队伍中有小学、初中、高中、职中的语文教师，以高中语文教师居多。这些教师绝大多数是教育硕士，都参加了我们的参与式教学培训。他们又是一线教师，是新课程实验教学的主力军。在新课程实验教学中，他们自觉地将参与式教学理念和学习方式渗透到了语文课堂之中，遏制了形式主义的猖獗势头，为广大教师展示了一种有效的教学途径。

五、课题的研究思路

① 明确高效参与式学习理念，制订高中课堂教学实践方案。首先总结中英甘肃基础教育教师培训项目经验，针对流行的形式主义“闹腾”活动现象，提出“有专业知识内涵、有思维建构过程、有成功（挫折）情感体验、有言语产品生成”的高效参与式学习理念，科学设计“高中语文课堂

参与式教学实践研究”方案。

② 高难度开始，低姿态上路。选择兰州市荟文学校的高三复读班（文科生 100 名、理科生 100 名）开展实践研究。高三学生面临高考，心理压力很大，而且复读生口味不一，需求各异，开展实践有相当的难度。“高难度”开始是一种挑战，实践成功了，更具有说服力。该校复读生全部参与实践，对实践情况不宣传，这样“低姿态”上路，避免了许多不必要的麻烦。

③ 借力高考权威性，巩固实践根据地。因为该校的高三复读生都是实践者，我们便把兰州市全体高考生确定为对比者，每年的高考语文成绩自然成了“权威性”的评价参照系。如果第一炮打响了，有了好的口碑，学生和家长会成为自动的宣传者，该校便成了实践教学的“根据地”，一方面把实践教学置于社会公众的监督之下，另一方面省去了重新制定评价标准的烦琐工作。

④ 重视理论建设，拓展实践规模。长达 10 年的实践工作为拓展实践研究准备了条件，在高中语文一科外再增加几个学科；由兰州市荟文学校扩展到西北师大附中、白银市平川区一中，这时候必须重视实践过程中出现的新问题、新思考，对实验理论进行反思、提升和创新，使理论研究适应拓展实践规模的需求。

⑤ 强化行动研究，做好科学总结。在实践过程中要强化行动研究，及时发现问题，及时解决问题。要认真收集实验数据，科学分析实验数据，做好科学总结。

六、实践研究的技术路线

① 高中语文课堂参与式教学活动设计一是围绕专业知识内涵，针对教学重点难点设计问题情境，为了体现思维建构过程而设计参与式学习活动，

鼓励学生在合作探究中建构有意义知识，有效引领学生的心理变化，使内隐的成功（挫折）情感体验转换为可以激励大家的教育活动，及时反馈矫正，提高教学质量和学习效率。

二是为了适应高中课堂参与式学习形式的需求，对学习小组活动提出必要要求：分组活动时，一般4—6人一组，也采用全班集体活动、“头脑风暴”和“问题树”等活动方式。分组采用随机方式（如按照前后座位、按照报数序号等）或特定方式（如同质分组、异质分组等），视具体活动目的而定。参与者要明确角色分工：主持人（负责活动组织工作），记录人（负责本组讨论或活动的记录），报告人（负责报告本组讨论结果），材料保管人（负责本组完成特定工作所必要的材料）等。这些角色由不同的人轮流担任。

② 课堂参与式教学案例

《哀江南》课堂教学实录

活动1　师生互动，情景再现

活动内容：阅读【北新水令】到【太平令】，分组讨论问题。

“我”眼前看到是……

“我”回忆起当年……

阅读【离亭宴带歇拍煞】，回答问题：

历史长河中“我”看到……

“我”不由得发出感叹……

活动说明：通过师生互动的方式，共同合作，情景再现。借助“角色扮演”，让学生在情景再现中体味苏昆生的感受，进一步理解苏、柳、赞三人的情感，品味“江南之哀”“哀”在何处。明确借景抒情、情景交融的表现手法。

活动2　评价活动，深入分析

评价师生互动环节，指出学生对曲词表述的优点和不足，点拨阅读方法。条件允许可以让学生互评。

分析关键句“旧境丢难掉”。借助媒体，结合日常生活的体验运用多媒体展示今昔对比的系列图片，讨论“旧境”对现在情感产生的影响。引导学生在写作中运用这种今昔对比的手法。

活动3　独立思考，品析曲词

思考：这个词（或这一句）值得揣摩……

放手让学生自己分析思考，培养学生独立思考的能力。及时评价，点拨鉴赏要点，提示学生从词句出发鉴赏曲词，归纳鉴赏的方法和技巧。

说明：本课完全由活动构建，用三个层次的活动指导学生由浅入深，品析文本。将学生思考的结果用语言表达的形式表现出来，体现了思维的语言特性。三个活动分三个阶段，反映了不同思维阶段的深度，让学生在语言表达中看到自己思维的层进性。活动2中，用多媒体展示一系列今昔对比的生活图景，引出“旧境丢难掉”的话题，启发了学生的语文思维。

（设计者：甘肃省兰州市第二十七中学　于沛文）

教学反思：

本教案是2010年参加“甘肃省第三届‘创新杯’新课程高中语文教师优质课竞赛”的公开课教案。基于对高二学生一般学习状况的了解，每一步教学设想基本上都得到落实，师生互动、学生发言等环节进行得都比较顺利。由于对《桃花扇》剧作的不了解以及时代的隔阂，学生很难理解《哀江南》究竟“哀”在何处，苏、柳、赞三人究竟为何而“哀”，以及作为《桃花扇》的尾声，为何要出现如此一曲《哀江南》。所以，具体教学中，首要的任务是创设情境，让学生能够入“境”，在具体的情境中体验“江南之哀”的主题，理解曲词的情感内涵。而教学中最重要任务是，结合诗歌鉴赏的相关知识，让学生对曲词进行分析鉴赏，学习鉴赏的方法。基于以上对教材的分析，在具体教学过程中，我采取了“角色扮演”“情境再现”的方法，通过生生合作、师生互动，让学生渗入为江南而哀的情境中。

在前一环节的基础上，结合“旧境丢难掉”的主旨句，结合日常生活的体验展示相关图片，让学生对今昔对比这一手法有更为直观的认识。接下来学生的独立思考阶段是鼓励学生自主思考的步骤，情感上的领悟已经通了，就能很容易地结合平日学习的鉴赏术语和技巧，自主地分析曲词，进行较为深入的鉴赏。课堂上这一环节里，学生的表现非常出色，几乎每一位发言的学生都有自己独到的见解，并且能对曲词进行较为妥帖深入的分析。如果课堂时间不够，这部分内容可以往课下延伸，让学生以书面的方式继续进行这一环节。

③ 高中课堂参与式教学评价技术

一是通过情感评价，进行观察、交谈、问卷、同伴评语、奖惩情况、兴趣清单、音像资料、作业选集等情感载体的综合分析与质性判断，解释影响学生情感发展的各种因素，预测并促进学生个性的全面发展。

二是通过认知评价，确定学生的智力在领会、运用、分析、综合、评价等不同思维水平上已经达到的程度或可能达到的程度。认知性评价常用的工具是测试，通过对测试结果的量化处理与质性分析，为发现问题，改进教学，促进学生的有效学习提供依据与思路。

七、结论与讨论

1. 实践教学过程丰富和深化了本课题研究的理论内涵

十年教学实践促进了参与式学习理论的发展，同时引领了高中语文教学科学高效的实践路径。原来我们对参与式学习理念的概括是这样两句话：在平等参与中唤醒主体意识，在社会对话中张扬创造个性。后来在教学实验中逐渐认识到，高中语文课堂教学如果远离了文化情境，如果淡化了语文专业知识的习得和运用，想把主体、平等、对话、创造等意识变成行动，想让学生的能力得到提升，想让学生的个性健康发展，犹如竹篮打水，水中捞月。所以，我们对参与式学习理念的概括改成了三句话：“在平等参与中唤醒主体意识，在文化情境中运用专业知识，在社会对话中张扬创造个性。”① 这样使参与式学习的理论概括更加科学，更加完善，既兼顾了教学形式，又突出了教学内容，更加有利于引领高效课堂实践过程。

我们对参与式学习概念的界定也同样经历了这样的研究过程。开始用这样一段话进行界定：参与式学习充分体现学生的学习自主权，在自然轻松的学习氛围中，以分组活动的学习方式，自由的学习思想，自主的探究精神，合作的学习态度，让每一位学习者体验参与学习过程的乐趣，发现成功的途径与价值。后来在教学实验中发现，这仅仅是对参与式学习普遍性的描述。如果远离语文专业知识情境内涵，如果淡化了高中语文教学的核心任务，只是在外延上，如活动形式、方法策略、师生关系等方面指导学习过程，结果肯定是缘木求鱼，南辕北辙。鉴于此，我们又进一步从普遍性与特殊性相统一的角度界定了语文参与式学习的概念：“语文参与式学习是以促进学生的个性和谐发展为宗旨，在语文专业知识问题情境中，以平等参与、丰富多样的学习活动为载体，通过小组与班级形式，让学生学习运用语文知识，涵养言语能力、思维能力、探究能力、审美鉴赏能力及其情感态度，从而使每一位学生都获得自主发展的实践活动。”② 这样的理论建构，突出了语文课程的特点，明确了语文教学的核心任务，显示了理论指导实践的教育价值。

这样从形式与内容相结合、普遍性与特殊性相结合的变化中深入认识参与式学习，是长期教学实践的产物，这也是本课题研究取得的主要理论成果。

2. 实践教学证明，参与式学习不是降低而是提高了学生的学习成绩，

---

①② 靳健. 后现代文化视界的语文课程与教学论 [M]. 兰州：甘肃教育出版社，2006.

并且促进了学生情、智、能的全面发展。

2001—2010年兰州市荟文学校高考语文文科、理科平均成绩与兰州市高考语文文科、理科平均成绩比较图（如图6所示）

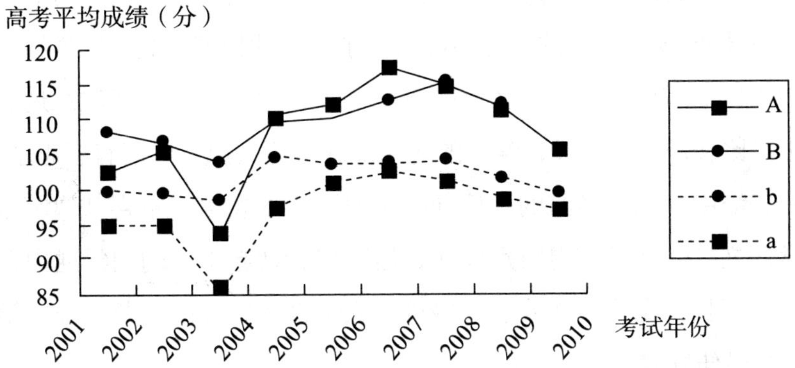

图6　2001—2010年兰州市荟文学校高考语文文科、理科平均成绩与兰州市高考语文文科、理科平均成绩比较图

（图示说明：图中虚线a表示兰州市高考语文文科平均成绩，虚线b表示兰州市高考语文理科平均成绩，实线A表示兰州市荟文学校高考语文文科平均成绩，实线B表示兰州市荟文学校高考语文理科平均成绩。“参与式促进高中语文课堂教学高效发展的实践研究”的阶段目标预设实践班级的高考语文成绩高于兰州市的5分以上，实际上高出6—15分。[①]）

高效参与式学习不但有助于提高学生的语文能力，而且促进了学生情感态度的良性变化。西北师大附中的李静老师在教学反思中说：在组织学习《项链》的“辩论”活动中，没有像正式的辩论一样，各组只能有4名同学代表本组同学发言，而是所有的同学都有发言权，都可随时发言。辩论中一些平时说话声音小的同学声音变大了，一些平时从不发言的同学也站起来发言了，同学们自发地为这些同学鼓起热烈的掌声，他们受到感染，说

① 数据来源：兰州市教科所历年高考统计资料。

出了连自己都感到非常精彩的话。几乎每一位同学都自愿参与到了这些活动中。平常打不起精神的同学、找不到机会表现自己的同学都有了学习的自主空间。比如在《药》的学习中，有一位学生提出了对“古□亭口”中缺省的探究，很有研究的价值，而这个学生平时对语文并不感兴趣；还有一位同学在《药》《促织》的学习中都设计了精彩的板书，其他同学给了他热烈的掌声，而在此之前，因为比较沉默寡言，他很少被老师注意过。对学习产生了比较浓厚的兴趣，学生的普遍反映是语文课比以前有意思了。《项链》的表演中，担任导演的一位同学平时不喜欢发言，不喜欢做笔记，不喜欢学语文，但却导演得特别成功，他不仅调动起组内的同学通力合作积极排练，而且在表演中加入了一些符合人物性格特点的情节，被同学全票通过评为最佳导演。①

环县一中的向文剑老师在他的《陇东文化校本课程的开发与实践》教学反思中说：“参与”是本专题教学的命脉，如果没有学生的积极参与，校本课程就没有生命力。在教学活动中我充分信任并放手发动学生，使他们以积极的态度参与到底，从而充分地感悟到亲历体验的收获，体验了自主、合作、探究、创新的乐趣，有的学生还展示了新颖的皮影人物形象、资料，有的学生亲自制作出富于个性的皮影件，表现出平时课堂上无从表现的艺术天赋。在浓浓的家乡戏曲文化情境中，学生陶冶了情操，涵养了人文知识，培养了操作能力和审美能力，形成了对本土文化的正确价值判断，不断完善发展了自己的人格个性。②

3. 实践教学证明，参与式教学能够引领学生和教师、文本、同伴进行对话的过程，能够更加有效地发现问题、探究问题和解决问题。

语文教学是语文教师依据教学计划，借助文学、语言学、文艺学和语

①② 靳健. 后现代文化视界的语文课程与教学论［M］. 兰州：甘肃教育出版社，2006.

文课程与教学论的专业知识和方法，促进学生搜集处理信息、认识世界、发展思维、获得个性化审美体验的过程，是学生、教师、教科书编者、文本之间实施多重对话，进行思想碰撞和心灵交流的学习活动。参与式学习一般采用小组讨论的方式来解决问题，在讨论中，每个成员从各自角度提出不同的见解，大大拓宽了解决问题方法的范围，有时，一个人的发言能启发另一个人悟出或改进解决问题的方法。而且小组讨论能产生社会心理学家称之为“社会促进”的现象，即当一个人看到其他人正在完成某个任务时，自己也想要更快更好地完成任务。在小组讨论中，当一个学习者看到其他学习者积极发言时，自己也会积极去思考。

西北师大附中李静老师在教学反思中说：以往的课堂教学是教师提出问题，学生寻找答案或者等待教师告诉答案。参与式学习是学生自己提出问题，大家讨论，教师协助解决问题。这种对话关系的改变，为培养学生的合作意识和团队精神提供了极大的发展空间。平常不善于表现默默无闻的学生变成了“高手”，不起眼的小组常常有出色的研究成果。如以《药》这篇文章为例，学生提出了许多有研究价值的问题。涉及文章的细节、人物描写的方法、国民性弱点、文化的范畴、文章结构，明线暗线的交织、文章主题等。问题的提出具有很强的挑战性和针对性，问题的研究则是对文章各方面重点难点的解决，具有操作性。对有争议的问题展开讨论，可以开阔学生的视野，激发他们深入思考，从而促进智力发展。也就是说，参与式学习对话活动为学生提供了发现和进入自己的“最近发展区”的条件，使学习者之间、学习者自身能力与学习要求之间的差距完全显露出来，并在同伴或老师的帮助下减少或消除这些差距。①

---

① 靳健. 后现代文化视界的语文课程与教学论［M］. 兰州：甘肃教育出版社，2006.

4. 参与式实践教学促进了语文教师的专业发展。

参与式教学和以往的教学相比，对语文教师的文学素养、语言素养、美学素养和教学能力水平提出了更高的要求，因此需要一线教师不断优化自身的知识结构，不断地历练创新思维能力，不断地提高教学艺术水平。教学过程中，来自学生的新鲜思想，来自同伴的不同教学风格，都会对语文教师的专业发展起到不可估量的促进作用。教师的自我反思、自我创新、自我超越精神将成为自身专业发展的强大动力。教学过程中，语文教师主体意识和教学智慧会对学生的学习效果和个性发展起到良好的终身影响。

白银市平川区一中的吴玉梅老师在教学反思中说："教师在组织过程中要调动学生的积极性，使课堂教学成为学生主体活动的展开与整合过程。例如在讲授《鸿门宴》时，我组织学生设计了5个课堂活动：打擂台、采珍珠、演小品、作讲演、写评论。实践证明，在活动的过程中，教师的组织能力发挥着重要的作用，如果没有了教师的整体把握与组织，教学就会处于失控状态，学生将成为一盘散沙，无法达到预想的效果。"她还认为，在阅读教学中，教师有着自己独特的感悟和见解，可以直接影响学生的认识过程，也可以为学生提供相关材料，引导学生的阅读兴趣，开展参与式学习活动。如"阅读苏轼"活动，教师就可以把初、高中教材上选编的苏轼的四首诗词、余秋雨的散文《苏东坡突围》、周国平的《苏轼专论》介绍给学生，让学生或听朗诵或自吟自唱或潜心评价，从而激发学生的学习热情，引发学生对苏轼散文的兴趣。教师还可以以平等的身份介入交流，以自己的感悟和解读带领学生解读文本，用自己的言传身教影响和感染学生，使他们喜爱每一篇课文，留恋每一节语文课。这种灵活多变的学习方式加强了学生之间的横向交流和师生之间的纵向交流，使信息交流呈纵横交错的立体结构，既发展了学生，又发展了教师。①

---

① 吴玉梅. 高中语文参与式课堂教学的理论与实践研究［D］. 兰州：西北师范大学，2004.

西北师大附中的李静老师深有体会地说：用参与式上课比以前有意思了，轻松了。以前备课需要花费很多的时间去记住知识性的内容，现在则可以把精力更多地放在问题的设计和形式的组织上；以前上课总有重复之感，备课的时候过一遍，上课的时候过两遍，感觉一堂课上完之后，老师确实提高了不少，而学生则不得而知；现在，备课的内容不需要我讲给学生听，而是我在听的过程中对我理解的补充、印证，同学讲的时候又各不相同，各有情趣，所以，上完课后总感觉身心愉悦轻松。①

5. 实践教学证明，在参与式课堂教学中，注重内涵设计与外延设计的和谐统一，不但提高了教学质量，而且把合作学习、探究学习转换成了学生发自内心的学习需求，而不是外在力量对学生的形式主义指令。

参与式教学注重教学设计的内涵与外延的和谐统一，在实验教学中获得了以下五点启示。第一，“创设专业知识问题情境”是参与式学习活动有效开展的前提。首先它是一个语文情境，不能离开语文课去创设学习情境，否则就犯了“去语文”的错误；其次它是一个问题情境，设计活动时必须考虑到这是一个学习难点，难点就会激发学生的好奇心；另外还要精心设计问题情境的呈现方式，呈现方式应该和学生的学习生活相联系，也就是说把难点隐藏在学生熟悉的现象后面。第二，就是“忍不住”，如果创设专业知识问题情境做得很到位，你就会看到每个学生“忍不住”参与学习的动人场面，学生以极大的兴趣参与学习过程，这是参与式学习活动有效开展的关键。第三，“由浅入深、由易到难”地设计学习活动，这是不断强化学习动机的有效策略。从简单开始，学生尝试到了成果的乐趣，就会增强自信心，有梯度的设计，符合认知心理学的规律。第四，是体现“答案的唯一、复杂到开放”的设计原则，也就是说，学习的答案有些简单唯一，有

① 靳健．后现代文化视界的语文课程与教学论［M］．兰州：甘肃教育出版社，2006.

些关系复杂，有些灵活开放，这和问题的性质有关。具体知识问题，答案一般唯一；方法知识问题，答案比较复杂；认识观点问题，答案相对开放。第五，“合作学习、探究学习是自然生成的”，这是有效参与式学习的必然现象。如果满足了以上四个学习条件，合作学习、探究学习就会自然生成。也就是说，合作和探究是学生发自内心的生命需求，而不是客观化的形式主义指令。

6. 十年参与式教学实践过程产生了一系列科研成果，这些成果反过来促进了实践教学的深入发展。

十年来，我们在推进高中语文课堂参与式教学实践的同时，还承担着西北师范大学中文本科生、语文教育硕士、语文教学论硕士生的教学工作，实践教学的设想和成果自然地成了上述教学的内容或者案例，进而产生了一系列教育教学科研成果。如：2005 年，《参与式引领高师中文专业学习方式的理论建构与实践研究》获得甘肃省高等教育教学成果省级一等奖，成果中本科生运用参与式设计并在实习中试讲的 300 多份课件，成了该成果的一个亮点。2007 年，《后现代文化视界的语文课程与教学论》获得第七届甘肃省优秀图书奖，其中有 20 多例高中语文教学案例，全是参与式的教学设计。2009 年，本科生课程“语文课程与教学论”获得甘肃省高校省级精品课程，其中的许多教学案例和教学课件都是以参与式设计的，既有教师的设计，也有学员的设计。2010 年，《培养语文教育硕士的创新能力，促进中小学课程改革深入发展》获得甘肃省高等教育教学成果省级二等奖，其中收集了自 2001—2010 年许多一线教师设计的优秀的参与式教学案例。反过来，这些科研成果又从理论提升和实践引领两方面推动了课题研究的深入发展。

学习反思

1. 针对流行的形式主义活动现象，提出“有专业知识内涵、有思维建构过程、有成功（挫折）情感体验、有言语产品生成”的高效参与式学习理念和目前缺乏语文内涵的闹腾课堂相比，你对此肯定有些思考，发表出来，好吗？

2. 你在课堂上是怎么做的，联系下面的话，说说自己的想法。“以往的课堂教学是老师提出问题，学生寻找或者等待教师告诉答案。参与式学习是学生自己提出问题，大家讨论，教师协助解决问题。这种对话关系的改变，为培养学生的合作意识和团队精神提供了极大的发展空间。”

3. 读读下面的内容，然后谈谈自己的专业发展设想。“参与式教学和以往的教学相比，对语文教师的文学素养、语言素养、美学素养和教学能力水平提出了更高的要求，因此需要一线教师不断优化自身的知识结构，不断地历练创新思维能力，不断地提高教学艺术水平。”

·课节讨论·

1. 本课节设计的学习活动，分别就语文复习课范式建构、语文能力训练体系设计、高中语文教学实践研究三个方面展开了关于高效课堂的理论创新与实践检验，而它们都充分体现了参与式学习的理念和特征。如果系统地看，教学范式、训练体系、课堂教学刚好从专业内涵上体现了教学质量的意义。学习本课节，有望改变仅从教学方法、师生关系、活动形式等外延领域研究高效课堂的弊端。你对此有何见解，发表出来与大家分享。

2. 在第一个学习活动中，如果能拓展阅读一下《反射弧、负反馈与教学控制论》（《甘肃社会科学》1995 年第 6 期）、《现代控制论视野的语文教育》(《新世纪中学语文教育》，人民教育出版社1999年版)、《控制论与语文教学方法》〔《西北师大学报(社会科学版)》1995年第3期〕，或许能够帮助你深入地理解相关内容。如果你读了，说说你的看法。

3. 本课节分别用北宋程颢《秋日偶成》中的诗句“道通天地有形外”、唐代杜甫《江村》中的诗句“自来自去梁上燕”和南宋戴复古《初夏游张园》里的诗句“摘尽枇杷一树金”为三个学习活动命名，学完了本课节的全部内容，你对诗句含义、活动名称、学习内容之间的联系肯定有了新的认识，说出来与大家分享。

课节十七

参与式群文阅读教学设计

“交柯乱叶动无数，一一皆可寻其源。”这是苏轼《凤翔八观》之三《王维吴道子画》中的诗句，是诗人游观王维、吴道子画作之后的观感。诗句写画中竹丛，再现了竹叶摇曳于清风中的神态，让人仿佛有同观之感。诗句虽然写观画体悟，但万有相通，妙理一也。读这句诗，让人对语文教学也深有感发。当前，语文教学处于大变革时代，各种理念、方法、愿景层出不穷，让人应接不暇，有“乱花渐欲迷人眼”之感，但不管教学形式如何改变，语文教学的“根本”“旨归”应是比较明确的，也是可以一一加以探寻的。对时兴的群文阅读教学，我们也应有这种认知。

学习目的

1. 理解群文阅读教学的概念。
2. 掌握群文阅读教学的基本理念。
3. 掌握参与式群文阅读教学设计的基本路径。
4. 能够自主设计参与式群文阅读教学活动。

活动一

心有灵犀一点通（基本理念）

学习目标

1. 理解群文阅读教学的概念。
2. 掌握群文阅读教学的基本理念。

学习过程

1. 自主学习群文阅读教学的概念和基本理念。
2. 把学习者分为若干小组，分享交流学习心得。
3. 就群文阅读教学的相关理念，提出自己的困惑和问题，全班交流，师生共同探讨，凝聚共识。

学习材料

参与式群文阅读教学的基本理念

一、群文阅读的概念

作为一种多文本阅读形态，群文阅读自古就有。中国古人读书，都十分强调遍历诸家，博采诸篇，沉酣玩味诸家之妙，进而形成和建构自家的认识。例如，柳宗元倡言“文以明道”，他明确阐述了自己“取道之原”“广道为文”的过程:“本之《书》以求其质，本之《诗》以求其恒，本之《礼》以求其宜，本之《春秋》以求其断，本之《易》以求其动。此吾所以取道之原也。参之《谷梁氏》以厉其气，参之《孟》《荀》以畅其支，参之《庄》《老》以肆其端，参之《国语》以博其趣，参之《离骚》以致其幽，参之《太史》以著其洁。此吾所以旁推交通而以为之文也。”（《答韦中立论师道书》）柳宗元所谓“旁推交通”即文本之间的相互融通、贯通、互涉、关联。这种相互参稽、相得益彰、比较对读、博观约取的读书形式就是一种群文阅读。

作为一种多文本教学形态，群文阅读是语文教学进入新时代的一种主动选择。2017 年，教育部颁布了《普通高中课程方案（2017 年版）》和《普通高中语文课程标准（2017 年版）》，标志着语文课程进入以“核心素养”为本的深层次改革阶段。《普通高中语文课程标准（2017 年版）》进一步凝练了学科核心素养，提出了“语文学科核心素养”，主要包括“语言建构与运用”“思维发展与提升”“审美鉴赏与创造”“文化传承与理解”四个方面。群文阅读教学就是针对传统单篇阅读教学的局限，因应落实学科核心素养的时代要求而作出的一种价值选择。相较单篇阅读，群文阅读不仅是课堂教学中阅读量的增加，阅读面的拓宽，同时也意味着阅读目的、阅读过程和方法、思维发展、情感体验等方面都发生了一些新的变化。尤其是在“思维发展与提升”方面，群文阅读教学更着意于学生高阶思维能力的培养和发展，更加注重学生在多文本阅读中联结、比较、整合、创造等综合能力的提升和发展。从课堂教学形态来看，群文阅读教学打破了长期以来单篇教学独霸课堂的单一局面，显现出单篇阅读教学所不具有的一些新特点、新取向，有助于实现语文课程教学的“开放而有活力”。同时，在统编语文教材新的编排理念和使用要求下，群文阅读教学也是更好地使用新教材的主动探索和实践。当然，群文阅读教学对语文教师的专业素养也提出了较高的要求，尤其对教师的课程开发能力和课程资源整合能力等提出了较高的要求。

阅读教学是学生、教师、教科书编者、文本之间的对话过程。群文阅读教学则是学生、教师与一组文本之间的多重对话过程。这里强调了群文阅读教学的两个重要特点：一是“多文本”，二是“多重对话”。“多文本”是指师生围绕一个特定的“议题”，选取同质或异质的多个文本加以比较对读。从数量上说，选取的文本至少应该有 2 篇；从内容上说，除了文字的，还可以是音频、视频、图片或表格等异质文本的组合。“多重对话”则是指教师和学生以多文本为中介，根据不同的阅读目的，运用多种阅读方法，选择恰当的阅读形式，在多元互动交流中提升能力、历练思维、拓宽视野、建构意义的实践过程。从深度学习的视野来看，群文阅读更着意于引导学生在真实的语言运用情境中解决较为复杂的问题，指向学生整合、运用、评价、创造等高阶思维能力的涵养。从参与式学习的视野来看，群文阅读更强调师生在真实的语言运用情境中，通过阅读与鉴赏、表达与交流、梳理与探究等学习活动，在自主、合作、探究的学习过程中，实现学习者能力提升、视界融通、精神际遇、经验分享、凝聚共识的学习效果。

二、参与式群文阅读的基本理念

（1）精选议题：参与式群文阅读教学的出发点

“议题”是一组文本何以如此组织的基本依据。参与式群文阅读教学中，议题的选取和设置可以是多种多样的，既可以从“文本写了什么”即文本的言语内容确定议题，如主题、人物、观点、情感等；也可以从“文本是怎么写的”即从文本的言语形式方面确定议题，如体裁、结构、细节、线索、表达方式、表现手法、语言特点等；还可以根据阅读教学的实际需要和学生的阅读需求来确定议题，如某个特定的学习任务、阅读策略、思维方式、探究活动、审美鉴赏、创造生成等。著名特级教师孙双金老师曾以“送别”为“议题”设计“送别组诗”的群文阅读教学。孙老师以古人在不同情境中的不同送别方式为议题，选取了李白的《赠汪伦》（“以歌相送”），高适的《别董大》（“以话相送”），李白的《送孟浩然之广陵》（“以目相送”），王维的《送元二使安西》（“以酒相送”）作为阅读文本，让学生在不同诗歌文本的阅读中体验、感受别样的“别情”。

（2）任务驱动：参与式群文阅读教学的内在要求

在课堂教学的单位时间内，要实现多篇文本的共读共学，这就要求教师精准定位教学的核心价值和目标，并依此设计相应的学习任务。可以说，用具有明确指向性的学习任务来驱动或引领学生阅读行为及过程是参与式群文阅读教学的内在要求。学习任务是为达成群文阅读教学目标而精心设计的语文实践活动，是群文阅读教学内容的主要载体，是学生参与学习过程、历练能力、发展思维、涵养情感的中介活动，也是对学生学习结果进行评估的基本依据。语文学习中，学习任务又往往和真实的语言运用情境融合在一起，达到综合提升学生语文素养的价值取向。参与式学习过程中，通过明确学习目标、设计富有挑战性的语言运用情境、精心安排学习活动过程等环节来引领学生参与学习过程，并通过表现性评价任务反馈评估学习效果。参与式群文阅读教学十分注重蕴含专业知识的问题情境设计，通过有一定思维挑战性、较有统摄性且有层次性的问题链来引导学生阅读鉴赏、表达交流及梳理和探究活动，问题情境的设计巧妙打通学生生活情境和文本情境，引导学生思维发展和能力提升。参与式群文阅读正是在生动活泼、丰富多彩的学习任务或言语实践活动中引领学生阅读学习行为，切实体现了“在平等参与中唤醒主体意识，在文化情境中运用专业知识，在社会对话中张扬创造个性”的参与式学习理念和特点。

（3）结构优化：锚定多文本间的意义关联和功能定位

群文阅读中，文本之间、文本与议题之间、文本与教学目标之间的意义关系都有不同，由此各个文本在阅读教学中发挥各自不同的功能。为了实现文本功能的最大化，需要将各个文本“结构化”，即寻求多文本之间优化的意义关系。群文阅读中，多篇文本既不是随意选择的，也不是无序排列的，而是根据设定的议题和特定的教学目标乃至学生的学习需要、认知特点精心选择、有序安排的。统编语文教材使用过程中，教师既可以根据教材的“单元主题”和“语文要素”确定文本之间的意义关联，也可以根据学生学习需要和教学实际，拓展相关文本资源。前者是在教材单元篇目之间的整合和重组，后者则可以是在课内外文本或课外文本之间的链接和整合。依据文本之间结构功能不同，群文阅读教学呈现出多种课型，如“1+X”群文阅读课，教材单元整组群文阅读课，课外整组文本群文阅读课等。其中，“1+X”群文阅读课型中，这里的“1”，可以是语文教材中某个单元的一个主题，也可以是一个议题，还可以是一组群文中的一个文本，“X”则是与此相关的多个文本。

（4）比较参读：参与式群文阅读教学的基本方式

比较参读是参与式群文阅读的基本方式。有比较才有鉴别。群文阅读中的比较，其目的或聚焦文本的关键特征，或强化学生对某一“教学点”的认识，或拓宽学生阅读的视野等。文本之间的比较有多种形式，有同类比较，也有异类比较；有纵向比较，也有横向比较。“同中求异”的比较，是为了“各美其美”；“异中求同”的比较则是为了“美美与共”。群文阅读中的“1+X”比较参读，往往以教材中一篇精读文本为主，另选教材内外的一篇或多篇文本作为比较参照文本，以强化学生在某一“教学点”上的学习效果，这已成为当下群文阅读教学实践中较为流行的样式。例如，我们读杜甫《登岳阳楼》，就这首诗论这首诗，往往还不能尽得其妙，若把杜诗和孟浩然的《望洞庭湖赠张丞相》比较参读，便能体味到杜诗“气象过之”。孟诗“欲济无舟楫”，感怀自身不遇，杜诗“戎马关山北，凭轩涕泗流”则深怀忧国忧民之情。

（5）思维发展：在深度对话中提升学生思维境界

参与式群文阅读教学十分重视学生真实的阅读体验和感受，鼓励学生在阅读过程中批判、质疑，发表不同意见。这是体现群文阅读教学“深度阅读”“深度对话”的重要环节。阅读过程中，通过师生、生生与多文本之间的“深度对话”，引导学生思维向纵深处发展，尤其是注重提升思维的深刻性、敏锐性、广阔性、创新性等品质，并通过及时有效的反馈评估策略矫正学生思维发展成果。群文阅读不求面面俱到，而是更加重视阅读过程中的“深度开掘”“单点深入”，重视课堂教学中的“追问”“反思”“争鸣”等学习环节设计，显现出在深度对话中提升思维境界的诉求。

（6）形式多样：参与式群文阅读教学的形式特征

群文阅读教学过程的形式是灵活多样的。根据达成教学目标的需要，可以采用多种参与式学习形式。教学过程中，师生可以先精读一篇，习得读法或做法，而后迁移运用至其他文本的阅读学习；也可以根据学习目标和任务，学生先自主阅读多个文本，然后分组共享交流学习体会；还可以围绕核心学习任务，师生交叉阅读不同文本，然后交流分享等。总之，参与式群文阅读教学不拘形式。师生之间在共读共议、交流分享的多重对话过程中形成了一个交互共生的阅读学习共同体。

（7）以言语作品分享留下学习进步的精彩记忆

能否生成有一定价值的言语产品（听说读写思的成果）并有时间加以分享，是检验参与式群文阅读效果的一个重要指标。可以说，学习成果的分享展示是最能体现“学生是学习的主体”的典型环节，也是群文阅读教学最为出彩的时刻。参与式群文阅读十分注重学生学习结果的多元呈现和差异化提升，鼓励学生自由表达和创造性表现。课堂教学中，学生的所有学习所得，都可以用文字、视频、照片、作业、音频、实录等多样形式保存下来，尤其是学生在课堂上所展现出来的灵光乍现的创造性学习成果，都是学生学习过程中不可多得的“经历”和“财富”，是学生未来发展极有价值的资源。它们以“作品”形式留下了学习进步的美好记忆。

学习反思

1.“结构化”是群文阅读教学设计的重要过程。不同文本之间的结构关系常常是多样的。根据你对议题、教学目标和多文本之间关系的理解，尝试列举梳理常用的几种结构关系。

2. 发展高阶思维是群文阅读教学的重要追求。你能就群文阅读中高阶思维的表现形式和内在机制谈谈自己的看法吗？

活动二

且将新火试新茶（实践路径）

学习目标

1. 掌握参与式群文阅读教学设计的基本路径。

2. 能够自主设计参与式群文阅读教学活动。

学习过程

1. 自主研习参与式群文阅读教学设计路径的相关内容。

2. 分组交流对参与式群文阅读教学设计路径的认识并能够用关键词概括。

3. 评析课例，说说对参与式群文阅读教学设计的看法。

学习材料

材料一

参与式群文阅读教学设计路径

一、以明确的目标定向学生的阅读学习过程

用清晰、明确的教学目标引领学生的阅读学习过程是提高教学质量的重要环节。群文阅读教学目标要防止面面俱到，要根据课程标准的学段目标要求，聚焦文本的核心教学价值，整合学生的学情和实际需求，指向学习阅读的关键点。群文阅读虽然将一组文本整合在一起阅读，但每课时学习目标宜明确、聚焦，不宜过多、过泛。阅读教学过程既重视“面”的广度，也重视“点”的深度。群文阅读教学一定要选取这一组文本中最为核心的“教学点”进行阅读和探究，切实践行“一课一得”乃至“多课一得”。参与式教学活动中，一般 1 课时设计 1—2 个教学目标。

二、创设有思维挑战性的问题情境激活学生潜能

设计有思维挑战性的问题情境是确定群文阅读“教什么”的重要环节。问题情境既蕴含着一定的语文专业知识，也提出了学生运用特定专业知识“解决问题”的语言运用情境。群文阅读教学中，强调用语文专业知识来引领阅读过程，也是为了遏制目前流行的“泛语文”“泛人文化”的倾向。问题情境中，语文专业知识以有序、实用、精要的形式促进语文能力形成和智慧生发。学习活动或任务的主要目的不是习得这些知识，但如果学习活

动中没有这些专业知识，语文能力发展和言语智慧生成就失去了凭借，流于“空谈”。学习任务蕴含在问题情境中。问题情境是联通学生生活情境和文本情境的桥梁。学习任务用“问题”来表征，往往能激活学生思维，引发学生解决问题的冲动，进而通过有内在逻辑的“问题链”引导学生思维向纵深发展。把“问题”蕴含在特定的“情境”中，能密切联系学生的生活实际和认知经验，引发学生深度参与和体验，让学习过程“欲罢不能”。

三、以言语建构活动为主线促进学生多元发展

语文课程是一门学习祖国语言文字运用的综合性、实践性课程。语文课程的实践性要求教学要引导学生在真实的语言运用情境中，通过自主的言语实践活动来积淀言语知识，发展言语能力，历练言语思维，涵养言语品位和言语情感。可以说，以积极的言语实践活动来引领学生阅读学习行为是通过群文阅读落实学科核心素养的必然要求。学生的语文核心素养不是教师“讲”出来的，只能是学生在不断的言语实践活动中历练和发展起来的。群文阅读教学中的言语实践活动设计，就是要运用优质文本资源，以丰富多彩的听、说、读、写、思等活动引领学生去发现，去探究，去比较，去拓展，去梳理，去表达，去建构，以提高学生语言运用能力和综合素养。在生动活泼的言语实践活动中促进学生的多元发展，呵护学生的主体性、创造性，这是参与式群文阅读教学设计的不懈追求。

四、以写促读强化学生深度阅读

群文阅读不仅是阅读过程，更是表达与交流过程。所以，读写共生、以写促读就显得十分重要。以写促读、读写相长是群文阅读走向深度阅读的重要策略，也是教学过程中言语作品生成和分享的重要内容。写作往往

是更深入的阅读。写作的过程也是不断修改、校正、完善自己思想的过程。群文阅读中的议题往往是阅读和写作的“共轭点”。群文阅读中，教师可引导学生围绕议题，以写促读，用形式多样的读写活动来促进阅读和写作的共生共长。

五、表现性评价即时反馈阅读效果

评价过程即学生学习的过程。评价不仅是检验群文阅读效果的环节，更是促进学生阅读学习的过程。契合群文阅读教学的评价方式主要是表现性评价。表现性评价就是在真实、具体的语文学习情境中，通过观察、收集学生在不同学习任务中的学习“表现”证据，进而发现学生的个性特点和具体问题，有针对性地给予反馈和促进学习的评价形式。表现性评价不仅关注了学生外在的学习结果，而且更为关注学生的学习品质。此外，教师也可搜集学生在群文阅读学习活动中生成的各类学习成果，如阅读卡、读书笔记、批注、小组精彩发言、反思日志等，建立成长记录袋，以全面记录学生在学习过程中的进步表现。有条件的地方，还可以借助信息技术丰富学生的表现性评价，形成多样化的学生成长记录。

一般来讲，群文阅读的反馈评价设计可以从如下四个方面展开：一是确定评估目的和标准；二是设计表现性评估任务情境；三是制订相应的发展性评估量表；四是反馈评估结果。评估目标和标准根据教学目标来确定。真实、有价值的语文实践活动情境是表现性评价的情境载体。发展性评估量表既是搜集学生学习成果的必要工具，也是实现评价促进学习的重要抓手。发展性评估量表在分析任务情境中学生学习行为的关键要素的基础上，结合教学目标，确定评估的标准和层级，并以表格形式展示。借助设计得宜的量表，学生往往能实现自主发展、自我调节学习和自我反思。

材料二

参与式群文阅读教学课例研讨

学习材料：“一蓑烟雨任平生——苏轼与黄州”群诗鉴赏教学设计

教学目标：

1. 群诗连读，了解苏轼被贬黄州后的心路历程。

2. 学习运用知人论世、以意逆志、比较参读、文本互涉等方法，鉴赏苏轼在黄州的诗词佳作。

3. 体悟苏轼诗词中寄寓的人生哲理，感悟诗人达观超旷的人生境界。

教学重点：

学习运用知人论世、以意逆志、比较参读、文本互涉等方法，鉴赏苏轼在黄州的诗词佳作。

教学用具：多媒体课件、阅读材料一至五。

教学过程：

活动 1　黄州初体验——“诗人例作水曹郎”

目标：能联系创作背景，理解诗人被贬后复杂的情感。

时间：15 分钟。

过程：

1. 指名有感情朗读《初到黄州》。

2. 联系诗歌创作背景，学生谈初读感受。

3. 紧扣“初到”题意，抓住“自笑”“转”“知”“觉”“不妨”“例作”“只惭”“尚费”等关键词体会诗人初到黄州时的复杂心境。

4. 小组交流分享。全班交流。

5. 从这首诗中，你读到了一个怎样的苏轼？先自己思考，然后小组交流分享。

说明：这首诗是诗人因“乌台诗案”被贬黄州之后所作。“长江绕郭知鱼美，好竹连山觉笋香”，确是初到之景。诗以自嘲口吻，牢骚中兼寓诙谐、放达，是颇能体现苏轼个性的一首诗。诗人初到黄州，面对“老来事业转荒唐”的人生无常，在“自笑”“不妨”“只惭”中找到了安身立命的人生哲学。是啊，如果有那么一瞬，能意识到粗茶淡饭也是美食时，便有“吾心安处是故乡”之东坡居士，人生的悲喜意味也许就会被冲淡了。

活动2 黄州再体验——“有恨无人省”

目标：抓住典型意象，领悟词的意境，感受词作“寄托”。

时间：15分钟。

过程：

1. 读题，你读出了什么？

2. 指名有感情朗读。

3. 细读揣摩“缺月挂疏桐”“漏断人初静”“幽人独往来”“缥缈孤鸿影”“拣尽寒枝不肯栖”“寂寞沙洲冷”等意象意境，你感受到了一个怎样的苏轼？

4. 以声传情。结合自己的理解和感受，有感情地诵读这首词。

5. 教师总结。

黄庭坚跋此词云：“东坡道人在黄州时作。语意高妙，似非吃烟火食人语。非胸中有万卷书，笔下无一点尘俗气，孰能至是！”沈祥龙在《论词随笔·词须有书卷气》中也道：“胸无书卷，襟怀必不高妙，意趣必不古雅，其词非俗即腐，非粗即纤。”这首词取兴孤鸿，意在笔先，神余言外，语语双关，别有寄托，显现出诗人在黄州如孤鸿般寂寞、孤独之情状。幽深清绝的情境中，“独往来”之“幽人”心事无限，“无人”为“省”，含恨自甘，实为苏轼被贬黄州初期的真实写照。

活动3 黄州深体悟——“一蓑烟雨任平生”

目标：通过比较参读，体会东坡“一蓑烟雨任平生”的旷达胸襟。

时间：10 分钟。

过程：

1. 读词小序，了解词作背景。

2. 熟读这首词。

3. 郑文焯《大鹤山人词话》中说："此足征是翁坦荡之怀，任天而动，琢句亦瘦逸，能道眼前景，以曲笔直写胸臆，依声能事尽之矣。"说说你从词中哪些地方看出东坡"坦荡之怀"？你还读出了一个怎样的苏轼？结合词句，说说你对"以曲笔直写胸臆"的理解。

4. 比较《定风波》和《卜算子》两首词在表达情感和表现手法方面有何异同。

活动 4　我手写我心——我心中的黄州苏轼

目标：

1. 在多重对话中领悟苏轼的旷达胸怀。

2. 能按要求写出自己对黄州苏轼的感受。

时间：40 分钟。

过程：

1. 学校举行"历史文化名人进校园"主题活动，查阅相关资料，为本次活动写一则 300 字左右的"黄州苏轼的心路历程"的导读文字。

2. 苏轼经历苦难，却又在苦难中思索，在苦难中超越，在苦难中涅槃。这是一个从苏轼到东坡居士的蜕变过程。余秋雨在《苏东坡突围》中用"成熟"二字来概括这种"蜕变"。

东坡的成熟是一种明亮而不刺眼的光辉，一种圆润而不腻耳的音响，一种不再需要对别人察言观色的从容，一种终于停止向周围申诉求告的大气，一种不理会哄闹的微笑，一种洗刷了偏激的淡漠，一种无须声张的厚实，一种并不陡峭的高度。

通过对苏轼《初到黄州》《卜算子·黄州定慧院居作》《定风波·莫听

穿林打叶声》三首词的学习，我们初步了解了苏轼被贬黄州之后的心路历程，感悟到东坡面对人生苦难的超旷情怀和人生态度。相信你对苏轼有了更深的理解。结合这三首诗词的学习，查找相关资料，写一篇300字左右的随笔，谈谈你理解的黄州苏轼。题目自拟。写完后与同伴分享交流。

阅读材料：

材料一：苏轼生平及“乌台诗案”（略）

材料二：

初到黄州

自笑平生为口忙，老来事业转荒唐。长江绕郭知鱼美，好竹连山觉笋香。

逐客不妨员外置，诗人例作水曹郎。只惭无补丝毫事，尚费官家压酒囊。

材料三：

卜算子·黄州定慧院寓居作

缺月挂疏桐，漏断人初静。谁见幽人独往来，缥缈孤鸿影。

惊起却回头，有恨无人省。拣尽寒枝不肯栖，寂寞沙洲冷。

材料四：

定风波·莫听穿林打叶声

三月七日，沙湖道中遇雨。雨具先去，同行皆狼狈，余独不觉。已而遂晴，故作此词。

莫听穿林打叶声，何妨吟啸且徐行。竹杖芒鞋轻胜马，谁怕？一蓑烟雨任平生。

料峭春风吹酒醒，微冷。山头斜照却相迎。回首向来萧瑟处，归去，也无风雨也无晴。

材料五：

推荐阅读林语堂《苏东坡传》及余秋雨《苏东坡突围》。

学习反思

1. 通过本课节的学习，你对参与式群文阅读教学设计有了哪些新认识？对于本课节中的参与式群文阅读教学课例，你有些什么新想法？

2. 结合本课节学习，尝试自主设计一个参与式群文阅读教学活动，并在课堂教学中加以实践，反思其中的问题。

·课节讨论·

1. 本课节从参与式群文阅读教学的基本理念和实践路径两个方面讨论了参与式群文阅读教学设计问题。学完之后，你认为参与式群文阅读教学的优势在什么地方？它面临的挑战又是什么？

2. 结合自己的群文阅读教学实践，说说如何进一步优化群文阅读教学设计与实践？

3. 本课节分别以唐代李商隐《无题》中的诗句“心有灵犀一点通”和北宋苏轼《望江南·超然台作》中的“且将新火试新茶”为两个活动命名，学习结束时，你对诗句含义、活动名称、学习材料及其相互关系也许有了新的认识，说出来与大家分享。

[illegible]

[illegible]

课后讨论

1. [illegible]

[illegible]

2. [illegible]

课节十八

参与式大单元教学设计

“水光潋滟晴方好，山色空蒙雨亦奇。欲把西湖比西子，淡妆浓抹总相宜。”水光潋滟的西湖是美的，山色空蒙的西湖也是美的。西湖的神韵，在诗人眼里，就在于“晴方好”“雨亦奇”，在于“淡妆浓抹总相宜”。诗人以神来之笔，生花妙手，将西湖比作西子，尤让人意兴盎然，浮想联翩，每临此景，不禁感慨：“除却淡妆浓抹句，更将何语比西湖？”语文教学的美也是多方面的，不拘一格的。我们需要深度思考的是：应当以何种恰切的形式把语文之美更好地表现出来？当前语文教学界极力提倡大单元教学，这是否也可看作表现语文之美的一种形式。

学习目的

1. 理解大单元教学的概念和追求。
2. 掌握大单元教学设计的要领。
3. 能够自主设计大单元教学课例。

活动一

山花红紫树高低（设计要领）

学习目标

1. 理解大单元教学的概念和基本追求。

2. 掌握大单元教学设计的要领和路径。

学习过程

1. 自主学习大单元教学的概念。

2. 把学习者分为若干小组，分享交流学习心得。

3. 就大单元教学的相关理念，提出自己的困惑和问题，全班交流，师生共同探讨，凝聚共识。

学习材料

大单元教学的基本追求与实践要领

一、大单元教学是落实语文学科核心素养的时代要求

2017年，教育部制定并颁布了《普通高中语文课程标准（2017年版）》。该课程标准首次凝练了学科核心素养，研制了学习任务群，更新了教学内容，并提出了学业质量标准。“学科核心素养”概念的提出，标志着语文教学进入了新时代，即进入了以“核心素养本位”或“学科核心素养”引领的语文教学新阶段。《普通高中语文课程标准（2017年版）》指出：“学科核心素养是学科育人价值的集中表现，是学生通过学科学习而逐步形成的正确的价值观念、必备品格和关键能力。”“语文学科核心素养是学生在积极的语言实践活动中积累与构建起来，并在真实的语言运用情境中表现出来的语言能力及其品质；是学生在语文学习中获得的语言知识与语言能力，思维方法与思维品质，情感、态度与价值观的综合体现。”语文学科核心素养主要包括“语言建构与运用”“思维发展与提升”“审美鉴赏与创造”“文化传承与理解”四个方面。整体来看，语文学科核心素养内在地要求语文教学要由传统的“单篇课文教学”转向“大单元教学”。这不仅是教学形式的转变，更是语文课程深层次变革的必然诉求。具体而言，传统的“单篇课文教学”，教师和学生主要关注零散“知识点”的学习积累以及“能力点”的单项训练，教学形式侧重教师讲授，学生的言语实践活动主要表现为完成“作业”和接受一定的“训练”，学习任务远离学生真实的生活情境和实际需要。“大单元教学”更强调学生在真实的语言运用情境中，通过自主的学习实践活动，主动运用语文知识，解决真实生活中的实际问题，

进而形成和发展学科核心素养。实现真实情境中的深度学习是大单元教学的重要诉求。学生自主的言语实践活动又是大单元教学的内在要求。把学习目标、情境、任务、内容、过程、方法、资源、评估等要素有机融合，实现“教—学—评”的一致性，是大单元教学的核心要义。

当前，统编语文教材从落实语文课程目标要求、达成学习任务群内容目标、发展学生核心素养出发，创新了教材编写结构体例，突破了原有的以单篇选文为主要表现形式的单元编排样式，建构了语文学习的大情境，以学科“大概念”“大观念”为统领，整合课程学习内容，研制了以“大单元”为主要标志的教材新样态。统编教材的“大单元”结构，从形式来看，将单元学习主题、学习目标、学习情境、学习任务、学习内容、实践过程、学习资源及学习评估等要素，有机整合在一个“单元”时空内，建构了既各自独立，又相互关联的“课程板块”。可以说，一个单元，既是一个“课程单元”，又是一次完整的“学习事件”。从内容上来看，统编教材设计了多样化的单元形态，有阅读与写作融合单元，有“整本书阅读”单元，有“活动探究”单元等。多元化的单元形态，使得统编语文教材呈现出一种立体的、开放的、丰富而有效的学习资源和媒介。统编语文教材的单元编排新思路必然要求语文教学有“单元统整”的意识和教学设计。

《普通高中语文课程标准（2017年版）》从我国语文的特点和高中生学习语文的规律出发，以语文学科核心素养为纲，以学生的语文课程实践为主线，创新设计了“语文学习任务群”。“语文学习任务群”以任务为导向，以学习项目为载体，整合学习情境、学习内容、学习方法和学习资源，引导学生在运用语言的过程中提升语文素养。学习任务群的设计着眼于培养语言文字运用的基础能力，充分顾及问题导向、跨文化、自主合作、个性化、创造性等因素，并关注语言文字运用的新现象和跨媒介运用的新特点。学习任务群以自主、合作、探究性学习为主要学习方式，凸显学生学习语文的根本途径。学习任务群设计体现出新的课程内容呈现方式，也必然要求高中语文教学改变那种教师大量讲解知识点的做法。大单元教学正是贯彻落实语文课程标准、学科核心素养新要求、实践新时代课程改革的有价值尝试。

二、大单元教学设计的实践路径

语文大单元教学是依据语文课程标准，以现行统编语文教材单元编排内容为中介，整合相关语文学习任务群内容要求，确定单元教学目标，在真实的语言运用任务情境中，促进学生语文深度学习，落实学科核心素养的实践活动。从教学组织形式上来看，目标引领、情境创设、任务驱动、问题导向、进阶评估、资源共享、信息技术支撑等是大单元教学的主要特点；从单元教学内容上来看，言语性、实践性、综合性、思维性、主体性等是大单元教学的实践要求。一般而言，大单元教学设计主要从如下五个方面着手。

1. 凝练单元主题

统编语文教材以“人文主题”和“语文要素”双线组元，体现语文课程人文性和工具性相统一的特点。单元选文都围绕一定的“主题”加以统整编排。因此，大单元教学第一步就要在通读单元内容的基础上，凝练并确立单元主题。例如，统编本高中必修上册第一单元，单元编排的五首诗歌和两篇小说都是对“青春”的吟唱。对“青春”的感悟和思考正是本单元的“主题”。

2. 确定教学目标

在单元主题统领下，根据不同单元落实学习任务群的要求，整合单元内容，精准分析学生学习的起点，预估学生学完本单元之后在语文生活中“能够干什么”，即确定“可迁移的学习目标”。这是大单元教学的重要步骤。统编语文教材在“单元导语”中，都对本单元要学习的重点内容和“关键要素”作了必要的指引，且在课文的“学习提示”中对学习目标、过程与方法以及学习的预期结果等都作了相应的提示。这些提示要言不烦，既是学生学习的指引，也是教师教学的参考和依据。另外，统编教材在每个单元之后，又设计了“单元学习任务”。“单元学习任务”既是对学习“任务”的设计，同时也蕴含着本单元的学习“目标”，这是在确定单元教学目标时需要通盘考虑的。

3. 创设任务情境

语文学科核心素养是学生在积极的语言实践活动中积累与构建起来，并在真实的语言运用情境中表现出来的语言能力及其品质。真实、富有意义的语文实践活动情境是学生语文学科核心素养形成、发展和表现的载体。因此，创设任务情境是大单元教学中最具想象力和创意的环节。课标指出，语文实践活动情境主要包括个人体验情境、社会生活情境和学科认知情境。要根据学生发展需求，围绕学习任务群创设能够引导学生广泛、深度参与的学习情境。可通过多样的语文实践活动，融合听说读写，跨越古今中外，打通语文学科和其他学科、语文学习和学生的生活世界，运用优质的素材和范例，激发学生的学习兴趣和动力，提高语言文字运用能力。在大单元参与式学习情境的创设中，往往把本单元需要学习的核心知识和关键能力、情感态度等以“关键性问题”的形式蕴含在特定任务情境中，形成统摄性较强的“问题情境”来引领学生深度学习。

4. 设计学习活动

通过自主的言语实践活动，积累言语实践经验，习得语言运用规律，提升语文核心素养，这是语文课程的实践要求。单元主题、学习目标必须以有价值的学习活动为实践依据。语文大单元教学设计中，围绕单元教学目标，创设怎样的问题情境可以引发学生学习、质疑和讨论？问题情境承载了哪些课程内容？什么样的学习活动可以引领关键性问题？学生解决这些关键性问题过程中，需要哪些学习经验、学习资源？这些问题，都是设计学习活动时需要重点考虑的。

5. 运用核心评估

学生学完这一单元之后，有什么真实、具体的收获？这是大单元教学的落脚点。在逆向教学设计中，更是将这一环节置于教学目标设计之后来考虑。即是说，教学目标确定之后，我们紧接着就需要思考，通过哪些证据能够表明学生达成了这些目标？这是“以终为始”的设计理念，也蕴含着“评价即学习”的认知。传统教学显现出“目标—过程—评估”的程序，将评估视为教学之后的一个独立环节。新的教学评价理念将评估视为教学过程中一个必不可少的元素，是“目标—评估—过程”的操作，评估渗透于教学的每一个环节。评估的过程即是促进学生学习的过程。可见，评估是大单元教学设计中一个核心环节。评估包括对学习目标、过程、内容、活动、结果等的价值判断，而不仅仅是对学习结果的鉴别。大单元教学设计中，基于情境的表现性评估往往和表现性任务融为一体。我们需要明确的是，学生通过哪些真实的表现性任务证明自己达到了预期的目标？我们通过什么标准来判断学生学习的成效？这是一种“循证式评估”设计的理路。当然，教学过程中，我们也可以通过小测验、师生互动交流、课堂观察、检阅课堂笔记、作业分析等途径来收集学生学习进阶的证据。

大单元教学设计对语文教师的专业素养提出了较高的要求，对语文教师的阅读能力、课程资源的统整能力、高阶思维能力、教学设计的创意力、学习效果的检测评估能力等都提出了较高的要求。这些都需要教师在教学实践中持续思考、提升。

学习反思

1. 你如何理解大单元教学设计中的“大情境”“大任务”“大概念”“表现性评估”等概念？

2. 学习了群文阅读和大单元教学，谈谈你对二者之间关系的理解。

活动二

满川风雨看潮生（课例评鉴）

学习目标

1. 领悟大单元教学设计的要领。
2. 能够自主设计大单元教学活动。

学习过程

1. 自主研读统编高中语文必修上册第三单元教学设计，领悟设计意图和思路。

2. 就课例发表自己的看法，提出讨论的问题。

3. 小组交流分享，掌握大单元教学设计的思路和方法。

4. 以统编高中语文必修教材为例，自主设计一次大单元教学活动，并与同伴交流。

学习材料

统编高中语文必修上册古诗词大单元教学设计

设计意图：

统编高中语文必修上册第三单元是“古诗词单元”。本单元共选编中国古典诗词 8 首，分 3 课编排。其中，第 7 课选编了曹操的《短歌行》和陶渊明的《归园田居》(其一)；第 8 课选编了李白的《梦游天姥吟留别》、杜甫的《登高》和白居易的《琵琶行并序》；第 9 课选编了三首宋词，分别是苏轼的《念奴娇·赤壁怀古》、辛弃疾的《永遇乐·京口北固亭怀古》和李清照的《声声慢》。

学习本单元，意在落实《普通高中语文课程标准（2017 年版）》的“文学阅读与写作”学习任务群内容。具体而言，学习本单元，要逐步掌握古诗词鉴赏的基本方法；在诵读和想象中感受诗歌意境，欣赏古典诗词的独特魅力；感受诗人的精神世界，体会诗人对社会的思考和对人生的感悟，提高自身的思想修养和文化品位；认识古典诗词的当代价值，增强对中华传统文化的传承意识；尝试写文学短评。

本单元教学设计，根据课标要求、学习任务群的学习目标及学情，以“生命·诗意”为学习主题，创设了学校“品读古典诗词　发现生命诗意”的学习任务情境，围绕诗词鉴赏和写文学评论这个单元学习“大任务”，设计 9 个系列学习活动引领学生阅读与鉴赏、表达与交流、梳理与探究，落实单元学习目标。学习活动突出“大问题”设计与引领，问题情境中蕴含着一系列诗词鉴赏的知识、过程与方法及审美活动。系列学习活动虽侧重点不同，但最终指向完成“文学评论”这一“大任务”。每个学习活动大概需要 1 课时（40 分钟），完成本单元学习任务共需 9 课时。

单元教学目标：

1. 运用联想想象、知人论世、以意逆志、因声求气、比较参读、文本互涉等鉴赏方法，鉴赏诗歌，理解诗人的创作背景、生平遭际与作品思想情感的关系，体察诗人对社会的思考及对生命的感悟，感受诗人的精神世界。

2. 通过因声求气、口诵心惟、以声传情的诗歌诵读过程，倾听诗人心声，体悟诗人情感。

3. 调动自己经验，查阅相关资料，抓住诗歌独特的艺术魅力，多维度理解诗人情感，把握作品的意蕴。

4. 抓住诗词特质，结合个人阅读理解与感受，选择合适的角度，撰写文学评论。

教学过程：

活动 1　中华经典诗词诵读

目标：通过因声求气、口诵心惟、以声传情的诗歌诵读过程，体悟诗人的情感，进而理解“生命·诗意”的意蕴。

时间：40 分钟。

过程：

1.“品读古典诗词　发现生命诗意”校园文化周正式揭开帷幕。开幕式上，拟开展古诗词诵读表演活动。请你从本单元的 8 首诗词中任选自己喜欢的一首诗词在开幕式上朗诵，可选择合适的画面、乐曲配乐朗诵，也可请同学伴舞。

2. 学生诵读表演。

3. 师生评议。

活动 2　“感悟中华诗韵”微论坛

目标：掌握不同诗歌体式、韵律特点及其对诵读的要求。

时间：40 分钟。

过程：

1. 开幕式上的诗词诵读表演之后，同学们对如何诵读诗词、更好地以声传情有了一些新认识。在“品读古典诗词　发现生命诗意”的校园文化周上，拟举办一次“感悟中华诗韵”的微论坛活动。活动将围绕如下话题展开，请你选择其中一个话题在微论坛作5分钟发言。

微论坛主题：

（1）本单元的8首诗词，就其体式而言，有“歌行”“五言古诗”“吟”“行”，还有“念奴娇”“声声慢”等词。你认为，不同的诗歌体式对诵读有什么不同要求？

（2）诗以声调为工。诗歌中的用韵往往与诗人表达的情感和意脉流动息息相关。试以《短歌行》、《归园田居》（其一）、《梦游天姥吟留别》、《声声慢》为例，任选一首，说说你对其用韵、换韵的认识，并说说诵读时需要注意什么。

2. 将学生分为4组，不同组选择不同的诗歌讨论。

3. 小组代表发言分享，师生评议。

活动3　在心为志，发言为诗

目标：分析《短歌行》、《归园田居》（其一）、《登高》、《声声慢》的思想内容和表现手法。

时间：40分钟。

过程：

1. 诗（词）眼是诗词中能体现其主旨或情志的关键字词。找出《短歌行》、《归园田居》（其一）、《登高》、《声声慢》的诗眼或词眼，并说说围绕诗眼或词眼，诗人表达了怎样的情志。尝试用思维导图形式画出来。

2. 围绕诗（词）眼，这四首诗词运用了不同的表现手法。如《短歌行》主要用了比兴、用典等艺术手法曲折幽微地表达诗人心迹；《归园田居》（其一）则纯用白描手法，画出了诗人理想中的生活图景；《声声慢》对叠词的创造性运用，以及对比手法的运用，表现了词人亡国之痛、夫死之悲。试结合具体诗句，谈谈自己的认识。

3. 将学生分为 4 组，就如上议题，各组任选一首诗词讨论交流。

4. 全班分享交流，师生评议。

活动 4 “生命 · 诗意”之我见

目标：体察诗人对社会的思考及对生命的感悟，感受诗人的精神世界。

时间：40 分钟。

过程：

1. 曹操在《短歌行》中表达了对“天下归心”的渴盼；陶渊明在《归园田居》(其一) 中表达了远离官场、归隐田园的生命姿态；诗仙李白则面对污浊的官场，写出了“安能摧眉折腰事权贵，使我不得开心颜？”的生命赞歌。试对诗人们的生命态度发表自己的看法。

2. 将全班学生分为 3 组，各组任选一首诗词加以赏析，小组交流。

3. 各组代表分享，师生评议。

活动 5 沉潜往复，虚心涵泳

目标：通过对比阅读鉴赏诗歌的艺术风格。

时间：40 分钟。

过程：

1. 严羽在《沧浪诗话 · 诗评》中说：“子美不能为太白之飘逸，太白不能为子美之沉郁。太白《梦游天姥吟》《远别离》等，子美不能道。”试对比阅读李白的《梦游天姥吟留别》和杜甫的《登高》，具体说说“子美不能为太白之飘逸，太白不能为子美之沉郁”。

2. 苏轼的《念奴娇 · 赤壁怀古》和辛弃疾的《永遇乐 · 京口北固亭怀古》都被认为是“豪放词”的代表，试具体分析二者之间的异同。

3. 苏轼的《念奴娇 · 赤壁怀古》和李清照的《声声慢》分别被视为“豪放派”和“婉约派”的代表作品，试从题材、意象选择、意境营构、表现手法、格律运用等方面分析二者的不同。

4. 小组讨论交流。

5. 全班交流，师生评议。

活动 6 好诗不厌百回读

目标：

1. 品读涵泳，领会诗人的“迁谪意”。

2. 鉴赏诗中对音乐描写的妙处。

时间：40 分钟。

过程：

1.“同是天涯沦落人，相逢何必曾相识。”一句乃一篇主旨。结合诗句具体分析一下诗人和琵琶女“同是天涯沦落人”具体表现在哪些方面，“相逢何必曾相识”又寄寓了诗人怎样的人生感慨。

2. 白居易的《琵琶行》脍炙人口，有一个重要的原因是对声音的描写。诗歌把琵琶女弹奏过程写得曲尽其妙，别有神韵。细读“大弦嘈嘈如急雨”到“唯见江心秋月白”这一段，仔细体会诗人是如何把琵琶女的演奏过程写得音声入妙的。也可以把《琵琶行》对音乐的描写和李贺《李凭箜篌引》相比较，说说二者描写的不同特点。

说明：《琵琶行》对音乐的描写，着力处有如下几点：一是用了丰富的比喻，将无形的声音转化为具体可感的视听触觉形象，且来得新鲜而贴切，富有诗情画意，让读者浮想联翩；二是用了衬托、对比等手法，把声音的高低、强弱、徐疾、动静、清浊等加以对比映衬，突出了音乐特点，给人以深刻印象；三是侧面烘托，强化了演奏效果，如“主人忘归客不发”“满座重闻皆掩泣”“唯见江心秋月白”等。

3. 学生诵读感悟这一段，熟读成诵。

诵读提示：“大弦”以下四句要急读；“间关”两句慢读，有轻快情调；“银瓶”以下四句写乐曲高潮和终止，要读得紧张、激昂、热烈。

活动7　含英咀华

目标：能抓住诗词中关键词句鉴赏诗歌之妙。

时间：40分钟。

过程：

1. 好诗当有好句。本单元所选的8首经典诗词，都可以说是“诗中的诗”。诵读这些诗词，每一首中都有那么一两句脍炙人口。如曹操《短歌行》中的“山不厌高，海不厌深”；陶渊明《归园田居》(其一)中的“久在樊笼里，复得返自然”；李白的《梦游天姥吟留别》中的“天姥连天向天横，势拔五岳掩赤城”，“安能摧眉折腰事权贵，使我不得开心颜”；杜甫的《登高》中的“无边落木萧萧下，不尽长江滚滚来”，“万里悲秋常作客，百年多病独登台”；白居易的《琵琶行》中的“千呼万唤始出来，犹抱琵琶半遮面”，“同是天涯沦落人，相逢何必曾相识”；苏轼的《念奴娇·赤壁怀古》中的“大江东去，浪淘尽，千古风流人物”；辛弃疾词中的“风流总被雨打风吹去”；还有李清照词中的“寻寻觅觅，冷冷清清，凄凄惨惨戚戚”等。诵读这些诗句，选择你感触最深的一句，谈谈你的认识和理解，说说你喜欢的理由，并写在活页纸上，和同学交流。

2. 学生思考，小组交流。

3. 全班分享交流。

4. 教师点评。

活动8　诗乐和鸣

目标：在咏歌、声音、动舞三位一体的学习中体悟诗词。

时间：40分钟。

过程：

1. 为传承优秀传统文化，“校园文化周”拟举办以古典诗词为题材的音乐短片展播活动。为积极响应本次活动，请你以本单元8首诗词为题材，任选一首，在准确把握诗歌意境以及抒情主人公形象基础上，撰写一个拟展演的音乐短片的解说词。要求：(1) 给短片拟定一个恰当的名称；(2) 说出意象选择和意境营造的特点；(3) 说出短片表现的主旨；(4) 说出包含的背景音乐、画面设计等。

2. 全班分为 8 个小组，每组任选一个题材，合作完成设计与解说词撰写。

3. 全班交流分享。

4. 师生点评。

活动 9　文学评论展评

目标：梳理总结本单元学习成果，能选择恰当的视角，写一篇 800 字左右的文学评论。

时间：40 分钟。

过程：

1. “诗词鉴赏文学沙龙”是本次校园文化周的最后一场活动。活动拟邀请你参加并发言。请从学过的 8 首诗词中，任选一首，选择恰当的视角，聚焦你感兴趣的一个内容，就其思想内容和艺术特色撰写一篇发言稿，在沙龙中交流。

2. 收集本单元学习中能展示自己学习过程、成果的文字、图片、音频、视频等作品，制作一个学习档案袋，给档案袋命名并请学习伙伴写几句评语。

3. 学生自主完成。

4. 全班交流评议。

学习反思

1. 大单元教学设计中，如何提出“关键性问题”？

2. 说说你对大单元教学中问题情境设计的新认识。

3. 大单元教学中，如何通过进阶评估促进学生语文深度学习？

·课节讨论·

1. 本课节从设计要领、课例评鉴两个方面呈现了参与式大单元教学设计的基本理路。学习之后，你对参与式大单元教学设计有何新认识，说出来与大家分享。

2. 通过本课节的学习，你认为在大单元教学中，什么样的学习任务是好任务？如何提炼大单元教学中的“大概念”？如何从单元整体着眼选择单元核心教学内容？如何根据预期学习结果设计表现性评估工具？

3. 本课节分别以北宋欧阳修《画眉鸟》中的诗句“山花红紫树高低”和北宋苏舜钦《淮中晚泊犊头》中的诗句“满川风雨看潮生”为两个活动命名，学习结束时，你对诗句含义、活动名称、学习材料及其相互关系也许有了新认识，说出来与大家分享。

课节十九

参与式语文教学评价设计

“九州生气恃风雷，万马齐喑究可哀。我劝天公重抖擞，不拘一格降人才。”这是清代龚自珍的《己亥杂诗》之第125首。意思是说，中国正呼唤着一场风雷激荡的变化，以打破万马齐喑、令人窒息的局面。诗人奉劝“天公”重新振作精神，创造有利条件，呼唤各种有用人才脱颖而出。参与式语文教学评价应该与诗句所表达的意蕴一致，评价者应该打破陈腐守旧的桎梏，为促进学习者的个性发展创造条件，使教学评价成为一种改变学习、改变工作的积极动力，而不是设置条框去束缚学习者的手脚。如果理解掌握了下列学习目的，有可能改变你的评价观念。

学习目的

1. 学习讨论语文课程评价的意义、功能与方法。

2. 认识过程性评价对促进学习者发展的重要意义。

3. 创设个性化学习活动评价学生情感态度和语文能力的变化。

活动一

八面疏棂八面风（评价策略）

学习目标

1. 能够复述语文课程评价的意义与功能。
2. 掌握并应用质性评价与量化评价相结合的方法。
3. 能够说出诊断性、形成性与终结性评价的不同作用。
4. 讨论相对评价、绝对评价与个体内差异评价相结合使用的意义。
5. 评论认知性评价、情感性评价、技能性评价的功能与设计要求。

学习过程

1. 学习者可以按座位就近分成 5 个小组，组织者按照学习目标分别为各个小组分配学习任务。

2. 各个小组整体阅读学习材料，然后重点讨论本组的学习任务。

3. 各个小组的代表陈述小组的讨论结果，其他小组的学习者可以补充发言。

4. 组织者及时评价，总结学习效果。

学习材料

语文课程评价的意义与方法

语文课程评价是在科学的教育理论指导下，以语文课程标准为依据，对学生的学习发展状况、教师的工作改变状况和学校的课程管理改善状况进行质性描述与量化分析，为促进学生的语文素养和主体精神的不断发展，为提高语文教师的教学质量，为促进语文课程的不断发展提供反馈信息的过程。语文课程评价一般具有激励功能、调控功能、鉴定功能与导向功能，不仅要关注学生的学业成绩，而且要发现和发展学生多方面的潜能，了解学生发展中的需求，帮助学生认识自我，建立自信，不断促进学生在原有水平上获得发展。语文课程评价要建立促进教师专业化发展的评价体系。强调语文教师对自己教学行为的分析与反思，建立以教师自评为主，校长、教师、学生、家长共同参与的评价制度，使教师从多种渠道获得信息，不断提高教学水平。语文课程评价要建立促进语文课程不断发展的评价体系。定期对学校语文课程执行的情况和存在的问题进行分析评估，调整或重组语文课程的内容，改进教学管理，形成语文课程不断革新的机制。

语文课程的评价理念与参与式教学相结合，一般采用下列评价方法。

1. 质性评价与量化评价相结合

对语文课程的学习过程和结果从质性角度进行描述、分析和评价的方法，一般被称为质性方法。对语文课程的学习过程和结果从数量方面进行描述、分析和评价的方法，一般被称为量化方法。在语文课程评价中经常采用质性与量化相结合的评价方法。这种方法把质性、量化方法视为相互依赖、相互补充的统一体，兼取二者的长处，既考察语文课程的学习过程的质性变化，又考察语文课程的学习过程的量的特性。一方面运用质性思维方式，深入了解语文课程与学习的特点与规律性；另一方面要在此基础上，运用定量思维方式，对复杂的语文课程的学习现象进行多层次、多侧面的分析和研究，并从它们的互相联系、互相影响中作出综合的、恰当的结论。

量化评价常用的工具是测试（试卷），测试分标准化测试和教师自制的测试。标准化测试一般是由国家或地方教育行政部门提供的一种评价工具，试卷的效度、信度、难度、区分度一般都经过比较严谨的测量，试卷的客观题与主观题的比例，测试内容与测试能力目标的权重，一般都有比较严格的规定。标准化测试一般适用于大型的考试，如中考、高考、研究生考试等。教师自制的测试一般比较灵活，测试目标的权重，主客观题的比例，测试的内容范围，一般都根据教学的需要而确定。教师自制的测试适用于小型的考试，如课堂测验、单元测验、期中测验等。质性评价常用的工具是档案袋，袋里一般装有学生学习成绩单、班级与个人奖惩记录单、教师对学生的学习评价与德行评语等。档案袋在传统评价中，忽略了对学生个性发展的激励作用，忽略了对学习过程的评价功能，忽略了对教师改进教学的促进作用，除记录学生学习的原始成绩外，其他的作用都没有发挥出来。

2. 诊断性、形成性与终结性评价相结合

诊断性评价是在学习课文、单元内容和开展语文实践活动之前，或者在一个学期一个阶段的学习开始的时候，对学生有关的知识基础、学习态度、学习能力进行评价，以便了解情况，发现问题，有针对性地制定教学方案，提前进行补偿教学的过程。诊断性评价不但可以改变学生的认知前提，消除学生认知方面的缺陷积累，而且可以改变学生的情感前提，增强学习的动机，获得学习的乐趣，确立学习的信心。诊断性评价也被叫作前置性评价、安置性评价或学习前评价。

形成性评价是在语文课堂学习与实践活动过程中，对学生的思维表现、言语行为、学习情趣、参与程度与合作精神等方面随时进行的评价活动。形成性评价重视的是语文学习过程中对创造性思维、创造性言语行为的捕捉、激励与张扬；重视的是在真实学习情境中每一个学生的进步及其学习潜能的挖掘与展示；重视的是合作精神、合作行为的学习与养成；重视的是对教学中存在问题的及时发现、对教学策略的及时调整、对学习行为的有效引领。形成性评价也被叫作过程性评价或学习中评价。

终结性评价是在一个阶段一个学期的语文学习结束时，对学习目标的达成情况、对学习方法的运用水平、学习态度的涵养程度、对教学计划的实施效果进行的评价活动。终结性评价重视的是实施效果对教学计划的反思价值；重视的是学生的情感、态度与价值观的形成与发展意义；重视的是学生听、读、说、写言语能力的提高水平与历练途径；重视的是学生的审美趣味、审美能力、审美习惯的涵养过程与表现形式；重视的是评价反馈信息对促进学生发展、促进教师发展、促进学校整体发展的指导作用。终结性评价也被叫作结果性评价或学习后评价。

传统语文课程评价一般关注诊断性、形成性与终结性评价的量化分析结果，关注对学生的基础知识和基本技能的掌握程度，关注评价的选拔性、甄别性功能，目的是根据学习成绩对学生进行排队，对教师进行考核；而对评价的情感性目标、发展性目标则很少关注，对评价的激励性、调控性功能发挥不够。

3. 相对评价、绝对评价与个体内差异评价相结合

相对评价是指以群体语文平均水平为参照系的评价活动。绝对评价是指以客观预定目标为参照系的评价活动。个体内差异评价是指以自身发展变化情况（如自己前后几次语文作业的数量与质量）为参照系的评价活动。在评价过程中，如果能够把相对评价、绝对评价与个体内差异评价相结合，一般能够对评价对象的学习或工作水平作出比较准确的判断，也能够比较准确地预测评价对象的发展趋势。可是传统语文课程评价一般都孤立地凭

借某一方式去分析预测学生的学习水平或教师的工作水平，结果往往得到一些虚假的判断。

4. 认知性评价、情感性评价与技能性评价相结合

认知性评价主要用于说明学生对语文知识的掌握程度，说明学生思维智力的发展水平。认知评价活动是为了确定学生对必须学习的词语、作品、理论知识与学习方法的掌握与运用水平，是为了确定学生的智力发展在识记、领会、运用、分析、综合、评价等不同思维水平上已经达到的程度或可能达到的程度。认知性评价常用的工具是测试，通过对测试结果的量化处理与质性分析，为发现问题、改进教学、促进学生的有效学习提供依据与思路。

情感性评价主要用于说明语文学习过程对发展学生的情感、态度与价值观的作用，说明学生的情感发展在愿意、行动、批判、建构、创造等不同人格水平上已经达到的程度或可能达到的程度。情感性评价经常采用的工具是档案袋，通过对观察、交谈、问卷、逸事记录、自我报告、同伴评语、奖惩情况、兴趣清单、音像资料、作业选集等载体的综合分析与质性判断，解释影响学生情感发展的各种因素，预测并促进学生个性的全面发展。

技能性评价主要用于说明学生对听、读、说、写的言语技能的熟练程度与发展水平。技能性评价一般通过自然的情境或特设的活动，展示学生的言语能力，激发学生的表现欲望，培养学生的交际热情。

传统语文课程评价一般只注重认知性测试，注重学习成绩的选拔作用和甄别作用。结果使语文教学的路子越走越窄，使语文课程的口碑不尽如人意。如果在评价过程中能够有机地结合各种评价方式，注重发挥评价的激励功能和调控功能，语文教学便会走上健康之路。

学习反思

1. “语文课程评价是在科学的教育理论指导下，以语文课程标准为依据，对学生的学习发展状况、教师的工作改变状况和学校的课程管理改善状况进行质性描述与量化分析，为促进学生的语文素养和主体精神的不断发展，为提高语文教师的教学质量，为促进语文课程的不断发展提供反馈信息的过程。”结合材料中的这句话，谈谈你对语文课程评价的认识。

2. “形成性评价是在语文课堂学习与实践活动过程中，对学生的思维表现、言语行为、学习情趣、参与程度与合作精神等方面随时进行的评价活动。”语文课堂形成性评价的主要内容是什么？这句话对你有何启迪？

3. “认知评价活动是为了确定学生对必须学习的词语、作品、理论知识与学习方法的掌握与运用水平，是为了确定学生的智力发展在识记、领会、运用、分析、综合、评价等不同思维水平上已经达到的程度或可能达到的程度。”平时你肯定参加过很多考试，或者还亲自编制过语文试卷，和材料中的这段话相对照，感觉有何不同？

4. “情感性评价主要用于说明语文学习过程对发展学生的情感、态度与价值观的作用，说明学生的情感发展在愿意、行动、批判、建构、创造等不同人格水平上已经达到的程度或可能达到的程度。”情感性评价为什么要用五个层级来描述发展水平？说说你的思考。

活动二

暗香浮动月黄昏（过程评价）

学习目标

1. 讨论形成性评价的重要意义。

2. 评述运用荒诞小品与理论材料的不同学习效果。

学习材料

荒诞小品——院士评审会

目标：认识形成性评价的重要意义与功能。

时间：40 分钟。

材料：白纸、彩笔、身份牌。

过程：

1. 把学习者分为“科学名人队”与“移山名人队”两个小组。

2. 每个队各推举 1 人分别扮演爱因斯坦和愚公。再推举 3 人分别扮演特邀评委刘勰、严羽和金圣叹。组织者担任客串。每个扮演者都带上自己的身份牌。

（刘、严、金同时上场）

刘：我是南北朝时期文学批评家刘勰，出版过专著《文心雕龙》。

严：我是南宋时期的文学批评家严羽，出版过专著《沧浪诗话》。

金：我是明末清初的文学批评家金圣叹，批点过“六才子书”。

组织者：各位专家好，今天特邀三位名人来，是请三位担任“联合国”高级科学院院士评审会评委，请入席。

三评委：（站一排，同举右手，作宣誓状）我们来自不同的朝代，为了一个共同的目标走到一起来了，我们一定要把好关，绝不让低水平的人蒙混过关。（坐评委席）

组织者：本届“联合国”高级科学院院士评审会采用新的评审规则，由专家评委和群众评委同时参加评审。如果意见不同，可以当场讨论，最后投票表决，专家评委和群众评委各占 50% 的表决权。在场的两个队都是群众评委。（热烈鼓掌）

组织者：院士候选人上场。

爱：我叫爱因斯坦，生于德国。因受纳粹迫害迁居美国，建立了相对论，提出了光的量子概念。昨天人事科科长通知我，让我今天送审理学院候选院士成果材料，我的成果名称是“我的三只小板凳”，请评委们审查。

三评委：多么丑陋的小板凳！这样的水平还想当院士，有辱斯文。（刘举手）我投反对票。（严、金依次表态）反对票。

愚：我叫愚公，战国时期移山第一人。昨天劳动科科长通知我，让我今天送审工程院候选院士成果材料，我的成果名称是“子子孙孙挖山不止”，请评委们审查。

严：我可以倒着背诵《百家姓》，就没听说有姓愚的人。

刘：山是神仙搬走的，不能算你的成果。

金：反对票。

严、刘（齐声）：同意！

爱、愚：我们来自不同的国家，都因科长的一个通知走到一起来了。见到你们很高兴。（互相握手）

愚：我还有许多移山工程任务，我先走了，后会有期（拱手行礼）。

爱：再见，我也回去了。（爱道别后下）

组织者：这二位优秀的人才都没被评上，实在……对了，还有群众评委呢。科学名人队和移山名人队的群众评委们，你们同意专家评委的意见吗？

（全体群众评委齐声）：不同意！

组织者：请科学名人队派一名代表陈述一下你们的意见。

代表：我们赞赏的不是爱因斯坦的第三只小板凳，而是他不断改进做板凳技术的过程；我们赞赏的不是神仙搬走两座大山的奇迹，而是体现愚公精神的挖山过程。所以我们认为，他们二人完全应该当选院士。

组织者：其他群众评委同意这个意见吗？

（齐举双手）同意，同意！

组织者：我也很受启发。如果我们评价一个人或者一件事，完全舍弃“过程的价值”，只肯定“结果的价值”，不是有很多人才难以出头，有很多可贵的精神被否定了吗？（转向专家评委）三位专家评委，你们看呢？

（三位专家评委面面相觑）金（慢慢抬起头，看见群众评委都不满地盯着他，便轻声道）：那我改变看法，投赞成票。

严：（紧跟着）我也投赞成票。

刘：罢、罢、罢，我只好随大流了，投赞成票。

全体群众评委：太棒了！

组织者：全票通过！全票通过！太令人高兴了，二位院士——

群众评委中一人大声说：他们已经乘坐时间隧道的最后一趟列车走了，再也不回来了。

学习反思

1. 就活动提供的材料而言，如果单独地分析一则材料，都可以从不同的角度得出不同的观点，如果把材料放在一起分析，就不难发现其都指向“过程的价值”这一意图。这个荒诞小品启迪我们，就语文学习而言，如果只注重升学考试成绩，而舍弃形成性评价，将会挫伤许多孩子的学习积极性，将会遏制许多孩子的创造性探索行为。活动结束后，说说你的思考。

2. 谈谈你对本活动用“荒诞小品”的方式开展学习的看法，如果能够把扮演角色的内心体验说出来与大家分享则更好。

活动三

云水醒心鸣好鸟（多元评价）

学习目标

1. 了解“自主性周记写作的评价方式”的活动内容与评价要求。

2. 结合案例讨论这种评价活动对促进学生发展的教育意义。

学习过程

1. 学习者可以按座位就近分成 6 个学习小组。

2. 各个小组认真阅读学习材料，然后在组长的带领下展开讨论。

3. 各个小组的代表陈述小组的讨论结果，其他小组的学习者可以补充发言。

4. 组织者及时评价，总结学习效果。

学习材料

自主性周记写作的评价方式①

自主性周记写作教学建立了全新的写作评价方式，它包括成果展示、开放式评价两个方面。

1. 成果展示

成果展示，可以让学生有展示成功的愉快体验，给学生追求成功的巨大动力，具有强化学生探究欲望、激励学生再创作的作用。与此同时，可以给学生提供领略精彩、学习先进的机会。成果展示的内容一般分为：展示点评语段、展示仿写语段、展示周记成品。成果展示的途径和方法包括学生自读、教师宣读、班级张贴、结集传播、学校校报交流、报刊发表等。尽管学生的水平有差异，但教师在经常表彰优秀学生的同时，一定要注意尽量让每一个学生获得展示的机会，这样更有利于保持全体学生对自主性写作的浓厚兴趣。安排一段时间让学生充分地欣赏成果，比较鉴别，然后进行评奖，向学校、家长甚至社会作宣传，让更多的学生获得成功的喜悦。

2. 开放式评价

自主性周记写作构建起了学生自我评价、同学评价、教师评价、家长评价的互动开放的评价体系。具体如下。

（1）自我评价。学生自我评价，即以学生为评价主体，对自己的学习进行的评价。学生自我评价即某个学生自己对自己的学习状况的评价。学生自我评价是体现尊重学生自主权的学习评价方式，是学生在自我反省的基础上进行的一种学习评价，具有内省和自我激励的特点。学生自我评价

① 朱晓娟．高中生自主性周记写作训练研究［D］．兰州：西北师范大学，2007.

是学习评价的一种重要方式，它的优点在于：它是一种内省式的评价方式，有利于培养学生的自我激励意识，调动学生学习的自主性和主动性。我们过去的学习评价存在的问题之一就是评价的主体太单一，总是由老师评价学生，学生的依赖性太强，不能自主地对自己的学习进行反思。自我评价是自主性周记写作主体性的体现。学生本人是自主性写作全程活动的参与者、亲历者，学生应该对自己的学习过程和成果做出评价。教师在这个环节所要做的是加强学生的自我调控意识，努力使学生避免出现骄傲自满、自以为是的不良心理。

（2）学生互评。学生互评是自主性周记写作的又一特点。首先要培养的是学生在自主原则上的严肃和严谨的态度，只有在这个基础上，写作互评才能产生实效。其次要引导学生掌握一些写作修改的原则和方法。学生互评主要有两种方式：一是轮流式，全班划定若干小组，以小组为单位，每次写作由一人负责评改，小组内轮流进行；二是交换式，两个或多个同学互相交换写作修改。

（3）教师评价。教师评价决定着自主性周记写作怎样进行的导向。所以，教师评价必须坚持两条原则，即正面引导和立体评价。正面引导，就是要以肯定和表扬为主，肯定和表扬的东西不仅容易给学生提供具体的成功范例，而且可以激励学生向此方向努力。如果经常批评，则容易让学生感到无所适从，使学生对周记写作产生厌倦和恐惧。立体评价，就是不仅评价学生的文章本身，还要评价学生在整个自主性写作过程中的态度、方法，包括评价学生自改方法、互评方法等。

（4）家长评价。家长评价，即以家长作为评价主体对学生的学习所进行的评价。家长评价在我们过去的学习评价中没有引起足够的重视，这是不利于学生的成长和发展的。其实，在学生的学习和发展中，家长始终扮演着一个重要的角色。这不仅因为孩子有将近一半的时间是在家里度过的，他的许多方面的学习，如情感的培养，习惯的形成，都和家庭环境有着密切的关系。同时，还因为孩子的家长作为监护人，应该拥有对孩子受教育情况的知情权，也应该积极与学校教育配合，共同促进孩子的发展。所以，家长评价应当与教师评价和学生自我评价有机结合起来。只有这样，才能更好地促进学生的健康发展。家长评价体现了自主性周记写作教学的开放性。在自主性周记写作中，家长也可能成为学生选题的指导者、资料搜集的合作者，家长也会了解学生自主性周记写作的进展情况，对学生在这一过程中的兴趣、态度、情感的起伏变化比其他人有更多的了解。因此，家长可以从非智力因素的角度对学生的自主性周记写作过程作出积极评价。当然，只要家长遵循以表扬和鼓励为主的积极评价原则，并且有能力对学生的文章进行评价，我们也非常欢迎。

评价要注意评价内容的全面化，可以从语言文字技能、自主探究能力及其他综合素养方面考虑；也要重过程评价，即不能只看学生周记的优劣，更要看学生是否积极参与了自主性学习活动，是否认真努力地落实了每一个环节。

3. 自主性周记写作优秀作品评价案例

（1）评价周记篇目

守望清晨

高二（1）班　杜长亮

他深深地吸了一口气，轻轻地呼出来，静静地闭上眼睛，默默地用心去聆听这美好的黎明，花儿羞涩地抬起她粉红的脑袋，小草用力地吮吸着露水的甘甜，一声，两声，几声，甚至一片，鸟儿按不住清晨的寂寞，他们最终叫醒了森林，叫醒了蓝天，叫醒了万籁来迎接朝阳。阳光穿过蓝天，穿过森林，轻柔地洒在他的脸上，他将头抬得很高，他面带微笑，不知道是阳光沐浴出的幸福，还是他笑容的坦然，这个早晨格外清澈，格外明朗，格外充满希望。

他懒懒地躺在田边，缓缓地吸着气，依然闭着眼睛，也许他睡着了，也许他在想着什么，不过他的脸上仍旧浮着一层笑意。风总是很惬意，有时伴着细雨，有时载着生机……然而，此时她却俏皮地偷窥着他的笑意。风吹过草地，草儿弯着腰向天展示他们的鲜绿，风吹向蓝天，云儿变化着它的新意，似乎在向世界宣告云朵的美丽。柳不会炫耀，她喜欢阳光，阳光使她翠绿，她更喜欢风雨，风雨吹动起她的秀丽，沐浴着她的柔情，然而所有的所有只不过是他的陪衬，因为整个大地都是他的希望。他的微笑，由风送给了大地。看啊！那大地也泛起了波浪，虽然这时波浪还嫩绿，虽然这时波浪还矮小，但是总有一天，他会看到，金黄的麦浪会出现，满载喜悦，满载收获，一浪接着一浪传向这里。

夜来了，他倦倦地站起来，长长地伸了一下懒腰，此时他睁着眼睛，看看天上的星星，看看黑色的麦田，不由地有些失望。“唉！”他发出这样的一声感叹，也许他没有看到他的希望，也许他没有感受到这一天的快乐，他只有茫然地走出田地，走出他原以为在清晨里会收获希望和幸福的地方。

他披着月光，走在回家的路上。也许，他正在思虑着他的睡梦；也许，他在期待着明天的黎明、明天的希望！就这样，一天又一天的守望，一天又一天的失望，直到收获的那个清晨，他也许不会有太多感想，这希望的种子收获了，而它并不是一天能收到的。每一天不变的守候，虽然不一定每天都感受到幸福，但希望天天都会有。

是的，幸福处处都在，用生命去守望你的每一个清晨，去收获每一天都可能会有的幸福，只要我们去体验，去感受，就会品味到真正收获的希望！

（2）评价的基本要求

① 评价应该是多角度的，需要特别关注学生在学习过程中的表现，包括他们的使命感、责任感、自信心、进取心、意志、毅力、气质等方面的自我认识和自我发展。

② 应关注学生的全面发展，不仅关注学生的知识和技能的获得情况，

更关注学生学习的过程、方法，以及相应的情感态度和价值观等方面的发展。

③ 关注过程性评价，及时发现学生发展中的需要。帮助学生认识自我、建立自信，激发其内在发展的动力，从而促进学生在原有水平上获得发展，实现个体价值。

④ 实现评价主体的多元化，让教师、学生及家长共同参与到评价过程中来。

⑤ 评价尽可能凸显评价主体的自主性。

（3）评价过程展示

① 学生自我评价

在《守望清晨》这篇周记中，我试图用一个守望清晨的少年的形象来表达我自己甚至我的同龄人的内心世界。清晨是自然界中所有美好事物的代表，我们守望清晨，正是我们热爱自然、想融入自然、对生活满怀期望的表现。尽管黑夜让我们害怕、彷徨，但我们仍然坚持守望清晨，因为我们深信，只要肯努力，美好的追求一定会实现。

② 同学评价

同学A：读了《守望清晨》，我仿佛感同身受。它刻画了我们青年人的内心世界，是的，“尽管黑夜让我们害怕、彷徨，但我们仍然坚持守望清晨”，因为我们都有一颗不甘平庸、力求上进的心！

同学B:《守望清晨》让我认识了一个与平日迥然不同的杜长亮。它为我们展现了一个热爱自然、热爱生活、热爱生命、满怀追求又富有思想的男生杜长亮，和平日嘻嘻哈哈、爱疯爱闹的他形成鲜明的对比。

同学C：我认为《守望清晨》的文笔非常细腻，这在男生中是少见的。比如在第一自然段中，他用“花儿羞涩地抬起她粉红的脑袋，小草用力地吮吸着露水的甘甜，一声，两声，几声，甚至一片，鸟儿按不住清晨的寂寞，他们最终叫醒了森林，叫醒了蓝天，叫醒了万籁来迎接朝阳”，这样的描述为我们展现了一个充满希望的清晨，极富感染力。

同学 D：我认为《守望清晨》的结尾处很具感召力，引人深思，催人奋进。“幸福处处都在，用生命去守望你的每一个清晨，去收获每一天都可能会有的幸福，只要我们去体验，去感受，就会品味到真正收获的希望！”是的，只要我们敢于尝试、勇于面对、勤于耕耘，我们一定会有收获。

③ 教师评价

教师 A:《守望清晨》在一定程度上透露了这些十八九岁的大孩子的人生观，他们认为人生应该有信念，要敢于执着追求自己认为是值得的事物。正如文中所说:“每一天不变的守候，虽然不一定每天都感受到幸福，但希望天天都会有。”

教师 B：我认为文中关于对比手法的运用很精当，例如对清晨和黑夜的描述极具对比性，它投射出“我”的两种精神世界。清晨是美好的、充满希望的、给人以愉悦的；黑夜是可怕的、令人不安的、让人彷徨无助的。文章正是在这种对比中凸显出清晨的美好和“我”永不言弃的追求。

教师 C:《守望清晨》这篇文章反映出这位小作者非凡的学习能力。他善于观察自然、体味生活，也善于思考生活，从而给清晨赋予了不同寻常的含义，使清晨成为美好的值得守望的事物的化身。这就使文章显得厚实、耐读。

教师D：我认为《守望清晨》这篇文章的表达方式很值得我们玩味。作者在行文中将写景、叙事、抒情、议论自然而然地融为一体，使文章如行云流水，真挚生动。尤其对“情”的表达很值得我们学习，他不是简单地抒情，而是更多地把自己的心理活动甚至一瞬间的思绪融入写景、叙事当中，读来亲切可感，引人深思。

④ 家长评价

家长 A:（作者的父亲）这孩子以前最怕写作文了，可这一篇《守望清晨》却写得很好，真让人意想不到。可见你们在写周记之前进行的自主学习活动还是很有实效的。能有这样的转变，我替他高兴。

家长B：读了《守望清晨》这篇文章，我们感受到这些十八九岁大孩子的思想倾向还是健康向上、积极进取的。他们追逐时尚，但拥有一颗热爱自然、追求美好生活的心。并非人们所议论的“垮掉的一代”。

学习反思

1. 本活动对一篇周记采用学生自评、同伴互评、多位教师评、多位家长评的方式，对促进学生的发展有何意义？

2. 家长A和家长B的评价令人深思，他们评价的视角也不相同，再琢磨一下，说说你的认识。

3. 学生、教师、家长在评价活动中的关注点是不一样的，你发现什么了？发表出来与大家分享。

·课节讨论·

1. 本课节的三个活动采用了差异很大的学习内容与展示方式，有理论知识，有荒诞小品，有学生周记，你对这样的呈现形式有何看法？

2. 本课节分别用南宋冯取洽《自题交游风月楼》中的诗句“八面疏棂八面风”、北宋林逋《山园小梅》中的诗句“暗香浮动月黄昏”、北宋曾巩《凝香斋》中的诗句“云水醒心鸣好鸟”为三个学习活动命名。学习了本课节的内容，你肯定对诗句含义、活动名称、学习内容之间的联系有了新的认识，发表出来与大家分享。

课节二十

参与式教学促进教师发展的实践

“山色蒙蒙横画轴，白鸥飞处带诗来。”这是南宋俞桂《过湖》中的诗句，意思是说云气缥缈，山色在朦胧中透着美丽，仿佛正在打开的一幅画轴；忽有白鸥翩翩飞来，自己的诗情犹如鸢飞鱼跃，融入迷人的画面之中。参与式活动促进教师智慧的发展，正像诗句描绘的意境一样，教师面对生动如诗的课堂，那是一幅展示生命活力的人物群体画，那是一首激荡青春旋律的自然交响乐，而教师不知不觉中已成为画里的一束亮光，已成为乐曲中跳动的一个音符。学习本课节的内容，达成了下列目的，有助于对俞桂诗句的审美领悟和对教师专业发展趋向的思考。

学习目的

1. 发表对语文教师专业发展内涵及其发展方式的认识。
2. 掌握语文课程与网络技术相结合的教学艺术。
3. 体验语文教育在新技术中不断发展的新历程。

活动一

会当凌绝顶，一览众山小（专业信仰）

学习目标

1. 明确参与式学习设计对语文教师专业发展的基本要求。
2. 阐述“反思—对话”活动促进教师发展的价值。

学习过程

1. 本活动的学习分两个阶段进行。第一段将学习者分成 6 个学习小组，组织者引导大家阅读材料“语文教师的专业发展”，并展开讨论。

2. 第一、二组重点讨论“语文教师的专业知识”，第三、四组重点讨论“语文教师的专业水平”，第五、六组重点讨论“语文教师的专业态度”。大家发言，组长指定记录人和报告人。

3. 各个小组的代表陈述小组的讨论结果，其他小组的学习者可以补充发言。组织者及时评价，总结学习效果。

4. 第二段将学习者分成 4 个学习小组，组织者引导大家阅读材料“专业化反思与专业化对话”，并展开讨论。

5. 第一、三组重点讨论“专业化反思”，第二、四组重点讨论“专业化对话”。

6. 各个小组的代表陈述小组的讨论结果，其他小组的学习者可以补充发言。

7. 组织者及时评价，总结学习效果。

学习材料

材料一

语文教师的专业发展

语文教师专业发展是指教师个体的语文专业知识、语文专业水平和语文专业态度不断发展的过程，是语文教师不断更新专业知识结构，不断提高语文教学水平，不断坚定语文专业信仰的过程。语文教师要成为一个成熟的专业人员，需要通过不断的学习与探究历程来拓展自身的专业内涵，提升言语水平、思维水平、美感水平、教学水平、专业态度与主体意识，从而达到专业成熟的境界。

语文教师的专业知识，从其功能出发可以分为三个方面的结构内容：一是语文学科知识，包括语言知识、文字知识、文学知识、道德教育与审美教育等知识，这些是语文教师的专业基础知识，是语文教师的立足之本；二是语文课程与教学论知识，包括课程性质、课程目标、课程设计、教材编制、教学设计、教学方法、教学评价等知识，另外还要掌握必要的教育学与心理学知识，这些是从事语文教师专业的原则与方法知识，是语文教师的智慧之眼；三是哲学、美学知识，这些是提升语文教师专业发展境界的知识，是语文教师的理想之翼。

语文教师的专业水平，其特征表现为言语、思维与美感三个领域的水平。以提高听、读、说、写能力作为学习目标是语文课程的显著特征，因而，语文教师提升自身的听读说写的言语水平就显得尤为重要。以文学的形象思维、语感的直觉思维、汉字的结构思维、文章的逻辑思维、听读说写活动中的创造性思维为标志的思维方式，不仅是语文思维的显著特征，而且规范了语文教师的专业思维特质。提高学生的美感水平和审美能力是语文课程的又一目标特征，因而，语文教师必须具备较高的美感水平与审美能力。

语文教师的专业态度，是指语文教师在不断深入理解所从事专业的价值、意义的过程中，形成的奋斗不息、追求不止的精神。语文教师的专业态度包括专业理想、专业情操、专业性向、专业自我几个方面。语文教师的专业理想是教师对成为一个成熟的教育教学专业工作者的向往与追求，它为教师提供了奋斗的目标，是推动教师专业发展的巨大动力。语文教师的专业情操是教师对语文教学工作带有理智性的价值评价的情感体验，它是构成教师价值观的基础，是构成优秀教师个性的重要因素，也是教师的专业道德感、理智感、审美感发展成熟的标志。语文教师的专业性向是指教师成功从事语文教学工作应具有的人格特征，或者说适合语文教学工作的个性倾向。语文教师的专业自我是教师个体对从事语文教学工作的感受、接纳和肯定的心理倾向，它将有力地影响语文教师的教学行为和教学工作效果。语文教师对其专业活动所拥有的知识、观念和价值是专业自我的重要部分。

学习反思

1. 发表对“语文教师的专业知识”的构成要素、层次及其功能的看法。

2. 阐述对“语文教师的专业水平”的构成要素及其特点的看法。

3. 认识“专业态度”对促进语文教师发展的重要意义，发表对“专业理想”“专业情操”“专业性向”“专业自我”的看法。

材料二

专业化反思与专业化对话

专业化反思是学习者以自己的语文学习活动为思考对象，对自己的学习行为及其学习效果进行审视和分析的过程。专业化反思的本质是一种理解与实践之间的对话，又是理想自我与现实自我的心灵上的沟通。专业化反思不是一般意义上的回顾，而是反省、思考、探索和解决语文学习过程中各个方面存在的问题。专业化反思具有研究的性质，是学习者专业发展和自我成长的强大动力。按照学习的进程，专业化反思可分为学习前反思、学习中反思、学习后反思。学习前反思具有前瞻性，能使语文学习成为一种自觉的实践，并有效地提高学习者的学习预测和分析能力。学习中反思具有监控性，能推动语文学习高质高效地进行，并有助于提高学习者的学习调控和应变能力。学习后反思具有批判性，能使学习经验理论化，有助于提高学习者的总结能力和评价能力。反思总是指向自我的，把自己既看作反思的对象，又看作反思的承担者。专业化反思使学习者在整个学习活动中充分地体现着双重角色，既是学习者又是评价者，既是受教育者又是教育者。专业化反思可以使学习者形成对学习现象、学习问题的独立思考和创造性见解，使自己真正成为语文学习研究的主人，提高学习工作的目的性和自主性。专业化反思还可以帮助学习者在劳动中获得理性的升华和情感上的愉悦，提升自己的思维品位和精神境界，改变自己的生活方式，体验自己的存在价值与意义。学习者只有意识到自己的学习经验及其局限性，只有经过反思调整和重组这些经验，才能形成先进的学习观念和个性化的学习哲学。

专业化对话是指语文学习实践系统各构成要素之间的探究性对话，即学生与同学、语文教师、语文教材、学习模式、学习环境共同参与的一种语文学习研究形式。它以自我反思、自我开放为前提，以形成学生之间、师生之间、教师之间的专业切磋、经验分享、合作互助、共同成长的学校文化为归宿。专业切磋是一个相对自由开放的发散式对话过程，这个过程是具有生成性和建设性的，它会迸射出许多有价值的新见解、新方法。经验分享是一种情感沟通、充满愉悦的对话过程，学生和教师围绕一个问题畅所欲言，各抒己见，在有效的讨论中学生和教师都可能获得单独学习时所得不到的东西。合作互助强调培养团队精神，强调语文教师的引领作用，强调每一个学生的合作意识，防止和克服各自为战和孤立无助的现象。共同成长是在完成学习任务、凸显学校文化特色的一系列活动中，每一个学习者、每一个教师对成功的内心体验，以及社会认同学习对话价值的过程。专业化对话首先需要一种态度，一种积极参与的态度。每个学习者要充分认识到，参与是自己的权利与义务，参与是心灵开放的标志。对话也是校园民主关系得以发展的体现，各种观点在对接交锋中得以磨砺，各种经验在批判兼容中得以互补。学校要鼓励不同的学习理念、学习模式、学习方法、学习手段的交流与冲突，营造一个语文学习实践系统各要素自由争论的民主氛围。专业化对话还要求学习者和语文教育家、课程理论家进行对话，学习者和语文教师要尽量避免自我封闭、拒绝沟通等现象，专家们要尽量避免话语霸权现象。当专业化对话不仅成为一种学习认知方式，而且成为一种学校生活方式的时候，一个有特色的学校文化就形成了。

学习反思

1. 发表对“学习前反思”“学习中反思”“学习后反思”的语文专业研究性功能的看法。

2. 专业化对话“以自我反思、自我开放为前提，以形成学生之间、师生之间、教师之间的专业切磋、经验分享、合作互助、共同成长的学校文化为归宿”。你对这句话有何认识？说出来与大家分享。

活动二

春眠不觉晓，处处闻啼鸟（课件启蒙）

学习目标

1. 学会制作课件教语文课。
2. 评论课件提高语文课堂教学效率的作用。
3. 掌握参与式课件制作的方法与要求。

学习过程

1. 学习者就近分为若干学习小组，选出组长，确定小组内的角色分工。

2. 每个小组认真阅读学习材料提供的课件内容，然后联系学习目标展开讨论。

3. 每个小组派代表陈述本组的讨论意见。

4.“头脑风暴”：每个人可以畅所欲言，发表看法。

5. 组织者及时进行反馈评价。

学习材料

《兰亭集序》教学课件

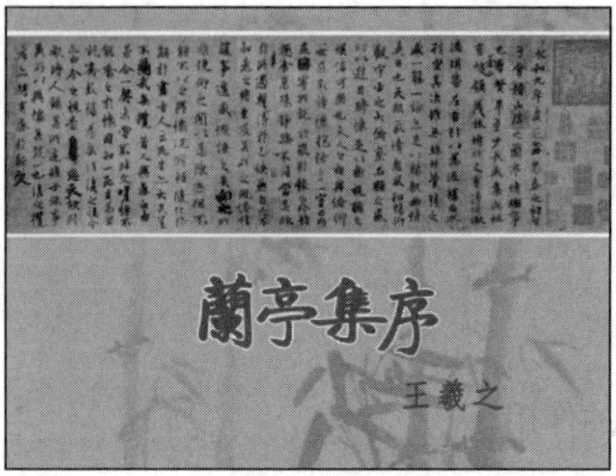

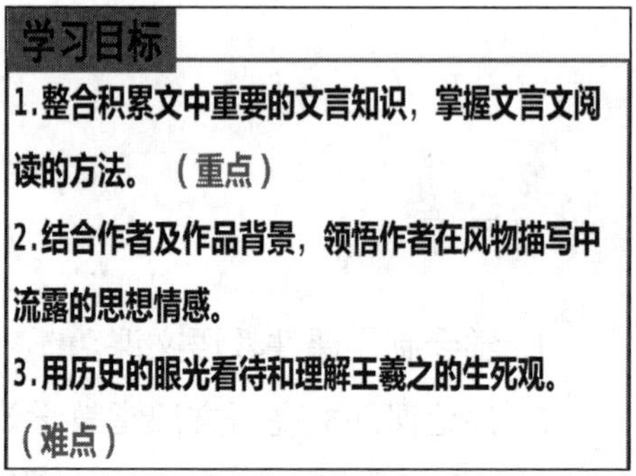

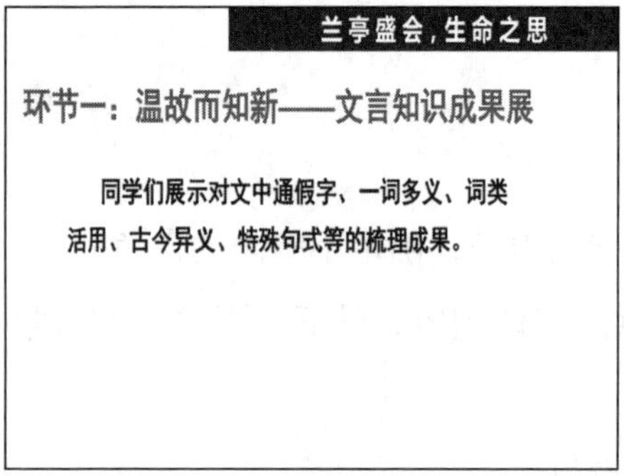

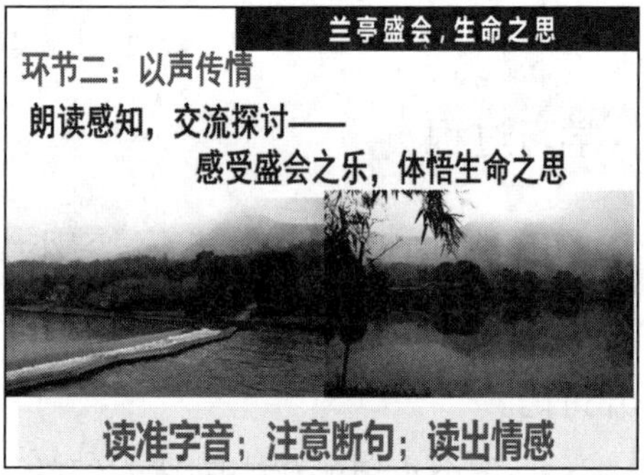

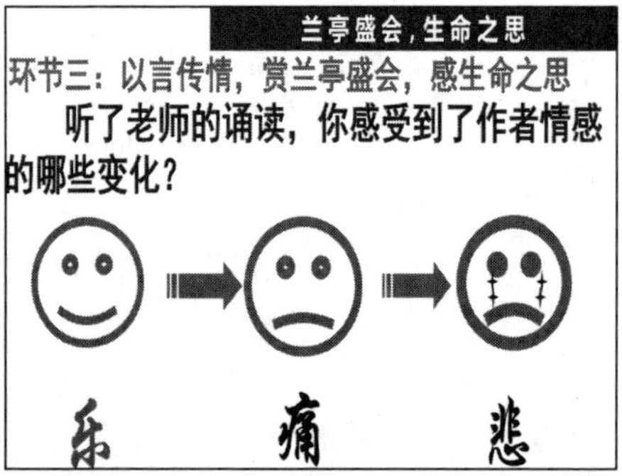

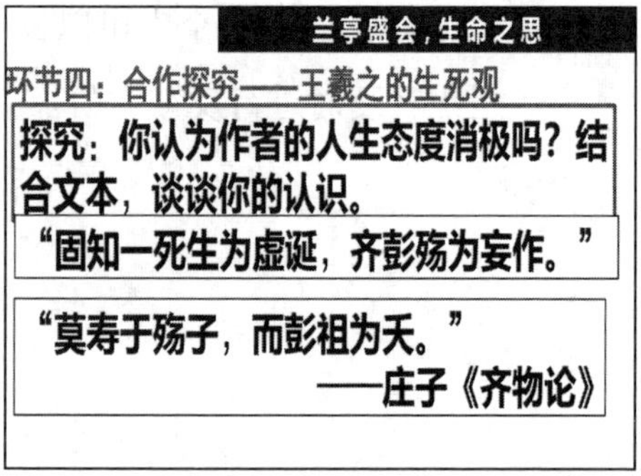

环节五：生命之思

每人写一句话，总结自己对生命的感悟，一起交流。

兰亭盛会，生命之思

作业布置：

1.请从文章中整理出至少20个成语，并解释其意思。

2.请以“热爱生命、珍视人生、积极有为”等为关键词，写一段150左右的文字，谈谈你对生命的认识。

3.背诵全文。

（设计者：甘肃省静宁县文萃中学　张晓琼）

学习反思

1. 课件进入语文课堂教学不过十几年的时间，在提高语文教学效率，拓展链接相关知识，调控课堂学习节奏，改变学生视听方式等方面均发挥了很好的作用。联系自己平时制作应用课件的情况，谈谈你对课件教育价值的认识。

2. 参与式教学的课件与许多教师使用的课件有着明显的区别，寻找一些比较一下，说说参与式学习课件的特点，以及它在引领学习过程方面有何好处。

3. 如果课件过于花哨，内容过于庞杂，反而会影响课堂教学质量。你看到过这样的现象吗？说说看。

活动三

户外一峰秀，阶前众壑深（智慧课堂）

学习目标

1. 掌握“互联网+”背景下语文智慧课堂设计的理念。

2. 领悟信息技术支撑下参与式语文学习智慧。

学习过程

1. 学习者可以分成若干小组，阅读学习材料后，依据学习目标选择本组感兴趣的问题展开讨论。

2. 各个小组派代表陈述讨论结果。

3.“头脑风暴”：每个人自由发表自己的看法。

4. 组织者及时进行反馈评价。

学习材料

"互联网+"背景下语文智慧课堂设计研究①

信息技术支持下的语文智慧课堂就是语文教师运用自己的教学智慧，再辅之以先进的信息技术设备，利用一系列信息技术，创建一个开发学生智慧的语文课堂。开发学生的言语智慧，是构建语文智慧课堂的旨归。教师利用课前学生观看微课视频的情况进行数据分析从而确定学情，以及通过设计课堂活动、确定课堂上师生共同讨论的问题、组织课堂活动，从而让学生们智慧地学习、创造性地学习，是构建智慧课堂的重中之重。因此，教师具有足够的教学智慧，具有解读文本、组织活动、发现问题的能力是培养学生言语智慧、构建智慧课堂的重要条件。语文智慧课堂的构建中，需要语文教师在教学目标的制定、教学内容的选择、学习活动的设计等方面都表现出教学智慧。下面以李清照词《声声慢》为例展示语文智慧课堂的建构过程。

课例:《声声慢》智慧课堂教学设计

教学目标:

1. 领悟全词体现的愁情，把握叠词与情思的关系，整体感受词的意境美。

2. 准确理解李清照后期作品中体现的愁之内涵，体会词人情感的变化。

教学前的准备过程:

1. 课前教师制作微课，选择资料。教师可以自己使用屏幕录像专家、

---

① 韩芮."互联网+"背景下语文智慧课堂设计研究［D］.兰州：西北师范大学，2019.

微课大师等软件录制视频，也可以在中国微课网下载相关的微课视频。在资料的选择上，教师可以根据学生的学习习惯、学习程度等推送不同的学习资料。

2. 教师将选择好的微课和资料通过教师专用智能终端推送至学生智能终端。

3. 学生学习资源。学生在课前认真观看视频，学习教师推送的资料，进行自主学习。

4. 教师布置预习测评，分析数据。教师在观看传送给学生的视频以及资料的基础上，布置预习题，题目的设置必须是跟每位学生观看的视频及资料有关联的，宜精心设置。通过对学生反馈的做题数据的分析，能够帮助教师了解学情，从而确定本节课的教学目标和核心教学内容。

5. 学生进行预习测评，反馈数据。学生独立完成教师端推送过来的预习题，完成之后及时提交至教师端以便供教师进行数据分析。

6. 教师优化教学设计。教师根据学生反馈的数据重新优化教学目标、调整教学内容。

课堂教学过程：

活动1　温故而知新

1. 引导学生诵读《如梦令》，诵读完后回忆：在这首词中我们认识了一位怎样的词人呢？

［投影展示］

《如梦令》

李清照

常记溪亭日暮，沉醉不知归路，兴尽晚回舟，误入藕花深处。争渡，争渡，惊起一滩鸥鹭。

2. 这首词犹如一幅画，我们仿佛看到了一位活泼、调皮甚至有些豪放的青春少女在藕花深处嬉戏。的确，这就是李清照快乐的少女生活。今天，我们再来品读另一篇李清照的经典词作《声声慢》，看看我们又会认识到一位怎样的女词人。

活动 2 通过意象品读愁情

［投影展示］

自庾信以来，诗人写愁，多半极言其多。这里却化多为少，只说自己思绪纷茫复杂，仅用一个“愁”字如何包括得尽，而词中句句皆现愁。

1. 学生齐读，教师示范读。

2. 品读“寻寻觅觅，冷冷清清，凄凄惨惨戚戚”。这十四个字为李清照赢得了极高声誉，被人们赞为“横绝古今”，在文中有何表达效果？请同学们结合背景思考完成之后书写在自己的智能终端上，小组交流。

［投影展示］李清照的生平介绍

1101 年：与赵明诚结婚，婚后幸福融洽。

1127 年：金灭北宋，二人所存的十余屋金石书画在战火中毁失殆尽。

1129 年：赵明诚孤身赴任，身染重病不幸去世。

1132 年：再嫁张汝舟，遇人不淑，离婚后入狱。

1155 年：李清照凄然一身，孤单悲苦地离开人世。

3. 这首词中还通过哪些典型意象写出了词人怎样的愁情？写出来和大家交流。

4. 读法指导：读时要一字一顿，读出凄苦、惆怅、寂寞，读出音调上的节奏，做到声断气不断。

5. 教师小结：十四个字，七组叠词，看似平平淡淡，实则显示了作者高超的文字功底。十四个字无一愁字，却写得字字含愁，声声是愁。最后，让我们再次齐声朗诵《声声慢》，通过诵读声来表达我们对这位女词人的敬意。

活动 3 以声传情

1. 学生在教师指导下再次有感情朗读，读出“愁”滋味。

2. 教师通过教师端推送测试题，学生通过学生端接收测试题并完成提交。平台的测评系统会自动生成客观题的答题情况，以柱状图的形式显示出来，同时生成答题的正确率。这种直观的形式能把测试结果及时反馈给教师，用以进行错因分析和问题讲解。此外，每个小组可使用移动设备将小组作业或作品无线发送给教师端，教师将其投射到大屏幕上，开启投票器进行电子投票，投票的结果实时展现。课堂随测既可以在教学的过程中进行，用以检验某个知识点的掌握情况，又可以在某章教学任务完成之后，检测学生对章节内容的把握。

学习反思

1. “开发学生的言语智慧，是构建语文智慧课堂的旨归。”说说你对这句话的理解。

2. 下面这句话反映了学生对信息技术支撑下的智慧课堂的期盼：“学生将作品上传到教师智能终端后，心里面便开始充满了期待。”尝试分析一下。

3. 说说你对构建语文智慧课堂的理解。

活动四

相看两不厌，只有敬亭山（网络境界）

学习目标

1. 能复述网络游戏五维学习机制的主要内容。
2. 能领略语文教学与网游机制融为一体的智慧魅力。
3. 能分析学生高效率参与学习过程的主要原因。

学习过程

1. 组织学习者认真阅读学习材料，按照准备环节、情境设置、问题系统、合作组织、资源支持、成果反馈等 6 项内容，让学习者按照自己的学习兴趣倾向，自愿分成 6 个小组，组长带领小组成员重点阅读本组的学习材料，然后展开讨论。

2. 各个小组派代表陈述讨论结果。

3. “头脑风暴”：每个人自由发表自己的看法。

4. 组织者及时进行反馈评价。

学习材料

借鉴网络游戏学习机制拓展语文学习①

一、课文与学习条件说明

《看蒙娜丽莎看》是中国艺术家熊秉明在1970年写的一篇艺术审美散文。高中学生在中学美术课上都接触过世界名画《蒙娜丽莎》，对其有简单的了解。2006年的电影《达·芬奇密码》全球票房达7.58亿美元，再度引发人们对《蒙娜丽莎》和达·芬奇的好奇心理。高中毕业学生普遍对计算机和网络的使用比较熟悉，基本人人都具备了打字输入、上传下载等基本操作能力。有些对三维动画、虚拟现实有特殊的兴趣。这些为开展以多媒体和网络为依托的建构性探究式阅读创造了条件。

二、具体实施记录

1. 准备环节

（1）学生准备：提前一周布置任务，预习课文《看蒙娜丽莎看》，挑选自己最喜欢的一个章节进行背诵；上网搜集与熊秉明、达·芬奇（L. da Vinci）、《蒙娜丽莎》相关的信息资料，以备课堂发言使用。

（2）教师准备

① 技术条件准备：网络多媒体教室，学生每人一台电脑，可以与教师

---

① 马恬．借鉴网络游戏学习机制拓展语文学习的理论与实践研究［D］．兰州：西北师范大学，2010.

机连接，可以浏览教师机上经允许的内容；教师机上的显示内容可以投映在大屏幕上对全体学生展示，也可以通过远程控制与某一台或多台特定的学生机连接做控制辅导。所有电脑安装多媒体播放器。

② 资料准备：主要资料集中在与熊秉明的文学创作有关的内容和西方美术有关内容的两个方面。如卞之琳的名作《断章》、熊秉明的组诗《静夜思变调》、法国卢浮宫博物馆的场馆内外部实景三维展示、英国BBC广播公司拍摄的文化纪录片 *The Secret Life of the Mona Lisa*，以及课文中与达·芬奇作比较的西方画家安格尔（J. Ingres）、伦勃朗（Rembrandt，也译为林布兰特）、提香（T. Vecellio）、戈雅（Goya）的资料和代表画作等。所有资料按照使用顺序和与内容的相关度分层次编辑排列，设置目录和超链接，存放在教师机里，学生机得到授权后可以浏览查阅。

2. 研究性阅读的学习设计和实施过程

尽管我和学生都做了大量的准备，在真的要上这节课之前，我还是为如何组织教学环节和这些头绪纷繁的学习资料而大伤脑筋。我对着靳健教授在著作里写的“情境范式教学设计”的相关内容翻来覆去地读，想找一点启发。“问题情境”这个词反复出现在我的视线里，引导着我的思路一点一点归位：课文就是情境，教学设想中的几个研究方向就是问题，并且这些问题是可以进一步分解为一些更具体的问题的；多媒体网络环境提供的即时交互、信息链接可以保障所有学习资料能够被学生查阅到，而且学生之间的信息可以互相交流补充……我开始意识到这些与网络游戏的五维系统有很多共同点，于是我试着借鉴网络游戏的学习机制来组织这篇课文的教学环节和学习资源，把所有与教学有关的内容分为这五个板块：情境设置、问题系统、合作组织、资源支持、成果反馈。

（1）情境设置

第一环节：利用大屏幕投影出高分辨率的画作数码图片（像素2 835×4 289，大小3.34 MB）和电影《达·芬奇密码》影像片段来引发学生的兴趣。

第二环节：鼓励学生说出自己知道的与达·芬奇和《蒙娜丽莎》有关的知识，或是对这幅画的感受。

生A：我记得小学语文书上有一个达·芬奇画蛋的故事，大概意思是要重视基础，万丈高楼平地起。

生B：我查了达·芬奇的生平资料，他是意大利“文艺复兴三杰”之一，另两个人是米开朗琪罗（Michelangelo）和拉斐尔（Raphael）。而且他被称为整个欧洲文艺复兴时期最完美的代表。除了《蒙娜丽莎》，他最重要的作品还有《最后的晚餐》和《岩间圣母》。

生C：我相信达·芬奇画这幅画的时候肯定是爱着那个模特儿的，不然他画不出那么迷人的微妙的表情。不过课文里说了这个模特儿是个富商的妻子，我想正是因为这种爱不能实现，所以达·芬奇在画她的时候才投注了特别的情感，显得那么动人。

生D：我以前看到蒙娜丽莎的时候就觉得这幅画的背景很奇怪，好像超自然的那种尖锐高耸的山峰，跟但丁的《神曲》里写的地狱似的，还特别原始。既然说蒙娜丽莎的原型是贵妇，应该是在繁华的都市里出现的，怎么会出现那种荒芜阴森的画面背景？

……

在这个环节里学生发言相当踊跃，内容涉及的方面也不同。学生的发言里有很多有价值的闪光点，可以在接下来的研究性学习中好好利用和引导。

第三环节：带领学生在多媒体计算机上参观“虚拟卢浮宫”，并且配以简单解说。

我的解说：“……现在我们刚穿过19世纪作为博物馆入口的圆形大厅。再走上两段台阶，在你眼前的就是第二个镇馆之宝，1863年出土的《胜利女神》。”

“现在我们进入了德农馆的蒙娜丽莎厅。请排队，现在在你们正前方的就是蒙娜丽莎女士居住的单间。”

创设情境的第一个好处是调动学习兴趣，激发学习动机。但如果仅仅是用悬疑刺激的电影把学生的注意力引导到“稗官野史”型的传奇和演义上去，那这无疑不是一个成功的“学习”情境。所以第二步，让学生自由表达，尽量多地发表他们关于达·芬奇和《蒙娜丽莎》已知的内容，并且对任何内容都不做评论。这个环节类似“头脑风暴”，起到的作用不仅是得知学生关于学习内容已经建构起来的知识结构，也能在学生发表的众多意见里选择有价值、有导向性的内容作为下一步研究方向的参考。接下来，出示借助多媒体技术可以拉近推远、前进后退的卢浮宫博物馆三维虚拟现实，带着学生从卢浮宫的外广场开始一路“走到”参观的目标——卢浮宫博物馆779号展品《蒙娜丽莎》面前去，沿途是无数世界艺术大师的作品和重点介绍。在这个过程里学生的兴趣被完全调动，我听到学生中间有这样的议论：

“唉，卢浮宫太漂亮了，我将来什么时候也能去一次，亲眼看看玻璃金字塔啊、维纳斯啊什么的。”

“卢浮宫里有这么多艺术品收藏，为什么大家都觉得就《蒙娜丽莎》最特别，没完没了地研究它啊？”

“蒙娜丽莎到底有多美啊，我怎么就一直没什么感觉？这个作者还能写个六千多字的文章来分析它，要我六百个字都写不出来。”

可以看出，这节课上情境创设的3个环节，在引导学生进入学习情境的时候发挥着环环相扣的作用。这也是网络游戏的情境设置给我的启示：即使是围绕一个学习主题，情境设置也不一定是单一的，而是可以围绕主题多角度呈现的，如果说学习主题是母情境，刚才3个环节就各自创设了一个“子情境”，子情境自身已经带有问题。多元的情境设置可以为学生提供个性化的学习内容选择机会。而且在学生真正带着兴趣主动进入情境以后，无须教师提示，学生自己就会发现并提出问题。虽然这时候的问题多数还停留在很浅的层次，但这是研究的开始，其本身就是一种宝贵的生成性的学习资源。

（2）问题系统

确定几个研究性阅读的方向，表述为一个综合的研究任务；对于综合性比较强的研究任务可以分解为几个小问题。我设计问题时，从网络游戏的任务设计方式里获得启发，是一种自上而下的问题设计思路：从菜鸟到大侠的升级路途看似遥不可及，但是一层层分解的具体任务让整个升级过程变得目标明确。我们的方式就是把它变成一些容易理解、能够解决的具体问题。最后经过讨论和启发，我和学生把它们进一步分解为这样一些问题（子任务）：

① 结合课文内容和文学知识，分析标题“看蒙娜丽莎看”的表达内涵。

② 了解文中提到的另外三个画家的主要创作风格和代表作品，结合课文表述，概括他们画里的人物与欣赏者之间各自是什么样的关系。

③ 以眼神描绘女性美和人性魅力是文学艺术常常采用的手法。结合课文第五、六章节，探讨作者描写蒙娜丽莎的眼神的意图。

④ 了解熊秉明的生平经历和主要成就。

⑤ 除了在绘画方面举世皆知的成就，达·芬奇还在自然科学、工程技术等领域有很高造诣。查阅资料，了解达·芬奇在绘画以外的成就。

⑥ 结合课文第七、八、九章节，讨论熊秉明说达·芬奇“在他的宇宙论里没有神，只有神秘；没有恶魔，然而充满诱惑”这句话的意思。

⑦ 关于《蒙娜丽莎》的画中人原型的真实身份，历来说法不一，这也是围绕这一伟大作品的众多谜题之一。结合相关资料，谈谈你对这个问题的看法。

⑧ 为什么熊秉明说达·芬奇没有办法穷尽蒙娜丽莎的眼光？熊秉明向读者展示这种“无法穷尽”，对读者的价值又在哪里？

在学生的研究中只要求他们选择其中的某一个具体问题进行研究即可，只要研究有所得，不偏离基本内涵即予以认可。

（3）合作组织

经过上一个环节的讨论，研究课题已经分解成了8个具体的问题。我要求学生把这8个问题全部记在笔记本上，然后根据自己之前搜集到的资料和感兴趣的方向，在这8个问题里选择一个作为自己的研究题目。在学生考虑选择的这段时间里，我做了一张列有8个研究问题的表格，把它发布到全班的学生机上，要求确定了问题选择的学生把名字填在对应的问题后面。

学生全部填完后，我通过投影把这张表格显示在大屏幕上，并说明这就是这次的分组："大家看看这个表格，把名字填在同一个问题后面的同学就是你们这次合作学习的小组同伴。你们可能以为填这个表格只是老师在做个问题意向调查，实际上我的目的就是要把有共同目标的同学放在一起来研究问题。下面你们可以换座位坐到一起便于交流。同组的每个成员都应该带着你们之前搜集的资料和各自的想法，加入到对你们的问题的研究讨论里面来。"

在以往的合作学习中，虽然也是以兴趣为选择，但如此明确地以共同的问题为导向进行分组还是第一次。我这样做的考虑有两点：第一是小组有共同的目标，这也是合作学习的首要条件；第二是让学生意识到共同的目标也是自己主动的选择，而不是老师布置下来的一刀切的任务。满足了这两条，合作才能真的发挥它对合作成员的作用。这正是我本人在玩网络游戏的过程里与无数其他游戏者合作最深切的体会。根据我在课堂上的观察，从分组以后学生进入交流状态所花费的时间明显少于平时这一点来看，这种分组策略是有益的。

（4）资源支持

这篇课文涉及文学和艺术两块内容，尤其是关于西方艺术的信息量非常大，我在备课的时候曾经一度想对学生淡化这些内容，但后来发现不能淡化，因为对这些内容有所了解才有可能理解文章的抽象语言。像课文的第二章节：

“也并非没有在画里向我们注视的人物。

“像安格尔的那些贵妇与绅士，端坐着，像制成标本的兽，眼窝里嵌着瓷球，晶亮、发光，很能以假乱真，定定地瞅过来，然而终于只是冰冷的晶亮的瓷球。这样的空虚失神的凝视当然不给我们什么威胁。

“像提香的威尼斯贵族男子肖像，眼瞳里闪烁着文艺复兴时代贵族们的阴险和狡诈，目光像浸了毒鸩的剑锋，向你挑战。他们娴于台前幕后的争权夺利，明枪暗箭，在瞥视你的顷间，已估计了你的身世、才智、毅力、野心以及成败的机会。

“像林布兰特的人物，无论是老人、妇人、壮者以及孩子，他们往往也是看向观赏者的。他们的眼光像壁炉里的烈焰，要照红观者的手、面庞、眼睛、胸膛，照出观者腑脏里的潜藏着的悲苦与欢喜。把辛酸燃烧起来，把欢乐燃烧起来，把观者的苍白烘照成赤金色……”

很显然，如果学生对安格尔、提香、伦勃朗这些西方艺术史上的大家一无所知的话，这样的一段文字对他们是没有意义的。

我把文中涉及的文学和艺术的内容分类进行整理，以解决每一个具体研究题目所需要用到的资料背景为划分，建立了若干个文件夹，每个文件夹以内容主题命名，文件夹里的相关内容设置了超链接，可以直接点击跳转。所有文件夹集中在以“《看蒙娜丽莎看》资源系统”命名的文件夹里，存放在教师机的共享硬盘里供学生自由查询。每一个主题文件夹里，主要是两部分内容：文字和图片。既有 .doc 后缀的 word 文档，主要用来介绍背景知识，也有 .jpeg、.bmp、.png 后缀的图片，主要是对涉及西方艺术的内容做感性介绍。

除了文字和图片，还有后缀为 .mov 的影像视频资料，主要是在“情景设置”这个板块里用到的内容，包括卢浮宫内外全景的虚拟现实。之所以把这些也放在这里，是因为课堂上的时间有限不可能全部播放给学生看，而学生对这些内容往往又希望多了解一些。在“卢浮宫——世界级的艺术殿堂”主题文件夹下，除了卢浮宫最有代表性的收藏品图片，还有卢浮宫全部三维全景虚拟现实视频，是我从卢浮宫博物馆的法国官方网站下载的。研究性学习是一种基于资源的学习，它要求教师从知识说明者转变为信息资源的查询者和设计者，这对教师是个很高的要求。

要说明的一点是，在刚才要求学生选择自己研究的问题并据此分组的时候，并没有学生选择第 8 个问题，说明学生认为这个问题难度太高。但是我发现在我开放了资料查询的研究讨论阶段，有学生却放弃了原先的选题而选择了这个问题。当我问及为什么会这样时，他的回答是看了资料“蒙娜丽莎——千古成谜的诱惑笑容”专题下的英国纪录片 *The Secret Life of the Mona Lisa* 得到很大启发，现在他对这个问题很感兴趣，也有了点自己的想法，所以改选这个问题。这个效果是我之前始料未及的，这也说明这个问题并不是设计得不好，而可能是表述得不够到位造成学生难以理解。这也让我意识到，在研究性学习的过程中，不仅设计的研究问题有导向性，而且提供的资源信息也会有导向性。

（5）成果反馈

我把这次研究性学习的成果反馈设计为两步：

① 留言板形式。每个组形成一个对自己问题的研究报告，在校园网“我的个人主页”空间里留言，我公开回复，全体学生都可见其内容，也可以参与回复评论。

② 每个学生根据留言板信息和自己小组研究，写一篇心得交上来，作为一次作业成绩。

研究第二个问题的小组，是第一个公开提交了研究报告的小组。他们贴出来的研究报告是《关于那些“在画里向我们注视的人物”》（第二研究

组　执笔：陈玉明）

关于文章提到的这三个画家笔下的人物和欣赏者的关系，课文的第二章节中是这样说的：

“这样的画和我们的关系，也不仅只是‘欣赏者——欣赏对象’的关系。它们也有意要把我们驱逐到欣赏领域以外去，强迫我们退到存在的层次，在那里被摆布、被究诘、被拷问、被裁判、被怜悯，被扶持、被拥抱。”

我们研究的时候首先有一个疑问，“强迫我们退到存在的层次”，这句说的“存在”是什么意思？我们用手机上网搜索了“存在”的意思，在“百度百科”里对“存在”有很多解释。综合起来说，存在是相对于认识主体而言的。结合第一章节里“她争取着主体的地位”这句话，我们认为，这里说的“存在的层次”意思是在这些画里的人物面前，我们“看者”的地位被画里的人取代，变成了被看的对象。

然后我们的问题是，这些人看着我们，他们看出了什么？这个问题真让人没有安全感。（这是于俊杰说的）

安格尔是19世纪法国新古典主义代表。他善于把握古典艺术的造型美，把这种古典美融化在自然之中，以“静穆的伟大，崇高的单纯”作为自己的原则。他最喜欢的题材是女性裸体，代表作有《泉》《大宫女》《瓦平松的浴女》和《土耳其浴室》。

我们在看安格尔的画的时候，都有一个感觉，就是他的画都像照片一样精确漂亮，画里的人确实是在向我们的方向看过来的，但是他们的视线并没有聚焦在我们身上，而是穿过了我们落在遥远的地方。古典主义的“崇高”使他们不屑于和我们这些“俗人”有什么交流，貌似在看，其实无视，所以熊秉明说这是“空虚失神的凝视”。

提香，是意大利文艺复兴后期威尼斯画派的代表画家，最擅长的是使用华丽的色彩。他所作的肖像画能揭示人物内心世界。有人说他像法国的伏尔泰一样，对权势躬身下拜，在皇室贵族的微笑中享受恩赐。那个有名的八卦“世界上最伟大的皇帝为世界上最伟大的画家捡起一支画笔”的故事就是说的罗马皇帝查理五世和提香。

在提香的男子肖像画里，被画的人多数都是些衣饰华丽、神情严肃、身份高贵的贵族，他们投过来的目光带着严厉的审视，这就是熊秉明说的“目光像浸了毒鸩的剑锋，向你挑战”，看的人对被看的人有一种咄咄逼人的压迫感。

伦勃朗，荷兰17世纪的现实主义绘画巨匠。他把他这一生对生命的理解，融会贯通进宗教作品中，因此有人说他的画“有一种照向神圣事件或主角人物身上的金色光源”。我们更关注的是他的一系列从年轻到年老各个时期的自画像，每一张里他都是看向我们的。你可以从中看见他前半富足后半潦倒的一生，“把辛酸燃烧起来，把欢乐燃烧起来，把观者的苍白烘照成赤金色”，这么多的激情简直要让作为被看者的我们承受不住，生怕辜负了画家的一番心血，恨不得对着那些迫切地看着我们的人们嗫嚅地说上一句：“别这样，我只是来打酱油的……”（这话是张海洋说的）

研究总结：画里的人物与欣赏者之间各自是什么样的关系？

安格尔——矜持平静，有意和欣赏者保持距离；

提香——严厉审视，把欣赏者作为裁判诘问的对象；

伦勃朗——他的激情不允许只是旁观，要把欣赏者带进自己的情感世界中去。

以上是我们组对这个问题的研究报告。

我的回复：

这份报告的最大长处是把熊秉明对三位大师画作观点的由来解释得很清楚，研究了画家的创作偏好、常用的画作主题、最突出的创作特征，结合了对画家本人的介绍，做到了知其然也知其所以然。开头对“存在的层次”的解释虽然没什么独创，但对其他同学也是个很好的启发。文笔不错，对网络流行语的借用颇有幽默感，最后的总结也比较准确。

对三位大师的创作研究多少都存在以偏概全的问题。熊秉明之所以拿他们做陪衬，是为了强调《蒙娜丽莎》的与众不同，而不是为了证明大师的蹩脚。这一点在报告里没有提到，特别提醒全体同学注意。

这个评价反馈的设计是我从网络游戏的反馈方式里得到的最大的启发——让评价反馈成为一种资源。在游戏里，游戏者完成任务所得到的反馈奖励的意义并不仅仅在于提供满足体验，而是要为继续进行游戏服务的，进而强化游戏者对未来的成就动机。这恐怕才是网络游戏的“奖励”令游戏者欲罢不能的根本原因。

三、小结

在这次《看蒙娜丽莎看》的研究性学习中，在具体做法上我尽可能地运用和借鉴了网络游戏中的诸多学习性特征的设计思路。这些认识都是来自我自己玩网络游戏的实际体会。

我的目的并不是实现语文学习或语文课程的“游戏化”，也并不打算把网络游戏引进课堂教学中来，而是希望从另一个更有操作性的角度探讨网络游戏的教育价值，用网络游戏学习机制来优化我们的语文教学，为如何真正实现学生“自主、合作、探究的语文学习方式”做一点点的探索。作为一名基础课教师，我更关心的是网游到底是怎样“教会”包括我在内的并不算有天赋的众多“菜鸟”，使我们最终成为这个领域内的“大侠”的。

学习反思

1. 比较下面这两句话：“‘问题情境’这个词反复出现在我的视线里，

引导着我的思路一点一点归位：课文就是情境，教学设想中的几个研究方向就是问题，并且这些问题是可以进一步分解为一些更具体的问题的。”“如果仅仅是用悬疑刺激的电影把学生的注意力引导到‘稗官野史’型的传奇和演义上去，那这无疑不是一个成功的‘学习’情境。”试就问题情境话题，发表你的理解。

2. 后面这一段教学反思对你有何启迪？说出来与大家分享。“要求学生选择自己研究的问题并据此分组的时候，并没有学生选择第 8 个问题……在我开放了资料查询的研究讨论阶段，有学生却放弃了原先的选题而选择了这个问题。当我问及为什么会这样时，他的回答是看了资料‘蒙娜丽莎——千古成谜的诱惑笑容’专题下的英国纪录片 *The Secret Life of the Mona Lisa* 得到很大启发，现在他对这个问题很感兴趣，也有了点自己的想法，所以改选这个问题。这个效果是我之前始料未及的。”

3. “如此明确地以共同的问题为导向进行分组还是第一次。我这样做的考虑有两点：第一是小组有共同的目标，这也是合作学习的首要条件；第二是让学生意识到共同的目标也是自己主动的选择，而不是老师布置下来的一刀切的任务。满足了这两条，合作才能真的发挥它对合作成员的作用。”你对此有何看法？说出来听听。

4. 后面这段话对你有何启迪？谈谈你的认识。“这个评价反馈的设计是我从网络游戏的反馈方式里得到的最大的启发——让评价反馈成为一种资源……这恐怕才是网络游戏的‘奖励’令游戏者欲罢不能的根本原因。”

·课节讨论·

1. 本课节第一个活动是关于语文教师专业发展理论问题的探讨，其余三个活动都和多媒体技术相关。试就多媒体技术服务语文教学、促进教师发展的话题展开讨论，并发表自己的意见。

2. 本课节通过对课件、智慧课堂、网游对语文教学的影响与发展个案的描述，说明多媒体技术已经从单向提示、互动交流的工具支持形式，向和语文教学融合为一的趋势发展。你对此有何关注，写一段文字，大家来讨论。

3. 本课节分别用唐代杜甫《望岳》中的诗句“会当凌绝顶，一览众山小”，孟浩然《春晓》中的诗句“春眠不觉晓，处处闻啼鸟”，孟浩然《题义公禅房》中的诗句“户外一峰秀，阶前众壑深”，李白《独坐敬亭山》中的诗句“相看两不厌，只有敬亭山”为四个活动命名。学习结束时，你对诗句含义、活动名称、学习内容之间的联系也许有了新的认识，说出来与大家分享。

参考文献

中文文献

［1］李泽厚．美的历程［M］．合肥：安徽文艺出版社，1994.

［2］朱光潜．文艺心理学［M］．合肥：安徽教育出版社，2006.

［3］靳健．后现代文化视界的语文课程与教学论［M］．兰州：甘肃教育出版社，2006.

［4］钟启泉，黄志成．美国教学论流派［M］．西安：陕西人民教育出版社，1993.

［5］张春兴．现代心理学：现代人研究自身问题的科学［M］．上海：上海人民出版社，1994.

［6］中英甘肃普及九年义务教育项目领导小组办公室．中学语文新课程教学策略［M］．兰州：甘肃教育出版社，2006.

［7］钟启泉，高文，赵中建．多维视角下的教育理论与思潮［M］．北京：教育科学出版社，2004.

［8］赵晓霞．语文对话教学论［M］．北京：中国社会科学出版社，2017.

［9］石中英．知识转型与教育改革［M］．北京：教育科学出版社，2001.

［10］孙周兴．海德格尔选集［M］．上海：上海三联书店，1996.

［11］宗白华．艺境［M］．北京：北京大学出版社，1999.

［12］吴承恩．西游记：上［M］．北京：人民文学出版社，1980.

［13］曹雪芹，高鹗．红楼梦［M］．北京：人民文学出版社，1964.

［14］郭庆藩．庄子集释［M］．北京：中华书局，1961.

[15] 刘建国，顾宝田．庄子译注［M］. 长春：吉林文史出版社，1993.

[16] 靳健．语文教育的哲学转向与实践创新研究［M］. 兰州：甘肃教育出版社，2014.

[17] 朱熹．诗集传［M］. 上海：上海古籍出版社，1980.

[18] 朱熹．四书章句集注［M］. 北京：中华书局，1983.

[19] 陆机．文赋［M］. 张怀瑾，译注．北京：北京出版社，1984.

[20] 刘勰．文心雕龙［M］. 周振甫，选译．北京：中华书局，1980.

[21] 钟嵘．诗品集注［M］. 曹旭，集注．上海：上海古籍出版社，1994.

[22] 颜之推，颜氏家训［M］. 梁明，译注．广州：广州出版社，2001.

[23] 严羽．沧浪诗话［M］. 郭绍虞，校释．北京：人民文学出版社，1998.

[24] 王守仁．王阳明全集［M］. 上海：上海古籍出版社，1992.

[25] 杨伯峻．论语译注［M］. 北京：中华书局，2005.

[26] 杨伯峻．孟子译注［M］. 北京：中华书局，2003.

[27] 周振甫．周易译注［M］. 北京：中华书局，2001.

[28] 穆克宏．魏晋南北朝文论全编［M］. 南京：江苏教育出版社，2004.

[29] 梁启超．作文入门［M］. 北京：教育科学出版社，2007.

[30] 王国维．人间词话［M］. 徐调孚，注．北京：人民文学出版社，1982.

[31] 钱穆．国学大纲（修订本）［M］. 北京：商务印书馆，1996.

[32] 蔡元培．蔡元培教育论集［M］. 高平叔，编．北京：人民教育出版社，1980.

[33] 朱自清．诗言志辨［M］. 上海：华东师范大学出版社，1997.

[34] 瞿世镇，董坚志．民国小学生作文［M］. 南宁：广西人民出

版社，2011.

［35］顾树森. 中国古代教育家语录类编［M］. 上海：上海教育出版社，1983.

［36］叶圣陶. 叶圣陶教育名篇［M］. 北京：教育科学出版社，2007.

［37］张志公. 传统语文教育教材论：暨蒙学书目和书影［M］. 上海：上海教育出版社，1992.

［38］吕叔湘. 论语文教学［M］. 济南：山东教育出版社，1987.

［39］顾黄初，李杏保. 二十世纪后期语文教育论集［M］. 成都：四川教育出版社，2000.

［40］顾黄初. 语文教育论稿［M］. 北京：人民教育出版社，1995.

［41］刘国正. 中国著名特级教师教学思想录·中学语文卷［M］. 南京：江苏教育出版社，1996.

［42］杨再隋. 中国著名特级教师教学思想录·小学语文卷［M］. 南京：江苏教育出版社，1996.

［43］教育部. 义务教育语文课程标准（2011 年版）［S］. 北京：北京师范大学出版社，2012.

［44］教育部. 普通高中语文课程标准（2003 年版）［S］. 北京：北京师范大学出版社，2003.

［45］朱慕菊. 走进新课程［M］. 北京：北京师范大学出版社，2002.

［46］钟启泉. 普通高中新课程方案［M］. 上海：华东师范大学出版社，2003.

［47］钟启泉. 国际普通高中基础学科解析［M］. 上海：华东师范大学出版社，2003.

［48］钟启泉. 美国教学论流派［M］. 西安：陕西人民教育出版社，1993.

［49］王斌华. 校本课程论［M］. 上海：上海教育出版社，2000.

［50］高文．现代教学的模式化研究［M］．济南：山东教育出版社，1998.

［51］单丁．课程流派研究［M］．济南：山东教育出版社，1998.

［52］汪霞．国外中小学课程演进［M］．济南：山东教育出版社，2006.

［53］施良方．学习论［M］．北京：人民教育出版社，1999.

［54］皮连生．学与教的心理学［M］．上海：华东师范大学出版社，1999.

［55］沈德立．脑功能开发的理论与实践［M］．北京：教育科学出版社，2001.

［56］沃建中．智力研究的实验方法［M］．杭州：浙江人民出版社，1997.

［57］祝新华．语文能力发展心理学［M］．杭州：杭州大学出版社，1993.

［58］张必隐．阅读心理学［M］．北京：北京师范大学出版社，1992.

［59］刘淼．作文心理学［M］．北京：高等教育出版社，2001.

［60］莫雷．阅读与学习心理的认知研究［M］．北京：北京师范大学出版社，2006.

［61］彭聃龄．语言心理学［M］．北京：北京师范大学出版社，1993.

［62］李泽厚．美的历程［M］．合肥：安徽文艺出版社，1994.

［63］朱光潜．文艺心理学［M］．合肥：安徽教育出版社，2006.

［64］陈望衡．中国古典美学史［M］．武汉：武汉大学出版社，2007.

［65］杨仁恺．中国书画［M］．上海：上海古籍出版社，1990.

［66］刘再复．性格组合论［M］．合肥：安徽文艺出版社，1999.

［67］王瑶．中国文学研究现代化进程［M］．北京：北京大学出版社，1996.

［68］牟宗三．中西哲学之会通十四讲［M］．长春：吉林出版集团有限

责任公司，2010.

［69］刘放桐．现代西方哲学［M］．北京：人民出版社，1999.

［70］张世英．进入澄明之境·哲学的新方向［M］．北京：商务印书馆，1999.

［71］周光庆．中国古典解释学导论［M］．北京：中华书局，2002.

［72］王荣生．高中语文新课程课例评析［M］．北京：高等教育出版社，2006.

［73］靳健．现代语文教育学［M］．兰州：甘肃教育出版社，1997.

［74］靳健．语文课程研究［M］．北京：中国档案出版社，2002.

［75］靳健．后现代文化视界的语文课程与教学论［M］．兰州：甘肃教育出版社，2012.

［76］靳健．语文教育的哲学转向与实践创新研究［M］．兰州：甘肃教育出版社，2014.

［77］靳健．中学语文教学策略［M］．西安：陕西人民教育出版社，2002.

［78］靳健．中学语文新课程教学策略［M］．兰州：甘肃教育出版社，2005.

［79］靳健，马胜科．中学语文课程与教学设计［M］．北京：高等教育出版社，2014.

［80］靳健，李金云．中学语文教科书设计与使用［M］．北京：高等教育出版社，2015.

［81］靳健．中国语文教育发展史论［M］．北京：高等教育出版社，2014.

［82］张永祥．基础教育课程改革知识观研究［M］．北京：中国社会科学出版社，2018.

［83］李金云．语文教科书内容设计导论［M］．北京：中国社会科学出

版社，2017.

［84］靳健．现代控制论视野的语文教育［C］// 全国中学语文教学专业委员会．新世纪中学语文教育．北京：人民教育出版社，1999.

［85］吴玉梅．高中语文参与式课堂教学的理论与实践研究［D］．兰州：西北师范大学，2004.

［86］朱晓娟．高中生自主性周记写作训练研究［D］．兰州：西北师范大学，2007.

［87］韩芮．“互联网 +”背景下语文智慧课堂设计研究［D］．兰州：西北师范大学，2019.

［88］马恬．借鉴网络游戏学习机制拓展语文学习的理论与实践研究［D］．兰州：西北师范大学，2010.

［89］叶圣陶．大力研究语文教学 尽快改进语文教学［J］．中国语文，1978:（2）.

［90］顾明远．论苏联教育理论对中国教育的影响［J］．北京师范大学学报（社科版），2004:（1）.

［91］靳玉乐．教学研究范式的后现代转换［J］．西南师范大学学报（人社版），2004:（3）.

［92］靳健．我国教学论百年发展的哲学转向与特点［J］．北京师范大学学报，2013:（1）.

［93］靳健．语文参与式学习及其有效性条件［J］．教育研究，2014:（6）.

［94］靳健．我国古代语文课程的性质特征与教育功能［J］．教育研究，2006:（2）.

［95］靳健．孔子诗教哲学与朱熹诗教哲学的比较［J］．华东师范大学学报，2008:（1）.

［96］靳健．科学性是中国语文教育从封闭走向开放的标志［J］．课

程·教材·教法，2014:(11).

[97] 靳健．语文教学视野的教育技术原理及其方法论[J]．人大复印资料高中语文教与学，2015:(3).

[98] 靳健，郭俊奇．中国语文教育百年变迁的得失与反思[J]．河北师范大学学报，2012:(10).

译文文献

[99] 索绪尔．普通语言学教程[M]．高名凯，译．北京：商务印书馆，1980.

[100] 维纳．控制论[M]．郝季仁，译．北京：科学出版社，1962.

[101] 格里芬．后现代精神[M]．王成兵，译．北京：中央编译出版社，1998.

[102] 斯特弗，等．教育中的建构主义[M]．高文，等译．上海：华东师范大学出版社，2002.

[103] 伽达默尔．真理与方法[M]．洪汉鼎，译．北京：商务印书馆，2010.

[104] 胡塞尔．纯粹现象学通论[M]．李幼蒸，译．北京：商务印书馆，1992.

[105] 科斯洛夫斯基．后现代文化[M]．毛怡红，译．北京：中央编译出版社，1999.

[106] 佐藤学．学习的快乐：走向对话[M]．钟启泉，译．北京：教育科学出版社，2003.

[107] 佐藤正夫．教学原理[M]．钟启泉，译．北京：教育科学出版社，2001.

[108] 杜威．民主主义与教育[M]．王承绪，译．北京：人民教育出版社，1990.

［109］杜威．学校与社会·明日之学校［M］．赵祥麟，任钟印，吴志宏，译．北京：人民教育出版社，1994．

［110］加涅．教学设计原理［M］．王小明，庞维国，陈保华，等译．上海：华东师范大学出版社，2002．

［111］兰祖利，里斯．丰富教学模式［M］．华华，戴耘，包容，译．上海：华东师范大学出版社，2000．

［112］波帕姆．促进教学的课堂评价［M］．国家基础教育课程改革"教师发展与学生成长的评价研究"项目组，译．北京：中国轻工业出版社，2003．

［113］布鲁克菲尔德．批判反思型教师ABC［M］．张伟，译．北京：中国轻工业出版社，2002．

［114］促进教学的课堂评价［M］．国家基础教育课程改革"教师发展与学生成长的评价研究"项目组，译．北京：中国轻工业出版社，2003．

［115］维纳．控制论［M］．郝季仁，译．北京：科学出版社，1985．

［116］加德纳．多元智能［M］．沈致隆，译．北京：新华出版社，1999．

［117］格里芬．后现代精神［M］．王成兵，译．北京：中央编译出版社，1998．

［118］维果茨基．维果茨基教育论著选［M］．余震球，选译．北京：人民教育出版社，2005．

［119］史密斯．全球化与后现代教育学［M］．郭洋生，译．北京：教育科学出版社，2001．

［120］罗森勃吕特，维纳，毕格罗．行为、目的和目的论［G］// 自然辩证法研究通讯编辑部．控制论哲学问题译文集：第1辑．北京：商务印书馆，1965．

后　记

参与式教学承载了我们对语文教学的理想追求。这种追求并不因时间的流逝、空间的变换和观念的变革而发生根本动摇。参与式教学是我们将语文教学的美好愿景诉诸实践的有效方式。她既传承了本土的文化基因，又浸染了国际同行的实践智慧。她在21世纪伊始的新课程改革中应运而生，又在20多年的语文教学改革实践中经受住了检验，也必将在未来更广阔的语文教学改革浪潮中永葆青春和活力，发挥更大的作用。

本书在语文参与式教学理论建构方面作了富有价值的尝试。本书通过对语文参与式教学理念、理论基础、教材编制、学习活动、教学任务、教学情境、教学过程、群文阅读、大单元教学、教学评价以及教师专业发展等专题的深入研究，展示了参与式教学促进青少年学生和语文教师共同发展的基本路径，彰显了语文参与式教学的“哲学底蕴”“本体追求”“实践智慧”和“参与境界”。本书以20个课节为“纲”，以56个学习活动为“目”，建构了“兴于诗，立于言，成于美”的语文参与式教学理论和实践体系。每个课节伊始，先以两句诗引起学习内容，并用简练的文字，将诗的意义和学习内容关联起来，营造一种“兴于诗”的学习氛围。每个课节以丰富多彩的“学习活动”“课例研究”引领学习者在参与中学习、感悟、体验、探究和创造，这是“立于言”。每个课节之后，又设计“学习反思”“课节讨论”环节，回应学习目标，要求学习者联系全诗开展反思活动，让整个学习过程沉浸在浓厚的诗情画意之中。这正是语文参与式教学带给学习者独特的审美体验，是为“成于美”。

本书也是在理论和实践深度互动中绽放的美丽花朵。20多年来，语文参与式教学理念在“国培计划”项目、其他各类教师培训以及师范大学本科生、研究生培养中不断实践和应用，并不断完善和发展。实践中，我们和一线语文教师在深度对话中结成了“学习共通体”，共同完成了很多精彩的语文参与式教学课例。这些课例凝聚着我们的“参与式智慧”，也留下了弥足珍贵的学习记忆。在此，我们对所有参与式教学课例的合作者、设计者、实践者表示衷心感谢。本书由靳健、张永祥合作完成。其中，靳健撰写了大部分课节，课节五、课节十七、课节十八及课节八、课节十九、课节二十的部分内容由张永祥撰写。

本书责任编辑赖婷婷女士在编校过程中提出了许多专业而中肯的建议，付出了大量的心血和智慧。在此，谨对她的智识和辛劳表达我们深切的敬意和谢意。

最后，特别感谢西北师范大学教育科学学院王兆璟院长对本书出版的大力支持。

靳健　张永祥

2022年11月30日